U0610197

教育部基础教育领域综合改革实践指导用书
普通中小学教师、校长新课程改革培训教材

教育十大转型

JIAOYU SHIDA ZHUANXING

王迅　周文和　编著

CNS PUBLISHING & MEDIA 湖南教育出版社

出版说明

一、本书的目的与意义

2015年开始，实施教育规划纲要进入第二个五年。教育领域的改革已经成为教育新常态。

教育部对教育发展的总体要求是：主动适应经济发展新常态，全面深化综合改革，着力促进教育公平、着力调整教育结构、着力提高教育质量。加强对推进区域教育现代化的指导和监测，组织第三方机构研制教育现代化年度监测报告。加强综合改革典型经验总结和推广。全面实施普通高中学业水平考试和综合素质评价。做好全国统一高考后开展自主招生的组织工作。深入推进管、办、评分离。加快推进教育信息化。

湖南省教育厅的教育工作重点是：将继续全面深化综合改革，着力促进教育公平、着力优化教育结构、着力提高教育质量，加快建设教育强省和教育现代化进程。开展教育发展战略研究和教育改革重大问题专题研究。推动地方本科高校转型发展改革试点，推进建立义务教育公办学校标准化建设制度和校长教师轮岗交流制度先行先试改革试点。研究制定考试招生制度改革实施方案，出台普通高中学生综合素质评价和学业水平考试改革实施方案，落实减少和规范高考加分的政策。

本书围绕落实部、省教育综合改革目标与任务，推进区域和中小学教育改革发展，进行具体实践研究和指导。

二、本书的特点及主要内容

本书结构独到，切中基础教育改革中十个关键问题，从问题驱动、目标引领、路径设计进行深入阐述，以此来推进这场前所未有的教育改革落实，让人们期待教育春天的真正到来，那就是关注人的生命成长，让学生自主发展，让每个学生出彩、让每所学校成功的教育生态有望实现！本书主要探究十个方面的转型：教育战略、教育任务、教育评价、教育招考、教育组织、学校价值、课堂形态、学习方式、教师引领、区域均衡。重点围绕教育的本质如何回归；教育的观念、教育的方式、教育的管理、教育的目标、教育的评价如何适应；学生的成长、教师的使命、校长的责任、学校的生态、区域的均衡如何转型；课程标准、课程体系、国家课程、地方课程、校本课程、个性化课程如何实施；现代教育制度、现代学校制度、现代课程制度、教师专业标准、校长专业标准如何建设等等。

这是教育发展关注内涵与品质的时代，也是关注学生生命与教师职业幸福感的时代。我们如何主动参与？我们如何让教育走向理想、走向优质？本书编者在参与基础教育区域发展的实践研究中深深感受到中小学课堂教学改革、学校内涵品质提升、教师校本培训指导的现实性与迫切性。从教育品质的内涵、教育机制的创新、生命教育与理想、聚焦课堂实现课堂转型、学习与教学方式变革、特色学校建设、教师专业发展等多方面、多视角进行了教育观察和审视，并且付诸实践性研究，着力中小学课改推进、特色创建、教育机制创新等方面的具体指导。

三、本书的使用与指导

教育为何改革？怎么推进改革？归根到底是教育的本质问题、教育的方向问题、教育的信念问题及教育改革的执行力问题。

国务院、教育部对教育未来发展进行顶层设计，全面实施教育领域综合改革，相继出台了教育质量评价改革、招生考试改革、自主招生改革、学业水平考试、综合素质评价、校长专业标准等系列方案。这已经明确回答了教育改革与转型发展的方向问题，并且制定了路线图。

作为教育管理者、教育实施者的校长、教师必须明确这个方向，让教育回归本质，真正落实解决培养什么人、怎样培养人的问题，只有这样，才能有效推进教育领域综合改革，推进现代学校制度建设，实现教育转型发展。

这是目前中小学普遍关注的问题，也是破解教育发展瓶颈的突破口。本书编者一直对教育现状进行关注、思考，尤其直面教育发展改革的学校、教师、学生层面问题并进行了深度观察和思考，发出了“教育发展转型，回归教育本质”的呐喊，并致力于参与教育内涵品质发展实践研究，为学生的生命成长、为教师的成功发展、为学校的特色建设、为区域教育的均衡发展进行了积极而有效的探索。

中小学新课程改革实施以来，许多教育工作者伴随着课程改革的发展，关注着区域素质教育如何有效深入，思考着课堂改革如何有效推进，探索着学校特色发展如何整体推进，尤其对如何评价中小学教育质量、如何应对高考学考改革、如何真正实现学生自主发展、自主选择课程等教育热点、重点、难点问题进行着探索破解，《教育十大转型》出版，将极具实践研究性和现实指导性，也无疑将对教育领域这场综合改革起着有力的促进作用和指导作用。

因此本书重点应用：教育部基础教育领域综合改革项目的实践推进指导；中小学校长、教师及基础教育管理者课程改革培训教材和指导手册。

湖南教育出版社

2015 年 7 月

目　录

前　言　教育的方向与行动——教育转型的信念、觉醒与力量　002
第 1 章　教育战略转型——从适应走向引导　010
1.1　教育转型的现实背景　011
1.2　教育转型的战略定位　014
1.3　教育转型关键是治理体系与治理能力现代化　019
1.4　教育转型的策略构建　028
1.5　教育转型的坚守与突破　030
第 2 章　教育任务转型——全面实施立德树人　036
2.1　立德树人的要义　037
2.2　立德树人的实施要求　038
2.3　立德树人的实施策略　040
2.4　构建育人为本的教育观　043
2.5　实施现代公民教育课程　046
2.6　开展核心价值观的培育与践行教育　053
2.7　加强中华优秀传统文化教育　059
第 3 章　教育评价转型——实施综合评价　066
3.1　教育质量评价方式转型的意义　067
3.2　教育质量评价方式改革的功能与价值取向　068
3.3　实施教育质量评价改革的主要任务　070
3.4　实施教育质量评价改革的策略　073
3.5　实施教育质量评价改革的挑战与实践研究　074
3.6　学生综合素质评价改革　076
3.7　实践探索——评价实验案例　079

第 4 章　教育招考转型——促进多元人才成长 088
4.1　教育招考转型的背景 089
4.2　教育招考转型的原则与任务 090
4.3　推进招考转型的具体措施 091
4.4　关于实施普通高中学业水平考试 095
4.5　关于完善和规范高校自主招生 098
4.6　教育招考转型将重建基础教育新秩序 101
4.7　教育招考改革将促进本科院校转型发展 115
4.8　实践案例——区域推进高考改革方案 120
第 5 章　教育组织转型——从管理走向领导 126
5.1　教育现代化的目标 127
5.2　现代学校制度 130
5.3　现代学校制度建设 134
5.4　现代学校管理章程 145
5.5　现代学校的发展规划 152
5.6　现代学校管理体系的构建 156
5.7　现代学校从管理走向领导 162
5.8　推进国家课程校本化实施 166
第 6 章　学校价值转型——学生是自主发展主体 172
6.1　现代学校的功能 173
6.2　现代学校的品格 174
6.3　现代学校学生自主成长新目标——学生是自主创新主体 177
6.4　现代学校学生自主成长新机制——普通高中多样化发展 184
6.5　现代学校学生自主成长新路径——创建特色学校 192
6.6　现代学校学生自主成长新方式——建设学科课程基地 195
6.7　现代学校学生自主成长新常态——让学生自主选择课程 198
6.8　实践案例——学校创新发展 202
第 7 章　课堂形态转型——让学生自主个性成长 206
7.1　课堂转型的意义 207
7.2　课堂转型的实践 209
7.3　课堂转型的管理 211
7.4　课堂转型的方式 213

7.5 课堂转型的实施 214
7.6 课堂转型的路径——课程资源与信息技术深度融合 219
7.7 课堂转型的教学模式探究 223
7.8 课堂转型的新模式 228
第8章 学习方式转型——培养自主学习的动力 242
8.1 学习方式转型的涵义 243
8.2 自主学习的教育观 246
8.3 自主学习的动力基础 249
8.4 自主学习的动力培养 251
8.5 自主成长的个性化教育 257
8.6 自主学习的教学策略 264
8.7 自主学习的管理策略——走班制 272
第9章 教师引领转型——为学生自主成长服务 280
9.1 现代教师的专业素养 281
9.2 学生主体的教育观 283
9.3 学生主体发展需要创新教育能力 289
9.4 学生主体发展的创造性思维策略 291
9.5 学生主体发展的思维品质培养 295
9.6 实施校长专业标准，引领学校发展，服务学生成长 297
第10章 区域均衡转型——提供公平优质内涵发展的保障 308
10.1 基础教育均衡发展的内涵 309
10.2 基础教育非均衡发展的成因及表现 311
10.3 区域推进义务教育均衡发展面临的挑战 313
10.4 加大推进义务教育均衡发展的管理力度 315
10.5 基础教育均衡优质发展的实施策略 321
10.6 内涵发展是义务教育均衡优质发展的有效路径 326
10.7 义务教育均衡发展的国际经验 334
10.8 基础教育均衡发展的认识误区 336
主要参考文献 339
编后记 343

前　言

教育的方向与行动

——教育转型的信念、觉醒与力量

教育的方向与行动
——教育转型的信念、觉醒与力量

2013年以来，教育领域的改革已是风生水起。跨入2015年，关注教育现代化和学校的使命成为教育的风向标。到2020年基本实现教育现代化，从现在起仅剩5年，教育向战略目标转型、学校找准现代化的支点，已经成为教育领域的共同目标。

教育为何改革？怎么推进改革？教育目标怎样调适？归根到底是教育的本质问题、教育的方向问题、教育的信念问题及教育改革的执行力问题。

一、方向比努力更重要

国务院、教育部对教育未来发展进行顶层设计，全面实施教育领域综合改革，相继出台了教育质量评价改革、招生考试改革、自主招生改革、学业水平考试改革、综合素质评价改革、校长专业标准等系列方案。这已经明确回答了教育改革与转型发展的方向问题，并且制定了路线图。作为教育管理者、教育实施者必须明确这个方向，让教育回归本质，真正落实解决培养什么人、怎样培养人的问题，只有这样，才能有效推进教育领域综合改革，实现教育转型发展。

方向比努力更重要。

这是一场前所未有的教育改革，无疑让人们期待教育春天的真正到来：关注人的生命成长，让学生自主发展，让每个学生出彩、让每所学校成功的教育生态有望实现！

这是一场真正的教育革命，无疑让所有的教育人思考：教育的本质如何回归；教育的观念、教育的方式、教育的管理、教育的目标、教育的评价如何适应；学生的成长、教师的使命、校长的责任、学校的生态、区域的均衡如何转型；课程标准、课程体系、国家课程、地方课程、校本课程、个性化课程如何实施；现代教育制度、现代学校制度、现代课程制度、教师专业标准、校长专业标准如何建设。

这一系列的方案、设计是向现代化教育目标迈进而吹响的国家号令！

这就是教育的方向——为了民族的复兴、为了国家的强盛、为了实现中国梦、为了每个生命的自由成长，我们必须转变不适应的教育观念，必须改变不适应的教育方法，必须改革不适应的教育制度。

因为这是一个伟大变革时代赋予现代教育人的责任、使命和梦想！

二、审慎反思才能坚毅前行

教育的功利已经深深扎根，只有审慎反思才能坚毅前行。

变革需要每一个教育人进行审慎的反思，反思我们实施了十四年的课程改革到底改变了什么。只有反思才能改变我们自己，只有改变才能改善我们的教育生态。

1. 新课程实施艰难前行。

在新课程实施已经十多年的当下，还有很多学校在教育理念上仍然注重实用化、功利化、工具化，以传授知识技能为要；在方法上注重"规训"，通过单向度强制性灌输式教育，迫使学生按统一标准接受"型塑"，其特点是"服从高于自主，听话高于思想，接受高于创造，一致高于独立"，所遮蔽的恰恰是教育中作为主体的人。很多学校仍旧背离新课程的目标——把学校变成了用知识和技能"灌装"人的车间。教育仍然被异化和功利化，家庭、社会、学校更关注的是考分与技能，分数和升学率仍是学校至高的目标追求，学生人格和德行修养的教育内涵却远离我们的教育。

21 世纪教育研究院就新课改的实施现状以及教师们对新课改的评价进行了网络调查，并发布了网络调查报告。教师们对新课改的实际成效评价不高，总体评价表示"很满意"的教师占比 3.3%，"满意"的教师占比 21.3%，即仅有 1/4 受调查的中小学教师对新课改的实际成效表示满意。新课改的思路简单来说就是"减少课程深度，拓宽课程广度"，这已经成为世界范围内的课改趋势。然而 47% 的教师认为新课改后学生的课业负担反而加重了，31% 的教师认为新课改在促进素质教育方面效果"不明显"，仅有 8.5% 的教师认为新课改对学生负担有所减轻。

"评价和考试没有变"成改革最大阻碍——涉及新课改的主要问题，23% 的教师认为"评价和考试没有变"，18% 认为"教育资源不足"，17% 认为"师资培训跟不上"，教师能力不足、领导工作不力、推进速度过快等也在影响新课改的实效，造成了教师们"认同高、评价低"的现状。

2. 名校以升学示范。

我们透过湖南省教育学会的《湖南普通高中新课程实验的调研报告》可以看到，当下的高中课改虽然有了基本的蓝图，也探索了一些实践经验，但是，不少学校离高中新课程实施要求还有很大差距。

课堂教学很多教师还是独霸讲台，课堂效率低下，沉迷于补课增时。学校课程开设只围绕高考科目，评价学校及教师的依据主要是高考成绩，很多省级示范高中在课改中犹豫不决难以示范。

所谓名校仍然固守旧的教学方式，揽优拔苗，坚守"高考名校"领地，课改的"春风"却"不度玉门关"，素质教育培养学生综合素养和实践能力的要求游离于课堂之外。

一些省级示范高中，本该成为课程改革的榜样力量、坚定引领者，可惜的是，自视甚高甚至自以为是的教育者们，依然高傲地扬起自己的头颅，不愿意牺牲自己的落后观念，去学习探索育人为本的课改方法和教学智慧。

学校缺少教育文化引领。如果办学者不能靠教育文化引领，学校管理及办学不可能有所建树，即便有建树，也只可能是片面追求应试成绩的政绩观和成就感产生的短期成果。一些所谓的名校把培养更多的"清华北大生"作为自己的炫耀资本，这样的教育追求背后，便是一张变态的文化网，一种畸形的政绩观。

3. 教育被功利扭曲。

择校成为教育之痛。基础教育在功利化主导的背景下，从幼儿园到小学、从小学到初中、从初中到高中、从高中到大学，学生、家长就是在择校、升学中度过，在分数竞争中度过。尽管大学升学由独木桥变成了今天的大众化，但以升学为动力的教育机制却束缚着学校的手脚。看看我们培养的祖国未来建设者又是拥有怎样的激情？很多学生在这种加工厂、加工链式的学校出来后，几乎就是一个分数产品。有的到了大学成了泄气的皮球，学习不求上进，学会了享受；有的身为省市高考状元、高分考生踏进名校就是为出国准备，为追求高雅、富有生活而准备；有的学生虽然大学毕业却难以适应社会，心理不健全，害怕竞争。不少青年学生心中没有父母、心中没有祖国、心中没有责任、心中没有激情、心中没有抱负……"振兴中华，匹夫有责""为中华崛起而读书"曾经激励过多少仁人志士，但在今天不少青年学生身上已经暗淡无光。三十年高考心路历程，众多状元今何在？中国的名校只不过成为哈佛、牛津预备留学基地、绿卡的跳板……教育已经远离内在本质，教育已被功利"绑架"。

追逐高分成教育之殇。《三湘都市报》综合有关数据，调查了1977—1999年湖南24名高考状元的职业状况，竟发现无一人成为所在职业领域的领军人物，甚至大多已湮没无闻。云南省教育厅厅长罗崇敏一共研究了1977—2009年这32年来全国的124名高考状元，他公开发表调研结果："他们一个都没有成为所从事职业领域的领军人物"。2007年，中国校友会网课题组负责人、中南大学教授蔡言厚公布了中国首份《高考状元职业状况调查报告》，调查的全国近400名高考状元，鲜有领军人物。中国校友会网总编、"高考状元研究"课题组专家赵德国组织调查了1952—2011年全国范围内的1400

名高考状元，现有的职场状元名单中出现了高考状元的身影(两院院士)，但交集非常少，且都是20世纪50年代的高考状元。1977年恢复高考后的高考状元无一人成为职场状元。

湖南大学教科院副院长姚利民认为，个人在职场成功的关键因素不在智力，而在于个性、情绪智力和持之以恒的毅力等非智力因素，状元也一样。湖南师范大学教科院副院长丁道群指出，“在中国的中学教育和家庭教育中，人们更多关注的是分数，忽视了性格和人际交往能力的培养”。

现在我们仍然看到，不少地方评价学校教育质量的优秀与否，还是紧紧盯着考入清华北大的人数、还是只围绕升学率！这是当今教育的悲哀，应给我们以沉重思考：建设怎样的教育生态才能实现教育现代化?

三、教育转型需要理想信念的觉醒

教育转型就是传承发扬、变革改造和创新保障。传承教育的本质和规律；发扬教育的个性、适合性、引领性；变革教育的体制机制、学校组织、教学方式、评价标准；创新教育内容、教育模式、管理方法；促进教育优质均衡，保障教育公平。

这场教育综合改革能否成功推进，关键是对教育改革的认识程度，尤其是教育理想信念的觉醒，因为思想信念指导实践行动。

1. 回归教育本质才能实现人的自由生长。

教育现代化的核心是实现人的现代化，培养现代人的素养是关键。教育的根本就是培养人的品质。在我们国家发展的过程中，教育发展的品质改善，面临着问题的复杂性、艰巨性，但我们要直面教育培养何种品质的人的问题严重性和紧迫性，要从根本上系统地科学思考和解决历史与时代提出的重大教育课题。国家发展的根本性问题远不是经济发展的快慢问题，而是一个民族的精神力量的盛衰问题，一个国家的理想信念问题，一个国家创新人才培养问题，一个国家高素质公民成长问题。

因此，教育首先应该培养完整的人。我们应当基于人的基本生存发展特性，注重培养每个人的独立思想、自由精神、健康人格、公民观念、规则意识、质疑勇气等等，使人们养成对智慧以及真、善、美的追求，实现精神成长，进而追寻一种良善的美好价值的生活，我们的教育才会绽放人性的光辉，才会奠定生命健康、积极、向上成长与发展的基石。教育才能培养有用的人，也就是有一定知识、文化、技能，对国家和社会有用之人，并以此实现自我生存发展、自我价值意义。教育的终极目的是培养自由发展的人、完整的人和有用的人，是人的自由发展的基础。只有在这个基础上，人生的理想与信念、意义与价值、创造与创新、奋斗与进取，才变得有律可循，才能通过自由发展的塑造，使个人与国家、民族、人民、社会的利益目标实现统一，即在为国家民族目标奋斗的过程中促进人的全面自由发展，在促进人的全面自由发展过程中实现国家民族的目标。只有这样的教育才能培养出大批一流的、杰出的人才。

2. 实现教育转型需要坚守教育的理想信念。

教育现代化必然以深化课程改革为重要途径。

课程改革是一个通往理想教育的旅程，它是国家教育意志为培养适应21世纪的公民素养和人才个性潜能而实施的基础教育改革。历经十多年的国家课改，为什么依然有人观望、质疑，甚至游离于课改之外？

课程改革绝不单单是一场教学方式的转变，它考量的是每一位教师对教师角色的认知，对教育的理解和对生命的诠释。“我是谁？我在做什么？我想要什么？我该如何做……”当角色和观念转变过来之后，技术的问题才会有答案。

课程改革不缺少理念，也不再缺少方法，缺的是责任感和担当的勇气。正如《中国课改报告》中一位教育局长所讲：“一些教育人很麻木，从他们过于冷漠的目光中我读出了失望，原因是他们缺少敢于担当的责任意识。”

课改中教师不是简单的被动执行者，而应该是课改的创造者。课改难在教师身份变，只要身份一变，随之教学关系、师生关系就变了。因此，关注学生、尊重学生的主体地位，让师生在课堂教学中充分、高效地互动，是从根本上克服传统课堂弊端的出路；“学生主体”和“学生自主”，才是其核心价值，学生从“自主学习”到“自主生活”，再到“生命的觉醒”，才是其终极追求目标。

教师的课堂职责，首要的是“点燃”“激励”学生，让学生动起来——身动、心动、神动。教师不能以成人的思维代替学生的思维，以自己的见解代替学生的见解，以自己的结论代替学生的结论。如果我们仍然一味地把蜡烛、春蚕、铺路石单纯解读为包办和替代，把教师解读成管理和施教，把教学解读成灌输和训练，把教育解读成调教和训斥，把学校解读成塑造和雕琢，把学习解读成接受和背诵，那原本承载着厚望、鲜活的“人”之教育就会沉沦为功利的应试工具，老气横秋、千人一面、丧失创造力的“异化”教育，它与我们的理想背道而驰。

由此可见，只有把学生从考试的束缚下解放出来，把教师、校长从考试的束缚下解放出来，使人才的成长具有个性发展的必要空间，使杰出人才的涌现具有必要的基础环境，才是教育正确的方向。

要实现教育现代化，要成功推进教育综合改革，需要大批教育人坚守教育的理想信念。

3. 理想信念觉醒是教育成功转型的关键

改革我们的教育，应当围绕培养什么样的人进行顶层设计，树立现代教育理念，改进教育体制、模式、方法、内容等等。若只做表面的、肤浅的、零碎的理解与革新，则往往是既劳民又伤财。这就是素质教育变成才艺教育、就近入学变成择校风、奥数班依然泛滥、一些地方重兴“读书无用论”等诸多尴尬现象的原因所在。教育大环境未有根本改变，个体对具体革新举措的顺从，不但鲜有增益，更会付出巨大代价。

因此，觉醒的行动是教育成功转型的关键所在，也需当今政府各级部门摆在首要位置。一是国家及省级教育行政管理部门要真实地落实和检查各项综合改革政策是否到位，新课程的实施要求与评价制度是否到位，要下力气建设好教育品质发展的生态环境。二是省市县各级政府取消以名校升学人数和高考升学率来衡量当地教育质量，取消与高考升学挂钩的各种名义的政府表彰奖励，积极推进教育质量综合评价改革。只有政府有了评价导向，学校管理才会有实质转变，这是目前省市县各级政府教育管理中最需解决的观念问题。三是进一步深化新课程改革，全面推进素质教育，积极引导社会对区域教育的评价、对学校发展的评价，只有这样才能解放学校、解放教师，才能真正有学生的自由成长空间，从而实现创新人才培养和合格公民成长的品质教育。

四、机制与行动凝聚教育变革的力量

1. 教育转型需要制度和机制的保障。

制度建设和变革是教育改革行动的前提。教育制度与管理机制要在改革创新中发展，才能适应教育现代化的要求。教育制度最本质的要素是解放和发展人内在的成长力量。没有思想的解放就不会有个性的解放，就不会有个人的创造力。个人的创造力是教育改革的首要生产力，它是社会发展和进步的强劲内驱力。因此，要把教师从教育功利中解放出来，唤醒教师回归教育的本质，让学校教育实现教育理想。思想的自由和制度的公平是教育发展最需要的，也是更多杰出创新人才成长的教育环境。

2. 实践行动是推动变革最可靠的力量。

教育现代化目标已经明确，政策已经制定，方向已经指引，有了理想信念的坚守，关键是落实，核心是有执行力的实践行动，这样才能实现教育改革的成功。

为此，编写本书，定名为《教育十大转型》。

《教育十大转型》紧紧围绕教育现代化建设过程，就如何顺利实施和具体推进教育领域的各项综合改革，如何让每个地区、每所学校、每个教师、每个学生在教育转型期中构建出良好的教育生态，进行引导、落实、跟进和指导。它凝聚了基础教育管理部门、教育科研部门、学校校长、课堂教学的专家学者、学科带头人和教师骨干的思想和经验智慧。

方向比努力更重要，这就是本书的前瞻性、及时性和引领性的立意所在！

《教育十大转型》以教育现代化为目标，以教育综合改革为视角，从国家顶层政策设计到现代学校管理制度建设，从国家课程标准实施到教师教学方式转型，从国家课程目标定位到课堂学习方式变革，从教育质量综合评价到教育招考转型，从教育根本任务立德树人到核心价值观培育，从学校特色多样性发展到学生自主成长等进行深入探究和具体指导。

《教育十大转型》以教育十大转型为突破口，是广大教育工作者，特别是广大中小学教师、校长进一步领会、实施、推进教育改革，进一步深化课程改革的有力借鉴和参考。它将引领广大教师、校长更新观念，更好地适应教育现代化的要求，培养出充满自由灵性的生命，创建出适合每个学生自主成长的课堂教学和学校教育。

行动推动比高谈阔论更有效，这就是本书的目的和宗旨所在！

教育十大转型

JIAOYU
SHIDA
ZHUANXING

第1章

教育战略转型

——从适应走向引导

教育战略转型——从适应走向引导

教育发展转型是实现教育现代化的必然之路。教育现代化从根本上讲，既要提供适合人成长的教育，为人的发展服务，还要引导社会发展，服务国家、社会的战略发展需要，提供人才支撑和智慧支撑，推进社会事业发展的转型提质。这是教育战略转型的历史高度和使命担当。

教育为何改革？怎么改革？教育目标是什么？归根到底是教育的本质问题、教育的方向问题，教育的目标问题。

方向比努力更重要。国务院、教育部已经明确回答了教育改革与转型发展的方向问题，并且制定了路线图："一纲一体"——国务院《国家中长期教育改革和发展规划纲要(2010—2020年)》(以下简称《教育规划纲要》)，教育部《关于深化教育领域综合改革加快推进教育治理体系和治理能力现代化》；"两项改革"——教育部《关于推进中小学教育质量综合评价改革的意见》，国务院《关于深化考试招生制度改革的实施意见》；"一行一树"——中共中央办公厅《关于培育和践行社会主义核心价值观的意见》，教育部《关于全面深化课程改革落实立德树人根本任务的意见》。作为教育管理者、教育实施者必须明确这个方向，让教育回归本质，真正落实解决培养什么人，怎样培养人的问题，才能有效推进教育领域综合改革，实现教育转型发展。

2015年，全国教育工作会议再次部署和推进教育改革与转型发展的工作，要求全面深化综合改革，全面推进依法治教，着力促进教育公平、着力调整教育结构、着力提高教育质量。其主要目标任务，一是实施《教育规划纲要》进入第二个五年，基本实现教育现代化进入全面攻坚阶段，要集中力量解决教育公平中的紧迫问题，努力让全体人民享有更好更公平的教育，要加快缩小城乡差距、区域差距、校际差距，提高困难群体教育保障水平；二是要推动教育综合改革取得更大突破，要深入推进省级政府和高等学校教育综合改革、考试招生制度改革、人才培养模式改革、办学体制改革，深入推进管、办、评分离，确保中央全面深化改革的任务要求落实到位。

1.1 教育转型的现实背景

转型是指事物的结构形态、运转模式和社会观念的根本性转变过程。不同转型主体的状态及其与客观环境的适应程度，决定了转型内容和方向的多样性。转型是主动求新求变的过程，是一个创新的过程。教育作为经济社会发展的重要组成部分，身处转型社会的重大变革之中，面临着日益迫切的转型与变革。这主要体现在：一是教育需求新旧并存，既要应对传统教育的需求增长，如“分数本位”“应试教育”等仍是一种普遍性需求，又要满足现代教育发展需求，如“个性发展”“创新能力”等；二是教育政策环境新旧交织，过去的教育政策和制度仍然发挥着惯性作用，新的改革政策和制度在实践中探索，还缺少确定性和稳定性；三是学校面临多方的利益冲突，既要面对政府和行政的统一要求和规范，又要满足社会和市场的需要，既要充分考虑学生和家长的利益，又要面对“自上而下”的外部目标驱动和控制；四是学校教育的任务和功能不断扩展，从单一的面向学生的教育教学活动的组织，转变为以学生发展为中心的教师发展和学校发展的多重发展任务和功能，还要面临与社区教育、社会教育逐步一体化，更多地承担社区和社会教育功能；五是教育管理对象和服务对象发生了很大变化，作为管理对象的学校教职员工，文明素养、民主意识越来越高，对学校管理和决策的参与要求和能力越来越强，而作为服务对象的学生及学生家长，文明素养、民主意识越来越高，具有很强的学校事务参与意识和能力。这些客观现状是实施教育转型过程中的必然现象，是教育现代化进程中必须去面对的。

1.1.1 经济转型——新常态下的教育支撑

经济转型，是指一种经济运行状态转向另一种经济运行状态，即一个国家或地区的经济结构和经济制度在一定时期内发生的根本变化。具体地讲，经济转型是经济体制的更新，是经济增长方式的转变，是经济结构的提升，是支柱产业的替换，是国民经济体制和结构发生的一个由量变到质变的过程。当前要逐渐淘汰那些高能耗的、低端的服务业，培育和引进现代服务业，以实现经济的可持续发展和社会的和谐稳定，将“创新驱动，转型发展”的理念和社会经济发展状况有机结合，通过创新来促进发展。

新常态下，依靠全面深化改革加快经济发展方式转变和经济结构调整，既是重塑中国经济动力的关键所在，也是从上到下最广泛的发展共识。这就为我们主动适应并引领经济发展新常态提供了认识基础。

新常态下，我国经济增速虽在放缓，但经济运行更加稳健。目前，中国已成为世界第二大经济体，中国需求已经成为世界需求最为重要的因素，大国经济效应全面显现。中国的“世界工厂”与中国的“世界市场”正在对接，使中国经济的稳定性和抵抗世界经济波动的能力大幅增强。

新常态下，中国经济升级版的雏形开始显现。产业结构重心开始由制造业转向服务业，劳动密集型产业比重降低，知识与技术密集型产业比重迅速增长。

人口和技术新红利蓄势待发。从衡量一个国家技术创新的各项指标看，2013 年中国科研经费投入进入高速增长阶段，专利申请达到 82 万多件，居世界第一；技术市场活跃程度大幅度提升；高新技术产品出口大幅增加，总额达到6 602.2亿美元，占出口总额的比重接近 30%。这充分说明，“中国制造”正在加速向“中国创造”转变，以人才和科技创新为核心的新红利正在形成。

世界发展格局正在加速重构。伴随着中国经济实力的全面提升，后国际金融危机时代的全球经济格局新变化给中国对外开放和全球布局带来了前所未有的机遇。中国资源配置的空间大大拓展。

因此，经济的创新发展期待着教育提供更多、更持久的人才和智慧支持，我国才能实现由人口数量大国向人力资源强国转变。

1.1.2 社会转型——调适教育的先导功能

社会转型，就是社会经济结构、文化形态、价值观念等发生深刻变化。人类社会是一部社会变迁的进步史，社会变迁是一个缓慢的过程，而转型就是社会变迁当中的改造提升，就是从原有的发展轨道进入新的发展轨道。

当代社会进入 21 世纪，西方发达国家已进入以经济为中轴、以技术为先导、以信息为纽带、以开发和服务为主要领域的后现代社会，而我国正处于迈向现代化的进程中。我国从 1978 年改革开放以来进入了一个新的特殊的社会转型期，处于整体转型过程，这种转型主要有以下特点：

一是全方位性，中国的社会转型是从传统的计划经济体制、半自给的自然经济社会向社会主义市场经济体制转化，从农业社会向工业社会转化，从村落社会向城镇社会转化，从封闭半封闭社会向开放社会转化，从伦理社会向法制社会转化，从农业文明向工业文明、从工业文明向可持续发展文明的双重社会转化。

二是当前我国正处在高速转型期，我们要用几十年的时间走完西方国家用一两百年时间完成的现代化之路，因此，必须用跳跃性的方式来实现。这种加速与赶超是在符合中国发展实际情况的基础上进行的。

在每一次大的社会变迁来临之时，教育都面临过如何进行社会定位的问题。30 多年前，当中国结束十年动乱，走上改革开放之路时，我国教育界进行过一次关于教育定位的大规模讨论，即“教育本质问题”的讨论。当下，我国进入改革发展的新阶段，教育的社会定位问题又重新摆在我们面前。但现在的教育重新定位已经深刻地触及制度层面，因此教育领域综合改革将是一场伟大的变革和制度创新。

北京师范大学劳凯声教授经过深刻分析认为，进入20世纪90年代以来，中国的教育正在面对全新的情况，我国开始建构社会主义市场经济，社会结构开始发生深刻的变化。一个逐步发育成熟的市场体系对教育造成了极大的挑战。如何来描述和分析这样一种新情况，如何在新的社会结构中给教育做社会定位，已经遇到了一种表达的困境。我们多年来习惯于把教育放在经济基础和上层建筑这样一个理论框架中来进行分析，时而把教育看成是上层建筑，时而又把它看成是经济基础。这对于计划经济这样一个高度一元化的体制曾经有极强的解释力，使我们长期以来一直较多地从社会需要去考虑教育的需求问题而较少考虑不同利益群体对教育的不同需求，未能对教育做出正确的社会定位，影响了其自身应有功能的发挥。

当前发展的市场经济正在促成利益追求各不相同的诸多利益群体。教育是一个利益冲突集中的领域，不同的人对教育有不同的利益追求，试图通过教育实现不同的目的。同时，它又是一个涉及社会公平的敏感领域，人们关注着教育的公平与效率问题，教育的公益性问题，关注着教育的普及化或大众化问题。可以这样说，不同利益之间的冲突和矛盾在教育领域中开始突显出来。

劳凯声教授指出，不同社会领域的产出是不同的，社会的调节和控制手段也是不同的。对教育的基本定位应该转型，教育属于第三部门，介于上层领域和经济基础之间，学校及其他教育机构应是介于政府和企业之间的非营利性社会组织；教育产品是非垄断性的公共物品，可以通过政府和非营利性机构两种资源配置机制来向社会提供。为此，市场应当有限介入，政府应当保持它的调节功能。

1.1.3 教育转型——满足公平优质的需求

教育作为民族振兴和社会进步的基石，在推动社会发展中越来越起着不可替代的作用。我国拥有着世界最大规模的教育体系，目前共有2.6亿学生、1 600万教师、52万所学校。教育形势正在持续发生着深刻变化，我们必须认真研究和分析教育所面临的种种形势。

从国际上说，金融危机以来，全球经济复苏进程艰难曲折，世界经济正进入大发展大变革大调整时期。欧美等发达国家提出“再工业化”目标，把发展教育、提升国民知识和技术技能水平作为增强产业竞争力和发展后劲的战略选择。而我国人口资源环境约束日益加大，国际竞争低成本优势逐渐减弱，产业技术水平、创新能力和人力资源与先进国家仍有相当大的差距，核心技术受制于人，更迫切地需要将沉重的人口负担转化成人才资本优势，依靠创新驱动为未来发展谋求新出路、开辟新空间。面对新一轮世界范围内的教育和人才竞争，能不能抓住机遇，迎头赶上，缩小与其他国家在教育方面的差距，是我们面临的现实考验。

从国内来看，党的十八大提出了“两个百年”的奋斗目标、“五位一体”的总体布局和“四化同步”的发展路径。强调要优先发展教育，建设人力资源强国；强调学校要全面贯彻党的教育方针，承担好立德树人、教书育人的神圣职责；强调要秉持科技是第一生产力、人才是第一资源的理念；强调要努力让13亿人民享有更好、更公平的教育；强调教师是立教之本、兴教之源。十八届三中全会通过的《关于全面深化改革若干重大问题的决定》，国家对教育提出的新要求，使教育改革发展面临着更加艰巨的工作任务。

从人民群众对教育的期盼看，当前，人民群众对高质量教育的迫切需求与优质教育资源的严重短缺已经成为教育领域的主要矛盾。我国人均国内生产总值已经由世纪之初1 000美元上升到7 000美元以上，社会开始由生存型消费逐渐进入发展型消费阶段，人民群众希望通过接受良好教育提高自身素质、增强发展能力、改善生活质量的愿望更加迫切。社会公众更加关注教育质量和公平问题，公共问责的重点也指向了办学质量。与人民群众对教育的期盼相比，我们的教育工作还存在着不少问题。中小学“择校热”、学生课业负担过重；现代职业教育体系建设滞后，人才培养模式与社会需要不适应；高校学生创新精神、实践能力不足，毕业生就业难；等等。这些问题，社会高度关注，群众反映强烈，需要我们积极回应，并提供公平优质的教育，满足社会的公共需求。

从教育自身发展看，随着经济社会的发展，教育发展的内外部环境更加复杂，教育决策的复杂性增大，改革创新探索和举措实施的难度不断增加。《教育规划纲要》颁布以来，教育改革迈出了重大步伐，在扩大学前教育资源、均衡发展义务教育、改革职业教育、提高高等教育质量、加强教师队伍建设等方面，取得了显著成效。但是，教育改革进入了利益调整的深水区，有许多“两难”甚至“多难”问题，一些深层次矛盾和问题还要从根本上解决。教育资源配置不尽合理，教育投入水平仍待进一步提高，教育公平需要进一步保障，教育观念、教学方法、评价方式亟待改革，教育管理方式相对滞后，内部治理能力有待提升，全社会参与举办教育的积极性还要充分调动起来。

教育发展面临新的形势，我们必须紧密结合国际国内经济社会发展大趋势，努力适应国家和各省对教育提出的新要求，通过不断深化教育领域综合改革，不断推进教育治理体系和治理能力现代化，实现教育事业科学发展，为人民群众提供更好的教育服务。

1.2 教育转型的战略定位

当今的教育，正面临着一个重要的战略转型期，如果能够抓住这个契机积极推动教育的变革，切实保证教育优先发展的战略地位，教育将能更好地促成我国从人力资源大国向人力资源强国转化，为中华民族的伟大复兴奠定扎实的基础。

1.2.1 教育转型的现代趋势

1. 从教育的目的来看，必须为现代社会提供适合的教育。

我们一直都坚信，教育是为孩子们未来的发展奠基，也是为社会的稳定、国家的长治久安奠基。这样的教育观在五十年前可能是完全正确的，但在今天，随着科学技术的迅猛发展，教育观念已经发生了很大的变化。世界性经济危机或金融危机的出现，基本上以十年为一个周期，我们的国家中长期教育改革与发展规划纲要，也只关注到了十年的时间。信息技术的增长是不可预测的，自由市场的运转形势更是不可预测，我们的教育一直努力提倡为孩子们一生的幸福负责，但现在我们很难预测更远的未来社会对教育发展的变革和期待。因此，教育必须是为现代社会提供的适合的教育。

2. 从教育的过程来看，必须重视通识教育和思辨能力、创新精神的培养。

耶鲁大学管理学院终身教授、经济学家陈志武对比分析中美教育过程，认为有两个方面值得关注：

一是美国教育重通才，中国教育重技术。从历史来看，产业结构本身的变化跟教育方式、教育理念和教育结构的变化总是相辅相成的。中国经济今天以制造业为主体，这当然就需要有很多的工程院院士，大学要培养很多的工程师。相比之下，美国的服务业占 GDP 的 85% 以上，所以美国的教育体系侧重点就不同，是侧重通识教育，培养通才。

中国的教育侧重硬技术，由此产生的人才结构、产业结构也受到教育内容约束。在中国，从幼儿园到小学、初中、高中、大学再到研究生，一直都强调死记硬背为考试，强调看得见摸得着的硬技能，特别是科学和工程几乎为每个家长、每个老师认同，这些教育手段、教育内容使学生毕业后差不多也只能从事制造业。但现在为了向创新、向品牌经济转型，就不能只看重硬技术、只偏重工程思维，也必须重视综合人文社会科学的训练。离开市场营销、离开人性的研究，就难以建立品牌价值。

二是美国教育更注重思辨能力的训练。这是美国自幼儿园开始就重视的强项，具体表现在两方面：其一是课堂表述和辩论，自幼儿园开始，老师就给小孩很多表述的机会，让他们针对某个问题发表自己的看法，谈谈自己的经历，或者跟别人辩论；其二是科学方法这项最基本的训练，多数校区要求所有学生在小学四五年级时都能掌握科学方法的实质，这不仅为学生今后的学习、研究打好基础，而且为他们今后作为公民、作为选民做好思辨方法论准备。

有思辨能力，方有经济转型。正因为这种思辨能力的培养，很自然地就会去怀疑、审视，然后就看能否找到证据来证明这个话逻辑上或者事实上、数据上站不住脚。这种习惯看起来简单，但是对于培养独立的思辨能力，让学生毕业以后，特别是大学毕业以后，不只是简单地听话的机器，这些是非常重要的自然的开端。在中国经济、社会转型到这个地步时，特别是在产业结构上、品牌建立上、创新型国家方面都有非常多的愿望和渴求时，实现这种教育转型尤其重要。

中国经济转型需要教育的转型，需要培养兴趣丰富、人格完整、头脑健全的通识公民、思辨型公民。如果不能做到这一点，中国恐怕只能继续是给世界提供低级劳动力的工厂。

3. 从现代社会发展的势头看，更加关注教育个性化水平和创新能力培养方式。

现代社会政治、经济、科学等方面的巨大变化将会对教育产生深刻的影响。首先，一系列我们一直奉为真理的知识，可能不再准确，那些以传授课本知识为本的教师，突然发现自己津津乐道的这些知识一下子过时的时候，还会泰然自若地应对每天的教学吗？其次，随着我们越来越尊重学生个体，越来越关注学生个体最大限度的发展，我们的教育体制就将面临挑战，义务教育规定入学年龄、规定修学期限、每学期限定课程、不考虑男女生在个体发育上的差异的做法，越来越不适应学生的个性发展，教育需要变革；第三，读写能力与读写方法，在老师教、学生学的过程中占有主导地位，但现在一款很小的电子产品就可以为我们大声地读出课文，语音存储技术也是小菜一碟，这必然促使几乎专门以费力的文本解码为前期假设的教育学发生巨变；第四，学校只是在教育发展到一定程度之后才出现的文化现象，在学校教育中，永远占据重要地位的是教师们带到教室里去的对知识和学习的热情，但随着新的电子媒体和微型生物芯片等的运用，人们可能待在家里更容易跟别人进行沟通，个性化的学习也终将变成现实。

这些新情况，都是现行的教育体制和当下的课程教学方式难以解决的，教育到了发展的关键期，走到了转型的十字路口。

4. 基础教育转型任重道远。

我们目前正处在国家坚持科学发展、率先转变经济发展方式、提高自主创新能力、推进改革开放、构建社会主义和谐社会的转型发展时期，基础教育需要进行重大战略转型的关键时期和攻坚阶段，教育价值取向将从过度追求现实功利转向尊重教育对人的发展的评价；教育质量评价将从过度注重学科知识成绩转向全面而多样的综合评价；学生培养将改变高度统一的标准化模式，更加注重教育境界和教育专业素养；教育管理方式将从单纯依靠行政手段转向更加注重思想和专业引领。要以均衡优质发展来促进教育公平，正确把握均衡公平和多样特色的关系，鼓励和支持“非名校”通过提升育人质量，提升知名度。要把改革创新作为促进基础教育的动力，拿出敢为人先、不畏艰难的勇气，聚焦重点难点问题推进改革，打好“减负”组合拳。基础教育如何转型，如何创新，如何培养合格人才将是一个任重道远，充满责任和使命的工作。

1.2.2 教育从适应走向引导

华东师范大学教授陶华坤在《教育从适应社会转型走向引导社会改造》中指出：理想的教育离不开教育理想的支持。教育的灵魂和基础是人文精神的培育，是责任、情怀和文化的传递过程。做“有灵魂的教育”，应以思想“智库”的角色来对社会改造和不断进步做出贡献。他从教育自身的功能，阐述了教育从适应社会转型走向引导社会改造可以发挥的三方面的独特作用。

1. 教育的根本目的就在于培养现代公民。

教育是改造社会的重要工具。社会的改造和变化涉及教育的改造和变化，社会改造的实现需要利用教育。教育不再只是适应社会，而要在适应的基础上超越社会。教育转型不再只为社会转型而制约，而是要引导社会改造。教育是人类实现特定目的的工具，教育目的必须统一到“解决文化危机、取得高度文化成就”上来，并使学生对这个真正的教育目的持积极态度。教育的方法和过程应该有助于发展学生分析、批判以及做出决定的能力，而这些只有通过民主的教育实践才能实现。

陶华坤认为，学校应引领社会改造。社会转型的实质是一场“人的革命”，人的变革将牵动整个社会的变革与发展。以终身学习的价值取向为指导，整体性地重构各类教育，形成有助于人的可持续发展的学习制度。打通不同教育类型的壁垒，真正建立起教育的立交桥。由于教育是社会的教育，其成败取决于社会及其发展水平，而教育又对社会的发展具有反作用，这种反作用就是通过培养人而实现的。所以，教育既要考虑其自身发展规律又要符合社会需求，因为教育过程就是把社会的价值观念植根于个人，把受教育者培养成现代社会所需要的现代公民的过程。

2. 教育必须提出改造社会秩序的主张。

陶华坤认为：教育离不开社会，改造社会以改造教育为前提。良好的教育，可以使人性得到很好的改造，从而使人成为有理想的人。改造社会，就要求教育培养出性格独立、思想自由、有崇高社会理想的人才，把自我实现与社会效益结合起来，注重实现社会价值。

教育必须支持现存社会秩序的改造。教育要发挥对文化进行彻底改造的作用。社会的改造不是简单地通过政治行动，更重要、更根本的是，必须通过教育使社会成员认识到目前的社会缺失，来实现对社会的改造。因此改造后的社会制度必须由具有健全精神的公民来管理和使用。

3. 教育应培养具有独立人格和改造社会能力的人。

教育的根本功能就是培养人，只有通过培养出具有独立人格的人、具有改造社会能力的人，才能实现教育的社会功能。社会的发展、教育的发展，它不仅反映出了一种自然的历史进程，而且也是一种依据人类的理想进行选择、修正和提升的过程。教育的使命就在于改造社会，而不是被社会改造。陶行知把教育植根于整个人类社会生活之中，就是致力于用教育的功能去改造社会的明证。

1.2.3 教育转型的必然要求

转型是主动求新求变的过程，是一个创新的过程。既然是创新的过程，那就不会有现成的模式可以借鉴，需要我们边思考边实践，边探索边完善。

1. 更新教育观念。

教育观念就是人对教育现象或者问题的看法或认识。教育观念指导着人的教育行为，要实现教学手段和教学方法的改变，首先必须改变人的教育观念。现在的教师，都是过去教育方式培养出来的，而他们所要完成的任务，则是为学生个体的未来以及社会和国家的未来奠基。如果教师不对未来的社会、经济、科学的发展有很高的关切度，不去思考这些发展对教育所带来的影响，要完成教育的任务是很困难的。所以说，更新教育观念，是教师迫在眉睫的、也是长期的任务。

2. 坚定教育信念。

最近这些年，社会、经济、科学技术等方面的发展都是日新月异，但教育的变化非常缓慢。新的知识、新的技能层出不穷，但我们的课程和教学内容几十年来几乎没有什么改变；世界变得越来越平坦，互联网将整个世界变成了一个地球村，但教育却在想方设法地不让学生“触网”，将学生封闭在一个狭小的空间内；社会上的职业划分越来越多，需要的人才种类也越来越丰富，但我们的考试选拔制度依然非常单一，培养人的规格高度统一……这一系列的反差，导致社会各界对教育的不满逐渐加剧，甚至连教师自己也对教育现状牢骚满腹。但光靠发牢骚是不能解决问题的，教育需要一个良好的社会环境，需要各方面拿出具体的行动来支持，更需要所有教育工作者坚定信念，勇于创新和实践。当每个人都有强烈的忧患意识，都想方设法地去克服当前的教育弊端，促进教育走上和社会政治经济协调发展的轨道时，教育的春天就会来临。

3. 勇于教育创新。

首先是制度方面的创新。新生的入学，是否可以不按照年龄来决定，而是根据学生的实际发展水平来取舍？学生在学校里，是否可以在不同的年级里读不同的课程，以适合自身的学习水平？现行的高中招生考试制度，是否可以做一些变革，营造更适宜于学生发展、更加和谐的教育环境？不同部门对教育系统制定的政策，能否多从整体的角度思考而不是本位主义，使得各项政策能够形成合力？其次是课程建设方面的创新。现行的教科书，给教师的教学提供了很大的便利，但同时也造成了师生的过度依赖。一方面，可以将现有的纸质教科书转化为电子书籍，强调动态性和时代性；另一方面，甚至可以取消教科书，以课程标准为本，彻底解放教师和学生，发挥大家的聪明才智。再次是教学方式的创新。我们现有的教学方式，以教定学非常普遍，以学定教不够重视，以人为本的理念没有得到很好的落实；教师的主导作用发挥得很充分，学生的主体作用没有得到很好的体现。最后是资源利用的创新。要充分发挥信息技术这一资源，让教育教学工作插上信息的翅膀；要形成新的资源开发和利用机制，让社会各界都能开发教育资源，为学生更好地学习提供服务。

4. 勤于教育实践。

主动实践，求新求变，需要在制度、课程建设、教学方式、资源开放等方面有针对性地选择好切入点，进行深入细致的实践，以点带面。

教育转型，在《教育规划纲要》里都已经非常明确、明晰地表达出来了：其关键在体制改革，必须以体制转型为重点，通过人才培养模式、招生考试等一系列改革来达到这个转型。实现教育转型，深化教育体制改革，关键是更新教育观念，核心是改革人才培养体制，目的是提高人才培养水平，教育成效不应只看学生是否能准确填写标准答案，还要看学生的学习能力、实践能力、创新能力，看他们是否掌握了发现问题、解决问题的关键能力，看他们是否具备了高度的社会责任感。要彻底改变今天应试教育的影响，要下决心实现这个转型。

必须清醒认识到我们国家实行转型，特别是实行教育转型的任务非常艰巨、过程非常艰难。教学模式改革要培养学生的创新精神，但受到很多传统东西的影响和阻碍，因为缺乏制度配套，特别是评价制度、高考制度、教师的考核标准等。在今天国家转型时期，有非常复杂的多元情况，既要看到这些情况，也要看到目前存在的一些问题。教育的未来，就是孩子的未来，我们必须把转型深入到、渗透到每个教育工作者的心田，落实到每一个教育者的行为上去，这个责任感是必需的。为了孩子的发展、国家的发展，转型是一个系统变革，对每一个教育者都是一项专业的、创新的行动。

1.3 教育转型关键是治理体系与治理能力现代化

1.3.1 教育转型的突破口是教育综合改革

2010年颁布的《国家中长期教育改革和发展规划纲要(2010—2020年)》已明确提到要改革教育管理体制，建立现代学校制度，但这一纲要却没有得到切实落实。原因在于，在调整政府与学校的关系问题上，出现了“现代政府”和“现代学校”改革陷入“拉锯战”。现在时机已经成熟，国家顶层提出并启动实施了“推进国家治理体系和治理能力现代化”，这为建立现代学校制度提供了现实路径，即通过建立“现代政府”和“现代学校”的综合改革，实现教育管理现代化和建立现代学校制度，解决当前困惑教育发展转型的重大问题。

我国教育的首要问题，是办学存在严重的行政化倾向，缺乏教育家治校。这具体体现在两方面：

一是政府的教育行政部门把所有权力掌握在手中，教育工作呈现“管评办”一体化，学校没有办学自主权。这样的治理体系，严重混淆了政府和学校的权责。现代政府在教育工作中的作用，主要是保障教育的投入和依法监督学校办学。至于学校的具体办学以及对学校办学的评价，则不是政府部门的事，如果政府把办学权和评价权都掌握在自己手中，其管治下的学校必然千校一面，缺乏个性、特色，也缺乏灵魂。

二是学校内部缺乏现代治理能力。我国公办大中小学的校长是由上级部门任命的，而在学校内部，行政权起支配作用，导致学校不是纯粹的教育教学机构，而成为一级政府部门。近年来，校园腐败、学术不端事件频发，都和缺乏现代治理有密切关系。另外，虽然民办学校的校长由董事会选拔、任命，实行董事会领导下的校长负责制，但运行还存在一定问题，在一些民办学校，并没有做到校内民主管理，教师和学生没有话语权。

建立现代学校的前提，是需要政府部门放权。如果政府部门把学校的招生、学科设置、专业设置、课程设置、学位授予的权力都掌握在自己手中，学校怎么自主办学？更重要的是，如果上级部门把核心的人事权、财权都不下放，学校是很难提高治理能力的。

教育改革涉及的利益极为复杂，改革最大的问题不是只进行局部调整，而是推进全局的综合性改革，这就要考验治理能力。实行这样的改革，单靠教育行政部门，或者由教育行政部门牵头实施，是很难做到的。这需要在全面深化改革领导小组的统筹协调下综合推进。

1.3.2 教育治理体系和治理能力现代化的目标

党的十八届三中全会明确提出，全面深化改革的总目标是完善和发展中国特色社会主义制度，推进国家治理体系和治理能力现代化。这是国家改革的总目标，也是各领域改革的总要求。

教育改革作为全面深化改革的重要领域，一切改革的举措和行动，毫无疑义都要自觉围绕这一总目标、落实这一总要求，从教育部门自身改起，完善科学规范的教育治理体系，形成高水平的教育治理能力。围绕教育治理体系建设、教育治理能力提高，深化教育领域综合改革；通过深化教育领域综合改革，实现教育事业科学发展；通过教育事业科学发展，更好地促进教育公平、优化教育结构、提高教育质量；通过促进公平、优化结构、提高质量，更好地为打造中国经济升级版、全面建成小康社会提供坚强有力的人才支撑和智力支持。

1.3.3 教育治理体系和治理能力现代化的意义

1. 落实国家决策部署，必须推进教育治理体系和治理能力现代化。

十八届三中全会把完善和发展中国特色社会主义制度、推进国家治理体系和治理能力现代化作为全面深化改革的总目标，明确了改革朝什么方向奋斗、在什么地方聚焦、于什么环节着力。过去我们习惯讲管理，现在强调治理；过去我们常说四个现代化，现在提出治理现代化。这是新形势下对治国理政理念和治国理政方式规律性认识的深化和理论创新。

加快推进治理体系和治理能力现代化，是国家实现现代化的重大实践，既是理论创新和实践创新的结晶，也是把改进作风放在突出位置，以壮士断腕的决心推进行政审批制度改革。实施改作风、转职能，实质上都是在完善治理体系，提高治理能力。国家全面深化改革为教育改革开启了新的窗口期，各级教育部门一定要抢抓机遇、乘势而上，切实加快推进教育治理体系和治理能力现代化。

2. 适应教育形势变化，必须加快推进教育治理体系和治理能力现代化。

当前，教育形势发生了深刻变化。我国举办着世界上最大规模的教育，2.6亿学生、1 600万教师、52 万所学校，各级各类学校组织的复杂化、结构的多样化、水平的差异化以及人民群众教育诉求的个性化都在不断增强。教育规模扩大后，各方面更加关注教育质量和水平；教育经费投入增多，各方面更加关注教育公平和效益；接受高等教育人数不断增长，各方面更加重视教育结构和布局；城镇化加速推进，教育人口出现了前所未有的迁移流动；经济全球化日益深化，国际竞争异常激烈，加强对外交流合作日益紧迫；信息化的飞速发展，对教育理念和方式带来多方位的冲击。教育作为社会的一个子系统，随着形势的发展变化，迫切需要我们加快实现由办教育向管教育转变，由微观管理走向宏观管理，由直接管理走向间接管理，由教育管理走向教育治理。

3. 破解热点难点问题，必须加快推进教育治理体系和治理能力现代化。

改革开放 37 年来，特别是《教育规划纲要》颁布实施 5 年来，我国教育改革发展取得显著成绩，一个重要原因是，我们在不断推进教育管理方式的改革和管理水平的提高。当前，教育工作还存在不少问题，学生创新精神、实践能力还不足，办学活力还不够，教育与经济社会发展的联系还不紧，国际竞争能力还不强，等等。主要原因是教育管理部门的管理理念、管理体制、管理方式、管理能力落后。政府、学校、社会之间的关系没有理顺，政府缺位、越位、错位的现象时有发生，制约了学校办学的积极性、社会参与的积极性；不同层级政府之间教育权责交叉，上级部门管得过多过细过于简单，制约了基层因地制宜创造性开展工作；管理方式单一，习惯于用分数管学生、用升学率管教师，制约了学生的创造性、教师的创造性。这些问题如果不能有针对性破解，教育管理体制机制不能实现很好转变，教育就不可能与国家现代化相适应。

实现国家现代化，教育要率先现代化。到2020年教育现代化基本实现，还有5年时间，让世界最大教育体系整体进入现代化，任务十分艰巨。实现教育现代化，教育治理要率先现代化。如果不能尽快实现教育治理体系和教育治理能力现代化，教育现代化的目标就不可能如期实现。我们必须充分认识推进教育治理体系和治理能力现代化的重要性、必要性、紧迫性，以更加清醒的认识、更加主动的姿态、更加执着的努力，完成好我们这一代人必须面对、必须回答的时代课题。

1.3.4 教育治理体系和治理能力现代化的重点任务

1. 理顺管办评的权责关系。

推进教育治理体系和治理能力现代化，就是要适应国家治理体系和治理能力建设，根据教育发展的自身规律和教育现代化的基本要求，以构建政府、学校、社会新型关系为核心，以推进管、办、评分离为基本要求，以转变政府职能为突破口，建立系统完备、科学规范、运行有效的制度体系，形成政府宏观管理、学校自主办学、社会广泛参与的格局，更好地调动各级政府的积极性，更好地激发每个学校的活力，更好地发挥全社会的作用。

政府宏观管理，就是要转变职能、简政放权、创新方式，把该放的放掉，把该管的管好，做到不缺位、不越位、不错位。

学校自主办学，就是要落实学校办学主体地位，明确权利责任，自我管理、自我约束、自我发展。

社会广泛参与，就是教育质量要接受社会评价、教育成果要接受社会检验、教育决策要接受社会监督，最大限度吸引社会资源进入教育领域。

政府、学校、社会，管、办、评三者之间，权责边界既应当是清晰的，又一定是相对的，既相互制约又相互支持，由此形成现代教育治理体系，不断提升现代教育治理能力。

2. 把方向，落实好立德树人根本任务。

把握办学方向，是政府的首要职责。全面贯彻党的教育方针，坚持社会主义办学方向，做好立德树人、教书育人的工作，始终是教育第一位的要求。当前的关键，是要把党的教育方针和社会主义核心价值观细化、实化、具体化，转化为学生的核心素养和学业质量，体现到课程标准、教材编写以及考试评价之中。

培育和践行社会主义核心价值观。要把培育和践行社会主义核心价值观融入国民教育全过程。要抓好主题教育活动。要突出诚信教育重点，将学生诚信表现记实性写进成长记录，建立守信激励和失信惩戒有效机制，广泛形成守信光荣、失信可耻的价值观念和制度保障。要从中华优秀传统文化中汲取营养，创新教学方法，分学段有序推进，打牢培育和践行社会主义核心价值观的思想文化根基。要坚持知行统一原则，完善“青少年志愿服务制度”，明确学生在学期间参加志愿服务的要求，以记实方式纳入学校教育质量综合评价体系，纳入学生综合素质评价指标。

推进各类课程改革。研究制定学生发展核心素养体系和学业质量标准，对各学段育人目标和各学科内容设计提出具体要求。修订课程标准，启动普通高中课程标准修订工作，修订中等职业学校课程教学大纲，研究提出大学相关教材修订和使用意见。做好教材编写工作，全面修订义务教育各年级各学科教材。

3. 促公平，推进基本公共教育服务均等化。

公平正义是社会主义本质要求，教育公平是社会公平的重要基础。用教育公平重新审视体制机制，重新评估政策措施，通过规则调整和制度创新，不断提高教育公平水平。

惠民生，保障每一个孩子都有学上。要推动教育资源向农村倾斜，向边远、贫困地区倾斜，向薄弱学校倾斜。积极推动进城务工人员子女平等接受教育，改善农村留守儿童接受义务教育状况，办好农村必要的教学点，统筹解决好一些地方农村学校“空心化”的问题。国务院办公厅转发了教育部等部门《特殊教育提升计划(2014—2016年)》，国家召开了特殊教育工作电视电话会议，提出要实行“一人一案”、加快“两头延伸”、深化课程改革、强化培养培训等多项工作要求。要落实好提升计划和全国特教会精神，进一步加强特教工作，对于确实不能进校就读的，要送教上门，努力让每个残疾孩子接受良好教育。

保基本，使每一所学校都达到基本办学条件。以建设中小学校舍安全长效机制和农村中小学校舍维修改造长效机制为抓手，继续组织改善贫困地区义务教育薄弱学校基本办学条件建设、农村初中校舍改造工程和普通高中改造计划等教育重点工程项目，不断改善办学条件，促进城乡资源均衡配置。出台连片特困地区、边远乡村学校教师生活补助政策，启动实施农村教师生活补助发放工作，推进农村教师周转宿舍建设，使优秀教师下得去、留得住、教得好。

提质量，不断扩大优质教育资源覆盖面。要进一步推进义务教育均衡发展，就必须解决师资均衡配置问题。今年，要推进县域内义务教育学校校长、教师交流工作，启动全省首批校长教师交流试点工作。这项工作直接关系到教师、学生和学校的诸多利益，各地要高度重视，对可能出现的困难和问题要提前准备应对，确保工作顺利推进。要优化学校布局，从严控制农村学校撤并行为。要进一步加强义务教育阶段学校标准化建设，通过学区制、学校联盟、教育信息化等有效途径不断扩大优质教育资源。

4. 调结构，促进各级各类教育协调发展。

不断调整优化教育结构，是适应经济社会发展、推动经济转型升级的要求，也是政府教育宏观调控的重要内容。当前应着力在发展职业教育和民办教育上多下功夫。

加快构建现代职业教育体系。要从完善基本制度入手，加快形成适应经济社会发展需求、校企紧密合作、产教深度融合、中高职衔接、职普沟通，体现终身教育理念，具有中国特色、世界水平的现代职业教育体系。2014 年召开了全国职业教育工作会议，全面部署推动我国职业教育改革发展。要紧密结合市场需求，加强农村职业教育和技能培训，实施农民工职业技能提升计划。

鼓励社会力量兴办教育。要全面清理各类歧视性政策，创造统一开放、公平竞争的发展环境，进一步激发民间投资活力。进一步鼓励社会力量兴办教育，进一步解决民办学校分类管理、法人属性、产权归属、教师保障、财政扶持等问题。积极探索运用政府补贴、政府购买服务、助学贷款、基金奖励、捐资激励等制度，鼓励社会力量兴办教育，推动民间资本进入教育领域。

5. 抓改革，积极稳妥破解考试招生制度难题。

推进改革是教育工作的重要内容，是教育事业发展的强大动力。开展改革试点，在有意愿、有条件的若干省份和高校开展改革试点，改革试点包括综合改革和专项改革试点。改进考试内容，研究统一高考的语文、数学、外语等课程考试内容改革，完善国家考试题库。高等职业教育推广“文化素质+职业技能”的考试方式。

确保公平公正。这是社会各界最为关心的问题。确保公平公正，最重要的是理清责任、落实责任。要抓紧完善并严格执行责任追究办法，健全责任分解、检查监督、倒查追究的完整链条，有错必纠，有责必问。建立校长作为法人代表签发(或授权签发)录取通知书制度，公布各校录取通知书签发人名单。进一步清理规范和逐步减少各类加分政策。

6. 转职能，改进教育管理方式。

政府是社会治理的重要主体，在“管、办、评分离”中，政府管理的改革是前提、基础。推进政府管理改革，核心要义是加快转变职能，进一步简政放权，同时督促基层和学校把权接住、管好，确保放而不乱。

“善政必简”。只有该简的简，该放的放，才能激发学校和社会活力、需求潜力和发展动力，才能从名目繁多、繁琐细碎的评估、评审、评比中解脱出来。要统筹整合专项资金，根据财税体制改革要求，整合农村义务教育改善办学条件专项资金，统筹高等学校重点学科建设资金，扩大基层和学校资金统筹使用权，提高资金使用的整体效益。要减少各种检查活动，建立检查工作归口管理，整合各种常规性和临时性检查，给学校创造一个安心静心办学的环境。简政放权，当前重点是扩大省级政府教育统筹权和学校办学自主权，凡是由学校能自主决定的事项一律下放到学校。

加强标准建设。标准具有普遍的约束力。要依据标准进行规范化管理，用标准加大投入、加强监督、加强约束，从根本上减少管理中的随意性。教育部制定了《标准与指南》制定和发布规程，强化对国家教育标准体系的顶层设计，加快形成富有中国特色的教育标准体系。

“政贵有恒”。法治是现代教育治理的基本特征，不断健全教育法律制度体系，对教育事业科学发展具有稳定持久的保障作用。

强化教育督导。推进教育治理体系和治理能力现代化，既要简政放权，也要加强监督监管。教育督导是政府加强宏观管理的基本手段，也是决策、执行、监督三者相互协调中不可或缺的重要环节。要进一步完善督学、督政、监测三位一体的教育督导体系，提高督导工作规范化专业化水平。督政方面，继续开展义务教育发展基本均衡县(市、区)省级督查、国家认定工作，探索建立义务教育均衡发展监测和复查制度。督学方面，制定督学管理办法，完善中小学校责任督学挂牌督导制度，实现全国中小学责任督学挂牌督导全覆盖，推进学校规范办学行为。制定学校素质教育督导评估办法，推动学校办出特色，扎实实施素质教育。质量监测方面，制定发布全国义务教育质量监测工作方案，开展全国义务教育质量监测，科学评价义务教育阶段学生学业质量，为改进教学和科学决策提供支撑。制定教育督导报告发布办法，完善教育督导报告发布和限期整改制度，加大复查和问责力度。

7. 发挥学校主体作用，加快建设现代学校制度。

教育有没有活力，关键要看学校有没有活力。推进教育治理体系和治理能力现代化，必须把学校作为基本立足点，建立以学校持续健康发展为导向的工作机制，最大程度地激发学校作为教育“细胞”的活力。

完善内部治理结构，形成自我约束、自我规范的内部管理体制和监督制约机制。章程是明确学校内外部权利义务关系、促进学校完善内部治理结构的重要载体，要完善教职工代表大会等制度，保障校长、教职工，特别是学生等相关主体的权利，实行好校长负责制，加快推进教职工代表大会和家长委员会建设。

推进依法办学。要把依法治校的能力和成效作为评价学校领导管理水平、治校水平的重要内容，切实推动学校管理观念的转变。提高学校管理的法制化水平，坚决杜绝任何学校出现有悖于法治原则的管理手段和规定。要建立和完善教师申诉、学生申诉制度，让每一个受教育者和教育工作者在学校管理中都能直接感受到法治的力量。要建立教育领域公益性法律服务机制、学校安全事故依法调解制度，完善保障学校依法办学的制度环境。

坚持面向社会。学校只有主动面向社会、服务社会，不断提高服务意识、服务能力、服务水平，才能实现持续健康发展。

8. 发挥社会评价作用，动员社会参与支持监督教育。

在“管、办、评分离”中，评价是反馈环节，具有重要的导向作用。客观、科学、公开、公正的评价，是增强教育工作针对性、有效性的前提，可以为政府决策提供参考，为学校改进工作提供依据。治理模式下的“社会评教育”，实质是要把评价权和监督权更多交给社会、回归社会，在“管”与“办”的互动中，保持相对独立性，成为教育治理体系的一个重要方面。

强化专业组织评价功能。教育评价具有很强的专业性。正确发挥评价的监测、诊断、指导功能，专业机构不可替代。要支持现有专业机构建设，发挥专业学会、行业协会、基金会等各类社会组织在教育公共治理中的作用。要加快培育独立于教育部门的专业教育服务机构，不断提高其评估监测水平。

通过测评，及时发现问题，准确找出差距，切实提高各级政府和各级各类学校做好工作的自觉性、针对性，提高教育现代化水平和教育满意度。

重视社会公众监督。社会监督是教育治理体系和治理能力现代化的重要组成部分。阳光是最好的防腐剂。要推行教育部门、高校权力清单制度，让权力在阳光下运行，让社会各界在公开中监督。要通过信息公开，确保社会公众及时、便捷、有效地获取各类教育信息，这是社会监督不可或缺的环节和基础。强化社会评价，首先要求各级教育部门、各级各类学校主动加强信息公开，主动让社会了解，提高政务和校务公开的水平，提高政府和学校的公信力。坚持以“公开为原则，不公开为例外”的要求，把各项政策和重要事项依法、及时、全面、准确地向社会公开。进一步加强职能公开、依据公开、程序公开、结果公开、监督公开。重要改革方案、重大政策措施、重点工程项目在决策前都要公开征求意见，并以适当方式公布意见采纳情况。大力推进工作结果公开，推动教育质量标准、教育质量监测结果和教育督导报告向社会公开。对各级各类学校，要把办学条件能力、质量水平等信息向社会公开，让社会了解。积极公开群众关注的信息，对学校重大决策、政策及时宣传，赢得社会理解；对突发事件要及时回应，掌握舆论主动权，树立和维护学校的良好形象和声誉。信息公开，核心是

“公开”，关键在“真实”，根本在“监督”。

1.3.5 教育治理体系和治理能力现代化的基本要求

加快推进教育治理体系和治理能力现代化，是我们面临的时代命题，是必须完成的崭新课题，也是十分艰巨的历史任务。完成好这一任务，无论思想观念、精神状态，还是知识储备、工作方法，我们都还有许多不适应之处，能力不足、本领恐慌的问题现实地摆在每一个教育管理者的面前。我们要以强烈的使命意识、责任意识、危机意识，切实提高认识、增强本领，打好深化教育领域综合改革这场攻坚战，实现推进教育治理体系和治理能力现代化的总目标。

1. 坚定理想信念。

理想信念是我们精神上的“钙”，理想信念不坚定，就会得“软骨病”。坚定理想信念，提高党性修养、思想觉悟、道德水平，必须深入学习、深刻领会、身体力行。自觉地运用辩证思维、系统思维、创新思维、战略思维、底线思维来思考问题、谋划思路、改进工作。要认真学习各方面知识，丰富知识储备，完善知识结构，打牢履职尽责的素质能力基础。

2. 增强担当意识。

担当体现着胸怀、勇气、品格。教育改革已进入“深水区”，利益格局错综复杂，要牢记对民族的责任、对人民的责任、对事业的责任，勇于负责、敢于担当。改革难度和风险都在不断加大，要敢于旗帜鲜明、较真碰硬，勇于尽心竭力、攻坚克难，善于为国分忧、为民解难。要牢牢把握改革的正确方向，坚持正确推进策略，确保改革取得预期成果。

3. 强化为民情怀。

加快推进教育治理体系和治理能力现代化，最终是要让教育成果更多、更公平惠及全体人民。必须把促进社会公平正义、增进人民福祉作为改革的出发点和我们一切工作的落脚点。必须养成真挚为民的情怀，把群众冷暖放在心上，把师生需求贯穿工作始终，调研要深入群众，决策要吸纳群众，执行要依靠群众，监督要动员群众。在教育改革发展实践中解决好“为了谁、依靠谁、我是谁”的问题，立身不忘做人之本，为政不移公仆之心，永远保持为民、务实、清廉本色。要深入基层和学校调查研究。了解群众师生的想法，发现问题的症结，找到解决的办法。要完善民主科学决策机制，与师生利益密切相关的事项，要做好公示、听证，增强决策的透明度，扩大公众的参与权。

4. 坚决守住阵地。

保持校园和谐稳定，是加快推进教育治理体系和治理能力现代化的必然要求。要加强组织领导，强化阵地意识，牢牢掌握意识形态工作领导权、管理权、话语权。要注重形成合力，发挥政府主导作用，动员社会力量共同参与，健全畅通有序的诉求表达、矛盾调处、权益保障、心理干预机制，切实抓好日常管理，做到发现在早、防范在先、处置在小。要坚持源头治理，认真解决师生关心的实际问题和信访反映的突出问题，把他们合理合法的利益诉求解决好。要完善应急预案，根据可能发生的突发事件，事先研究制定应对计划和方案，做到全覆盖、能操作、已演练、常更新。

5. 加强舆论引导。

这既是提高教育治理能力的重要内容，也是树立教育系统良好形象的现实需要。要更好地唱响主旋律、提振精气神、激发正能量。准确解读教育改革政策措施，理性分析教育改革焦点难点，提高宣传报道的权威性和公信力。通过扎实有效的舆论引导，最大限度凝聚改革的正能量。

1.4 教育转型的策略构建

1.4.1 问题驱动

面对前所未有的机遇和挑战，必须清醒认识到，我国教育还不完全适应国家经济社会发展和人民群众接受良好教育的要求。

教育观念相对落后，内容方法比较陈旧，中小学生课业负担过重，素质教育推进困难；学生适应社会和就业创业能力不强，创新型、实用型、复合型人才紧缺；教育体制机制不完善，学校办学活力不足；结构和布局不尽合理，城乡、区域教育发展不平衡，贫困地区、少数民族地区教育发展滞后；教育投入不足，教育优先发展的战略地位尚未得到完全落实。

接受良好教育成为人民群众强烈期盼，深化教育改革成为全社会共同心声。

1.4.2 目标导向

要深化教育体制改革，关键是更新教育观念。树立全面发展观念，努力造就德智体美全面发展的高素质人才。树立人人成才观念，面向全体学生，促进学生成长成才。树立多样化人才观念，尊重个人选择，鼓励个性发展，不拘一格培养人才。普通高中教育必须明确功能定位和价值取向，为学生的终身发展负责，培养学生终身学习的能力。不仅要为所有学生人生发展给予指导，更应当为不同潜能学生的发展创造条件。要转变以升学预备教育为主的普通高中育人模式，建立健全学生自主选择课程的制度，为学生多样化发展服务。要开展高中创新人才培养试点工作，建立面向全体与因材施教、辩证统一的创新教育体系。要转变学校发展方式，探索建立适应不同类型人才成长的学校管理体制，改变万人一面、千校一面的教育面貌。到2020年，实现教育现代化。建立现代学校制度，完善现代教育体系，全面实施素质教育。

1.4.3 顶层设计

1. 国务院颁布《国家中长期教育改革和发展规划纲要(2010—2020 年)》，推进教育现代化。

2. 党的十八届三中全会做出全面部署：解决教育培养什么人、怎样培养人的问题。

(1)党的十八届三中全会审议通过的《中共中央关于全面深化改革若干重大问题的决定》在“完善和发展中国特色社会主义制度，推进国家治理体系和治理能力现代化”的总目标下，进一步强调十八大报告中所提出的“积极培育和践行社会主义核心价值观”。

(2)中共中央办公厅印发的《关于培育和践行社会主义核心价值观的意见》中将“积极培育和践行社会主义核心价值观”作为推进中国特色社会主义伟大事业、实现中华民族伟大复兴中国梦的战略任务来抓，并明确指出培育和践行社会主义核心价值观要从小抓起、从学校抓起。

3. 教育部《关于全面深化课程改革落实立德树人根本任务的意见》，确立教育的根本任务就是立德树人。

“立德树人”是发展中国特色社会主义教育事业的核心所在，是培养德智体美全面发展的社会主义建设者和接班人的本质要求。

课程是教育思想、教育目标和教育内容的主要载体，集中体现国家意志和社会主义核心价值观，是学校教育教学活动的基本依据，直接影响人才培养质量。要全面深化课程改革，整体构建符合教育规律、体现时代特征、具有中国特色的人才培养体系，建立健全综合协调、充满活力的育人体制机制。

教育部《关于全面深化课程改革落实立德树人根本任务的意见》，围绕立德树人的根本任务，把培育和践行社会主义核心价值观纳入学校教育的总体规划中，覆盖到所有学校和受教育者，形成课堂教学、社会实践、校园文化多位一体的教育平台。推进中小学社会主义核心价值观培育，已成为各中小学教育面临的新形势、新任务。

4. 教育部《关于深化教育领域综合改革加快推进教育治理体系和治理能力现代化》。

指出目前存在的学校办学活力不够、学生创新精神和实践能力不足、教育的核心竞争力不强等问题，根子出在管理理念、管理制度、管理方式、管理能力相对滞后上。

深化教育领域综合改革，必须通过建立科学规范的治理体系、打造高水平的治理能力，为教育发展注入新的活力。

实现由“管理”向“治理”的转变。要实现从直接管理向间接管理的转变。克服长期以来形成的教育行政部门和学校之间职责不明、权限不清的问题，政府、教育行政部门做好该管的事，放开不该管、管不了、管不好的事，充分放权，提高学校发展的选择权、自主权。要加快提升教育治理能力现代化，各级政府和教育行政部门要以构建政府、学校、社会新型关系为核心，转变职能，改进教育管理方式，强化教育督导，探索开展社会评价教育工作，深入推进管、办、评分离。学校要充分发挥办学的主体作用，完善内部治理结构，加快建设现代学校制度。通过各方共同努力，构建政府宏观管理、学校自主办学、社会广泛参与、职能边界清晰、多元主体共治的良性格局。

5. 推进中小学教育质量综合评价改革。

2013 年 6 月，教育部颁发《教育部关于推进中小学教育质量综合评价改革的意见》。指出单纯以学生学业考试成绩和学校升学率评价中小学教育质量的倾向还没有得到根本扭转，突出表现为：在评价内容上重考试分数忽视学生综合素质和个性发展；在评价方式上重最终结果忽视学校进步和努力程度；在评价结果使用上重甄别证明忽视诊断和改进。

着力解决严重影响学生的全面发展、健康成长，制约学生社会责任感、创新精神和实践能力培养的突出问题，以适应经济社会和教育事业发展的新形势新要求，必须大力推进中小学教育质量综合评价改革。

6. 深化考试招生制度改革。

2014 年 9 月，国务院颁发了《关于深化考试招生制度改革的实施意见》，着力解决教育公平的问题，主要是唯分数论影响学生全面发展，一考定终身使学生学习负担过重，区域、城乡入学机会存在差距，中小学择校现象较为突出，加分造假、违规招生现象时有发生。

着力解决社会发展问题，适应经济社会发展对多样化高素质人才的需要，更好地促进学生健康发展，更好地科学选拔各类人才，更好地维护社会公平。

1.5　教育转型的坚守与突破

随着教育现代化的推进，教育发展改革给学校教育带来从未有过的挑战，学校将更加贴近社会生活，更加与世界各个角落之间进行“连接”。

因此，在教育领域综合改革中，需要我们在变与不变中做出坚守与突破的选择。

1.5.1　确立以学生发展为中心

十八届三中全会提出的治理结构与治理能力现代化给了我们很好的启示，如何让我们的学校管理真正走向学校治理，对应对这个转型的时代来说，既是挑战，更是机遇。

教育实践家、北京十一学校校长李希贵认为，结构决定性质，结构不变，事物的性质很难改变。在传统学校的管理体制下，管理主体常常被误以为只有一个校长，又由于校长的权力来自于上级的任命，因而，在上下利益冲突、左右矛盾纠结、前后路径相左的时候，一所学校到底能否在全领域、各环节自始至终以学生为中心就完全取决于校长个人的价值取向，而制度设计本身并不具有这样的规定性。现在改造学校治理结构正逢其时，让学校从管理走向治理，关键在于优化学校的治理主体，确立以学生发展为中心。

1.5.2 教育转型需要跨界思维

育人为本是系统工程，每一位教师齐抓共管，学校、家庭、社会通力合作，才能产生教育效应。

每一位学生就是一个世界，我们不仅关注他们的分数，还应该关注分数背后的东西，更应该关注他们的生命健康和精神成长。李希贵校长认为：遗憾的是，我们并没有如此系统地形成促进学生成长的关联性模型；教育，依然靠的是零散的经验和想当然的判断。基于移动互联的跨界思维，让我们为之一振，每个学习者在学习过程中所产生的任何数据都可以转化为信息，任何信息都可以相互关联，任何信息的关联之中，都可能生成意想不到的观点。

李希贵校长认为，留意学生的每一个微笑，关注学生的每一次感动。喜怒哀乐间，倾听他们花开的声音；酸甜苦辣中，欣赏他们果熟的欢笑。把学生们的一切一切都收入眼底，放入心间，每一位教育者的内心都装有一位位全信息的孩子，这样的教育才能真正进入理想天地。

跨界思维，意味着我们要敢于超越之前思维的局限，突破传统工业时代那套讲究程式、严密控制的思维模式，寻找到专业与人文、理性与感性、传统与创新的交叉点，甚至重新审视自我，完成自我颠覆和重塑。

1.5.3 教育转型的责任

国家出台了教育发展政策，制定了改革发展方案，我们的态度不是去讨论对不对的问题，也不是想不想做、要不要做的问题，而是如何积极应对教育的综合改革，促进教育内涵升级发展，这既是机遇也是挑战，这是关系人的成长的问题、关系国家民族未来的问题，责任重大，教育人责无旁贷，教育使命所在。其中关键是理念先行、观念转变、管理转型。

1. 把握转型实施内容。

坚持立德树人根本任务，转变教育观念，创新育人模式，以提高人才培养质量为核心，以体制机制创新为动力，深入探索全面实施素质教育、人才培养体制改革、普通高中课程改革、中小学教育质量评价改革、现代教育实验学校建设等的基本内容、方法和途径，推动区域中小学教育转型升级发展。确保在新一轮全面深化教育综合改革的大潮中，把握主动、顺势发力，抢占先机，率先实现区域教育现代化。

2. 把握转型总体目标。

以落实立德树人为根本任务，以推进素质教育为战略主题，切实转变人才培养模式，打造高素质的专业化教师队伍、完善教育教学管理体制、提升教育信息化水平，全面提升校长的课程领导力和教师的创造力，积极开展现代教育实验学校建设试点，顺应国家考试招生制度改革，构建学校素质教育管理机制，推进信息技术与教育深度融合，积极推进教育质量综合评价改革实验区的建设，促进中小学特色优质发展，在省、市区域内实现教育现代化。

1.5.4　基础教育转型的使命

推进基础教育转型升级发展的总体思路应该是：以科学发展观为指导，以全面推进教育现代化为目标，以办让人民满意的教育为宗旨，以提升教育质量为核心，以深化课程改革为重点，以教师队伍建设为依托，以质量综合评价为导向，以高考改革为突破，实现教育发展方式的全面转型。

我们中小学在教育转型发展的实践探索中，可以围绕以下具体思路来实现区域教育转型，落实教育管理者的使命，即“明确区域一个总体目标、坚持三个价值取向、实施五个区域内涵整体提升、落实七项转型任务、推进八项管理改革、深入推进素质教育十二项举措”。

1. 明确一个区域总体目标。

为生命立品，为成长奠基；让每所学校成功，让每个学生出彩；全面实现教育现代化，办好人民满意的教育。

2. 坚持三个教育价值取向。

第一，基础教育是面向所有适龄儿童的基本公共教育服务，必须坚持公平优质的价值取向，关注每个孩子；

第二，基础教育必须服务于学生们的健康成长需要和未来经济社会发展需要，要促进学生全面、协调、可持续成长，不仅教给他们知识，而且要教会他们做人，让他们具备参与未来经济社会发展的能力；

第三，基础教育要关注教育过程，研究学生，尊重学生身心发展规律、兴趣意愿和成长需要，让教育适合学生，努力满足不同孩子的不同需求，为每个孩子提供适合的基础教育。

3. 实施五个区域内涵整体提升。

区域整体提升义务教育均衡优质发展水平、区域整体提升课堂教学转型力度、区域整体提升中小学特色学校建设质量、区域整体提升教育信息化应用水平、区域整体提升教师专业发展能力。

4. 落实七项转型任务。

第一，在教育价值观上，要从过度追求功利价值转向追求教育对人的幸福和发展本原价值的尊重和回归；

第二，在教育质量评价上，要从过度倚重学科知识成绩，转向全面评价学生综合素质和个性特长发展，建立和完善全面的质量标准；

第三，在学生培养模式上，要突破高度统一的标准化模式，更加注重需求导向的个性化、多样化的培养；

第四，在教师专业成长上，要克服单纯强调掌握学科知识和教学技能倾向，更加注重教师教育境界和专业能力的提升；

第五，在教育管理方式上，要从单纯依靠行政手段，转向更加注重思想领导和专业引领。

第六，在教育手段上，要提高教师应用教育技术的能力，整合课程资源，实现学科课程与信息技术的深度融合。

第七，在教育体制上，要发挥学校自主办学的积极性，实施管办评分离。

5. 推进八项教育管理改革。

第一，实现学校办学从考试应对策略研究转向培养方式研究；

第二，校长从关系协调型管理转向以提升课程领导力为重点的专家型管理；

第三，教师学科知识传授转向体现现代教师学科精神的育人；

第四，课堂教学方式从教师主体转向自主合作探究学习；

第五，课堂教学目标从知识灌输转向实践能力培养；

第六，学校发展从教育的单一模式转向特色多样化、个性化成长模式；

第七，基础教育从分段教育研究转向各学段的系统培养、整体研究；

第八，教育行政管理从强化统一管理转向学校自主办学、自主创新管理。

6. 深化课程改革全面推进素质教育的十二项举措。

第一，实施中小学多样化发展，区域整体推进特色学校建设。

第二，深化基础教育课程改革，落实课程方案和课程标准，建立基础教育课程研究中心、建设中小学学科课程基地。推进国家课程校本化实施。

第三，聚焦课堂教学改革。区域整体推进课堂教学改革，要切实转变教学方式、学习方式，建设高效课堂。强化课程的整体育人功能。加强学校、家庭、社会在育人方面的交流与共识，形成育人合力。改进教学过程，加强备课、上课、作业等环节的一致性，促进教学基本要求的有效落实。为提高作业有效性，引领教师根据教学目标、教学内容和学生学习实际，编制类型丰富、科学合理的作业。

第四，丰富学生学习经历。根据规划，小学各校必须每周安排半天时间让小学生开展综合实践活动，包括体育锻炼、社会实践和社会服务、班团队和社团活动、参观考察活动、社会调查和研究活动等。各县(市、区)建立中小学生社会实践活动中心或基地。

第五，推进中小学教育质量综合评价。区域整体推进教育均衡优质发展，从义务教育阶段率先开始实施教育质量综合评价。学生的责任感、幸福感、身心健康、学习负担、学习实践经历、学习兴趣、学业水平都将成为考察县(市、区)和学校育人质量的基本要素。

第六，创建现代教育实验学校，开展创新人才培养学校试点工作 。

第七，提升教育科研水平，转变教研服务方式，培养学科教研专家，提升学科团队建设整合能力；服务学校开展新高考应对措施研究。

第八，推进教育信息化建设。区域整体推进教育信息化建设，运用现代信息技术丰富教育教学资源，促进学习方式的转变，满足学生多元化和个性化的学习需求。建立数字化教研服务平台，制定教师的信息化教学能力标准和评价体系，提高教师运用信息技术的能力。认真做好数字化课程环境建设和学习方式变革实验工作，通过数字化课程环境建设，打造数字课堂，实现学生自主、便捷、高效、个性化的学习

第九，提升教师专业素养。区域整体推进教师专业能力提升；提升校长课程领导力，培养引领学校、具有办好现代学校的能力与水平的校长素养。

第十，加大义务教育均衡优质发展的推进力度。进一步落实城乡对口帮扶；开展联片结盟；探索学段衔接协同发展；实施托管或集团化办学。

第十一，推进基础教育国际化。培养学生的国际视野，使之具有一定的国际理解和国际交往能力。设立若干所中外学生融合的学校，研究开发国际理解课程和形式多样的活动。试点开设高中国际课程，鼓励有条件的中小学开设由外籍教师执教的课程。加强双语教学，发展多语种教育。

第十二，推进学校自主创新发展、教育行政实施管、办、评分离。

教育十大转型

JIAOYU
SHIDA
ZHUANXING

第 2 章

教育任务转型
——全面实施立德树人

教育任务转型——全面实施立德树人

教育培养什么人？怎样培养人？始终是时代的主题，社会的关注，国家和人民的期待。

教育的对象是人。人不仅是学习知识的认知体，更是灵动有活力的生命体。基础教育必须关心人的成长、尊重人的个性、认识人的潜能，促进学生的全面发展和健康成长。所以，德育为首、育人为本就必须成为校长、教师的价值追求，以人为本、立德树人就应该作为基础教育的根本任务。

把立德树人作为根本任务，充分发挥学校教育主阵地作用，把培育和践行社会主义核心价值观活动贯穿学校教育教学全过程，注重宣传教育、示范引领、实践养成相统一，使社会主义核心价值观融入师生学习生活和精神世界，引领全体师生树立爱国、敬业、诚信、友善的道德规范和价值准则，弘扬自由、平等、公正、法治的社会价值，自觉追求富强、民主、文明、和谐的国家理想，使师生成为社会主义核心价值观的践行者和传播者。

源远流长、博大精深的中华优秀传统文化，积淀着中华民族最深层的精神追求，包含着中华民族最根本的精神基因，是社会主义核心价值观的深厚源泉。培育和践行社会主义核心价值观，就要从中华优秀传统文化中充分汲取思想道德营养，结合时代要求加以延伸阐发，既使中华民族最基本的文化基因与当代文化相适应、与现代社会相协调，又让社会主义核心价值体系之树深深植根于中华优秀传统文化沃土。

2.1 立德树人的要义

2.1.1 立德树人的古今释义

“大上有立德，其次有立功，其次有立言，虽久不废，此之谓不朽。”(《左传·襄公二十四年》)其意境是，人生最高的境界是立德有德、实现道德理想，其次是事业追求、建功立业，再次是有知识有思想、著书立说。这三者是人生不朽的表现。把“立德”摆在第一位，是因为万事从做人开始。

“一年之计，莫如树谷；十年之计，莫如树木；终身之计，莫如树人。”(《管子·权修》)其意境是，我们的先贤已充分认识到培养人才是长远之计。

中华民族是重视德育和志趣高尚的民族。“立德树人”，几乎是我国历代教育共同遵循的理念。从古训之意，启示我们当今的教育要把握立德树人的本质，立德就是树立德业，树人即为培养人才。

2.1.2 立德树人本质含义

“立德树人”具有以下三个层面的含义：

一是“立德树人”揭示了教育的本质，是对教育本质的认识理解。作为人类社会现象的教育，其本质是培养人，这是古今中外的共同认识，把“立德树人”作为教育的根本任务，无疑是对教育如何培养人这一本质的深刻把握。

二是“立德树人”揭示了“德育”在人的全面发展教育中的突出地位，强调促进人的德性成长是教育的首要任务。康德认为，教育的本质就是让人成为人。即教育就是把一个“自然人”转化为“社会人”的过程，或者说，教育就是促进人的社会化的过程。教育在促进人的社会化的过程中，最根本的是促进人的社会属性，即道德属性的成长，这是人之所以为人的本质属性。

三是“立德树人”揭示了道德发展与人的全面发展的辩证关系，强调德性成长是人的全面发展的根本保障。新中国成立以来，党的教育方针历来强调教育要促进人的全面发展。党的十八报告关于“立德树人”的表述，突出强调了德性成长对人的全面发展的促进和保障作用，体现了党对教育规律的深刻认识。

2.1.3 立德树人的实施意义

1. 执政党的政治宣示。

党的十八大报告把教育放在改善民生和加强社会建设之首，充分体现了党中央对教育事业的高度重视和优先发展教育的坚定决心。报告对教育提出了一系列新要求、新论断，其中“把立德树人作为教育的根本任务”是在党的全国代表大会报告中首次提出，是我党的重大政治宣示，令人精神振奋，倍受鼓舞。

“培养什么人、怎样培养人”，是我国社会主义教育事业发展中必须解决好的根本问题。十八大报告提出要“立德树人”，坚强而有力地回答了这一事关党和国家前途命运的问题，具有里程碑意义。它抓住了教育的本质要求，明确了教育的根本使命，符合教育规律和人才培养规律，进一步丰富了人才培养的深刻内涵。

2. 明确教育的根本任务。

党的十八大报告明确指出：“把立德树人作为教育的根本任务，培养德智体美全面发展的社会主义建设者和接班人。”这是从全局和战略高度对教育工作提出的明确要求。作为基础教育工作者，更应认真领会，坚定执行。在新形势下，如果还一味宣扬“不让孩子输在起跑线上”，从而驱使孩子加班加点，如果再不摆脱只重知识摄取并且分分计较的文化偏执，就不是合格的基础教育工作者，更不可能营造教育家办学的局面。教育的对象是人，人不仅是学习知识的认知体，更是有血有肉的生命体。基础教育工作者必须关心人、尊重人、理解人，促进学生的全面发展和健康成长。所以，德育为首、育人为本就必须成为校长、教师的价值追求，以人为本、立德树人就应该作为基础教育的根本任务。

2.1.4 立德树人的目标要求

基础教育将立德树人作为根本任务，说到底是培养什么人、怎样培养人的问题。

第一，“立德树人”指明了基础教育的方向就是“树人”，要坚持育人为本，通过合适的教育来发展人、改造人、塑造人。

第二，“立德树人”指出了基础教育的途径就是“立德”，要坚持德育为先，通过正面的教育来引导人、感化人、激励人。

第三，“立德树人”表明了基础教育的内容就是要在传授基础知识、基本技能的同时，突出社会主义核心价值体系，从而规范人、要求人、提高人。十八大报告强调：“要深入开展社会主义核心价值体系学习教育，用社会主义核心价值体系引领社会思潮、凝聚社会共识”，“倡导富强、民主、文明、和谐，倡导自由、平等、公正、法治，倡导爱国、敬业、诚信、友善，积极培育和践行社会主义核心价值观”。

2.2 立德树人的实施要求

2.2.1 必须坚持德育为先

“德为才之帅。”德是做人的根本，是一个人成长的根基。当今我国正处于开放的国际环境与多元文化的背景之中，青少年学生又正处在世界观、人生观、价值观形成的关键时期，德育为先更具有必要性和紧迫性。德育为先，要在继承的基础上创新。把社会主义核心价值体系融入教育全过程，把理想信念教育作为教育核心价值观的重中之重，把弘扬以爱国主义为核心的民族精神和以改革创新为核心的时代精神作为重要内容，引导和教育学生自觉践行社会主义核心价值体系。学校德育格局要从课程德育、社会实践和学校文化三方面进行建构；要把德育渗透于教育教学的各个环节，贯穿于学校教育、家庭教育和社会教育的各个方面。创新德育形式，丰富德育内容，不断提高德育工作的吸引力和感染力，增强德育工作的针对性和实效性。

2.2.2 必须促进学生全面发展

人的全面发展是人类的崇高追求，是人的发展和社会发展的最高目标、最终价值取向。教育作为实现人的全面发展的重要途径，必须以学生为本，关注学生的全面发展、和谐发展、持续发展、终身发展和健康成长。在坚持德育为先的同时，全面加强和改进智育、体育、美育。全面实施素质教育，坚持文化知识学习与思想品德修养的统一、理论学习与社会实践的统一、全面发展与个性发展的统一，促进德育、智育、体育、美育有机融合，着力培养学生的社会责任感、创新精神和实践能力，提高学生综合素质，使之成为德智体美全面发展的社会主义建设者和接班人。

2.2.3 必须培育学生健全人格

教育是塑造人的灵魂的伟大事业，是“心灵与心灵的沟通，灵魂与灵魂的交融，人格与人格的对话”。要培养学生积极的心理品质和乐观向上的品格，学会创造幸福，分享快乐。关注学生的内心世界，塑造学生纯真完美的心灵。加强学生心理辅导，注重对学习困难学生、贫困家庭学生、单亲家庭学生、留守儿童、流动人口子女等特殊群体学生的关怀和帮助。认真发掘学科中所蕴涵的健全人格教育资源，将显性教育与隐性教育结合起来，使学生在获取知识的同时，得到人格的滋养与涵育。高度重视对学生的人文关怀，营造良好的师生关系、同学关系，为培育学生健全人格提供良好氛围。要焕发学生的生命活力，把学生发展从知识层面提升到生命发展层次。

2.2.4 必须致力于“让每个孩子都能成为有用之才”的教育理想

教育作为一种培养和造就人才的崇高事业，满足每个人的个性需要和期望是教育的最高境界。十八大报告提出“让每个孩子都能成为有用之才”，是对教育战线提出的重大命题，是对教育人才观、质量观的科学阐释，也可称之为我们的教育理想。这就要求我们要尊重教育规律和学生身心发展规律，为每个学生提供适合的教育，为每个学生提供公平的受教育机会、满足每个学生的学习需要，促进每个学生主动地、生动活泼地发展，使不同家庭背景、不同智力水平、不同性格志向的学生的潜能都得到充分的发展，人人都能成才。

2.3 立德树人的实施策略

落实立德树人根本任务，需要认真贯彻党的教育方针，坚持改革创新，坚持育人为本，统筹各种教育资源，协同努力。

2.3.1 构建价值体系

立德树人是我国教育的优秀传统，我国教育历来重视做人的教育，特别强调人的道德主体精神的弘扬，人的精神境界的追求。《礼记·大学》曰："大学之道，在明明德，在亲民，在止于至善"，并且提出"修身、齐家、治国、平天下"的主张，认为教育就在于格物致知。这就是要培养年轻一代具有正确认识自己、正确对待他人、正确对待社会的高贵品质，对社会、对国家、对民族有高度的责任感。

2.3.2 优化知识结构

立德树人是时代的要求。当今世界，科学技术高速发展，文化多元，各种思想交相融合和冲突。青少年成长环境发生了深刻变化，面临着复杂环境的挑战。教育要积极应对这种挑战，坚持立德树人，把培育和践行社会主义核心价值观融入国民教育全过程，坚持优化知识结构，努力提高学生的学习能力、实践能力、创新能力；坚持全面发展和个性发展的统一。

2.3.3 转变培育方式

立德树人是当前教育现实的需要。改革开放以来，我国教育取得了巨大成就，但教育还不完全适应国家社会和人民群众接受良好教育的要求。主要表现在：教育观念陈旧，重智育轻德育、体育和美育，重考试分数轻能力培养，片面追求升学率；培养方式落后，小学、中学、大学教育缺乏有机衔接，教学重课堂轻实践，重统一轻个性，综合育人效果发挥得不足；教育评价、考试、招生制度滞后于教育教学改革；社会舆情缺乏统一认识，缺乏育人的合力。因此，需要端正教育观念，改进教育方式，把立德树人作为教育的根本任务。

2.3.4 实施学科课程育人

课堂教学是学校教育的中心，是学生道德认知、道德情感培养的主要途径。中小学校要在课程改革中加强对课程教学的管理和评价，推动在课堂教学中落实所有课程的德育要求。

课程是教育的基础，在人才培养中发挥着核心作用。有必要将立德树人的根本任务细化到课程改革的各个环节中，认真修订课程标准。学校不能把课程分为主科和副科，每门课程在促进学生全面发展中都起着不可替代的作用。各科教学不是贴德育的标签，而是充分挖掘学科教学中的文化内涵、育人因素，各科教学互相配合，真正做到教书育人。课程改革需要与儿童青少年的生活、学习结合起来。在课程改革中统筹各个学段，使幼儿园、小学、中学、大学有机衔接。要特别注意各学段学生年龄的不同特点，循序渐进。

以课程教学渗透科学发展观和社会主义核心价值体系。语文、历史和思想品德等各学科都应结合具体内容进行有机渗透。校长、教师在理解和运用各科课程标准时，不仅要理解明确表述出来的含义，更要深刻领会渗透在字里行间的精神实质。

以课程教学突出中华民族优秀文化传统教育。语文课程要继承和弘扬中华优秀文化和革命传统，增强民族文化认同感，增强民族文化凝聚力和创造力。历史课程要继承和弘扬以爱国主义为核心的民族精神，认识到国家统一、民族团结和社会稳定是中国强盛的重要保证，初步形成对国家、民族的认同感，增强历史责任感。思想品德课程标准进一步要求学生“感受个人成长与民族文化和国家命运之间的联系，提高文化认同感、民族自豪感”。

以课程教学增强民族团结教育的针对性和时代性。依据我国国情，各中小学应研究与现实结合的课程内容，把握课程德育规律，关注学生成长特点。通过恰如其分的课程教学和耐心细致的思想工作，把未成年人思想道德建设的各项要求落实到校，落实到班，落实到学生心坎上；把中华优秀传统美德有机地转化为年轻一代的自觉行动。教师可依据课程标准、教学内容和学生实际情况，在对学生传授知识和培养能力的同时，将良好的情感、端正的态度、正确的价值观自然融入课堂教学过程。

2.3.5 实施学校文化育人

学校文化是学校特色和历史积淀的反映，是全体师生认同的思维和行为方式，对学生思想品德养成具有潜移默化的导向作用和持久深远的影响。面向2020年，应组织关于学校文化建设的经验交流和深入研讨，推进各地开展学校文化建设，在促进义务教育均衡发展的背景下，继续提倡学校办出特色，办出水平。

1. 确立学校文化建设的高品位。

自觉追求高品位文化，是学校文化建设的基础和重要标志。要通过继承、创新和整合，使先进的、高品位的学校文化成为学校的强势文化、主导文化，应从制度文化、精神文化、行为文化和物质文化等方面进行学校文化创建，增强学校核心发展力。

2. 塑造学校共同价值观。

一所学校选择什么、崇尚什么、追求什么，外显为教育行为和校风，内隐的则是学校价值观念。学校价值观为学校全体师生指明了共同愿景，影响着师生的日常行为、精神追求与学校发展方向，是学校取得成功的必要条件。学校的共同愿景是规范教育行为、引领学校发展的巨大推动力。

3. 改善校长的管理行为。

校长是学校文化的掌舵者、营造者。学校管理的事务千头万绪，但校长必须保持强烈的文化意识，避免陷入事务性工作中。校长对学校文化的理论认识如何，积极性、主动性如何，是否具有文化自觉性，决定着一所学校文化发展的深度与宽度。学校文化建设中，校长和学校管理团队应该自觉转变领导行为。

4. 着手学校制度文化建设。

学校制度文化是学校在日常管理要求或规范中逐步形成的，是全体学校成员认同和遵循的精神规范，体现着学校个体特有的价值观念和行为方式。民主与法制是建设现代学校的人文基础；学习与创新是推进现代学校建设的不竭动力；发展与诚信是个体与团队的信誉所系。

5. 提升学校物质文化。

学校的校容、校貌等外在形象是把学校形象传播给社会公众的外显性视觉对象，它是学校现代文明程度的外在表现。物质文化应该独具匠心，以物载德。建筑或造型新颖，具备时代气息，或古朴典雅，体现文化底蕴。学校建筑要符合学校特色，适合教育之用，总体风格保持一致、协调、和谐，营造校园文化氛围。

2.3.6 实施综合实践活动育人

教育与生产劳动相结合是促进中小学生全面发展的重要途径。学校要结合课程改革，认真落实综合实践活动课程要求，针对学生年龄、教学内容和课程安排，有序组织学生走出校园，了解社会，感受生活，积极探索，引导学生学思结合、知行并重。要积极引导学生参加志愿服务和社会公益活动，乐于参加力所能及的体力劳动，出点力、流点汗，乃至经风雨、见世面，从而培养学生热爱劳动、尊重劳动人民的情感，使他们珍惜劳动成果，不仅学到知识，还学会动手，学会动脑，学会做事，学会生存，学会合作。劳动是对学生进行道德教育最直接、最有效的形式之一。要培养学生体验从事劳动和创造的喜悦，形成正确的劳动观和职业观。中小学每年都应定期组织学生参加简单的生产劳动，以培养学生的劳动态度，体验劳动情感；培养学生吃苦耐劳的品格及生存能力，在体验劳动成果的喜悦中，增强劳动创造生活、建设美好家乡的情感和意识。学生的劳动过程，既是劳动知识、技能的培训过程，又是培养劳动态度、体验劳动情感、参与家乡建设的教育过程。各地还要善于整合社会资源，充分利用各类校外活动场所，组织学生有计划、有目的地参加社会实践活动、红色旅游活动、专题考察活动，增强社会责任感。

2.3.7 实施多样化资源育人

立德树人需要利用社会的一切资源，包括家长的资源、社区的资源、社会各种文化的资源，为学生提供优越的学习环境，形成教育合力。

立德树人是一项系统工程，是学校、家庭、社区和社会共同承担的重大任务，必须始终坚持齐抓共管，凝聚起加强和改进德育工作的强大合力。学校、家庭、社会各种教育力量，应建立教育网络，形成教育的正向合力，统一协调地开展德育工作，发挥德育整体效益，加速个体的社会化进程。实际上，学校、家庭、社会的德育目标应当趋同，德育内容应当互补，德育资源可以共享。为此，要联系社会各方面力量，广泛整合社会资源，建设青少年健康成长的社会大课堂。努力构建以学校教育为主导、家庭教育为基础、社区教育为保障的德育工作格局，形成学校、家庭、社会育人合力，共同促进年轻一代健康成长。

2.4 构建育人为本的教育观

把“立德树人”作为全面实施素质教育的战略举措，作为整个教育的根本任务，必须系统推进改革，构建育人为本的教育观。

2.4.1 建立育人为本的教师职业观

从教育本质上说，教师的职业是以育人为本的。正如陶行知所说，“千教万教教做人，千学万学学做人”。教师必须把立德树人作为自己的根本任务。为了引领和规范教师的职业角色，必须把培育立德树人能力作为教师专业发展的根本任务，把师德考核作为教师工作评价的重要内容，把教书育人“一岗双责”作为教师工作绩效评价的基本制度。

2.4.2 建立育人为本的学科教育观

从教育产生和发展的历史看，人类早期教育是与社会生活实践融为一体的，教育的功能也是融知识、技能、做人教育于一体的。只是伴随着人类社会生产力的提高，特别是现代工业社会的出现，人类专门的教育机构——学校才逐渐从社会生产实践中独立出来，并随着科学的发展，形成了日益鲜明的分科教育。从教育本质而言，任何学科都是教育的工具，都是以学科为载体培养人的，而不是把学科知识传承作为学科教育的主要任务。从这个意义上讲，每位教师都必须从知识本位的学科教育观走出来，树立育人为本的学科教育观，在承担学科知识传承任务的同时，担负起学科教师育人的基本职责。为此，各级教育行政部门要大力推进“全员育人导师制”的管理方式，形成育人为本的学科教育观。

2.4.3 建立育人为本的实践教育观

儒家经典《大学》强调“格物致知”，古人倡导“读万卷书、行万里路”。这些古训告诉我们：实践在人的知识获得和智慧生成中起着十分重要的作用。但在极端应试教育禁锢下的中小学教育，远离了社会生活实践。按照国家基础教育课程改革的基本要求，必须让中小学教育回归生活、回归实践，建立书本学习与实践学习相统一的教育体系，必须把实践课程体系建设和实践教育纳入中小学教师工作评价的重要指标。实践出真知，实践长才干。

2.4.4 建立育人为本的教育评价观

各级教育行政部门要建立符合全面贯彻教育方针、实施课程方案，促进学生全面而有个性发展的教育质量评价体系。一方面，要建立健全学生素质档案评价制度。建立阅读素养、劳动实践、身体素质、艺术修养等素养的评价制度，把这些过程性评价作为学生毕业的基本要求。另一方面，要加快中考、高考考试招生制度改革，按照国家《教育规划纲要》的要求，建立综合评价、多元录取制度。

积极改革当前的评价体系，克服以单纯的考试成绩衡量学生能力水平。评价要体现经常性、全面性、综合性、发展性。用发展观来评价学生，杜绝唯分数论的做法。学生的发展不是线性的，是曲折上升的，要从发展的角度全面综合地评价。利用评价来鼓励学生，增强他们的自信心。

2.4.5 建立育人为本的教育政绩观

基础教育面临的最大问题就是围着高考指挥棒转。其危害就是用单纯的考试升学的“指挥棒”指挥学校教育、评价学校教育、考核学校教育。结果导致学校教育违背“育人为本”的教育本质，背离党的全面发展的教育方针，脱离科学发展的基本轨道。《教育规划纲要》强调：“要把推进教育事业科学发展作为各级党委和政府政绩考核的重要内容，完善考核机制和问责制度。”因此，必须尽快出台地方政府教育政绩考核指标体系，建立地方政府科学的教育政绩考核制度。

2.4.6 建立育人为本的文明礼仪观

礼仪不单是形式，更负载着丰富的文化内涵。民主、文明、和谐、平等是礼仪的表现，也是十八大关于社会主义核心价值观的构成要素。礼仪是道德的示范，是行为的准则，是交往的枢纽，是文明的标志。在新形势下，礼仪教育是立德树人新的生长点。中小学要积极开展礼仪教育，努力探索文明礼仪教育的规律，研究学生道德行为形成的内在机制，坚持以学生发展为根本，将文明礼仪教育贯穿于学校教育之中，不断提高教育的针对性和实效性。第一，坚持有机渗透。礼仪教育是学校德育的重要组成部分，应以日常管理为主线，以课堂教学为载体，以各种活动为途径，以学校、家庭、社会三位一体为网络，做到有机渗透，形成教育合力，发挥整体效应。第二，坚持知行统一。在文明礼仪教育中，要加强对学生的礼仪之道的训练，引导学生在生活中不断体会和感悟，并付诸实践。同时，要抓好总结评比等环节，促进学生养成礼仪习惯，进而内化为良好的道德素质和个人修养。第三，坚持言传身教。教师是礼仪教育的主要实施者，也是学生主要的模仿对象。教师的道德品质、性格爱好、文化素养、治学态度、言行举止都会对学生的心灵产生影响，在学生成长中留下印记。在礼仪教育中，教师的以身作则、言传身教至关重要。在文明礼仪教育中，要加强师德师风建设，规范教师礼仪行为，让教师以深厚的思想感情、庄重大方的仪表、和蔼可亲的仪容、彬彬有礼的语言给学生做示范，产生耳濡目染之效。第四，坚持内化自律。在礼仪教育中，要遵循学生品德、行为习惯形成的心理规律，从知礼、懂礼入手，提高学生的道德认识，明理、激情、导行，引发其内驱力的产生，进而促使内化，实现从他律到自律的转化。

2.4.7　建立育人为本的网络教育观

随着网络时代的到来，人们的学习、工作和生活日趋网络化。网络是把双刃剑。它已成为学生学习、生活、交友、娱乐的重要形式，对学生价值观形成和道德认知发展具有重要影响。然而，网络中的不良或虚假信息确实大量存在。青少年正处于人生观、价值观形成的关键期，他们作为网络最庞大、最活跃的群体，对网络中海量信息缺乏辨别能力。重视网络环境下的德育工作，这是学校德育与时俱进的必然要求。第一，提倡正确认识网络。把握网络环境对学生的影响，学会利用网络进行德育，不断探索网络环境下德育工作的有效途径，用主流的道德规范和思想文化引领学生，让他们能够正确对待网络虚拟世界，合理使用互联网和手机。第二，提倡绿色网络建设。大力发展校园网络文化，不断丰富和更新健康向上的内容，逐步建成集德育管理、信息资源、活动管理为一体的网络德育平台。第三，提倡网络道德教育。结合不同年龄段学生实践和教学内容，有针对性地开展相关教育活动，引导学生树立网络责任意识和道德意识，增强对不良信息的辨别能力，防止沉迷网络和受到不良影响。第四，提倡网络法制教育。重点培养学生依法使用网络的意识和行为，自觉抵制网络不法行为，懂得在网络环境下维护自身安全和合法权益。

2.4.8　建立育人为本的制度保障观

立德树人是长期的持续的工作，必须有制度保障。一是建立督导制度，为德育提供强大动力。把中小学德育摆在更加突出的位置，纳入社会发展和教育规划，列入重要议事日程。加强对德育工作的督导检查，将其作为新时期教育综合督导的重要内容，使之制度化、规范化。二是建立投入制度，设立德育专项经费，纳入教育经费年度预算，并保持稳定增长，满足学校德育工作的经费需求。三是建立培训制度，不断提高教师育人水平。正如十八大报告所要求的，“提高师德水平和业务能力，增强教师教书育人的荣誉感和责任感”，从而让教师以自己高尚的情操和良好的思想道德风范教育和感染学生，以自身的人格魅力和卓有成效的工作赢得社会的尊重。加强中小学班主任队伍建设，保障班主任各项待遇，提高他们的专业化水平，发挥他们在德育工作中的骨干作用。

2.5　实施现代公民教育课程

新一轮课程改革将公民意识作为学生素质培养的重要目标之一。教育部《关于培育和践行社会主义核心价值观进一步加强中小学德育工作的意见》，特别强调“加强公民意识教育”。因此中小学开设公民教育课程成为立德树人的重要内容。

2.5.1　公民教育课程的主要内容

中小学开展公民教育课程，主要包括五个方面。

一是从理论层面认识公民意识教育的培养目标及重要意义。

二是新课标如何体现和落实公民意识教育。如何构建公民意识教育的教材和课程体系；小学、初中、高中的相关课程如何进行一体化设计；公民意识教育与传统的思想品德课和政治课有何异同、有何实践探索。

三是公民意识教育与中华传统文化及民族性的关系，在国际化背景下如何开展中国特色的公民意识教育。

四是公民意识教育在教学方式方法上有什么特点，各地各校有何创新实践。

五是世界各国公民意识教育有何共性与不同，给我国的课程改革带来哪些启示和借鉴。

2.5.2　合格公民意识的内涵

1. 公民的定义。

公民是指具有或取得某国国籍，并依据该国宪法和法律规定享有权利和承担相应义务的人。

中小学生将来要成为一个合格的公民，就应当从小培养他们的公民意识。我们培养的是中国的公民，必须让中小学生意识到，我国公民所做的一切，要符合中国的国情，要继承中华民族的优良传统，要从中国的实际出发，要遵守中国宪法和法律的规定。

2. 合格公民必备的条件。

培养公民意识，必须认识公民享受宪法规定中的一切权利，中小学生一般还没有取得公民权，他们属于“准公民”。因此，更多的是要对中小学生进行公民的义务与责任教育。公民教育的目标，与整个国民教育目标是一致的，从内容上说，就是德、智、体、美、劳，这是做一个合格公民必备的条件。

2.5.3 现代公民意识培养的主要内容

现代公民意识的培养强调实践性和体验性，可以通过组织学生参与和社会生活密切联系的实践活动进行，但是“公民意识培养要进课堂”，必须通过设置专门的课程，让学生相对系统掌握做好现代公民的相关知识、技能，在学习和体验过程中养成现代公民应该具有的价值观和行为取向。

现代公民意识的培养课不等同于思想品德和思想政治课，也不等同于团队活动课，公民意识培养有其相对独立和完整的知识体系，开设现代公民意识培养课的前提是有相关的教学内容。中学生作为未来社会的公民，需要具备作为国家主体的权利与责任意识；作为本土公民的国家与民族意识；作为现代法制社会成员的平等与公正意识、自由与法治意识；作为现代文明社会一员的道德与文明意识、生态与环保意识；作为世界公民的国际理解与合作意识。

1. 权利与责任意识培养。

作为现代国家的现代公民，首先，树立国家主人意识是现代公民意识的核心。国家主人意识培养包含权利意识培养和责任意识培养两个方面。“一切权力属于人民”，强调的就是公民的权利主体意识培养即主人地位意识培养；“人民当家作主”，强调的就是公民权利的行使即主体作为意识培养。其次，责任意识是衡量一个公民主人意识强弱的重要尺度。责任意识又有主动责任意识和被动责任意识之区分。主动责任意识是主人地位与责任意识相统一的结果，而被动责任意识则是主人地位与责任意识相分离的结果。公民的主人意识越强烈，其责任意识就越自觉、越主动，反之亦然。因此，公民的权利意识培养与责任意识培养应当是统一的。

2. 国家与民族意识培养。

鉴于公民是在特定的国家和民族中生存的人，国家意识与民族情感是萌发和养成现代公民意识的基础。融合的民族意识必然推动国家意识的深化，促进各民族间的团结和祖国的统一；强烈的爱国情感又必然鞭策民族意识的升华，强力维护国内各民族互相尊重、和睦相处。相反，狭隘的民族意识可能导致完整统一国家的分裂；失去爱国主义精神养护的民族意识，必然导致国内各民族间的纷争。爱国精神越强烈，各民族团结越坚固；民族意识越融合，爱国精神越得到升华。世界上哪个国家能处理好国家与民族的关系，民族就团结、国家就安稳；反之，就可能导致族群分裂、社会动乱。可见，国家与民族意识培养是现代公民意识培养之基础。

3. 平等与公正意识培养。

平等与公正意识培养是制度文明视角上的公民培养。平等是公正首要的、基本的含义，而公正则是实现平等的制度、环境保证。平等意识培养强调的是全体公民在法律上、政治上、经济上、人格上的平等，而解决平等的一切问题在于强化公正意识、实现社会公正。离开公正的调节就失去了平等实现的前提，而缺少平等的价值导向，公正的调节也就失去了方向。可见，公正中蕴含着平等，实现公正的过程就是追求平等。“促进社会公平正义”正是强调在新的利益关系和利益格局的调整中，通过树立公平正义理念，营造和实现社会公平正义的制度环境和社会环境。

4. 自由与法治意识培养。

自由是公民在法律规定的范围内，进行政治、经济、文化等活动的权利。自由意识是公民对法律赋予自己的各种权利的认识和理解。可见，自由意识与法治意识是密切相连、互为促进的公民意识培养范畴。自由意识作为一种公民素质的反映，它体现着公民对法律规定权利的自觉，体现着追求自由与高度自律的理性境界，体现着对社会的责任和对他人自由权利的尊重等。法治意识是公民依法管理国家事务和社会事务、管理经济和文化事业的思想观念。“弘扬法治精神，形成自觉学法守法用法的社会氛围”就是通过加强法治意识培养，使公民形成法律至高无上的思想观念，提高公民依法行使权利和有序参与政治的能力，在实践中感悟法治意识对公民自由权利充分实现的极端重要性。公民自由的实现程度是人类文明进步的标志，加强法治意识培养，才能为公民自由权利的充分实现，提供强有力的法律保证。

5. 道德与文明意识培养。

公民意识培养是实现“个体公民”向“社会公民”转化的培养，理应包含公民个体道德意识培养与社会整体文明意识培养两个方面。当前，道德与文明意识培养面临的突出的问题：其一是公民个体道德意识与自身文明行为的不同步性，甚至出现“有观念、无行动”的现象；其二是公民个体道德与社会文明程度有时呈现出二律背反现象，或者说在社会文明程度发达的社会中反而发生着个体道德滑坡现象，如在道德理想、社会责任、人际关系、公德公心、环保意识等方面产生的道德危机，导致了追求腐朽、淡漠责任、薄情寡义、善恶不分、美丑不辨、荣辱颠倒等道德滑坡现象；其三是“群体道德缺失”对整个社会文明的危害日益凸现的现象，如在社会生活中出现的生态环境的破坏污染、假冒伪劣产品的生产等不道德甚至违法现象，已经超出了个体道德责任的范围，而是“群体道德缺失”所致。这些都是现代文明进程中不得不正视的课题。所以，世界各国的公民意识培养都将公民个体道德意识培养与社会整体的文明素养培养作为一项重要的内容甚至是核心内容来对待。

6. 生态与环保意识培养。

实现社会和谐，建设美好社会，始终是人类孜孜以求的一个社会理想。面对全球生态危机的日益严重，环境问题已成为人类实现社会理想的绊脚石。构建人与人之间、人与自然之间的和谐社会，关键是提高人的生态环保意识。公民的生态环保意识是一种反映人与自然环境和谐发展的新的价值观，它注重维护社会发展的生态基础，是根据社会与自然的具体的可能性，最优解决社会与自然关系问题所反映的观点、理论和情感的总和，强调从生态价值的角度审视人与自然的关系和人生目的，反对片面地强调人对自然的统治，反对无止境地追求物质享乐的盲目倾向。生态与环保意识已经成为反映一个社会道德水准和民族文明程度的重要标志。

7. 国际合作与理解意识培养。

在人类的历史长河中，日新月异的科技发展和超国界的自由贸易，使世界越来越成为一个紧密的整体。经济转型、社会转型、世界范围内的各种思想的文化交流、交锋和交融，在将世界变得高度相互依存的同时，又孕育和洗练出一种全新的文化倾向和一种全新的思维模式、生活方式和社会愿景。如果说当年联合国宪章提出“在人们的心灵深处构建捍卫和平的屏障，是消灭战争的根本办法”这一理念时，还未能预见到全球化时代的到来，那么，今天在这个高度相互依存的时代，为了保持世界和平发展的稳定局势，各个国家和各个民族之间更需要加强国际理解与合作。据此，一国公民的国际理解与合作的意识、知识、技能和态度就成为衡量一个国家综合国力的一项指标，是未来人文化素养的组成部分。我国日益提高的国际地位要求我国的公民具有日益优秀的素质，具有开阔的国际视野，懂得国际竞争与合作的法则，树立为世界人民多做贡献的国际主义思想。当前，我国鉴别能力还不够强的一些青少年在理想、信念等方面出现了多元化的倾向。有些青少年，一切以“我”为核心，既缺乏民族自尊基础上的国际主义，又缺乏国际理解基础上的爱国主义。我国政治、经济地位的提高呼唤着公民国际理解和合作意识的提高。

8. 按学段年级特征开设校本课程，进行公民主题教育。

根据学生的不同生活经历和学习水平、结合各学科的不同学习内容，中小学校对不同年级的学生的现代公民意识的培养，可以进行不同主题的设置。如：小学高年级进行“道德与文明意识、权利与责任意识、生态与环保意识”的主题教育，初一年级进行“国家与民族意识、道德与文明意识、权利与责任意识”的主题教育，初二年级进行

“生态与环保意识、自由与法治意识、平等与公正意识”的主题教育，初三年级进行“平等与公正意识、国家与民族意识、权利与责任意识”的主题教育，高一年级进行“国家与民族意识、国际合作与理解意识、权利与责任意识”的主题教育，高二年级进行“国家与民族意识、自由与法治意识、国际合作与理解意识”的主题教育，高三年级进行“权利与责任意识、国家与民族意识、平等与公正意识”的主题教育。

2.5.4 现代公民意识培养的基本途径

现代公民意识的培养和提高是一项系统的工程，需要经历一个长期的过程。对中小学生进行现代公民意识的培养是通过家庭、学校、社会等多渠道进行的，其中，学校是实施现代公民意识培养的重要渠道，对学生公民意识的培养贯穿于学校的日常教学和活动之中。

1. 学科教学中的公民意识培养。

课堂教学是学生学校生活的主要阵地，也是对学生进行现代公民意识培养的重要和主要途径。如何在课堂教学中渗透现代公民意识培养？

(1)挖掘和整合学科教学内容。

对学生进行现代公民意识的培养首先要让学生明白，作为现代公民应该具备哪些知识、培养哪些意识。在学科教学中，各学科教师要充分运用好丰富的学科教材，努力挖掘相关的学科教学资源，最大限度地将现代公民意识的培养贯穿于常规的课堂教学中，使学生能够形成较为系统的现代公民意识的知识体系，帮助学生为形成良好的现代公民意识做好准备。

思想品德和思想政治课程承担着为学生确立正确的为人准则和理想信念的重要导向作用。思想品德和思想政治课所进行的德育，是包括道德教育、法制教育、心理品质引导、国情和社会责任教育，以及马克思主义的基本观点教育在内的广义的德育，所以该课程中包含着广泛的现代公民意识培养的内容。因此可以对本学科的教学内容按照现代公民意识培养的内容进行整合，根据不同的教学内容在不同的年级对学生进行不同侧重点的现代公民意识的培养。

语文学科课程可以通过古诗文诵读来对学生重点进行爱国主义、民族精神的教育和熏陶。学生在现代公民意识培养内容的基础上，结合教材内容、教师推荐诵读篇目和自己的兴趣爱好，充分发挥主体意识。从而实现以学科教学为主体，在古诗文的诵读学习中渗透现代公民意识教学，使现代公民意识的培养系统化、自然化。

(2)拓展学科教学内容。

心理学认为，一个人的意识的变化首先决定于他的实践活动的前进和发展过程中的认识对象的变化，因此现代公民意识要内化为信念，外化为行动，还要加强实践。

要使中学生习得的现代公民意识的知识真正深入学生内心，内化为学生个人的素养、外化为自己的行动，光靠课堂上的知识渗透是远远不够的。培养中学生现代公民意识需要开展广泛的实践性教学，在实践中增强学生的公民生活体验。现代公民意识的培养需要引导学生以公民身份和公民角色置身于具有作为一个合格公民应该关心的社会问题的环境中去，在实践中身体力行，从而提升其现代公民意识，深化现代公民意识教育。

学科拓展中的活动设计区别于德育活动，它更加注重学生在活动中、实践中理解现代公民意识的相关知识，在理解的基础上产生认同和支持，内化为个人的信念、外化为行动。

如在语文课程中培养学生的现代公民意识，通过写家庭故事，在主体参与中培养公民意识；通过写校园故事，在互动交流中培养公民意识；通过写社会故事，在实践感悟中培养公民意识。

一个适应社会发展的人，也应是一个符合社会道德规范要求的人，而这种道德规范的形成是在接触社会、了解社会、参与社会的变革中形成的。因此，要引导学生走出家门和校门，进行社会实践活动，通过认知体验和情感体验培养学生的公民意识。

(3)立足学生认知现状的培养。

每一位学生在走进课堂时都不是一张白纸，成长背景，父母亲友的职业和生活态度，获取信息的数量和渠道，自身的知识储备、兴趣爱好、学习动机、学习方法等不同都会影响他们对社会问题的判断，也会影响他们对课堂教学的判断和选择。对中小学生进行现代公民意识的培养要根据接受主体即学生的起点实施有针对性的教育，注重教育的实效性。如果我们的教学方式单一，教学模式固定化，往往被认为是一种说教式的强迫教学，学生会产生抵触情绪。所以，对学生进行现代公民意识培养的课堂要从学生的生活实际出发，从学生最关心的问题入手，挖掘和利用学生熟悉的、感兴趣的各种资源，用事实说话，用典型说话，用学生熟悉的语言和喜闻乐见的方式开展教育活动，以情动人、以事感人、以理服人。

(4)重视提升学生的学习能力。

对中小学生进行现代公民意识的培养，关键不在于在课堂上老师讲了多少知识、学生学了多少知识，而在于学生认同和支持了多少，只有从内心深处的真正认同和支持，才能让相关知识转化为学生的个人意识，并在各种实践活动中真正转化为实际行动。导致很多学生对社会问题存在较为严重的认知偏差的主要原因不在于他们的道德水平存在问题，而在于他们的认知能力存在不足，这些学生没有学会正确的观察、分析、评价社会现象的本领，没有掌握正确的决策、解决问题的方法和能力。

国家《教育规划纲要》指出：教育要坚持以学生发展为本，致力于促进学生的全面发展和终身发展；教育必须要着力提高学生的学习能力、实践能力、创新能力，教育学生学会学习、学会生活。知识是学生方法建构、能力提升的载体，观念和行为的改善是正确方法论基础上的自觉升华。学习的过程是一个学生努力学习方法、提升能力的过程，是一个学生主动建构知识的过程，是在新知识内部和新旧知识之间建立联系的过程。学生能够建构起怎样的知识结构，又是怎样建构起这种知识结构的，这不仅能够考量课堂学习的有效性，同时也是学生能否对社会现象做出正确的、高质量的分析和判断，选择正确的行动的前提。所以，对中小学生进行现代公民意识的培养必须在课堂中引导学生关注学习内容的内在逻辑性，促使学生始终处于一种持续性的思考、探究，甚至是质疑的过程中，促进学生主动运用自己已掌握的所有知识，并积极整合自己所能获取的一切新信息，处于不断地去解决老问题、解决新问题、解决疑难问题和发现新问题的学习循环中，并在这种循环中不断建构新的知识结构，不断提升自身的学习能力。

当学生能够在理解的基础上自主建构起这样的知识结构后，就会主动地运用它去分析有关国际社会中的气候变化问题、我国的外交政策问题等，并逐步养成和树立比较全面的分析问题、解决问题的习惯和方法，久而久之学生的国际视野就会得到拓宽，心胸也会不断开阔。

(5)创设民主和谐的课堂教学氛围。

“身教重于言传”，民主和谐的课堂教学氛围、温馨和谐的师生关系是平等公正的现代公民意识的最好诠释。“亲其师、信其道”，课堂教学过程中师生之间能否建立起民主、平等、公正的关系，这关系到学生是否接受、认同课堂教学的内容，关系到现代公民意识的培养是否真正有效。对中学生进行现代公民意识的培养要求教师要以自己的人格塑造学生的人格，以自己的心灵塑造学生的心灵，让学生在被尊重中学会尊重，在被关心中学会关心，在享受平等中学会平等地待人待事。民主和谐的课堂教学氛围，要求教师在教学中必须了解学生、尊重学生，认识到学生是具有巨大创造潜能的人；讲求民主平等的作风，让自己变成“小孩子”，成为学生的同学和朋友；鼓励学生说“不”，勇于挑战权威；平等对待每位学生，让每位学生都有参与讨论、发表意见的机会，防止那种排斥学习困难生、只有“冒尖生”享受的假民主出现，让学生真正体验到民主的广泛性和真实性。

2. 德育活动中的公民意识培养。

学科课程是对中小学生进行现代公民意识培养的重要渠道，承担着向学生传授系统的现代公民意识知识体系的重任。德育课程体系则主要利用校会课、班会课、德育主题教育课等课程，开设现代公民意识教育讲座、召开现代公民意识教育主题班会，加深学生对现代公民意识知识的感悟和体验，侧重于在活动中、实践中培养中学生的现代公民意识。

(1)德育系列专题活动。

学校可利用德育主题教育课开设现代公民意识知识系列讲座，提升学生的现代公民意识，深化现代公民意识教育；在全校各班召开“弘扬与传承民族精神”主题班会，加强对学生国家与民族意识的培养；召开“法制在我心中”主题班会，加强对学生自由与法制意识的熏陶；通过各种形式让学生了解中国的传统节日，体会我国民族文化的内涵，加深学生对祖国的热爱之情。学校还可充分利用升旗仪式、成人仪式、节日庆典、科技节、艺术节、体育节等“隐性课程”，积极对中小学生进行现代公民意识的培养。

家长学校开展“现代公民意识教育”的专题辅导讲座，引导家长参与现代公民意识教育，帮助家长掌握现代公民意识教育的知识，营造民主健康和谐的家庭氛围，形成学校、家庭与社会优势互补、资源共享的现代公民意识教育体系。

(2)学生社团活动。

现代公民意识教育不能局限于课堂上的说教，应该以学生的兴趣、需要和能力为基础，利用校内、校外的教育资源，通过学校组织和学生自己组织的一系列实践活动，让学生在实践体验中获得直接经验，解决认知冲突。可依托学生社团，培养学生现代公民意识，精心组织各类社会实践活动，提高和巩固学生的现代公民意识。

2.6 开展核心价值观的培育与践行教育

中共中央办公厅《关于培育和践行社会主义核心价值观的意见》，是推进社会主义核心价值体系建设的重要举措。努力建设中华民族的精神家园，将推动形成奋发向上、崇德向善的强大力量。

2.6.1 开展核心价值观教育的现实思考

1. 充分认识背离核心价值观的社会现象。

《中华人民共和国国歌》中“中华民族到了最危险的时候”这句歌词，放到今天的现实社会去观察审视，仍有其深远的社会意义和现实意义。经过改革开放三十多年的经济建设，经济结构的变化、思想观念的变化，倒逼着社会转型期的体制机制变革。在这个变革期，一些传统的中华民族的道德品质、整体素质和凝聚力受到冲击、贬损，的确“到了最危险的时候”，如食品安全问题、官员贪腐、建筑质量低下、医患矛盾、校车事故、环境污染……无一不突破了社会的“道德底线”。

如何重建国人的道德观和价值观？社会主义核心价值观的提出正是顺应了国内外大局深刻变化和国家现代化建设要求，抓住了提升民族精神、实现民族复兴中国梦的核心，其从国家层面、社会层面和个人层面所诠释的基本理念无疑是一剂“良药”。而在如何培育和践行价值观的层面，党和国家强调要从小抓起，从学校抓起，把培育和践行社会主义核心价值观融入到国民教育全过程。

2. 充分认识核心价值观与核心价值体系的关系。

社会主义核心价值观是社会主义核心价值体系的内核，体现着社会主义核心价值体系的根本性质和基本特征，反映着社会主义核心价值体系的丰富内涵和实践要求，是社会主义核心价值体系的高度凝练和集中表达。这就是对核心价值观和核心价值体系两者关系的一个基本定位。

如何把握好核心价值观与核心价值体系的关系？

一是要充分认识到两者的内在一致性。核心价值观与核心价值体系方向一致，都体现了社会主义意识形态的本质要求，体现了社会主义制度在思想和精神层面的质的规定性，凝结着社会主义先进文化的精髓，是中国特色社会主义道路、理论体系和制度的价值表达，是实现中华民族伟大复兴的中国梦的价值引领。核心价值观与核心价值体系都坚持重在建设，就是要弘扬共同理想、凝聚精神力量、建设道德风尚，都是为了形成全民族奋发向上、团结和睦的精神纽带，使我们的国家、民族、人民在思想和精神上强大起来，更好地坚持中国道路、弘扬中国精神、凝聚中国力量。

二是要认识到两者各有侧重，特别要看到相比于社会主义核心价值体系，社会主义核心价值观有几个鲜明特点。其一更加突出了核心要素，社会主义核心价值体系包括马克思主义指导思想、中国特色社会主义共同理想、民族精神和时代精神、社会主义荣辱观四个方面，是一个系统性、总体性的框架；而社会主义核心价值观强调的“三个倡导”，则更清晰地揭示了这个价值体系的内核，确立了当代中国最基本的价值观念。其二更加注重了凝练表达，社会主义核心价值观倡导的富强、民主、文明、和谐，自由、平等、公正、法治，爱国、敬业、诚信、友善，明确了国家、社会、公民三个层面的价值目标、价值取向、价值准则，是社会主义核心价值体系的凝练表达，符合大众化、通俗化要求，便于阐发、便于传播。其三更加强化了实践导向，社会主义核心价值观强调的“三个倡导”指向十分明确，每个层面都对人们有更具体的价值导向，是实实在在的要求，规范性和实践性都很强，便于遵循和践行。培育和践行核心价值观，为推进核心价值体系建设进一步明确了切入点和工作着力点，有利于更好地把各项任务落到实处。

2.6.2 开展核心价值观教育的现实意义

首先，社会主义核心价值观是由党和国家提出来的，是一次自上而下的社会主义意识形态教育和思想政治工作。自上而下的好处，是可以借助行政手段以最快的速度将思想、观念、政策等在最大的范围内推广下去。所以1978年十一届三中全会以来的思想解放运动，直接开启了改革开放的新局面，取得了空前的成功。但“自上而下”比较容易陷入形式主义，尤其是当这个民族的大多数底层民众还带着精神创伤，还需要思想启蒙的时候。

其次，社会主义核心价值观面对的是世界范围思想文化交流交融交锋形势下价值观较量的新态势，面对的是改革开放和发展社会主义市场经济条件下思想意识多元多样多变的新特点。思想大一统的时代已经一去不复返，网络的狂欢时代正在来临，而流行的后现代主义的反传统、反本质、反权威、反统一道德的无中心意识和多元价值取向，导致了价值相对主义、怀疑主义和价值虚无主义的产生，对社会主义核心价值观的统一推进无疑起到了负面甚至解构的消极作用。

再次，社会主义核心价值观弘扬的是传统文化的精华，但传统文化的负面因素在社会主义核心价值观的传播和推进过程中的消极影响则不可小觑。如传统文化过于重视个人、家庭利益而导致的社会公德缺失问题，就与社会主义核心价值观有冲突。社会主义核心价值观的基本内容只有24个字，无疑更简明扼要，更便于传播践行。但要真正把它植入到公民尤其是学生的心里，还有很长的路要走。

当前，在思想文化交流、交融、交锋中国人道德价值观出现严重偏差的情形下，教育更需承担重任，托举起社会主义核心价值观，提升民族和人民的精神境界，增强全社会全民族的凝聚力。这既给全体教育工作者提出了更高的要求，也为全体教育工作者提供了一个更大的平台，教育事业无疑具有更明确的方向和更大的意义。

2.6.3 开展核心价值观教育的要求

1. 指导思想。

高举中国特色社会主义伟大旗帜，以邓小平理论、“三个代表”重要思想和科学发展观为指导，全面贯彻落实党的十八大精神、践行社会主义核心价值观主题教育动员大会精神，坚持以构建社会主义核心价值体系为根本任务，广泛开展社会主义核心价值观教育，推动社会主义核心价值观得到广大师生的认同和内化，正确引导师生汲取先进文化精华，树立正确的世界观、人生观、价值观，努力办好人民满意的教育。

2. 主要内容。

以社会主义核心价值观教育为载体，充分发挥学校教育主阵地、主渠道作用，大力加强师生道德教育，大力培育和践行社会主义核心价值观，不断强化师生爱党、爱国、爱社会主义教育，动员和激励广大师生自觉追求富强、民主、文明、和谐的国家理想，弘扬自由、平等、公正、法治的社会价值，遵守爱国、敬业、诚信、友善的道德规范，坚持育人为本、德育为先的教育理念，把培育社会主义核心价值观贯穿学校教育教学全过程，把师生培养成为社会主义核心价值观的践行者和传播者。

3. 目的意义。

社会主义核心价值观既体现中华民族的传统道德精华，又体现时代精神和要求。把社会主义核心价值观融入学校教育教学全过程，是全面贯彻党的教育方针、培养德智体美全面发展的社会主义建设者和接班人的首要任务，是全面实施素质教育的内在需要和必然要求，是增强学校德育工作针对性和实效性的时代召唤，是教育工作与时俱进和落实科学发展观的具体行动，是学校学习贯彻党的十八大精神的重大举措。

4. 目标要求。

(1)小学教育目标。

引导学生牢固记忆社会主义核心价值体系的基本内容，以养成教育为重点，引导学生遵守《小学生守则》和《小学生日常行为规范》，引导学生遵规守纪，团结互助，勤劳节俭，孝敬父母，诚实守信，遵守公德。

(2)初中教育目标。

引导学生牢固记忆并初步理解社会主义核心价值观的内容，以理想信念教育为重点，引领学生了解社会、参与公共生活、珍爱生命、感悟人生，促进学生道德品质、健康心理、法律意识和公民意识的进一步发展，引导学生初步树立正确的世界观、人生观和价值观，分清是非、善恶、美丑，遵守《中学生守则》和《中学生日常行为规范》，使学生全面、健康、和谐发展。

(3)高中教育目标。

引导学生牢固记忆并深刻理解社会主义核心价值观的内容，以责任教育为重点，引导学生逐步形成自己的世界观、人生观和价值观，使学生具有较强的道德行为和法律法规的判断能力，自觉以法律法规和道德规范约束自己的言行。

2.6.4 开展核心价值观教育的基本原则

1. 坚持以人为本。

尊重学生的主体地位，教育活动的内容和形式要适合学生身心特点，符合学生发展需求，解决学生的现实问题，促进学生德智体美全面发展。

2. 坚持全员育人。

将培育和践行社会主义核心价值观活动覆盖到全体教职工和全体学生，贯穿到教育教学全过程，融入到学校教育教学、行政管理和校园文化的各个方面，形成全员育人、全方位育人的教育格局。

3. 坚持知行统一。

着眼培育和践行活动的实效性，把教育与社会实践、志愿服务相结合，引导学生通过身体力行，体验和理解社会主义核心价值观，不断增强学生的认同感和自觉践行意识。

2.6.5 开展核心价值观教育的实施途径

1. 课程育人。

各级教育行政部门和学校要引导广大教师认识课程与教学活动对于学生价值观学习的重要意义及内在关系，引导教师从社会主义核心价值观视角审视课程与教学，增强学生课堂教学中的积极价值体验。要进一步深化课堂教学改革，在教学设计过程中深入发掘学科课程内容和教学活动本身所包含的丰富价值因素，用社会主义核心价值观丰富课程价值观目标，发挥课程与教学在开展社会主义核心价值观教育方面的主渠道作用。要促进教师努力创设良好的课堂教学氛围，积极营造尊重、诚信、友爱、自主、平等、民主、公正、团结的价值环境，增强全体学生在课堂教学中的积极价值体验。

要加强对现代学校德育课程内涵及构建的研究，加强对德育课程实施情况的督查，指导学校开足开好德育课程。开设社会主义核心价值观专题课，鼓励学校开发社会主义核心价值观课程资源，让社会主义核心价值观进教材、进课堂、进头脑。

2. 实践育人。

各学校要积极组织开展丰富多彩、适合学生身心特点的社会主义核心价值观主题教育活动、社团活动和社会实践活动。要把核心价值观教育融入学校德育体系，增强教育的针对性和实效性。要完善中小学生参加社会实践的有关制度，保证社会实践活动的时间，鼓励中小学生参与公益活动、志愿服务，参观爱国主义教育基地、博物馆、纪念馆等，升华对社会主义核心价值观的体验感受和认知理解。建立中小学生社会实践档案，将中小学生参加社会实践情况纳入综合素质评价。建立中小学生参加社区服务制度，把组织学生参加社会实践活动作为社会教育的重要途径。

3. 文化育人。

各学校要组织开展读书节、艺术节、诗歌节等形式多样的校园文化活动，在文化活动中渗透核心价值观教育。要认真开展培育和践行社会主义核心价值观读书教育活动。要大力推进校风、教风和学风建设，积极营造健康和谐的育人氛围。要在校园中、教室中张贴悬挂社会主义核心价值观内容，打造有利于培育社会主义核心价值观的校园文化环境。要依据社会主义核心价值观重新修订学生日常行为准则，引导学生遵守中小学生守则和日常行为规范。要重视发挥升旗仪式、开学典礼、成人仪式、毕业典礼、入团入队仪式等重要仪式在核心价值观教育中的重要作用。

4. 管理育人。

各学校要用社会主义核心价值观重新审视学校价值观，重新反思、梳理学校管理理念、管理制度、管理举措、管理活动，把社会主义核心价值观作为学校管理的根本价值尺度，作为建立学校基本制度、指导管理行为的价值依据，贯穿于学校办学指导思想、中长期发展规划和人才培养全过程，落实到办学理念、培养计划、课程设置、文化建设和教学科研管理服务等各项工作中。要健全全员育人导师制，实现学校教职员工全员参与、全面关心学生健康成长的协同育人机制。要把社会主义核心价值观纳入教师教育全过程，纳入师德考核，引导广大教职工自觉践行社会主义核心价值观，发挥表率作用。要注重发挥团委、少先队、学生会、学生社团在教育、团结和联系学生方面的优势，注重发挥学生自我教育、自我管理、自我服务作用。要充分发挥家长委员会在家校合作育人中的优势，发挥家庭在核心价值观教育中的积极作用。

2.6.6 开展核心价值观宣传需增强认知认同

核心价值观的培育贵在知行统一，而知是前提，是基础，内心认同才能自觉践行，春风化雨才能润物无声。培育和践行核心价值观，一定要在增强认知认同上下功夫，使其家喻户晓、深入人心。

1. 培育核心价值观，抓好宣传教育始终是一项基础性工作。

积极健康向上的思想和精神在人们心里播下种子，就能生根、发芽、开花、结果，就能转化为崇德向善的实际行动。要把“三个倡导”基本内容讲清楚，引导人们牢牢把握富强、民主、文明、和谐作为国家层面的价值目标，深刻理解自由、平等、公正、法治作为社会层面的价值取向，自觉遵守爱国、敬业、诚信、友善作为公民层面的价值准则。要把当代中国价值观念的传播展示同中国梦的宣传教育有机结合起来，深入阐释中国梦是当代中国人民共同理想和价值追求的形象表达，是中华民族团结奋斗的最大公约数。认知认同不仅要体现在理性认知上，也要反映在情感认同上，真理的力量加上道义的力量，才能行之久远。

这就需要找准宣传教育同人们思想道德情感的契合点，善于用讲故事的方式，宣传最美人物、弘扬最美精神，用身边事教育身边人，用小故事阐释大道理，做到深入浅出、情理交融。要善于运用大众媒体传播核心价值观，加强核心价值观的网上传播，最大限度地唱响正气歌，使核心价值观真正成为人们心灵的罗盘，成为人们情感的寄托。

2. 培育核心价值观，重要的是增强人们的价值判断力和道德责任感。

社会主义核心价值观是追求真善美的价值观，中华民族是自强不息、厚德载物的民族，每个人心底蕴藏的善良道德意愿、道德情感，就是我们培育社会主义核心价值观最深厚的土壤。要把增强全社会的价值判断力和道德责任感作为宣传教育的重要着力点，引导人们辨别什么是真善美、什么是假恶丑，自觉做到常修善德、常怀善念、常做善举。

现在的突出问题是，在一些领域和一些人当中，价值判断没有了界限、丧失了底线，甚至以假乱真、以丑为美、以耻为荣。一定要正视问题，把正面教育与舆论监督结合起来，把热点问题引导与群众道德评议结合起来，旗帜鲜明地弘扬真善美、贬斥假恶丑，树立正确导向、澄清模糊认识、匡正失范行为，形成激浊扬清、抑恶扬善的思想道德舆论场，引导人们自觉做良好道德风尚的建设者，做社会文明进步的推动者。

3. 培育核心价值观，必须坚持从小抓起、从学校抓起。

青少年阶段是价值观形成阶段，是可塑性最强的时期。抓好了青少年思想道德教育，也就抓住了未来、管住了长远。要把青少年价值观教育摆在突出位置，坚持育人为本、德育为先，融入国民教育的全过程，贯穿到学校教育、家庭教育、社会教育的各个环节和各个方面。要针对不同年龄段的青少年采取不同的引导方式，形成课堂教学、社会实践、校园文化多位一体的育人平台，建立爱学习、爱劳动、爱祖国活动的长效机制。要以对国家和民族高度负责的态度，净化社会文化环境，整治网络环境，对那些危害青少年身心健康的违法犯罪行为要坚决查处、严厉打击，让广大青少年健康成长。

2.7 加强中华优秀传统文化教育

2014年3月，教育部《完善中华优秀传统文化教育指导纲要》(以下简称《指导纲要》)就如何加强新形势下中华优秀传统文化教育做出了规划和指导。这个《指导纲要》不仅就加强中华优秀传统文化教育的重要性和紧迫性问题给予了说明和强调，并且从多个角度和层次具体指示了落实和推进传统文化教育的方法。

2.7.1 加强中华优秀传统文化教育的重要意义

1. 中华优秀传统文化是实现中国梦的使命要求。

中国梦与中华优秀传统文化是紧密联系在一起的，中华优秀传统文化是孕育和提出中国梦的重要源泉和精神因子，实现中国梦是弘扬和光大中华优秀传统文化的内在要求和重要使命。中国梦凝聚了几代中国人的夙愿和追求，彰显了全国各族人民的共同理想和愿望，是对中华优秀传统文化的传承和发展。实现中国梦需要与弘扬中华优秀传统文化有机地结合起来，通过对中华优秀传统文化的创造性转化和创新性发展，为实现中国梦提供不竭的精神源泉，打牢实现中国梦的文化根基。

2. 中华优秀传统文化是实现中国梦的精神源泉。

不忘本来才能开辟未来，善于继承才能更好地创新和发展。

(1)实现中国梦需要继承和弘扬中华优秀传统文化中的家国天下情怀。

习近平同志指出，“没有文明的继承和发展，没有文化的弘扬和繁荣，就没有中国梦的实现”。中华民族伟大复兴的中国梦，深深植根于中华优秀传统文化的家国天下情怀之中。中国梦的基本内涵是实现国家富强、民族振兴、人民幸福，其基本精神的背后，蕴藏着绵延已久的家国天下情怀，折射着国人内心深处的命运共同体意识，凝聚着振兴中华的文化血脉。

中华优秀传统文化中的“修身齐家治国平天下”“天下兴亡，匹夫有责”“以国家之务为己任”“位卑未敢忘忧国”“投死为国，以义灭身”“死国，忠义之大者”等思想，是古代先贤对国家兴亡的关注，对民族兴亡的情怀。这一家国天下的理想和情怀，生动地勾勒出国家兴盛、民族富强和百姓幸福这一贯穿于中华优秀传统文化中绵延数千年的精神主线。这种对民族前途、国家命运的高度关切，这种将个人理想与天下理想合一的精神追求，揭示了中华优秀传统文化的主流价值观，折射出中国梦基本内涵所昭示出的文化基因。作为国家梦、民族梦和人民梦相统一的中国梦，是传承中华优秀传统文化中家国天下情怀的深刻体现。

(2)实现中国梦需要继承和弘扬中华优秀传统文化中的自强不息精神。

中国梦的实现进程必然会历经艰辛和曲折，在不断地探索和奋斗中，我们已经在实践中走出了一条适合自己的具有中国特色的社会主义道路。而中华优秀传统文化中的自强不息精神，则赋予了我们创新精神、文化自觉和文化动力。正如习近平同志指出：“独特的文化传统，独特的历史命运，独特的国情，注定了中国必然走适合自己特点的发展道路。”

在中华优秀传统文化中，自强不息的精神体现既有“天行健，君子以自强不息”的进取意识，又有“变则通、通则久”的创新精神；既有“敢为天下先”的锐气勇气，又有“六经注我、我注六经”的自觉自信。这决定了我们必须以强烈的使命感责任感，坚持走独立自主、奋发图强的道路；决定了我们必须打破条条框框限制和教条主义束缚，坚持走解放思想、实事求是、改革开放的道路；决定了我们必须以巨大的理论勇气和创新精神，坚持走马克思主义基本原理与中国具体国情相结合的道路。可以说，这条道路就是基于中华优秀传统文化中“自强”“创新”“实事求是”“革故鼎新”这些文化基因的选择结果，这一文化基因，为我们在实现中国梦的进程中坚持走中国特色社会主义道路的提供文化动力和道路自信。

(3)实现中国梦需要继承和弘扬中华优秀传统文化中的和而不同思想。

在中华优秀传统文化中，“和”文化具有至关重要的地位和意义。“和为贵”“和而不同”“万物并育而不相害，道并行而不相悖”“各美其美，美人之美，美美与共，天下大同”等表述都是中华优秀传统文化中大同社会理想和开放兼容性质的生动表达。这一文化精粹体现在中国梦中，就是在中华民族伟大复兴的进程中，世界上不会发生以往那种现象，即自己的崛起是以否定其他国家和民族的梦想为前提的，是以威胁和损害其他国家和民族的利益为代价的。中国的崛起是一种和平崛起，是一种文明崛起，是一种承认文明差异的共存性崛起和包容性崛起，最终促进实现“世界大同”的美好愿景。这种“和而不同”“包容性发展”的文化理念，反映了中国梦的特有文化指向。

(4)实现中国梦需要继承和弘扬中华优秀传统文化中的以民为本理念。

在中华优秀传统文化中，以民为本理念中蕴含的“民惟邦本，本固邦宁”“民贵君轻”“民水君舟”“立公去私”等一系列重民、富民、贵民的思想，充分彰显了中华优秀传统文化的价值追求。这一价值追求体现在中国梦的价值追求中，就是中国梦既是国家和民族的梦想，也是每一个人的梦想，既要靠发挥人民主体性去实现，又要以人为本为人民造福，使发展成果公平地惠及全体人民，为实现人的自由而全面的发展而奋斗。正是这种理想追求的内在契合性，彰显出中国梦价值追求的中华优秀传统文化渊源。

2.7.2 加强中华优秀传统文化教育的紧迫性

1. 加强中华优秀传统文化教育，是深化中国特色社会主义教育和中国梦宣传教育的重要组成部分。

中国特色社会主义道路是在对中华民族5000多年悠久文明的传承中走出来的，具有深厚的历史渊源和广泛的现实基础。加强中华优秀传统文化教育，对于引导青少年学生更加全面准确地认识中华民族的历史传统、文化积淀、基本国情，认清中国特色社会主义的历史必然性，坚定走中国特色社会主义道路，实现中华民族伟大复兴和中国梦的理想信念，具有重大而深远的历史意义。

2. 加强中华优秀传统文化教育，是构建中华优秀传统文化传承体系，推动文化传承创新的重要途径。

当今世界，文化在综合国力竞争中的地位和作用更加凸显，越来越成为民族凝聚力和创造力的重要源泉，博大精深的中华优秀传统文化是我们在世界文化激荡中站稳脚跟的根基。青少年学生是祖国的未来，民族的希望，加强对青少年学生的中华优秀传统文化教育，对于培养中华优秀传统文化的继承者和弘扬者，推动文化传承创新，建设社会主义先进文化具有基础作用。

3. 加强中华优秀传统文化教育，是培育和践行社会主义核心价值观，落实立德树人根本任务的重要基础。

世界多极化、经济全球化深入发展，国内经济社会转轨转型深刻变革，现代传播技术迅猛发展，世界范围内各种思想文化的交流交融交锋更加频繁，社会思想观念日益活跃。青少年学生思想意识更加自主，价值追求更加多样，个性特点更加鲜明，社会上一些不良思想倾向和道德行为，对青少年学生健康成长产生了不容忽视的影响。加强中华优秀传统文化教育，对于引导青少年学生增强民族文化自信和价值观自信，自觉践行社会主义核心价值观具有重要作用。

4. 加强中华优秀传统文化教育，必须正视面临的一系列困难和挑战。

改革开放以来特别是新世纪以来，中华优秀传统文化教育不断加强，取得了显著成效，对于培养学生良好思想品德和行为习惯，培育和弘扬爱国主义精神，增强文化自觉自信等方面发挥了积极作用。但是，面对新形势、新要求，中华优秀传统文化教育还存在不少突出问题：对中华优秀传统文化教育重要性的认识有待进一步提高，教育内容的系统性、整体性还明显不足，重知识讲授、轻精神内涵阐释的现象还比较普遍，课程和教材体系还有待完善，教师队伍整体素质还有待提升，全社会共同参与的教育合力还有待加强，等等。有效解决这些问题，迫切需要进一步完善中华优秀传统文化教育。

2.7.3 加强中华优秀传统文化教育的基本原则

1. 坚持中华优秀传统文化教育与培育和践行社会主义核心价值观相结合。

要坚持历史唯物主义和辨证唯物主义的立场、观点和方法，深入挖掘和阐发中华优秀传统文化讲仁爱、重民本、守诚信、崇正义、尚和合、求大同的时代价值。要处理好继承和创新的关系，重点做好创造性转化和创新性发展。

2. 坚持中华优秀传统文化教育与时代精神教育和革命传统教育相结合。

既要大力弘扬以爱国主义为核心的民族精神，又要积极弘扬以改革创新为核心的时代精神，继承和弘扬革命传统文化。

3. 坚持弘扬中华优秀传统文化与学习借鉴国外优秀文化成果相结合。

既要高度重视培育学生的民族自信心、自豪感，又要注重引导学生开拓国际视野，博采众长。

4. 坚持课堂教育与实践教育相结合。

既要充分发挥课堂教学的主渠道作用，又要注重发挥课外活动和社会实践的重要作用。

5. 坚持学校教育、家庭教育、社会教育相结合。

既要发挥学校主阵地作用，又要加强家庭、社会与学校之间的配合，形成教育合力。

6. 坚持针对性与系统性相结合。

既要根据不同学段学生身心发展特点，区分层次，突出重点，又要加强各学段的有机衔接，逐步推进。

2.7.4 加强中华优秀传统文化教育的主要内容

中华优秀传统文化是中华民族语言习惯、文化传统、思想观念、情感认同的集中体现，凝聚着中华民族普遍认同和广泛接受的道德规范、思想品格和价值取向，具有极为丰富的思想内涵。加强对青少年学生的中华优秀传统文化教育，要以弘扬爱国主义精神为核心，以家国情怀教育、社会关爱教育和人格修养教育为重点，着力完善青少年学生的道德品质，培育理想人格，提升政治素养。主要内容有：

1. 开展以天下兴亡、匹夫有责为重点的家国情怀教育。

着力引导青少年学生深刻认识中国梦是每个人的梦，以祖国的繁荣为最大的光荣，以国家的衰落为最大的耻辱，增强国家认同，培养爱国情感，树立民族自信，形成为实现中华民族伟大复兴的中国梦而不懈努力的共同理想追求，培养青少年学生做有自信、懂自尊、能自强的中国人。

2. 开展以仁爱共济、立己达人为重点的社会关爱教育。

着力引导青少年学生正确处理个人与他人、个人与社会、个人与自然的关系，学会心存善念、理解他人、尊老爱幼、扶残济困、关心社会、尊重自然，培育集体主义精神和生态文明意识，形成乐于奉献、热心公益慈善的良好风尚，培养青少年学生做高素养、讲文明、有爱心的中国人。

3. 开展以正心笃志、崇德弘毅为重点的人格修养教育。

着力引导青少年学生明辨是非、遵纪守法、坚韧豁达、奋发向上，自觉弘扬中华民族优秀道德思想，形成良好的道德品质和行为习惯，培养青少年学生做知荣辱、守诚信、敢创新的中国人。

2.7.5 开展中华优秀传统文化教育的目标任务

中华优秀传统文化教育在各学段“教什么、怎么教”，要根据各学段学生的认知特点，设计教育要点，使之相互衔接、层层深入，螺旋上升，形成一体。

在小学低年级，以培育亲切感为重点，开展启蒙教育，培养学生热爱中华优秀传统文化的感情。在小学高年级，以提高感受力为重点，开展认知教育，引导学生感受中华优秀传统文化的丰富多彩。

在初中阶段，以增强理解力为重点，提高学生对中华优秀传统文化的认同度，引导学生认识我国统一的多民族国家的文化传统和基本国情。

在高中阶段，以增强理性认识为重点，引导学生感悟精神内涵，增强对中华优秀传统文化的自信心。

在大学阶段，以提高自主学习和探究能力为重点，培养文化创新意识，增强传承弘扬中华优秀传统文化的责任感和使命感。

同时，在各学段的教学要点和教学任务中，力求做到三个“全覆盖”：

一是学科课程全覆盖，将教育内容体现到德育、语文、历史、体育、艺术等主要课程中去；

二是教学环节全覆盖，包括课堂教学、课堂外教学、家庭教育和社会教育；

三是教育人群全覆盖，从小学一直到大学，整体贯穿中华优秀传统文化教育。

《指导纲要》兼具指导性和可操作性，但更为强调指导性。考虑到地域文化差异，既要为各地各学校开展中华优秀传统文化教育提供指导和遵循，还要为未来的课标修订、课程开发以及各学校开展形式多样的教育教学活动留有一定空间。

2.7.6 完善中华优秀传统文化教育的重要举措

教育部将围绕中华优秀传统文化教育的主要任务，逐步落实课标修订和课程开发工作。目前，正在启动的高中阶段课标修订将把加强中华优秀传统文化教育列入修订内容，小学至初中阶段的课标修订工作，也会按照时间进度安排适时启动。在职业院校教育中，将建立民族文化传承与创新示范专业点，制定传统手工技艺、民间美术工艺、民族表演艺术等民族文化相关专业教学标准，出台非物质文化遗产相关专业人才培养方案，编写相关专业校本特色教材。

要培养和造就一批中华优秀传统文化教学名师和学科领军人才，推动师范院校开设中华优秀传统文化课程，在“中小学教师国家级培训计划”示范性项目中专设“优秀传统文化教育骨干教师培训项目”，建设中华优秀传统文化艺术传承特色学校和基地，完成“中华经典资源库”建设，出版中华优秀传统文化普及读物。

同时，还要进一步加强对中华优秀传统文化的发掘和研究，动员组织传统文化名家、一线教师共同研究如何改进和加强中华优秀传统文化的教育教学，加强传统文化研究机构的建设，以便更好地为学校和教师提供专业化的指导服务。

第3章
教育评价转型
——实施综合评价

教育评价转型——实施综合评价

2013 年 6 月，教育部颁发《关于推进中小学教育质量综合评价改革的意见》。

教育评价方式向综合评价转型，包括两个内容：一是对中小学办学质量实施教育质量综合评价，二是对中小学学生个体成长实施综合素质评价。

好学校如何衡量？中小学将不再以升学率和分数排名为唯一质量标准，学生综合素质如何考查？学校评估结果如何向社会公示？

教育部 2013 年 6 月启动“中小学教育质量综合评价改革”，2013 年 12 月在全国确定建设 30 个中小学教育质量综合评价改革实验区。长沙市、株洲市成为湖南省参加全国中小学教育质量综合评价改革的实验区。

为了进一步推进中小学教育质量综合评价改革，积极创建评价改革实验区，我们必须把握时机，充分认识创建评价改革实验区的意义、目标、任务、路径、策略。这将有利于推进中小学教育创新发展，有利于引领中小学深化素质教育内涵发展，有利于落实国务院颁布的《关于深化考试招生制度改革的实施意见》与学校工作的具体对接。

实施中小学教育质量综合评价改革，是推动中小学全面贯彻党的教育方针、全面实施素质教育、落实立德树人根本任务的重要举措，是引导社会和家长树立科学的教育质量观、营造良好育人环境的迫切需要，是基本实现教育现代化、加强和改进教育宏观管理的必然要求。

3.1 教育质量评价方式转型的意义

3.1.1 教育评价转型是教育质量的标准归位

“选择适合教育的学生”还是“创造适合学生的教育”？长期以来，我们对学生学业的评价主要以教师和教育主管部门的评价为主体，以学生的学业分数为主要标准，侧重于评价的甄别、筛选和批判性功能，重视终结性评价和相对评价等。这种评价作为选拔、区分学生的唯一手段，追求的是对所谓“适合教育的学生”的选择性功能，不利于促进学生的发展和素质教育的改革，也存在着明显的不合理性。《基础教育课程改革纲要(试行)》中对评价问题做出了明确的规定，“要建立促进学生发展的评价体系，要发现和发展学生多方面的潜能，帮助学生认识自我，建立自信，发挥评价的教育功能，促进学生在原有水平上的发展”。这就要求我们积极树立新的评价标准和观念，以“创造适合学生发展的教育”，适应新课程改革和素质教育的需要。

指导思想转型——要突出评价的发展性功能和激励性功能，重视对学生学习潜能的评价，立足于促进学生的学习和充分发展，为“适合学生的教育”创造有利的支撑环境。

评价主体转型——调动学生主动参与评价的积极性，改变评价主体的单一性，实现评价主体的多元化；建立由学生、家长、社会、学校和教师等共同参与的评价机制。

评价方法转型——(1)由终结性评价发展为形成性评价，实行多次评价、随时性评价、“档案袋”式评价等方式，突出过程性。(2)由定量评价发展到定量和定性相结合的评价，不仅关注学生的分数，更要看学生学习的动机、行为习惯、意志品质等。(3)由相对评价发展到个人内差异评价。相对评价是通过个体的成绩与同一团体的平均成绩相比较，从而确定其成绩的适当等级的表示方法，也被称作“常模参照评价”，这是我们最常用的评价方法。这种评价缺乏对于个人努力状况和进步程度的适当评价，不利于肯定学生个体的成绩。个人内差异评价是对学生个体在同一学科内的不同方面或不同学科之间成绩与能力差异的横向比较和评价，以及对个体两个或多个时刻内的成就表现出的前后纵向评价，这种评价可以为教师全面了解学生提供准确和动态的依据，也可以使学生更清晰地掌握自己的实际情况，利于激发他们学习的动力、挖掘学习潜能、改进学习策略等。(4)由绝对性评价发展到差异性评价。绝对评价是对学生是否达到了目标要求或“达标”的程度所做出的评价，也被称为“标准参照评价”。这种评价过于重视统一性，忽视了评价的差异性和层次性。

3.1.2 教育评价改革是教育综合改革关键环节的突破

中小学新课程实施已经十四年，教育质量的评价始终滞后于新课程培养目标，导致课程改革艰难前行。单纯以学生学业考试成绩和学校升学率评价中小学教育质量的问题严重存在，影响了学生的全面发展、健康成长，制约了学生社会责任感、创新精神和实践能力的培养。解决这些问题，既是教育现代化的必然选择，也是适应经济社会和教育事业发展新形势的新要求，因此教育质量评价改革是教育综合改革关键环节的突破。

3.2 教育质量评价方式改革的功能与价值取向

3.2.1 评价改革将引领基础教育内涵品质发展

基础教育发展中存在的突出问题之一，是单纯以学生学业考试成绩和学校升学率评价中小学教育质量的倾向还没有得到根本扭转。突出表现为：一是在评价内容上重考试分数忽视学生综合素质和个性发展；二是在评价方式上重最终结果忽视学生进步和学校努力程度；三是在评价结果使用上重甄别证明忽视诊断和改进。因此，必须大力推进中小学教育质量综合评价改革，才能引领教育实现内涵品质发展。

3.2.2 评价改革有利于发挥教育的目标导向作用

1. 实施评价改革的总体目标。

中小学教育质量综合评价改革的总体目标是基本建立体现素质教育要求、以学生发展为核心、科学多元的中小学教育质量评价制度，切实扭转单纯以学生学业考试成绩和学校升学率评价中小学教育质量的倾向，促进学生全面发展、健康成长。

2. 实施评价改革的必然要求。

实施中小学教育质量综合评价改革，是推动中小学全面贯彻党的教育方针、全面实施素质教育、落实立德树人根本任务的重要举措，是引导社会和家长树立科学的教育质量观、营造良好育人环境的迫切需要，是基本实现教育现代化、加强和改进教育宏观管理的必然要求。

3.2.3 评价改革有利于建立“绿色评价”方式

中小学教育质量综合评价改革启动，标志着我国将用一套全新的“绿色评价”体系为中小学校“全面体检”，扭转考评学校只看考试成绩和升学率的倾向。

中小学教育质量评价将从以分数与升学率为主要倾向转变为“绿色体系”的综合评价，具体体现在以下几个方面：

评价目标转型——基本建立体现素质教育要求、以学生发展为核心、科学多元的中小学教育质量评价制度，建立“绿色评价”体系，为中小学校“全面体检”。充分运用评价结果，促进基础教育的内涵品质发展与改善，真正创建出适合学生个性发展、自主成长的学校教育。切实扭转单纯以学生学业考试成绩和学校升学率评价中小学教育质量的倾向，促进学生全面发展、健康成长。

评价内容转型——实施“绿色评价”，其指标体系包括学生品德发展水平、学业发展水平、身心发展水平、兴趣特长养成、学业负担状况等5个方面共20个关键性指标。健全评价标准，研发评价工具，建设评价信息、资源应用平台，全面科学实施评价。把教育质量综合评价结果作为完善教育政策措施、加强教育宏观管理的重要参考，作为评价考核学校教育工作的主要依据。指导学校正确运用评价结果，改进教育教学，发挥以评促建的作用。

评价方式转型——通过直接考查学生群体的发展情况评价学校的教育质量。将定量评价与定性评价相结合，注重全面客观地收集信息，根据数据和事实进行分析判断，改变过去主要依靠经验和观察进行评价的做法。将形成性评价与终结性评价相结合，注重考查学生进步的程度和学校的努力程度，改变单纯强调结果不关注发展变化的做法。将内部评价与外部评价相结合，注重促进学校建立质量内控机制，改变过于依赖外部评价而忽视自我诊断、自我改进的做法。注重发挥各方面的作用，逐步建立政府主导、社会组织和专业机构等共同参与的外部评价机制。

评价方法转型——主要通过测试和问卷调查等方法进行评价，辅之以必要的现场观察、个别访谈、资料查阅等。测试和调查都面向学生群体采取科学抽样的办法实施，不针对学生个体，不组织面向全体学生的县级及以上统考统测，避免加重学校和学生负担。充分利用已有的学生成长记录、学业水平考试、基础教育质量监测等成果和教育质量监测和评价机构的评价工具。科学设计评价流程，有序开展评价工作。

评价结果运用转型——结果呈现上，对评价内容和关键性指标进行分析诊断，分项给出评价结论，提出改进建议，形成学校教育质量综合评价报告。综合评价报告注重反映学校优势特色和存在的具体问题，不简单对学校教育质量进行总体性的等级评价。结果使用上，把教育质量综合评价结果作为完善教育政策措施、加强教育宏观管理的重要参考，作为评价考核学校教育工作的主要依据。指导学校正确运用评价结果，改进教育教学，发挥以评促建的作用。对于在办学中存在困难的学校，给予帮助和扶持。对于存在违规行为且在规定时间内不落实整改要求的学校，进行通报批评、取消各类评优奖励资格、追究学校主要负责人的责任。逐步将评价结果向社会公布，接受社会监督。建立记录成长过程的综合素质评价体系，建立促进学生全面发展的综合素质评价体系，加强学分管理与学分的应用。注重形成性评价与终结性评价的有机结合，加大健全人格、思想品德评价的权重，注重发展过程中的诊断与矫正。

3.3 实施教育质量评价改革的主要任务

3.3.1 明确教育评价改革的基本原则

1. 坚持育人为本。

综合考查学生发展情况，既要关注学业水平，又要关注品德发展和身心健康；既要关注共同基础，又要关注兴趣特长；既要关注学习结果，又要关注学习过程和效益。

2. 坚持促进发展。

更加注重发挥评价的引导、诊断、改进、激励等功能，改变过于强调甄别和简单分等定级的做法，改变单纯强调结果和忽视进步程度的倾向，推动中小学提高教育教学质量、办出特色。

3. 坚持科学规范。

遵循教育评价的基本要求，评价内容和评价方法科学合理，评价过程严谨有序，评价结果真实有效，不断提高评价的专业化水平。

4. 坚持统筹协调。

整体规划评价的各个环节，整合和利用好相关评价力量和评价资源，充分发挥各方面优势。协同推进相关改革，使各项政策措施相互配套，形成合力。

5. 坚持因地制宜。

鼓励各县市区和学校结合实际，针对存在的突出问题和薄弱环节，完善评价指标体系，积极探索适宜的评价方式方法和工作机制，逐步形成各具特色的评价模式。

3.3.2 建立综合评价指标体系

《中小学教育质量综合评价指标框架(试行)》突出“绿色评价”，具体内容和指标包括学生品德发展水平、学业发展水平、身心发展水平、兴趣特长养成、学业负担状况等5个方面共20个关键性指标。

其中品德发展水平、学业发展水平、身心发展水平，是针对学生德智体全面发展提出的。

品德发展水平包括行为习惯、公民素养、人格品质、理想信念4个关键性指标，由低到高、循序渐进。

学业发展水平包括知识技能、学科思想方法、实践能力、创新意识4个关键性指标，不是简单强调考试分数，而是在重视“基础知识”“基本技能”的同时，更加关注学生终身发展和应对未来挑战所需能力和素养。

身心发展水平的指标最多，包括身体形态机能、健康生活方式、审美修养、人际沟通、情绪行为调控，不仅要求学生要有良好的身体素质，而且要有良好的心理素质，还要提升他们的审美情趣和艺术修养。

兴趣特长养成包括好奇心求知欲、爱好特长、潜能发展 3 个关键性指标，主要目的是尊重学生个体差异，因材施教，使学生生动活泼地发展。

学业负担状况，包括学习时间、课业质量、课业难度、学习压力 4 个关键性指标，主要关注学生学习效率，保护学习兴趣和热情，着眼学生的长远发展，就像现在衡量经济发展强调“绿色 GDP”一样，评价教育质量也应该强调“绿色”。

3.3.3 健全评价标准

要依据国家中小学课程方案、课程标准、学生体质健康标准和办学行为的要求等开展质量评价。对于目前操作性还不强的评价标准，要积极研究探索，通过监测跟踪、积累数据等方式，逐步调整充实和完善。

3.3.4 改进评价方式方法

1. 评价方式。

要通过直接考查学生群体的发展情况来评价学校的教育质量。将定量评价与定性评价相结合，注重全面客观地收集信息，根据数据和事实进行分析判断，改变过去主要依靠经验和观察进行评价的做法。将形成性评价与终结性评价相结合，注重考查学生进步的程度和学校的努力程度，改变单纯强调结果不关注发展变化的做法。将内部评价与外部评价相结合，注重促进学校建立质量内控机制，改变过于依赖外部评价而忽视自我诊断、自我改进的做法。注重发挥各方面的作用，逐步建立政府主导、社会组织和专业机构等共同参与的外部评价机制。

2. 评价方法。

主要通过测试和问卷调查等方法进行评价，辅之以必要的现场观察、个别访谈、资料查阅等。测试和调查都要面向学生群体采取科学抽样的办法实施，不针对学生个体，不得组织面向全体学生的县级及以上统考统测，避免加重学校和学生负担。要充分利用已有的学生成长记录、学业水平考试、基础教育质量监测等成果和教育质量监测和评价机构的评价工具。要科学设计评价流程，有序开展评价工作。

3.3.5 科学运用评价结果

1. 结果呈现。

对评价内容和关键性指标进行分析诊断，分项给出评价结论，提出改进建议，形成学校教育质量综合评价报告。综合评价报告要注重反映学校优势特色和存在的具体问题，不简单对学校教育质量进行总体性的等级评价。

2. 结果使用。

要把教育质量综合评价结果作为完善教育政策措施、加强教育宏观管理的重要参考，作为评价考核学校教育工作的主要依据。要指导学校正确运用评价结果，改进教育教学，发挥以评促建的作用。对于在办学中存在困难的学校，要给予帮助和扶持。对于存在违规行为且在规定时间内不落实整改要求的学校，要进行通报批评、取消各类评优奖励资格、追究学校主要负责人的责任。要逐步将评价结果向社会公布，接受社会监督。

3.3.6 实施抽测用"绿色数据"评价学校

1. 实施时间。

从2014年起，教育部确定的评价改革实验区将通过对学生的抽测，对学生品德发展水平、学业发展水平、身心发展水平、兴趣特长养成、学业负担状况等进行调查，用这些"绿色数据"来评价学校，并向社会公布评估结果。这一评价将改变以往用考试成绩评价学校的做法，学生的睡眠时间、补课时间等将被纳入调查，学业负担过重，将影响学校的评估成绩。

2. 指标设置。

中小学教育唯分数、升学率论导致学生学业负担过重等突出问题频现，为改变这一状况，教育部中小学教育质量评价综合改革，已经推出配套的《中小学教育质量综合评价指标框架》。其中身心发展水平的指标最多，包括身体形态机能、健康生活方式、审美修养、人际沟通、情绪行为调控等。兴趣特长养成是针对促进学生个性发展提出的，包括好奇心求知欲、爱好特长、潜能发展3个关键性指标。

学生学业负担列为考评指标。学业负担状况关注学生学习效率、兴趣和热情，强调"绿色成绩"，包括学习时间、课业质量、课业难度、学习压力4个关键性指标，其中学习时间包括学生上课时间、作业时间、补课时间等；学习压力则包括学生在学习过程中表现出的快乐、疲倦、焦虑、厌学等状态。

3. 结果导向。

评价结果将作为完善教育政策和措施、改进学校管理的重要参考，对于不符合规范之处，教育主管部门将督促学校整改，限期内未整改，学校的评奖评优将受到影响。

3.4 实施教育质量评价改革的策略

3.4.1 推进总体思路

基础教育教育质量评价改革的总体思路主要是“强化导向，促进发展，协同推进”。

1. 在评价方式上，强调注重全面客观地收集信息，注重考查学生进步的程度和学校的努力程度，注重促进学校建立质量内控机制。

2. 在评价结果上，强调教育质量的改进和激励功能，并作为完善教育政策措施、加强教育宏观管理的重要参考，作为考核奖惩学校的主要依据。

3.4.2 健全评价标准

1. 要坚持通过直接考查学生群体的发展情况评价学校的教育质量。

2. 改进评价方式，要将定量评价与定性评价相结合、将形成性评价与终结性评价相结合、将内部评价与外部评价相结合，改变过去主要依靠经验和观察进行评价、单纯强调结果不关注发展变化、过于依赖外部评价而忽视自我诊断、自我改进的做法。

3. 注重评价方法，主要通过测试和问卷调查等方法进行评价，辅之以必要的现场观察、个别访谈、资料查阅等。

3.4.3 明确教育评价转型的要求

1. 推进评价改革的总体要求。

全面贯彻党的教育方针，落实立德树人根本任务，遵循学生身心发展规律和教育教学规律，坚持科学的教育质量观，充分发挥评价的正确导向作用，推动形成良好的育人环境，促进素质教育持久深入全面地实施。

2. 创建评价改革实验区的目的。

(1)特色经验成果。

在全国建设30个中小学教育质量综合评价改革实验区，就是要在各地各学校创造鲜活的实践经验，在实践取得成功的基础上进行推广应用。实验区承担的使命就是要结合实际进行探索、改革、实践，产生区域性的有效经验和成果。

(2)结果反馈调适。

充分运用评价结果，促进基础教育的内涵品质发展与改善，真正创建出适合学生个性发展、自主成长的学校教育。评价结果将作为完善教育政策和措施、学校改进管理的重要参考，对于不符合规范之处，教育主管部门将督促学校整改。

3.5 实施教育质量评价改革的挑战与实践研究

3.5.1 实施教育质量评价改革的挑战

教育学者熊丙奇认为，从目前现实出发，“绿色评价”现阶段还很难撼动唯分数论的地位。因为我国教育管理一直存在“管评办一体化”的问题，政府管理学校、直接参与办学，同时对学校进行评价，其结果是导致学校的行政化趋势严重，学校和教师的非教学压力即行政压力沉重，而且围绕行政评价的形式主义难以避免。可以想象，在原有的分数评价体系之外，学校、老师为应付这个“绿色评价”，必然会做足功课，这是增加学校的负担还是减轻学校的负担？熊丙奇还认为：“所谓的‘绿色评价’改革，其实已经是被污染性质的改革，因为它仍然是被行政办学所干预的。”因此实施评价改革必须推进相关教育管理体制的改革，才会真正出现“绿色评价”。

3.5.2 实施教育质量评价改革的实践研究

1. 提高课程改革认识，强化实践活动育人。

深化课程改革，推动中小学全面落实国家课程方案和课程标准，开齐开足开好课程，加强体育、艺术教育教学。强化实践育人功能，加强综合实践活动课程，组织开展丰富多彩的校园文化活动。改进和完善教学方法，提高教学效率，减轻学生过重的课业负担。

2. 及时跟进高考转型的机制建设。

积极落实 2014 年 9 月国务院颁布的《关于深化考试招生制度改革的实施意见》，对于实施中小学教育质量综合评价改革工作，将产生重大的推动力，如加快建立分类考试、综合评价、多元录取的考试招生制度，将更加注重对学生综合素质和兴趣特长的考查。

3. 加强评价工作的专业基础能力建设。

要将中小学教育质量评价纳入有关人文社科重点研究基地的研究范围；要依托有条件的高等学校、教育科研和教研部门建立中小学教育质量专业评价、监测机构。要逐步培养和建设一支具有先进评价理念、掌握评价专业技术、专兼职相结合的专业化评价队伍。

(1)建立教育评价资源与信息平台。

教育部将建立评价资源平台，组织专业机构开发科学的评价工具，促进资源共享。各县市区、各中小学要充分利用现代信息技术，建立和完善教育质量综合评价数字化管理平台，开发评价工具，为开展评价、改进工作提供技术支撑。

(2)保障经费投入。

各县市区要将评价所需经费纳入教育经费预算，保障评价工具开发、专业培训、专门测试和调查、日常工作评价等必要的经费。

(3)完善评价指标、标准和相关配套政策。

各县市区，要进一步完善评价指标、标准和相关配套政策，发挥其示范带动作用。各县市区教育行政部门要组织中小学校按照评价指标的内容和要求，开展对照检查，切实改进学校教育教学工作。

(4)质量评价是督导、教育科研的重要内容。

各县市区教育督导部门要将中小学教育质量综合评价纳入学校督导评估范围，避免交叉重复评价，防止加重中小学校负担。要充分发挥教育质量监测、评价(评估)、教研等机构的专业支持和服务作用。要通过现场推进会、经验交流会等形式，及时总结、推广典型经验。

3.5.3 积极推进评价改革实验区的创建工作

湖南省株洲市跻身全国30个中小学教育质量综合评价改革实验区后，积极开展创建评价改革实验区的工作，各项改革工作按制定的方案稳步推进，当前已初步确立了符合株洲实际的中小学教育质量综合评价指标体系，正处于评价工具和评价方法的研发阶段，并在2015年10月底对试点县区及学校进行基础测试，建立基测线。

株洲市中小学教育质量综合评价指标体系内容涵盖品德发展水平、学业发展水平(包括实践能力)、身心发展水平、兴趣特长养成、学业负担状况五个方面。与教育部新近出台的“两依据、一参考”的高考改革方案形成了无缝对接，其中“一参考”主要包括学生思想品德、学业水平、身心健康、兴趣特长、社会实践等内容，作为高校录取的重要参考。

在后一阶段，株洲市将围绕高考新“指挥棒”，为破解“唯分数论”，加快中小学教育质量综合评价改革的步伐，计划在三年的实验周期内建立一套完善的中小学教育质量“绿色指标”评价制度，切实扭转单纯以学生学业考试成绩和学校升学率评价中小学教育质量的倾向，促进学生全面发展、健康成长，为学生跑“长跑”助力。

实践探索——株洲实验区评价转型实施路径包括以下几个方面：

(1)株洲市成为全国中小学教育质量综合评价改革30个实验区之一；

(2)各县市区、中小学已经组建了专门团队，积极开展创建评价改革实验区的工作；

(3)株洲市教育局与中国基础教育质量监测协同中心、中南传媒三家联合开展研究，设立了“区域教育质量健康体检与改进提升”项目；

(4)不统一发布、公布中考和高考成绩；

(5)对学校、县市区综合评价不以考试成绩和升学情况为主要标准。各项改革工作按制定的方案稳步推进，当前已初步确立了符合株洲实际的中小学教育质量综合评价指标体系，已经完成了“区域教育质量健康体检与改进提升”项目的监测。

3.6 学生综合素质评价改革

3.6.1 学生综合素质评价改革的背景和意义

1. 出台背景。

2010 年 7 月，国家《教育规划纲要》提出，“全面实施高中学业水平考试和综合素质评价”。党的十八届三中全会决定强调，“推行初高中学业水平考试和综合素质评价”。2014 年 9 月，国务院《关于深化考试招生制度改革的实施意见》提出，“探索基于统一高考和高中学业水平考试成绩、参考综合素质评价的多元录取机制”，并要求 2014 年出台规范高中学生综合素质评价的指导意见。

综合素质评价是促进学生德智体美全面发展、培养个性特长、扭转“唯分数论”的重要举措。该评价工作从 2002 年开始，目前所有省份均已开展，但还存在评价要求各地不一、操作性不强等问题。出台评价改革实施意见重在进一步规范，确保程序公开透明、内容真实准确。

2. 实施意义。

实施综合素质评价意义重大。首先，将促进学生认识自我、规划人生、激发潜能、主动发展、走出教室、走向社会，在社团活动中培养兴趣，在社会实践中经受锻炼，全面提升德智体美各方面综合素质。其次，使人才选拔标准更加全面，方式更加科学，有助于扭转单纯用考试分数评价学生的做法，促使人才选拔从只看“冷冰冰的分”到关注“活生生的人”，实现知行合一。

3.6.2 学生综合素质评价的目的

一是引导和促进学生全面发展、健康成长。二是综合素质评价是对学生全面发展状况的观察、记录、分析，是发现和培育学生良好个性的重要手段，是深入推进素质教育的一项重要制度。全面实施综合素质评价，有利于促进学生认识自我、规划人生，积极主动地发展；有利于促进学校把握学生成长规律，切实转变人才培养模式；有利于促进评价方式改革，转变以考试成绩为唯一标准评价学生的做法，为高校招生录取提供重要参考。

3.6.3 学生综合素质评价的基本原则

1. 坚持方向性，引导学生践行社会主义核心价值观，热爱中国共产党，弘扬中华民族传统美德。

2. 坚持指导性，把握学生的个性特点，关注成长过程，激发每一个学生的潜能优势，鼓励学生不断进步。

3. 坚持客观性，如实记录学生成长过程中的突出表现，真实反映学生的发展状况，以事实为依据进行评价。

4. 坚持公正性，严格规范评价程序，强化有效监督，确保评价过程公开透明。

3.6.4 学生综合素质评价的基本内容

依据党的教育方针，反映学生全面发展情况和个性特长，注重考察学生社会责任感、创新精神和实践能力。

1. 思想品德。

主要考察学生在爱党爱国、理想信念、诚实守信、仁爱友善、责任义务、遵纪守法等方面的表现。重点是学生参与党团活动、有关社团活动、公益劳动、志愿服务等的次数、持续时间，如为孤寡老人、留守儿童、残疾人等弱势群体提供无偿帮助，到福利院、医院、社会救助机构等公共场所、社会组织做无偿服务，为赛会保障、环境保护等活动做志愿者。

2. 学业水平。

主要考察学生各门课程基础知识、基本技能掌握情况以及运用知识解决问题的能力等。重点是学业水平考试成绩、选修课程内容和学习成绩、研究性学习与创新成果等，特别是具有优势的学科学习情况。

3. 身心健康。

主要考察学生的健康生活方式、体育锻炼习惯、身体机能、运动技能和心理素质等。重点是按照《国家学生体质健康测试标准》测试的结果，体育运动特长项目，参加体育运动的效果，应对困难和挫折的表现等。

4. 艺术素养。

主要考察学生对艺术的审美感受、理解、鉴赏和表现的能力。重点是在音乐、美术、舞蹈、戏剧、戏曲、影视、书法等方面表现出来的兴趣特长，参加艺术活动的成果等。

5. 社会实践。

主要考察学生在社会生活中动手操作、体验经历等情况。重点是学生参加实践活动的次数、持续时间，形成的作品、调查报告等，如与技术课程等有关的实习，生产劳动、勤工俭学、军训，参观学习与社会调查等。

高中学校要基于学生发展的年龄特征，结合当地教育教学实际，科学确定学生综合素质评价的具体内容和要求。

3.6.5 学生综合素质评价的操作流程

1. 写实记录。

教师要指导学生客观记录在成长过程中集中反映综合素质主要内容的具体活动，收集相关事实材料，及时填写活动记录单。一般性的活动不必记录。活动记录、事实材料要真实、有据可查。

2. 整理遴选。

每学期末，教师指导学生整理、遴选具有代表性的重要活动记录和典型事实材料以及其他有关材料。用于招生使用的材料，学生要签字确认。

3. 公示审核。

遴选出来、用于招生使用的活动记录和事实材料必须于每学期末在教室、公示栏、校园网等显著位置公示。班主任及有关教师要对公示后的材料进行审核并签字。

4. 形成档案。

各地要对学生综合素质档案格式提出基本要求。学校要对相关材料进行汇总，为每位学生建立综合素质档案。档案主要内容：(1)主要的成长记录，包括思想品德、学业水平、身心健康、艺术素养、社会实践五个方面的突出表现；(2)学生毕业时的简要自我陈述报告和教师在学生毕业时撰写的简要评语；(3)典型事实材料以及相关证明。

档案材料要突出重点，避免面面俱到、千人一面。有些活动项目学生没有参加或事迹不突出，可以空缺。规范和减少高考加分项目后，学生的相关特长、突出事迹、优秀表现等情况记入学生综合素质档案。教师评语要客观、准确揭示每个学生的个性特点。学校要对学生的档案材料进行审核。

5. 材料使用。

高中教师要充分利用写实记录材料，对学生成长过程进行科学分析，引导学生发现自我，建立自信，指导学生发扬优点，克服不足，明确努力方向。

高中学校要将学生综合素质档案提供给高校招生使用。高等学校在招生时要根据学校办学特色和人才培养要求，制定科学规范的综合素质评价体系和办法，组织教师等专业人员对档案材料进行研究分析，采取集体评议等方式做出客观评价，作为招生录取的参考。

3.6.6 学生综合素质评价的组织管理

1. 加强组织领导。

综合素质评价是全面实施素质教育，深化考试评价改革的重要举措，各省(区、市)要高度重视，加强领导，精心组织。要加强指导，协调各方面专业力量，为学校开展综合素质评价提供支持和帮助。要加强培训，提升校长和教师实施综合素质评价的能力。要加强管理，以全国中小学生学籍信息管理系统为基础，以省(区、市)为单位建立综合素质评价工作电子化管理平台，为招生录取工作和用人单位提供服务。要加强督导，把综合素质评价工作作为评估地方各级教育行政部门和学校工作的重要内容。

2. 坚持常态化实施。

综合素质评价由学校组织实施。学校要建立健全学生成长记录规章制度，明确本校综合素质评价的具体要求。要注重在日常教育教学活动中，指导学生及时收集整理有关材料，避免集中突击。要充分发挥学校党团、学生组织的作用。

3. 建立健全监督制度。

建立公示制度，畅通举报渠道。建立检查制度，对档案材料真实性进行抽查。建立申诉与复议制度，对有争议的结果重新进行审核确认。建立诚信责任追究制度，对弄虚作假者按照《普通高等学校招生违规行为处理暂行办法》等有关规定给予严肃处理。

各地将提出高中学生综合素质评价基本要求，制定具体办法，于2015年8月底前报教育部备案。义务教育阶段学生综合素质评价，由各省(区、市)根据学生年龄特点，参照《关于推进中小学教育质量综合评价改革的意见》制定实施办法。

3.7 实践探索——评价实验案例

湖南省株洲市中小学教育质量评价实施方案(试行)

一、指导思想

坚持以教育部《关于推进中小学教育质量综合评价改革的意见》为指导，树立全面、全程、全员的教育质量观，建立体现素质教育要求、以学生发展为核心、科学多元的中小学教育质量评价制度，切实扭转单纯以学生考试成绩和学校升学率为唯一标准的评价倾向，促进学生人人发展、全面发展、个性发展、终生发展。

二、工作原则

(一)全面关注原则

关注所有学生，让所有学生都能得到适合自己的、不同程度的个性化发展；关注学生的全面发展，关注学生学业发展的同时，也关注学生社会责任感、创新精神和实践能力的培养。

(二)全程评价原则

从教育输入、教育过程和教育结果三个阶段全视角评价教育动态的循环发展；把小学、初中和高中作为一个有机衔接的系统进行全程的质量监控、研究、管理和评价。

(三)全员参与原则

教育行政、教研师训部门和学校要充分应用教育质量评价结果，发挥以评促建的作用，围绕教育质量提升工作开展政策、管理、研究、师训、教学等改进活动。同时引导社区和家长参与教育质量评价监督和反馈工作，加强家校沟通与合作，改进社会舆论的价值导向。

三、评价内容与办法

株洲市中小学教育质量评价以“抽样检测与问卷分析相结合，分段要求与指标对应相结合，部门分工与协调合作相结合”等方式开展。评价内容由学生品德发展指数、学业水平指数、身心健康指数、个性发展指数和学习生活幸福指数等五维评价指标体系构成。

(一)品德发展指数

主要考查学生品德认知和行为表现等方面的情况，包含行为习惯、公民素养、人格品质、理想信念等。

行为习惯主要测评学生在文明礼貌、勤俭节约、热爱劳动、爱护环境等方面的认知和表现情况。

公民素养主要测评学生在珍爱生命、遵纪守法、诚实守信、团结友善、乐于助人等方面的认知和表现情况。

人格品质主要测评学生在自尊自信、自律自强、尊重他人、乐观向上等方面的认知和表现情况。

理想信念主要测评学生的爱国情感、民族认同、社会责任、集体意识、人生理想等。

(二)学业水平指数

以国家颁布的各学科课程标准为依据，主要采用纸笔测验的形式，不仅考查学生在基础知识、基本技能方面所达到的水平，还包括时代发展所要求的中小学生必备的搜集处理信息、自主获取知识、分析与解决问题、交流与合作、创新精神与实践能力等核心素养。

通过基于学科课程标准的评价，在正确处理"课标—教学—评价""课程—课堂—学生"之间的一致性关系的基础上，在教育教学内部建立起合理良性的循环系统，创造"适合于学生的教育"，实现评价诊断改进的功能。

(三)身心健康指数

主要考查学生体质健康和心理素质两方面的情况。体质健康主要包含身体形态与机能、身体素质等(不同学段、不同年级的学生体质健康测试的具体要求按照现行《国家学生体质健康测试标准》执行)；心理素质主要包含生活方式、审美修养和情绪行为调控等。

身体形态与机能主要测评学生身高、体重、视力和肺活量等。

身体素质主要测评学生耐力跑，50米跑或立定跳远，握力或仰卧起坐(女生)或坐位体前屈等。

生活方式主要测评学生对健康知识与技能的了解和掌握情况，生活与卫生习惯、参加课外文娱体育活动情况等。

情绪行为调控主要测评学生对自己情绪的觉察与排解、对行为的自我约束情况，应对和克服学习、生活中遇到的困难的态度和表现情况。

(四)个性发展指数

主要考查学生的个性成长质量，包含审美修养(审美情趣、艺术修养)、特长爱好、职业倾向等方面。主要采用问卷调查和成长记录形式。

审美修养主要测评学生在审美情趣和艺术修养等方面的发展情况。

审美情趣主要测评学生个体的审美倾向和对审美主体的鉴赏能力即欣赏、鉴别、评判等方面的表现。

艺术修养主要测评学生个体的情感和精神生活的创造性表现，以及艺术方面的基础知识、审美能力及由内而外的气质。

特长爱好主要测评学生在文学、理学、科技、体育、艺术等领域表现出的喜好、付出的努力和表现的结果。

职业倾向主要测评学生个体对未来从事职业的预期和规划，以逐步形成自己的学习与成长目标倾向，并对未来职业有一定的成就期望。

(五)学习生活幸福指数

主要考查学生学习生活的质量，包含学习环境、学习习惯、学习心理、学习负担等方面。主要采用问卷调查形式。

学习环境主要测评学生的师生、同伴和亲子之间的人际关系，对教师的教育教学方法和行为的认同感，对校园环境和校园文化的归属感等。

学习习惯主要测评学生学习的自主性、自我反思、自我总结等。

学习心理主要测评学生的学习动机、学习焦虑、自信心与成就感等。

学习负担主要测评学生的客观学习负担和主观学习感受，包括学习时间、课业难度、学习压力等。

本方案将通过不断探索与实践，逐步建立和完善适合株洲教育发展、有株洲特色的教育质量评价指标体系和评价机制。株洲市中小学教育质量评价方案的具体实施将视测评工具的开发情况逐步推广完善。

四、评价结果与应用

(一)结果呈现

在评价结果呈现中，五维评价指标不合成，以分项指标的形式客观呈现评价结果，形成综合性评价报告。对区域、学校教育质量进行诊断分析，提出改进建议，不做简单的等级评价与排名认定。

(二)结果应用

株洲市中小学教育质量评价结果将作为完善教育政策措施、加强教育宏观管理、改进教研教学方式的重要依据。各地要正确运用评价结果，改进教育决策，指导学校改进教育教学行为，发挥以评促建的作用。

根据各地实际，将五维评价指标结果与县(市、区)、学校业绩考核相挂钩。对五维评价指标和谐发展的县(市、区)和学校予以表彰，对有问题的县(市、区)和学校进行督查并要求限期改正。

五、保障措施

(一)成立株洲市中小学教育质量评价领导小组

领导小组负责统一规划和组织实施全市中小学教育质量评价工作。领导小组下设办公室，办公室设在株洲市教科院。

(二)明确各部门工作职责

株洲市教育质量评价工作由株洲市教科院牵头，各部门协调开展。其中，体质健康指数测评主要由市教育局体卫艺科负责；学业水平指数测评主要由市教科院负责；初中毕业生学业考试、高中学业水平考试和高考数据由市考试院、基础教育科提供；评价软件开发和信息技术由市教育技术装备所支持；品德发展指数、身心健康部分指数、个性发展指数、学习生活幸福指数测评和综合评价报告等由市教科院负责。

(三)加强教育评价队伍建设

各县(市、区)教育局相应成立中小学教育质量评价领导小组，在教研室内设置相应的专业评估机构，并配置至少1名教育质量评价专职人员，与株洲市教科院功能对接。

加强对教育管理者、教研人员和教师的专题培训，尽快转变教育评价理念，提高教育评价素养。结合本区域和本校实际问题，积极开展教育评价课题的实践研究。

(四)做好教育质量评价经费保障

中小学教育质量评价是一项常态化的工作，需要稳定的经费支持。经费使用主要包含：指标测评、教育质量奖励、薄弱学校扶持、质量评价研究与培训等。各地教育行政部门要将中小学教育质量评价所需经费纳入当地教育经费预算，切实保障教育评价工作的正常有序开展。

附件 1

株洲市中小学教育质量评价指标框架

评价内容	关键指标	指标考查要点
品德发展指数	行为习惯	学生在文明礼貌、勤俭节约、热爱劳动、爱护环境等方面的认知和表现情况
	公民素养	学生在珍爱生命、遵纪守法、诚实守信、团结友善、乐于助人等方面的认知和表现情况
	人格品质	学生在自尊自信、自律自强、尊重他人、乐观向上等方面的认知和表现情况
	理想信念	学生的爱国情感、民族认同、社会责任、集体意识、人生理想等
学业水平指数	知识技能	考查学生在基础知识、基本技能方面所达到的水平，还包括时代发展所要求的中小学生所必备的搜集处理信息、自主获取知识、分析与解决问题、交流与合作、创新精神与实践能力等核心素养。各学段各学科的学业水平指数依据学科课程标准，不作统一要求
	学科思想方法	
	实践能力	
	创新意识	
身心健康指数	身体形态与机能	学生身高、体重、视力和肺活量等
	身体素质	男女生各设三个项目。1. 必选项目：(1) 耐力素质(男生：1000 米，女生：800 米)；(2) 综合素质(一分钟跳绳)。2. 自选项目(任选一项)：(1) 篮球，绕标志杆运球；(2) 足球，一分钟颠球；(3) 排球，一分钟双手垫球；(4) 踢毽球
	生活方式	学生对健康知识与技能的了解和掌握情况，生活与卫生习惯、参加课外文娱体育活动情况等
	情绪行为调控	学生对自己情绪的觉察与排解、对行为的自我约束情况，应对和克服学习、生活中遇到的困难的态度和表现情况
个性发展指数	审美情趣	学生个体的审美倾向和对审美主体的鉴赏能力即欣赏、鉴别、评判等方面的表现
	艺术修养	学生个体的情感和精神生活的创造性表现，以及艺术方面的基础知识、审美能力及由内而外的气质
	特长爱好	学生在文学、理学、科技、体育、艺术等领域表现出的喜好、付出的努力和表现的结果
	职业倾向	学生个体对未来从事职业的预期和规划，以逐步形成自己的学习与成长目标倾向，并对未来职业有一定的成就期望
学习生活幸福指数	学习环境	学生的师生、同伴和亲子之间人际关系，对教师的教育教学方法和行为的认同感，对校园环境和校园文化的归属感等
	学习习惯	学生学习的自主性、自我反思、自我总结等
	学习心理	学生的学习动机、学习焦虑、自信心与成就感等
	学习负担	学生的客观学习负担和主观学习感受，包括学习时间、课业难度、学习压力等

附件2

株洲市中小学生学业水平指数测评

中小学生学业水平指数测评对象包括小学、初中、普通高中学生，主要由株洲市教科院负责组织开展。

一、小学学生学业水平指数测评

1. 测试对象：本市义务教育阶段小学生(含非本市户籍学生)，采用分层分类的方式确定参测学生名单。

2. 抽测时间：每年的测试年级和时间测前通知。

3. 抽测科目：语文、数学、英语、科学。

4. 统计参数：以抽测各学科合格率为主，参考指标包括各学科的平均分与T标准分、后20%比例等参数及其纵向变化。

二、初中学生学业水平指数测评

初中学生学业水平指数评价依据为八年级学生合格率抽测数据和初中学业水平测试(以下简称中考)数据。

合格率抽样测试工作说明包括以下几个方面。

1. 评价对象：本市义务教育阶段八年级学生(含非本市户籍学生)，采用分层分类的方式确定参测学生名单。

2. 抽测时间：每年的测试年级和时间测前通知。

3. 抽测科目：语文、数学、英语、科学、社会思想品德。

4. 统计参数：抽测各学科的合格率、后20%比例、平均分与T标准分等参数及其纵向变化。

中考数据统计参数：总分和各学科后20%、前20%、T标准分等参数及其纵向变化。

三、普通高中学业水平增值指数测评

普通高中学业水平增值指数测评依据为株洲市普通高中学生入学成绩和高考成绩。具体计算方法如下：

(一)县(市)普通高中学业水平增值指数

1. 确定全市各分数段不同批次上线比例系数：将当年全市学生的高考分数和这批学生高一入学成绩(即三年前的中考成绩)进行一一匹配。将中考总分成绩，每隔一定分数分成若干段；再结合高考成绩，分别算出不同分数段在不同批次的上线比例。

2. 计算各县(市)各批次目标上线指数：根据全市各分数段不同批次上线比例系数

和各县(市、区)中考各分数段的学生数，计算出各县(市、区)高考每一个批次的目标上线人数及相应的目标上线率。

3. 计算各县(市)每一批次实际人数和上线率：根据高考的实际情况，计算出各县(市)每一批次实际上线率。

4. 计算各县(市)各批次增值：

第一批增值A=第一批实际上线率-第一批目标上线率

前二批增值B=前二批实际上线率-前二批目标上线率

前三批增值C=前三批实际上线率-前三批目标上线率

5. 计算各县(市)高中学业增值指数M，计算办法为M=XA+YB+ZC(例如：M=0.3A+0.5B+0.2C)。

(二)普通高中学校学业水平增值指数

普通高中各学校学业水平增值指数评估采用分层分类的形式，计算原理同上述(一)，具体变化如下：

1. 各类学校各分数段不同批次上线比例系数计算的样本总体待2014年数据模拟后确定。

2. 各类学校学业水平增值指数M计算办法为M=XA+YB+ZC。

若普高学校分三类：Ⅰ类普高，X权重较大；Ⅱ类普高，Y权重较大；Ⅲ类普高，Z权重较大，例如：

Ⅰ类普高 M=0.6A+0.3B+0.1C

Ⅱ类普高 M=0.3A+0.5B+0.2C

Ⅲ类普高 M=0.1A+0.3B+0.6C

以上系数均为举例说明，实际评价所采用的权重系数将在模型逐步改进中动态调整完善，并不统一固定。

教育十大转型

JIAOYU SHIDA ZHUANXING

第4章 教育招考转型——促进多元人才成长

教育招考转型——促进多元人才成长

2014年9月，国务院印发了《关于深化考试招生制度改革的实施意见》(以下简称《实施意见》)，《实施意见》深刻地回答了为什么改，改什么和怎么改等根本性问题，这是恢复高考以来国家在教育领域实施的最全面、最系统的顶层设计，是当前和今后一个时期指导考试招生制度改革的纲领性文件，标志着新一轮考试招生制度改革全面启动。

新高考方案将会发挥指挥棒作用。新高考方案对高中学校的挑战，在于我们是否能够深刻地理解新高考方案的政策意图和教育导向，在学校办学实践和学生学习需要的基础上，调整和变革育人模式，建立起与新高考方案相适应的高中教育“新常态”。

高考方式转型促进高中教育转型，主要体现在三个方面：

一是在教育内容上，实现从专注“层次选拔”向优化“个性选择”转型。新高考主张录取模式从“高校+专业”向“专业+高校”转变，这种变化，让高中教育模式不得不从原来的“层次选拔”向现在的“个性选择”转型。

二是在教育方式上，实现从过度关注“育分”向全面关心“育人”转型。新高考不再坚持“一考定终身”的模式，而是从“一科两考”起步，逐步探索多次考试的评价模式。实行一科两考，甚至是一科多考，远不只是降低了学生在考试中的焦虑感，它大大增强了高考对学生能力的评价功能，削弱了高考中的投机可能性，必将引导高中教育回归素质教育，实现高中教育从“育分”向“育人”转型。

三是在教育目的上，实现从注重“学科成绩”向促进“学生成长”转型。新高考主张学业水平考试与高考同步进行，逐步实现高考模式由“集中应考”向“分散评价”转变，这就要求高中教育从“关注结果性的学科成绩”向“关注过程性的学生成长”转型。

4.1　教育招考转型的背景

4.1.1　以国家人才战略为立意

1. 为民族复兴育人。

考试招生制度是国家基本教育制度，是人才培养的枢纽环节，关系国家发展大计，关系每一个家庭切身利益，关系亿万青少年学生前途命运。深化考试招生制度改革，对于办好人民满意的教育，建设人力资源强国，实现"两个一百年"奋斗目标和中华民族伟大复兴的中国梦，具有特殊而重要的意义。

深化考试招生制度改革的总体定位是，促进公平、科学选才。坚持走中国特色社会主义教育道路，全面贯彻党的教育方针，落实立德树人根本任务，进一步完善制度，促进教育公平、提高选拔水平。

2. 凝聚各方理政智慧。

党中央、国务院高度重视考试招生制度改革工作。党的十八届三中全会做出全面部署，并强调必须通过深化改革促进教育公平，提高人才选拔水平，适应培养德智体美全面发展的社会主义建设者和接班人的要求，先后主持召开中央全面深化改革领导小组会议、中央政治局常委会议、中央政治局会议进行审议。在 2014 年的政府工作报告中明确要求，积极稳妥改革考试招生制度，并专门听取汇报，召开国务院常务会议进行审议，多次开展专题调研、主持召开国家教育体制改革领导小组会议进行研究。教育部会同有关部门认真落实党中央、国务院的部署和要求，突出问题导向，把握改革重点，深入总结实践经验，广泛听取社会各界意见，充分论证、反复修改、不断完善，凝聚了各方智慧，形成了《关于深化考试招生制度改革的实施意见》。

4.1.2　以民生公平问题为驱动

1. 招考制度的作用。

1977 年，中央决定恢复高考制度，这一重大决策使 1.3 亿人通过高考接受高等教育，千百万人的命运因此而改变。30 多年来，我国考试招生制度不断改进完善，初步形成了相对完整的体系，为学生成长、国家选才、社会公平做出了历史性贡献，对提高教育质量、提升国民素质、促进社会纵向流动、服务国家现代化建设发挥了不可替代的重要作用。

2. 关注学生成长问题。

对于招考工作，还是存在一些社会反映强烈的问题，主要是唯分数论影响学生全面发展，一考定终身使学生学习负担过重，区域、城乡入学机会存在差距，中小学择校现象较为突出，加分造假、违规招生现象时有发生。

3. 关注社会公平问题。

在保持现行考试招生制度稳定的基础上，着力解决突出问题，适应经济社会发展对多样化、高素质人才的需要，更好地促进学生健康发展，更好地科学选拔各类人才，更好地维护社会公平。

4. 突出问题解决要求。

深化考试招生制度改革的方向明确，任务确定，关键是抓好贯彻落实。

(1)把握方向。坚持正确改革方向。要全面贯彻党的教育方针，坚持立德树人，着力促进教育公平、提高人才选拔水平，培养德智体美全面发展的社会主义建设者和接班人。

(2)提高认识。全面准确把握各项政策，进一步统一思想、提高认识。

(3)精心组织。周密部署，高度重视，精心组织实施。

(4)细化措施。抓紧出台配套政策，按照《实施意见》确定的时间表，及时研究出台配套文件，细化改革的各项政策措施。

(5)跟踪指导。积极稳妥地推进改革试点。密切跟踪指导，及时研究解决改革中遇到的新情况新问题，不断总结经验，调整完善措施，确保有序推进。

5. 阶段推进目标。

2014 年启动考试招生制度改革试点，2017 年全面推进，到 2020 年基本建立中国特色现代教育考试招生制度，形成分类考试、综合评价、多元录取的考试招生模式，健全促进公平、科学选才、监督有力的体制机制，构建衔接沟通各级各类教育、认可多种学习成果的终身学习“立交桥”。

4.2 教育招考转型的原则与任务

4.2.1 招考转型的基本原则

这次深化考试招生制度改革，立足基本国情，着眼长远发展，着力把握以下基本原则：

一是坚持育人为本。把促进学生健康成长成才作为改革的出发点和落脚点，扭转片面应试教育倾向，深入推进素质教育，践行社会主义核心价值观，培养德智体美全面发展的社会主义建设者和接班人。

二是确保公平公正。把公平作为第一要求，加强宏观调控，完善法律法规，健全体制机制，切实保障考试招生机会公平、程序公开、结果公正。

三是体现科学高效。增加学生选择权，促进科学选才，确保考试招生工作有序实施。

四是积极稳妥推进。整体设计从基础教育到高等教育的考试招生制度改革，促进普通教育、职业教育、继续教育之间衔接沟通，统筹实施考试、招生和管理制度综合改革，试点先行，稳步实施。

4.2.2 招考改革的主要任务

改革的主要任务包括五个方面：一是改进招生计划分配方式，进一步促进机会公平；二是改革考试形式和内容，更好地引导素质教育，促进学生健康成长；三是改革招生录取机制，规范考试加分、自主招生，改进录取方式，拓宽多种形式的学习通道；四是改革监督管理机制，加大信息公开力度，加强对违法违规行为的查处；五是在少数省(市)开展高考综合改革试点。

4.3 推进招考转型的具体措施

4.3.1 缩小区域高等教育入学机会差距

由于多方面原因，我国区域间高等教育入学机会存在差距。自 2007 年以来，国家采取多项措施，努力缩小这一差距，已取得显著成效。2013 年全国高考平均录取率为 76%，最低省份录取率达到 70%，两者的差距由 2007 年的 17 个百分点缩小至 6 个百分点。

这次改革主要采取三项举措，进一步提高中西部地区和人口大省的高考录取率：一是综合考虑生源数量及办学条件、毕业生就业状况等因素，完善国家招生计划编制办法，督促高校严格执行招生计划；二是继续实施支援中西部地区招生协作计划，在东部地区高校安排专门招生名额面向中西部地区招生；三是部属高校要公开招生名额分配原则和办法，合理确定分省招生计划，严格控制属地招生比例。通过以上举措，力争到 2017 年，录取率最低省份与全国平均水平的差距缩小至 4 个百分点以内。

4.3.2 增加农村学生上重点高校的机会

由于城乡基础教育水平存在差距等多种因素，农村学生考上重点高校的比例相对较低。为此，这次改革主要采取两项倾斜政策：一是继续实施国家农村贫困地区定向招生专项计划，由重点高校面向贫困地区定向招生，这项计划 2012 年开始实施，当年安排 1 万名优秀贫困学生，2013 年扩大到 3 万名，2014 年扩大到 5 万名，覆盖 22 个省(区、市)的 832 个贫困县；二是部属高校、省属重点高校都要安排一定比例的名额，专门招收边远、贫困、民族地区优秀农村学生。通过以上举措，力争到 2017 年使贫困地区农村学生进入重点高校人数明显增加，并形成保障农村学生上重点高校的长效机制。

4.3.3 完善中小学招生办法

完善中小学招生办法，破解择校难题的改革重点有三个方面：

一是推进九年义务教育均衡发展，完善义务教育免试就近入学的具体办法，实行学区制和九年一贯对口招生；

二是改进高中阶段学校考试招生方式，实行优质普通高中和优质中等职业学校招生名额合理分配到区域内初中的办法；

三是进一步落实和完善进城务工人员随迁子女就近入学和升学考试的政策措施。

4.3.4 完善高中学业水平考试实施办法

高中学业水平考试是检验学生学习程度、促进学生全面健康发展、避免严重偏科的一项制度，是学生毕业和升学的重要依据。这次改革的重点，是在近年试点的基础上，进一步提高考试的规范性、安全性、科学性和公信力。

一是学业水平考试范围覆盖国家规定的所有学习科目，引导学生认真学习每门必修课程，避免严重偏科。

二是学业水平考试由省级教育行政部门按国家课程标准和考试要求统一组织实施，确保考试安全有序、成绩真实可信。

三是要求各地合理安排课程进度和考试时间，创造条件为有需要的学生提供同一科目参加两次考试的机会。2014 年，教育部已经出台完善高中学业水平考试的指导意见。

4.3.5 科学规范开展高中学生综合素质评价

开展高中学生综合素质评价的目的是促进学生品学兼优、德智体美全面发展和培养个性特长、扭转“唯分数论”，评价结果作为学生毕业和升学的重要参考。这次改革的重点，是更好地规范评价的内容、程序，确保内容客观真实、程序公开公正。

一是建立规范的学生综合素质档案，客观记录学生成长过程中的突出表现，注重社会责任感、创新精神和实践能力，主要包括学生思想品德、学业水平、身心健康、兴趣特长、社会实践等内容。

二是严格程序，强化监督，确保公开透明，保证内容真实准确。

三是各省(区、市)制定综合素质评价基本要求，学校组织实施。2014 年，教育部已经出台规范高中学生综合素质评价的指导意见。

4.3.6 高职院校实行分类考试

职业教育是面向人人、面向社会的教育，是广大青年通往成功成才大门的重要途径，肩负着培养多样化人才、传承技术技能、促进就业创业的重要职责。实行高职院校与普通高校分类招考，有利于高职院校选拔技术技能人才，便于学生选择适合自己的教育。这次改革提出了加快推进高职院校分类考试的措施。

一是高职院校考试招生与普通高校相对分开，实行“文化素质+职业技能”评价方式，为学生接受高等教育提供多样化入学形式。

二是中职学校毕业生报考高职院校，参加文化基础与职业技能相结合的测试；普通高中毕业生报考高职院校，参加职业适应性测试，文化素质成绩使用高中学业水平考试成绩，参考综合素质评价。

三是学生也可参加统一高考进入高职院校。2015 年通过分类考试录取的学生占高职院校招生总数的一半左右，2017 年成为主渠道。

4.3.7 深化高考考试内容改革

考试内容改革至关重要。为更好地满足高校招生选才的需要，更好地发挥其在引导素质教育、促进学生全面发展中的作用，《实施意见》明确提出了四项措施：

一是科学设计命题内容，依据高校人才选拔要求和国家课程标准，增强基础性、综合性，着重考查学生独立思考和运用所学知识分析问题、解决问题的能力；

二是改进评分方式，加强评卷管理，完善成绩报告；

三是提升命题能力，加强国家教育考试机构、国家题库和外语能力测评体系建设；

四是提高命题质量，2015 年起增加使用全国统一命题试卷的省份，保证国家教育考试的正确导向性和社会公信力。

4.3.8 减少和规范考试加分

我国从 20 世纪 50 年代起就实行考试加分政策，一类是补偿性的，一类是鼓励性的。但在实施过程中，出现加分项目过多、分值过大，特别是资格造假等问题。这次改革主要采取三项措施。

一是大幅减少、严格控制考试加分项目，2015 年起取消体育、艺术等特长生加分项目。确有必要保留的加分项目，应合理设置加分分值。

二是地方性高考加分项目由省级人民政府确定并报教育部备案，原则上只适用于本省(区、市)所属高校在本省(区、市)招生。

三是加强考生加分资格审核，严格认定程序，做好公开公示，强化监督管理。2014 年底，教育部已经出台进一步减少和规范高考加分项目和分值的意见。

4.3.9 进一步完善高校自主招生

自主招生的初衷是为了选拔具有学科特长和创新潜质的优秀学生，也就是所谓的“偏才怪才”。2003年开始启动试点，目前试点高校共90所，招生人数约占试点高校招生总数的5%，2013年选拔录取了2.5万人。总的来看，这项探索取得了积极成效，但也存在一些问题。

这次改革提出了进一步完善和规范自主招生的措施：一是申请学生要参加全国统一高考，达到相应要求，接受报考高校的考核；二是试点高校合理确定考核内容，不得采用联考方式或组织专门培训；三是规范并公开自主招生办法、考核程序和录取结果；四是严格控制自主招生规模；五是从2015年起推行自主招生安排在全国统一高考后进行。

4.3.10 完善高校招生录取方式

这次改革，高校招生录取方式的变化主要有以下几个方面：

一是高校要将涉及考试招生的相关事项，包括标准、条件和程序等内容，在招生章程中详细列明并提前向社会公布；

二是加强学校招生委员会建设，在制定学校招生计划、确定招生政策和规则、决定招生等重大事项方面充分发挥招生委员会作用；

三是高校可通过聘请社会监督员巡视学校测试、录取现场等方式，对招生工作实施第三方监督；

四是建立考试录取申诉机制，及时回应处理各种问题；

五是建立招生问责制，2015年起由校长签发录取通知书，对录取结果负责；

六是推行高考成绩公布后填报志愿方式；

七是创造条件逐步取消高校招生录取批次，2015年起在有条件的省份开展录取批次改革试点；

八是改进投档录取模式，推进并完善平行志愿投档方式，增加高校和学生的双向选择机会。

4.3.11 加强考试招生的监督管理

全面加强考试招生的监督管理，是这次考试招生制度改革中的一项重要内容，主要采取三方面的措施：

一是加大招生工作的信息公开力度，深入实施高校招生“阳光工程”，及时公开招生政策、招生计划、考生资格、录取程序、录取结果、咨询及申诉渠道、重大事件违规处理结果等信息，全程接受社会监督；

二是加强制度保障，强化教育考试安全管理制度建设，健全诚信制度和教育考试招生法律法规；

三是加大违规查处力度，对考试招生中的违法违规行为发现一起、查处一起、公开一起，严格追究当事人及相关人员责任。

4.3.12 启动高考综合改革试点

高考综合改革涉及考试科目和高校招生录取机制的调整。主要目的是探索招生录取与高中学习相关联的办法，更好地推进素质教育，增加学生的选择性，分散学生的考试压力，促进学生全面而有个性的发展。重点进行两个方面的探索。

一是改革考试科目设置。考生总成绩由统一高考的语文、数学、外语 3 个科目成绩和高中学业水平考试 3 个科目成绩组成。保持统一高考的语文、数学、外语科目不变、分值不变，不分文理科，外语科目提供两次考试机会。计入总成绩的高中学业水平考试科目，由考生根据报考高校要求和自身特长，在思想政治、历史、地理、物理、化学、生物等科目中自主选择。

二是改革招生录取机制。探索基于统一高考和高中学业水平考试成绩、参考综合素质评价的多元录取机制。按照统筹规划、试点先行、分步实施、有序推进的原则，选择在条件比较成熟的上海市、浙江省开展高考综合改革试点。2014 年，上海市、浙江省两地分别出台高考综合改革试点方案，从 2014 年秋季新入学的高一学生开始实施。试点省(市)的其他在校高中生和没有开展综合改革试点省(区、市)的高中生，仍实行现行高考办法。

4.4 关于实施普通高中学业水平考试

4.4.1 实施普通高中学业水平考试的背景与意义

2010 年 7 月，《教育规划纲要》提出，“全面实施高中学业水平考试和综合素质评价”。党的十八届三中全会决定强调，“推行初高中学业水平考试和综合素质评价”。2014 年 9 月，国务院《关于深化考试招生制度改革的实施意见》提出，“探索基于统一高考(课程)和高中学业水平考试成绩、参考综合素质评价的多元录取机制”，并要求 2014 年出台完善高中学业水平考试的指导意见。

学业水平考试主要衡量学生达到国家规定学习要求的程度，是保障教育教学质量的一项重要制度。从 2005 年开始，学业水平考试逐步在高中新课程实验省份展开，目前，已有 30 个省(区、市)实施，有 20 个省(区、市)实施超过 5 年。但考试组织方式、内容、成绩使用等还亟待改进。这次改革是在多年实践的基础上进一步完善，进一步提高考试的权威性、科学性和公信力。

实施学业水平考试意义重大。一是促进学生认真学习每门课程，避免严重偏科，打牢终身发展的基础。二是进一步增加学生选择空间，帮助学生学会选择，规划人生。三是推动高中学校准确把握学生的学习状况，改革人才培养模式，实现因材施教。四是为高校各专业选拔适合学校特色和符合专业要求的学生提供服务，促进高中、大学人才培养的有效衔接，提升专业人才培养水平。

4.4.2 实施普通高中学业水平考试的基本原则

坚持全面考核，促进学生完成国家规定的各门课程的学习。坚持自主选择，为每个学生提供更多的选择机会，促进学生发展学科兴趣与个性特长。坚持统筹兼顾，促进高中改进教学，服务高校选拔学生，减轻学生过重课业负担和学习压力。

4.4.3 实施普通高中学业水平考试的科目与内容

1. 考试科目。

《普通高中课程方案(实验)》所设定的科目均列入学业水平考试范围。语文、数学、外语、思想政治、历史、地理、物理、化学、生物等科目考试，由省级教育行政部门统一组织。艺术(或音乐、美术)、体育与健康、通用技术、信息技术考试，可由省级教育行政部门制定统一要求，确定具体组织方式。

在实行高考综合改革的省(区、市)，计入高校招生录取总成绩的3门学业水平考试科目，由学生根据报考高校要求和自身特长，在思想政治、历史、地理、物理、化学、生物等科目中自主选择。学生可以在完成必修内容的学习，对自己的兴趣和优势有一定了解后确定选考科目。

2. 考试内容。

各省(区、市)根据国家发布的普通高中课程方案和课程标准的规定及要求确定考试内容。要对相关科目的实验操作、外语听力和口语的考试提出要求。命题应紧密联系社会实际与学生生活经验，在全面考核学生基础知识和基本技能的基础上，注重加强对能力的考查。

4.4.4 实施普通高中学业水平考试的对象与时间

1. 考试对象。

普通高中在校学生均须参加学业水平考试。高中阶段其他学校在校生和社会人员也可报名参加。

2. 考试时间。

学校要均衡安排每学年的授课科目，统筹确定每个年级的学生参加考试的科目数量，原则上高一年级 2 个科目左右，高二年级 6 个科目左右，高三年级 6 个科目左右。各省(区、市)每年组织安排的考试要覆盖所有科目，满足不同学生选考的需要，考试时间一般安排在学期结束时。各省(区、市)要积极创造条件，为有需要参加同一科目两次考试以及更换已选考科目的学生提供机会。

各省(区、市)要提前公布学业水平考试的报名时间、开考科目、考试时间、报名方式等，便于学校安排教学及学生报名考试。

4.4.5 实施普通高中学业水平考试的成绩呈现与使用

1. 考试成绩呈现方式。

考试成绩以“等级”或“合格、不合格”呈现。计入高校招生录取总成绩的 3 门学业水平考试科目成绩以等级呈现，其他科目一般以“合格、不合格”呈现。

以等级呈现成绩的一般分为五个等级，位次由高到低为 A、B、C、D、E。原则上各省(区、市)各等级人数所占比例依次为：A 等级 15%，B 等级 30%，C 等级 30%，D、E 等级共 25%。E 等级为不合格，具体比例由各省(区、市)根据基本教学质量要求和命题情况等确定。

2. 考试成绩使用。

学业水平考试成绩合格，作为普通高中学生毕业以及高中同等学力认定的主要依据。要将所有学生学业水平考试科目成绩提供给招生高校使用，具体要求和使用办法由各省(区、市)及高校确定。

各级教育行政部门要加强对学业水平考试结果的研究与分析，做好教学反馈与指导，不断提高教学质量。任何单位和个人不得根据学业水平考试成绩给学生排队，不得仅以考试成绩作为评价学校和教师的依据。

学生跨省(区、市)转学时，应由转出地省级主管部门出具成绩证明，接受学生的省(区、市)对用于高校招生录取使用的科目等级成绩进行具体转换确定。

4.4.6 实施普通高中学业水平考试的组织保障

1. 加强组织领导。

实施学业水平考试是深化考试招生制度改革的重大举措，各地要高度重视，加强领导，精心组织。省级教育行政部门要对学业水平考试进行统一管理。要明确各相关部门职责，理顺工作关系，加强协调配合。要确保命题、阅卷、考务等方面的经费投入以及人员配置。

2. 确保命题质量。

要由省级专业命题机构组织命题。建立命题人员资格标准和命题专家库，强化命题人员培训，加快题库建设，开展试卷评估和分析，切实提高命题的科学化和专业化水平。

3. 严格考试管理。

要按照国家教育考试的标准和要求，统一设置考点、考场，规范考场布置、实施程序等。统一阅卷(考核)程序、标准和方式，确保评分准确。加强安全保密。建立健全诚信机制。严肃考风考纪，建立责任制和责任追究制。对考试作弊等违规行为，严格按照《国家教育考试违规处理办法》等有关规定进行处理。

4. 加强教学管理。

严格落实普通高中课程方案，合理安排教学进度，严禁压缩课程授课时间，开齐开足综合实践活动、技术、艺术(或音乐、美术)、体育等课程。学生学完必修内容参加合格性考试后，学校要开设相应的选修课，供有需要的学生选择学习。高中要对学生综合实践活动课程完成情况进行考查，确保完成必修学分。要加强学生生涯规划指导。调整教学组织方式，满足学生选学的需要，把“走班教学”落到实处。加强校长和教师培训，转变人才培养观念，创新人才培养模式。加强设施设备、师资配备等方面的保障，满足教学需要。教育部将建立课程实施监测制度，定期对各地课程实施情况进行评估。

4.5 关于完善和规范高校自主招生

4.5.1 高校试点自主招生的背景

自主招生主要选拔具有学科特长和创新潜质的优秀学生，也就是所谓的“偏才怪才”，是对现行统一高考招生按分数录取的一种补充。2003 年开始启动试点，目前试点高校共有 90 所，招生人数约占试点高校招生总数的 5%，2014 年选拔录取了 2.3 万人。总的看，这项探索取得了积极成效，据高校调查，经自主招生录取的学生进入高校后在学业、科研、创新、组织管理等方面潜力普遍比较突出。但自主招生也存在一些问题，部分高校自主招生定位不明确，热衷于“掐尖”“抢生源”；部分高校以联盟形式在高考前组织大规模文化考试，被社会称为“小高考”，增加了考生负担，影响了中学正常教学秩序；个别高校招生程序不够完善，过程不够公开透明，还需要进一步完善和规范。

为贯彻落实《实施意见》关于完善和规范自主招生的工作部署，教育部成立了由教育部领导和国家教育考试指导委员会专家组成的双组长制自主招生改革文件起草小组，在对所有试点高校自主招生情况全面系统摸底调研的基础上，认真吸纳媒体、网民、考生和家长的意见建议，广泛征求31个省(区、市)教育厅(教委)、90所自主招生试点高校以及高考指导委员的意见。经充分论证、反复修改、不断完善，形成了《试点工作意见》，经国家教育体制改革领导小组会议审议后由教育部印发。

4.5.2 明确高校自主招生工作总体要求

高校自主招生是我国高校考试招生制度的有机组成部分，是对现行统一高考招生录取的一种补充。进一步完善和规范高校自主招生试点工作，要明晰试点定位，主要选拔具有学科特长和创新潜质的优秀学生。突出问题导向，着力解决自主招生中存在的“掐尖”“小高考”、影响中学教学秩序等问题。促进科学选才，尊重教育规律和人才成长规律，通过科学有效的途径选拔特殊人才。维护公平公正，确保机会公平、程序公开、结果公正。要进一步完善招生程序，合理确定考核内容和形式，规范并公开自主招生办法、考核程序和录取结果，严格控制自主招生规模。2015年起自主招生考核安排在全国统一高考后进行。

4.5.3 完善高校自主招生申请报名和审核程序

考生向试点高校提出申请，考生所在中学(单位)或原毕业中学、社会团体或专家个人等均可实名提供推荐材料并对其真实性负责。试点高校不得向中学分配推荐名额。考生所在中学(单位)或原毕业中学应依据考生学籍档案、在校表现和高校要求，如实提供考生在高中阶段德智体美各方面发展情况，包括高中阶段课程学习情况和相关成绩、学业水平考试成绩、社会公益活动情况、获奖证书证明以及其他反映学生综合素质发展情况的写实性材料。试点高校要组织相关学科专家认真审核考生提交的申请材料，合理确定参加本校考核的考生名单。在保证生源质量的基础上，向中西部地区、农村地区的申请考生适当倾斜。试点高校应依据相关法律法规和《实施意见》的原则要求，结合实际认真研究制定本校年度自主招生简章，明确申请报名条件、审核办法、考核时间等内容，报教育部备案后向社会公布。

4.5.4 合理确定高校自主招生考核内容和形式

试点高校考核要结合本校相关学科、专业特色及培养要求，确定相应的考核内容，重点考查考生的学科特长、创新潜质。考核由试点高校单独组织，不得采用联考方式或组织专门培训。充分发挥学科专家的作用，探索完善科学、有效、简便、规范的考核方式。如需笔试，考试科目原则上一门，最多不超过两门。考核过程须全程录像，专家名单和面试顺序由抽签随机确定，防止暗箱操作。对偏远、贫困地区考生，试点高校要积极探索选派专家到当地开展考核、实行网络远程视频面试等方式，为考生顺利参加考试提供便利和帮助。

4.5.5 规范高校自主招生录取程序和要求

试点高校要根据本校自主招生简章，由校招生工作领导小组集体研究确定入选资格考生、专业及优惠分值。各省级招生考试机构要严格审查考生投档资格。入选考生高考成绩总分录取要求，原则上不应低于该考生所在省(区、市)有关高校同批次同科类录取控制分数线。对学科特长或创新潜质特别突出的个别优秀考生，经向社会公示后，由试点高校提出破格录取申请，经生源所在地省级高校招生委员会核准后录取。严格控制自主招生规模，现阶段不扩大试点高校范围和招生比例。

4.5.6 自主招生考核安排在高考后进行

2015 年起，所有试点高校自主招生考核统一安排在高考结束后、高考成绩公布前进行。2 月底前，试点高校发布年度自主招生简章。3 月底前，考生完成报名申请。4 月底前，试点高校完成考生材料审核，确定参加学校考核考生名单并进行公示。6 月 7 日、8 日，考生参加全国统一高考。6 月 10 日至 22 日，试点高校完成考核，确定入选资格考生名单、专业及优惠分值，并报教育部阳光高考平台公示。各省级招生考试机构公布高考成绩后，组织本省(区、市)有关考生单独填报自主招生志愿，原则上在本科第一批次录取前完成自主招生录取并进行公示。

4.5.7 加强高校自主招生信息公开公示

完善教育部、各省级招生考试机构、试点高校和中学四级信息公开制度。在教育部阳光高考平台建立统一的自主招生信息管理系统，加强对报名、审核、公示各个环节的监督管理。中学要公示所有经确认推荐的考生名单及相关材料。试点高校要将参加考核的考生名单、入选资格考生名单、录取考生名单及相关信息，分别在本校、生源所在省级招生考试机构及教育部阳光高考平台上进行公示。公示的考生信息应包括姓名、性别、所在中学(或单位)、享受照顾政策类别、资格条件、测试项目、测试成绩、合格标准、拟录高校及专业和录取优惠分值等。

4.5.8 严厉查处高校自主招生违规行为

试点高校不得发布未经教育部备案的自主招生简章或进行虚假招生宣传；不得在高考前以任何形式组织与自主招生挂钩的考核工作；高校自主招生工作人员、专家评委不得参与社会机构组织的各类培训、辅导活动；不得以各种形式偏离试点定位进行恶性生源竞争或向考生违规承诺录取；录取时不得突破自主招生计划录取，不得突破经公示的优惠分值录取，不得更改经公示的入选专业录取，不得在发放新生录取通知书或新生入学报到环节更改考生录取专业。省级教育行政部门不得擅自扩大试点高校范围或出台与国家招生政策相抵触的招生办法。省级招生考试机构不得为不符合要求的考生违反规定程序办理录取手续。有关中学等不得出具与事实不符的考生推荐材料、证明材料等或在考生综合素质档案中虚构事实或故意隐瞒事实。

省级教育行政部门、招生考试机构、试点高校和有关中学要密切配合，完善制度，协同推进。省级招生考试机构和有关中学要为试点高校提供必要的支持和服务。建立试点高校动态管理机制和准入退出机制，确保自主招生试点工作平稳有序开展。

4.6 教育招考转型将重建基础教育新秩序

考试招生制度的改革，将对基础教育带来深刻的变化，将促进学校管理转型。高中教育将会产生怎样的变化？学生、教师、学校管理会受到哪些影响？我们的教育教学和管理应如何应对？这些都值得认真研究。

4.6.1 招考转型给高中教育带来的变化

1. 招考改革总体推进目标。

2014年浙江、上海启动考试招生制度改革试点，2017年在全国全面推进，到2020年基本建立中国特色现代教育考试招生制度，形成分类考试、综合评价、多元录取的考试招生模式。

2. 考试科目设置。

考生总成绩由统一高考的语文、数学、外语3个科目成绩和高中学业水平考试3个科目成绩组成。保持统一高考的语文、数学、外语科目不变、分值不变，不分文理科，外语科目提供两次考试机会。计入总成绩的高中学业水平考试科目，由考生根据报考高校要求和自身特长，在思想政治、历史、地理、物理、化学、生物等科目中自主选择。

3. 高中学业水平考试范围覆盖国家规定的所有学习科目，创造条件为有需要的学生提供同一科目参加两次考试的机会。

4. 规范高中学生综合素质评价。

5. 高职院校考试招生与普通高校相对分开，普通高中毕业生报考高职院校，参加职业适应性测试，文化素质成绩使用高中学业水平考试成绩，参考综合素质评价。

6. 高考内容增强基础性、综合性，着重考查学生独立思考和运用所学知识分析问题、解决问题的能力。

7. 2015年起取消体育、艺术等特长生加分项目。

8. 自主招生主要选拔具有学科特长和创新潜质的优秀学生。试点高校不得采用联考方式或组织专门培训。2015年起推行自主招生安排在全国统一高考后进行。

9. 探索基于统一高考和高中学业水平考试成绩、参考综合素质评价的多元录取机制。

高校要根据自身办学定位和专业培养目标，研究提出对考生高中学业水平考试科目报考要求和综合素质评价使用办法，提前向社会公布。高校录取推进并完善平行志愿投档方式，2015 年起在有条件的省份开展录取批次改革试点。

4.6.2 招考转型对高中教学管理的变化

1. 取消文理分科，教师编制、分班、排课、开课等有新要求。

根据《实施意见》，取消文理分科，除语数外，其他课程由学生“自选 3 科”计入高考成绩，这种选考方式，理论上将产生 20 种课程安排模式，如何开设课程、如何分班教学、如何调配教师和教室，都给学校带来新的问题。

对于“自选 3 科”，学校和教师必须加强科学引导和指导。学生的选择如果相对集中，势必造成某些科目教师富余，某些科目教师不足。因此，选择某科目的学生数应尽量与该科目教师数大体相当。由于各校学生整体特点不同，由此可能带来学校教师数量的结构性调整。

根据《实施意见》，高三只有语数外三个学科参加高考，高三的课程将如何开设？如果全开语数外，教师需求量大，原有教师编制将打破。如果不全开语数外，应增设哪些课程？是自主招生课程，大学先修课程，还是研究、实践类课程？

2. 语数外之外的文化学科需重新调整或修订教材。

除语数外学科，其他学科只需要参加学考。可能在两年内要完成学科教学任务，参加“合格考”的学生只需学习必修内容，选修内容将成为“选考”学生增加的课程，这就要求对不同层次学生的学习内容进行重新规划，或对当前教材进行修订，或对选修和必修教材内容进行整合。

3. 取消文理分科，对数学学科的不同学习要求转变为统一要求，修订课标和教材的任务艰巨。

目前的高考，理科数学和文科数学在考点范围、题量、题目难度等都有显著区别，改革后，不分文理，一套数学卷，势必在学习内容、命题范围、题目难度上要重新规划，教材也需要重新修订。

4. 英语学科两考，学生需理智审慎对待。

英语考试如实行等级制，则可避免所有学生参加两次考试。如实行分数制，就可能造成所有学生都将参加两次考试，因此英语学习压力会不减反增，这种压力甚至会前移到初中、小学。对需要参加第二次考试的学生，学校是否需要再次组织复习等问题，都需要学校认真研究。

5. 建立综合素质评价系统任务艰巨。

根据《实施意见》，学生综合素质评价将作为高校招生的重要参考。这就要求学校要建立具有客观性、权威性和公信力的综合素质评价系统，使综合素质评价有参考价值；同时高校要敢用和会用高中学校提供的综合素质评价。如果综合素质评价不能被充分地参考，那么这一评价将会形同虚设，导致更加严重的应试倾向。

综合素质评价系统必须明确规定评价内容、评价程序和组织管理。建立规范的综评课程体系和评价体系是减少评价工作随意性的关键，规范的程序是综合评价有序进行，确保可操作性的重要依据，而严格的组织管理是综合评价真实、公正的保证。

建立可信可用的学生综合素质评价制度将成为基础教育和高等教育共同面临的一项紧迫而艰巨的任务，需要学校在学生成长记录和综评课程体系建构中不断实践，不断完善。

6. 学生的学习将从统一化、单一化转变为个性化、有选择。

单一的考试招生模式，只给某一类型、善于应试的学生提供机会。《实施意见》颁布后，高中教育将从过去仅仅关心一次终结性考试的成绩转变为要关注学业水平考试、外语考试和高考，同时也要关注各类非文化课程的表现和成绩（这些将在综合素质评价中体现）。“高校要根据自身办学定位和专业培养目标，研究提出对考生高中学业水平考试科目报考要求和综合素质评价使用办法，提前向社会公布。”学生要根据自己的特长和高校专业的要求选择适合自己的职业方向，提前规划自己的职业生涯。学生的学习将从过去的统一化、单一化转变为个性化、有选择。办适合学生个性发展的高中教育，将决定现代教育的方向和质量。

7. 减少加分和完善自主招生，凸显裸分地位。

自主招生主要选拔具有学科特长和创新潜质的优秀学生。这个标准有了较大改变，目前，自主招生考试内容依然是在学科的深度、广度和难度上做文章，从某种意义上说，仍然是“掐尖”，和高考本质上没有区别。这种选拔方式，并没有选拔到真正的个性化的“偏才、怪才”，《实施意见》将招收重点放在个性化人才上，把自主招生拉回到正确的轨道上来。

2015 年起推行将自主招生安排在高考后进行，不再采用联考方式或组织专门培训，高考周期增长了。通过自主招生考试的考生名额可能减少，直接影响一些中学的名校升学率。高考后进行自主招生，部分高校自主招生的笔试将会取消，直接根据高考成绩筛选面试名单，这种做法，有利于减轻当前“小高考”给考生带来的负担，有利于扩大高校的自主招生权；但高考成绩将成为参加自主招生的一个门槛，也会让一些考生失去机会。

减少了各种不科学的加分，杜绝了违规造假行为，减轻了学生的学业负担，学生不用再去参加各种竞赛培训，只需一心一意把学校课程学好。但改变自主招生方式，减少加分，裸分就变得更加重要。

7. 拔尖学生需重新定位。

目前的高考模式能选拔出文化成绩最拔尖的学生进入清华、北大等名校，而新高考模式却未必能做到。

新高考必考科目减少，学生的选考科目不尽相同，并且按等第呈现，加上高校选拔标准对选考科目有相应要求，因此，拔尖学生既要语数外分数拔尖，又要选考科目符合专业要求并且等第靠前，还要参考综合素质评价，甚至可能还需要通过高校自主招生面试的考察。

因此，新高考模式下的拔尖学生，是分数和综合素质的双重拔尖。学校要做好对拔尖学生的引导、指导，考生针对选考科目、综合素质和自主招生等方面的要求，做好素质提升准备和职业生涯规划。

4.6.3 学业水平考试将改善学生成长的生态

1. 学业水平考试成绩以等级呈现的目的。

长期以来，考试成绩以百分制呈现，给学生造成了很大的课业负担和心理压力。以“合格、不合格”和“等级”呈现成绩打破了只用百分制评价学生、评价教育质量的做法，淡化了分数，学生可以腾出更多的时间和精力，学习一些新的、自己感兴趣的东西。

《普通高中学业水平考试实施意见》规定，计入高校招生录取总成绩的3门科目成绩以等级呈现，其他科目达到国家规定的基本教学要求，考试合格即可，避免加重学生课业负担。等级一般分五个，规定了每个等级人数所占比例，保证成绩的区分度和可比性，方便评价和招生录取使用。

2. 学业水平考试成绩直接影响高校招生录取。

学业水平考试成绩直接影响高校招生录取，必须保证考试是科学、规范、可信。

为确保考试成绩可信可用，《普通高中学业水平考试实施意见》重点强化了四个方面的要求：一是按照国家教育考试标准，要求省级教育行政部门对学业水平考试进行统一管理，确保考试的权威性；二是由省级专业命题机构依据国家颁布的课程标准命题，加快题库建设，确保命题的专业化；三是按照统一标准设置考点、考场，加强阅卷工作管理，统一阅卷程序、标准和方式，确保评分准确；四是建立关于安全保密、违规处理等方面的制度，建立责任制和责任追究制，确保考试安全。

3. 改革后的学业水平考试将适当减轻学生的课业负担。

这次改革将适当减轻学生过重的课业负担。一是考试成绩以“合格、不合格”和“等级”方式呈现，除了计入高校招生录取总成绩的学科外，其他学科达到国家规定的基本教学要求，考试合格即可。不参加高考的学生，不需要和其他学生学习、备考一样难度的教学内容。二是现行高考科目是统一规定的，有的科目学生不擅长但又必须考。改革后，计入高校招生录取的3门学业水平考试科目是可选的，可以由学生根据自己兴趣特长自主选择，扬长避短。学习有兴趣和擅长的东西，可能就不会感觉太累。三是现行高考是将高一、高二学习的内容一直带到高三“算总账”，三年中各门考试科目一直处于备考的过程中，并且毕业时集中考6门，学生考试的门数多，强度大。改革后，与高校招生录取挂钩的学业水平考试安排在三年中完成，实现每门课程学完即考，可以分散备考的门数，缩短备考的持续时间，减轻一次性考试带来的心理压力。

4. 学业水平考试成绩将作为高校招生录取依据之一。

实行高考综合改革后，给高中教育教学和学生学习带来一些变化，主要是原来学生只能选择文综或理综，多数学校按文科班和理科班教学，现在学生可以文理兼修、文理兼考，选择权进一步加大，学校按学生的选择实行走班教学。这些变化，为真正实现因材施教，促进学生个性特长发展创造了条件，但对教学实施和学生管理等提出了新的更高要求。

为适应学业水平考试带来的变化，各学校要全面推进高中教学改革。一是调整教学组织方式。满足学生选学的需要，合理编班，把走班教学落到实处。二是提高校长和教师的教学管理能力。加强校长和教师的培训、研修，改革人才培养模式，根据学生不同的选择，组织实施相应的教学，真正做到因材施教。三是加强教学条件保障。在设施设备、师资配备等方面要积极创造条件，满足新的教学需要。

学生要在学习过程中培养兴趣，发现自己的特长和优势，在教师的指导下学会选择，规划人生。教育部将制订印发《普通高中学生发展指导纲要》，建立高中学生发展指导制度，提高教师对学生人生发展规划的指导能力。

4.6.4 招考改革将淡化择校之风，区域教育生态将会改善

教育改革前，择校最主要的是获得更多的优质教育资源，教改后择班的重要性会被进一步强化。教改后小学、初中弱校和强校间的差异被生源升学的最大化均等性所弱化，趋同性变得越来越明显。高考考试制度变为高考、学业水平考试、综合素质评

价和自主招生四者的结合。

其中最重要的高考和学业水平考试这两项，反映在教学中必然的唯一选择是：不久的将来，全国的高中学校都将展开“分层教学”和“走班制”教学，这就会出现“同班不同学”的现象，因此，未来一个学生进了任何中学，除了获得这所学校的名头外，要想得到更大的好处关键在班级的选择上，而班级的选择虽然是自由的但却是完全按照分数进行的，不同分数的班讲课的难度、进度、师资、教材、考题、生源等都是不同的。所以，教改后你进了什么学校相比教改前已经不那么重要了，而能够进什么班将起更关键和最直接的作用。家长们不要再被名校的光环所迷惑了，此名校已非彼名校，教育生态环境已经完全改变，我们的思想观念也必须彻底转变。

1. 培养学生兴趣常态化，放弃功利导向。

高考取消了艺术、科技、体育等特长生的加分，这些兴趣爱好似乎都不再重要了，其实这是很大的误解。学生和家长们必须要了解到，两年以后，高考录取将不再区分一本、二本、三本，考试大纲也将会要取消，大学的录取将完全按照专业进行，学什么样的专业与学生的兴趣、爱好直接相关，学生学自己喜欢的、感兴趣的，干自己喜欢的、感兴趣的就充满乐趣也更容易成功、成才。家长要想知道自己的孩子对什么感兴趣，就要从小学开始进行常态化发现和培养。原来很多家长带孩子学文艺、科技、体育特长主要是为了小升初升学，功利性很强，现在功利性因为小升初升学模式和直升校的缘故已经被极大弱化了，但与孩子的前途、未来的关系却被强化了，所以学特长的出发点、目的都会不一样了，后者变得更重要了，越早发现孩子的兴趣、特长所在，家长就会越轻松、越坦然、越自信，孩子今后的出路也越平顺。

2. 高中学校管理将遇挑战，学校实力是关键。

所谓的“挑战”，是指各个高中学校要在几乎所有的方面做出与改革配套的调整，是全面的改变而不是局部的。比如，分班，分层，一年多考课程的设置、安排，师资调配，课时设置，教室利用，课程研发，学业课程与高考课程的配置，综合素质评价制定、实施等都会与以往完全不同，对每所中学都是前所未有的挑战，其中学校的综合实力是最关键的，对学校的要求远胜过对每个学生的要求。

4.6.5　自主招生政策将使高中与高校更加紧密衔接

从教育部发布的《关于进一步完善和规范高校自主招生试点工作的意见》(以下简称《意见》)内容来看，学校、考生和家长要积极应对六个变化。

1. 自招定位更加精准，偏才怪才更有机会。

这次教育部对于自主招生选拔人才有了更加明确的定位，“选拔具有学科特长和创新潜质的优秀学生，即‘偏才怪才’”。不少高校认为，2015 年自主招生回归了设置初衷。武汉大学招生处负责人王福称，“高校自主招生本来就不是为那些可以通过高考入学的考生准备的另一条通道”。

另一方面，《意见》特别提出一点：“对学科特长或创新潜质特别突出的个别优秀考生，经向社会公示后，由试点高校提出破格录取申请，经生源所在地省级高校招生委员会核准后录取。”说白了，过去个别在某个学科上出类拔萃但高考不到“一本线”的学生，无缘名校。今后，这类真正的“偏才怪才”也有可能被名校录取。以后类似于蒋方舟这样的“偏才怪才”将会更多地涌现出来。

2. 多个高考加分项目取消，凸显自招加分“含金量”。

教育部联合五大部门共同发布《关于进一步减少和规范高考加分项目和分值的意见》，明确规定，从 2015 年 1 月 1 日起，体育特长生、中学生学科奥林匹克竞赛、科技类竞赛、省级优秀学生以及思想政治品德有突出事迹等 5 类高考加分项目将取消。这样一来，以往拿着以上各类奖项加分的考生，将会失去竞争优势，回到 2015 年高考考场的竞争来看，如果能拿到自主招生的加分，将会对冲击“985”名校更加有利，加分显得更加宝贵。

3. 自主招生时间改为高考后，申报工作还在高考前。

2015 年自主招生改为高考后，这个政策已经是明确的，已经让家长和考生吃了“定心丸”。不过这次《意见》中更加细化了具体的时间节点，同样备受关注。比如，在 2 月底前各高校发布招生简章，3 月份考生提交申请材料，4 月份高校审核考生材料，4 月底前公示通过名单，6 月 10 日至 22 日高校考核，高考出分前确定入选资格名单。在确定了具体的时间节点后，考生和家长还须及时关注各高校公布的招生章程。

4. 高校不能向中学分配名额。

这次教育部《意见》中规定，高校自主招生是对现行统一高考招生录取的一种补充，要着力解决自主招生中存在的“掐尖”“小高考”等问题。试点高校不得向中学分配推荐名额。考生向试点高校提出申请，考生所在中学(单位)或原毕业中学、社会团体或专家个人等均可实名提供推荐材料并对其真实性负责。

5. 高考后的考核明确，录取要求框定。

教育部《意见》明确了 2015 年自主招生高考后的考核要求，“考核由试点高校单独组织，不得采用联考方式或组织专门培训”。

在 2015 年自主招生改革动作之大、时间之紧的情况下，大多数高校最多也就考核一门，甚至不考笔试，更看重平时的综合表现、成绩以及面试。而且即便考核，也很可能按照不同学科的特色设置不同的自主招生考试方式。比如，数学系的考生由数学系来测试，文学系的考生由文学系来测试。

教育部高校学生司负责人表示，试点高校要在各省高考成绩公布前(最晚6月22日前)，确定入选资格考生名单、专业及优惠分值。《意见》要求，入选考生高考成绩总分录取要求，原则上不应低于考生所在省(区、市)有关高校同批次同科类录取控制分数线。还有就是对于个别优秀考生，破格录取。

6. 向中西部农村地区适当倾斜，给更多寒门学子机会。

教育部《意见》中规定，“试点高校组织相关学科专家认真审核，合理确定考生名单，向中西部、农村地区适当倾斜”。这让我们看到国家正在让更多寒门学子、欠发达地区的学子中的“偏才怪才”，也有机会通过自主招生加分，入读更优质的高校。

在往年的自主招生中，已然有不少类似的倾斜政策。比如“自强计划”，该计划是由清华大学主导的自主选拔计划，清华大学、南京大学、上海交通大学、西安交通大学、浙江大学、中国科学技术大学等6所知名高校将共同实施针对全国农村学生的自主选拔“新百年自强计划”，为寒门学子创造更多进入名校的机会。2014年的“自强计划”从以往只能报一所学校，改为可6选3，并首次将全国乡镇农村中学纳入招生计划。

类似的政策，还有像北京林业大学在自主招生中设立的“树人计划”，面向特定地区、特定中学招收符合条件的农村户籍考生。招生的专业也是以农林专业为主，比如林学类、草业科学、水土保持与荒漠化防治科学。这样让他们学有所成，更好地为家乡造福。

2015年自主招生教育部已经确定了“红线”，各高校招生办正在抓紧制定自招细则。

4.6.6 招考改革将促进普通高中进一步深化课程改革

普通高中学校在透彻理解国务院《关于深化考试招生制度改革的实施意见》内涵的基础上，应逐步转变教学方式和管理方式，加强学校内涵建设，积极应对考试招生制度的改革，抓住机遇引领学校建设现代教育高中，促进学校教育管理转型。

1. 准确把握政策，积极应对改革。

明确改革的终极目标，即以立德树人为导向，坚持育人为本，遵循教育规律和人才成长规律，把促进学生健康成长成才作为改革的出发点和落脚点，把促进学生全面发展和个性发展作为教育的根本任务。改革将极大解放高中教育，高中教育不再只是通往大学的门户，更凸显其自身内在的价值。

《实施意见》的颁布，给高中教育的发展和道路选择提供了更多的空间，高中教育将更加尊重学生个性发展，更加注重学生全面发展。其中，高校专业对科目的个性化要求、学生综合素质的全面评价、学生自主选择考试科目，都对高中学生的个性发展提供了支持。随着《实施意见》的颁布实施，关于普通高中教育目标定位的一些模糊认识得到了澄清，为普通高中教育回归价值原点创造了制度条件。

中小学必须贯彻国家意志，结合各学段实际，思考如何将改革落实到学生成长上。这是教育的底线，必须坚守，不能动摇。

2. 深化高中课程改革，积极顺应招考变化。

促进学生全面而有个性的发展，改变高中"千校一面"的办学局面，是这次招考改革的核心。因此，高中学校必须坚持以学生为本，努力适应学生个性差异和选择需要；必须坚持以课程建设为核心，构建多层次、多类型、可选择的课程体系。

(1)以国家课程标准为准绳，开齐、开足、开好各类课程。

《实施意见》指明，高中学业水平考试，坚持全面考核的原则，规定《普通高中课程方案(实验)》所设定的科目均列入学业水平考试范围，其目的是促进学生的全面发展。这就从国家考试制度上要求必须开好国家的全部课程。

因此，学校应加强教研组和教师队伍建设，尤其是音、体、美、技术等薄弱学科和实践类课程的建设，并严格按国家课程标准开齐、开足、开好各类课程。

(2) 以课程基地建设为载体，大力推进国家课程校本化实施。

实施课程基地建设是应对招考改革、深化课程改革的有力举措。面向全体学生，充分体现学生主体，让每个学生在基地得到体验和发展，是课程基地建设的出发点。课程基地建设方式是围绕学科生发、细分，扩大学科的外延，增加学科含金量。其本质是教学方式的改革和个性化人才的培养，关键在课程的建设，核心在学生对课程的使用。课程基地建设，是高中教育创新内涵建设、创新育人方式、创新质量提升的有效措施，与当前招考制度改革的指导思想是一脉相承的。

学校要立足学生个性化需求，用足、用好"课程基地建设"这个有力抓手，开发丰富而有特色的课程资源，按照学科分层、分类的要求构建学科课程体系；按照立德树人、全面发展、培养实践创新能力的要求构建综合素质课程体系。有步骤、有层次推进国家课程校本化，以学科和综合素质为中心建设"课程超市"，为学生搭建个性化发展平台，注重学生全面发展，尊重学生个性发展，形成内容丰富、特色鲜明的校本课程体系。

(3)以转变教学方式为重点，促进学生全面而有个性的发展。

学生根据自己的兴趣特长和报考高校的要求，有了更大的自主选择权，学考的"合格考"和"等级考"意味着传统教学方式要进行转变，学校组织教学将从行政班的统一授课方式转变为为了适应学生的个性化需求而实行选课制、分层教学和走班制。学校要分学科组织试点，积极推进选课制、走班制和学分管理，满足学生个性化的课程学习需求，提高学生选择课程、进行生涯规划的意识和能力。提倡每位学生都有个性化的课表，为不同潜质、不同水平学生的个性化发展提供多层次的选择和帮助，促进学生全面而有个性的发展，为适应新的高考积累经验。

高中教育的基础性、选择性特质，必然要求体现为课程的全面性、丰富性、选择性。此次考试招生制度改革，将促进新一轮高中课程改革，进一步丰富高中教育的内涵和意义。高中学校要积极顺应这一变化，切实破除文理分科思维，全面执行课程计划和课程标准，加强课程资源开发和建设，提高课程实施水平，更好地满足学生个性化、多样化学习需求。各县市教育行政部门要努力提供相应的政策、资源支持和专业服务，支持高中学校深化课程改革，赋予学校更多办学自主权，引导高中教育向更高水平发展。

4.6.7 招考改革将使普通高中从注重应试研究向注重培养方式转型

国务院《关于深化考试招生制度改革的实施意见》已经确定了改革的原则、总体目标、主要任务和措施，因此我们各学校不能等待观望，而是要积极应对，早做准备，从教学观念、管理理念、课程建设、队伍管理等方面主动应对。对于湖南的基础教育而言，至少现在小学各年级、初中一年级以下学生都要应对考试招生制度改革带来的教育教学过程的变化。普通高中教师的教育观念变化以及中小学课程管理、教育教学管理的转变，高考选拔的个性化人才的培养不是高中阶段决定的，而是各个学段衔接培养形成的。因此在透彻理解《实施意见》内涵的基础上，应逐步转变教学方式和管理方式，加强学校内涵建设，才能有力推进素质教育的实施。主要应从以下几方面入手：

1. 语文学科将在高考、中考中成为突出重点。

高考改革后，三门统考课语文、数学、外语，其中外语可以多次参考，取最高分计入高考总分，就高考总分的区分度来讲大大降低；数学在今后的命题中要大幅度降低难度，区分度也会较大下降；只有语文的广度、难度会有所提升，因此语文在高考总分中区分度会最大，最容易拉开学生档次。说“得语文者得高考”一点都不过分，语文的提高需要长期积累，小学不抓，中高考就会后悔，到时候想抓也来不及。未来语文的地位就像原来“小升初”中奥数的决定性作用一样，并且比奥数更能一锤定音。“得语文者得高考，得阅读者得语文。”阅读习惯将成为学生小学入学前后第一重要的习惯，并将一直持续下去。

2. 取消文理分科，高中教育个性化更加突出。

高中教育要从过于偏重文理向全面打好文理基础转变，切实促进学生全面而有个性的发展。但取消文理分科，全面打好文理基础，并不意味着学生要回到以往所有学生都学同样课程的老路上去。按照高考改革的总体思路，学生在高中学业水平考试的基础上，选择三门符合自己兴趣特长的学科计入高考总分，也就是从原先基于文理分科的“3 选 1”变为如今的“6 选 3”“7 选 3”，既兼顾到了学生全面发展的需求，同时也顾及到了学生个性成长的需求。

高中教育理念的这种转变应当得到全方位体现，既要渗透到高中课程方案和课程标准的修订之中，也要落实到高中教育的整体教学安排之中，还要直接反映在学生的学习过程和教师的教学过程之中。为了配合高考改革，目前上海市正在对高中课程方案和各学科课程标准进行调整，重新设计高中各学科基础性课程与拓展性课程内容及其相应课时，这意味着高中各学科基础型和拓展型课程的内容可能会减少，学习难度可能会适当降低，这也是顺应高考改革的一种现实要求。可以说，高中教育理念的转变最终要落实到具体的教育教学实践活动之中，使高考改革带动高中教育朝着促进学生全面而有个性的方向发展。

3. 围绕高中学业水平考试的改革将变革高中教育管理秩序。

新的高考改革之所以强化高中学业水平考试，主要是为了引导学生认真地学习每一门课程，避免严重偏科，也是为高校科学选拔人才创造条件。学生在高中学业水平考试的基础上，选择三门符合自己兴趣特长的学科计入高考总分，学业水平考试要求每门课程学完即考，“一门一清”，同时鼓励为学生提供每一门科目两次考试的机会。遵循这样的改革思路，高中教育势必需要做好相应准备。

一方面，伴随着学生选择权的增加，要求进一步深化高中课程改革，逐步构建多层次、多类型、可选择的课程体系。尤其要进一步优化课程结构，合理确定必修、选修课程比例，增强课程的选择性，给学生提供更多自主发展的空间。毕竟有了很好的“选课”基础，学生的“选考”才能够更加得心应手。

值得关注的是，不论是 3 门学业水平考试科目的选择，还是考试时间的选择，都在一定程度上考验着学生自身的选择能力，而学生选择能力的培养，对高中课程改革也提出了新的要求。一直以来，高中学生填报高考志愿、选择专业主要依据考试分数，“高考无意识”问题始终困扰着高中毕业生。对于今天的高中课程改革而言，增加“生涯教育”的内容也就显得非常必要。高中“生涯教育”应当基于学生对职业的认知、对自身的认知，逐步形成生涯规划的意识和能力，但“生涯教育”并不是一种简单的专业或职业定向，也与当前普通高中渗透职业教育内容的寓意并不相同。对于高中学校而言，如何将“生涯教育”与心理健康教育、德育和学生发展指导有机融合和渗透，有待深入探索和实践。

另一方面，伴随着学生选择权的增加，要求学校不断创新教学方式，积极推进分层教学和走班制。在高考改革的新形势下，不同学生选择的学业水平考试科目会有所不同，同一科需要有难易程度不同的教学班级可供选择，实施分层教学和走班制势必成为高中教育面临的一个新的改革课题。应当看到，实施分层教学和走班制对高中学校的课程设置、教学安排和师资等都提出了很高要求，也会面临一些新的挑战。如：短期内一些选课人数剧增的高中科目，可能产生教学场地和师资不足的状况。因此，各高中学校需提前做好教学方式改革的相关准备，其中包括教学场地和师资的准备，地方教育行政部门也可在鼓励高中学校做强特色学科的基础上，探索区域内紧缺学科教师"走校教学"，即不同学校的教师进行置换、交流，实现教师资源共享。

4. 高中学生综合素质评价的实施更加关注学生的个性化成长。

在高考改革的新形势下，开展综合素质评价至关重要，毕竟除了考试分数之外，价值观、批判性思维、实践能力和社会责任感等对人的成长成才有着重要影响。综合素质评价突出强调对学生成长过程中的表现进行综合评价，有利于学生综合素质的培养；将综合素质评价情况作为高校招生录取的参考，有利于改变用考试分数简单相加作为招生录取的唯一标准的状况。

同时应当看到，实施高中学生综合素质评价面临较大困难，其主要难点在于如何保证综合素质评价的科学性、客观性和透明度。从实际操作看，由于高中学校发展水平差异较大，使用高中学校各自提供的学生综合素质评价情况，存在着可比性不强的问题。特别是在目前诚信意识相对薄弱的社会环境下，将综合素质评价作为高校招生录取的参考，极易受到种种不诚信行为的干扰，影响高校招生录取的公平公正。因此，推进高中综合素质评价工作，并使之成为高校招生录取的参考，需要增强高中学生综合素质评价工作的科学性、客观性和透明度。在考查内容上，重点看学生的思想品德、学业水平、身心健康、兴趣特长和社会实践等方面；在考查方式上，重点看学生成长过程中能够集中反映综合素质评价的一些具体活动和相关的事实，如：学生参加公益活动、参加志愿服务，强化事实性材料、写实性评语在高校招生录取中的作用。

5. 高中教育将在分数与"人"的夹击中突围。

李希贵面对教育现状认识到：高中教育面临着要分数还是要"人"的问题，每一位具体的家长都很现实，他们必须要分数；整个社会的人们又很理性，他们一再追问，高中教育，"人"在哪里？如果说，过去的高中教育，我们更多地困惑于教师的职业倦怠、学生的厌学情绪，那么今天及今后，我们却进入了一个内外夹击的新时代。

如何寻求突围之路？李希贵认为，我们的态度是，从教育自身开始，而不是等待别人。

(1)调整课程结构：压缩必修课，增加选修课。

高中教育已经进入普及教育的新阶段，高中校园里的学生，其基础状况、智力水平有着不可回避的千差万别，他们的兴趣爱好、潜能性向五彩斑斓。然而，我们的必修课程仍然是精英教育年代所要求的难度和容量，在那个同龄人中的5%~10%精英分子接受高中教育的时代，这样的必修要求并不过分，但对于今天普及教育阶段的绝大部分学生就难以承受。

压缩必修内容不仅仅因为高中教育的普及，更因为社会对人才需求的变化。如果说工业社会可以承受传统教育培养的“标准规格”人才，那么在今天，社会已经有着多元的人才诉求，个性张扬、创意无限、跨界思维，已经成为人才市场的流行语。这时候的高中教育就必须从过去的批量化生产，转向面向个体的定制式创造，其课程结构也理应进行相应调整，在压缩各学科必修内容的基础上，加大选修课的比重，这是新时代高中的不二选择。

需要特别指出的是，过去有些学校和地区对选修课程缺乏科学定位，已经严重误读了选修课程的内涵。选修课程的主体，仍然应该以高中课程各领域中核心学科以及由此生成的综合课程为重点，让那些学有余力而又酷爱某一学科或学习领域的学生，在自己喜爱的课程学习中酣畅淋漓，发掘潜能，启动自我发展的内动力。

(2)修订高中课程标准，给教师一个教学的拐棍，给学生一份自主学习的指南。

教育部领导同志曾在多个场合反复强调，今后要取消考试说明，让修订后的高中课程标准，成为高中教学、高考和评价的依据，这样的课程标准应该具有可操作性。应该说，这样的要求使我们的高中教育越来越接近世界教育发展的潮流。

如果课程标准仅仅是描绘出一个不可企及的至高台阶，实践中再让每一位老师去帮助学生搭建若干个攀往制高点的脚手架，那么由于若干方面的局限性，许多时候老师的做法不一定是科学的、合理的，违背规律的教育就有可能发生。

一个可操作性的课程标准，应该最大限度在课程内容上分清层次，在质量标准上明确相应的水平，也就是要帮助师生设定好最佳的适宜台阶。

课程标准不仅是教师教学的拐棍，更应该成为学生自主学习的指南。在信息来源多渠道已经成为现实的今天，学生自主学习的可能性大大增加，每一位学生的学习进度、深度与自我期待变得越来越不同，他们脱离特定教师指导与掌控之后的学习，应该有一个适合他们的课程标准。我一直在想，这个课程标准的编写，从一开始就应该立足于为学生编写和使用，他们方便了，学得顺畅了，老师的教学自然也就顺当了许多。

从学生到老师，有这样一个让人心明眼亮的课程标准，大一统、一刀切的重复学习与机械训练自然大可不必，市场也必然不再，解放学生和老师也能得到部分实现。

2014 年的教育，最为出彩的就是在国家层面考试与招生制度改革引导下的上海和浙江的试点方案。一些有责任心和使命感的高校，已经开始研究分数之外对学生的综合评估。只有这种多元、开放、综合的录取机制开始启动，才有可能大面积开启高中教育百花齐放的明天。

4.6.8 教育招考转型引领高中教育新常态

新高考方案将会发挥指挥棒作用，对高中学校的挑战，在于深刻地理解新高考方案的政策意图和教育导向，在学校办学实践和学生学习需要的基础上，变革习以为常的育人模式，建立与新高考方案相适应的高中教育“新常态”。

高考改革试点省浙江省海宁市高级中学校长周彬认为，新高考引领下的高中教育新常态突出表现在三个方面。

1. 在教育内容上，实现从专注“层次选拔”向优化“个性选择”转型。

新高考主张录取模式从“高校+专业”向“专业+高校”转变，这种变化，让高中教育模式不得不从原来的“层次选拔”向现在的“兴趣选择”转型。高中教育之所以被长期诟病，就是因为高中教育被高校分层选拔和录取的模式所“绑架”，不再关心学生的个性与兴趣，甚至不得不压制学生的个性与兴趣，从而让学生在分层选拔的过程中“一心一意”地追求更高层级的大学，而不是去弘扬个性和实现自我。

2. 在教育方式上，实现从过度关注“育分”向全面关心“育人”转变

新高考不再坚持“一考定终身”的模式，而是从“一科两考”起步，逐步探索多次考试的评价模式。一考定终身不只是增加了学生考试的焦虑感，还强化了学校和学生对待高考的投机心态，于是追求短期成绩的“应试教育”手段应运而生，并且用在高考中取得的优异成绩来巩固和强化这些“应试教育”手段。一科两考，甚至是一科多考，远不只是降低了学生在考试中的焦虑感，它大大增强了高考对学生能力的评价功能，削弱了高考中的投机可能性，必将引导高中教育回归素质教育，实现高中教育从“育分”向“育人”转型。

为此，学校首先不是考虑如何重新设置课程，而是应考虑如何重新调整课程结构，在课程层面保证学生学科思维和学习素养的提升。根据高考改革和课程改革的要求，结合学校的实际，把课程分为“基础必修”“基础选修”“学科拓展”“素养拓展”；“基础选修”又分为“学考(学业水平考试，即以前的会考)选修”和“高考选修”。学生根据不同的组合，就可以组合出属于自己个人的高中 3 年课程结构体系。课程改革不但赋予

学生课程选择权，还赋予学生课程组合权，让学生将自己的未来牢牢地掌握在自己手上。

2. 在教育目的上，实现从注重“学科成绩”向促进“学生成长”转型。

新高考主张学业水平考试与高考同步进行，逐步实现高考模式由“集中应考”向“分散评价”转变，这就要求高中教育从“关注结果性的学科成绩”向“关注过程性的学生成长”转型。由于对学生的评价分散到了每个学期，就意味着那种要求学生“只要学不死，就往死里学”的教学模式将难以为继。

学校将更关心学生的兴趣，关爱学生的生活，从而激活学生的学习动机，让学生在整个高中生活中都保持旺盛的学习动力。由于教育以学生成长为目的，教学更执着于学科成绩，只有看到了自己的长远成长，学生才愿意在学科学习上主动而积极，所以要让教育走在教学的前面，让教育引领教学，让教学成就教育。

因此，高考转型，深层次的是高中学校的管理、课程、教学等方面的转型变革，这种变革是常态的、持续的、深入的、全面的，必然改变教育的生态，学校的生态，从而改善学生成长的生态。

4.7 教育招考改革将促进本科院校转型发展

我国经济社会正处于产业转型升级、公共服务快速发展的历史阶段，需要大量的高层次技术技能型人才。地方本科院校理应抓住这一历史发展机遇，进一步树立育人为本、以职业需求为导向的办学理念，加大技术技能型人才培养力度，努力解决学校发展中的瓶颈问题。《国务院关于加快发展现代职业教育的决定》和《现代职业教育体系建设规划(2014—2020年)》已经颁布，教育部正在引导和推动地方本科院校向应用技术类型高校转型发展。高等教育改革再次成为人们关注的焦点。

4.7.1 本科专业教育转型势在必行

查建中教授在《本科专业教育转型势在必行》一文中阐述，中国的经济产业发展到了一个关键时刻。中国靠加工制造业(OEM)发展了30年，廉价劳动力的优势已经过去。中国产业必须转型升级，成为原始设计制造国(ODM)，提高中国制造和中国装备的市场竞争力。变中国制造到中国创造，从“人口红利”转变到“人才红利”，关键是培养巨量的创新专业人才。查建中深刻分析了当今国际国内产业发展与人才紧缺的现实，突出指出本科院校转型发展势在必行，主要由以下客观原因决定。

其一，国际最大的人力资源公司Manpower每年一次的产业人才缺口调查，2013年涉及42国38000家公司，其中35%完不成招聘计划。造成全球人才缺口主要原因是求职者缺乏职场所需的能力素质技能和经验。而就中国调查的数据表明：2013 年人才缺口比 2012 年上升 12%(全球平均上升 1%)；十大缺口人才包括研发人员、设计师、工程师、技师技工等高中低各层；本科教育与人才缺口相关性最大，高职其次，研究生教育也有份。这些都与全球调查的情况不一样，反映了中国现阶段发展对高端人才需求旺盛的特点。中国现在每年有 700 多万新生进入高校学习，是全球最大的高教规模。但经过大学教育后，很多人面临“就业难”。

其二，大学生毕业即失业，给贫困家庭造成巨大问题，也带来社会不稳定因素，成了社会关注的热点；另一方面，产业转型升级缺乏新鲜血液，企业面临“招人难”，成为国家发展的瓶颈。全球人力资源市场的这一悖论引起社会的高度关注。2010 年诺贝尔经济学奖就被授予研究这一悖论的三位学者。大量事实表明其主要原因是专业教育目标与职场人才需求脱节。

其三，现代职业教育要“培养数以亿计的工程师、高级技工和高素质职业人才”，要“引导一批普通本科高校向应用技术型高校转型”。这把职业教育培养人才范围从中低层扩大到高层，从中职高职教育扩大到本科以上，并且规模是“数以亿计”！这些职业人才的培养涉及工、农、医、商、法、管、文各专业，包含中职、高职、本科、硕士、博士各层次。

哪些大学应当属于“应用技术型高校”呢？中国 95%以上的大学本科都应是“应用型”本科专业教育，国外称为“University of Applied Science (UAS)”，即“应用科学大学”或“应用科学与技术大学”。它可涵盖所有自然科学和社会科学的应用专业。

“应用科学与技术大学”可以分为不同层次：教学型、教学与研究型和研究型，但都是面向职场的“应用型”。美国麻省理工学院(MIT)是世界公认的顶尖研究型大学，但它也是应用科学与技术大学。它的本科工程专业教育目标就是为职场培养创新和领军能力的工程师。MIT 的本科毕业生绝大部分都会读研，但不论他们最终学历是硕士还是博士，毕业后 80%以上还是在产业做工程师，是典型的“工程师摇篮”。

其四，真正纯理论的本科专业教育，只限于极少的科学领域(数学、物理、化学等)，也许可把它们称为“学术型”或“纯科学型”本科。尽管它们的知识体系是属于纯理论的，但是学生毕业后还是要到职场如科研院所、学校等就业。他们在校期间除了学习专业、从事科学研究和实验外，也要面对将来就业的职场岗位需求培养非学术的素质和能力，如团队合作、有效沟通、终身学习、职业道德、创新思维、社会责任等，也要按照未来职场的需求培养。

因此，面向职场需求，满足“学生求职”和“职场求才”是最大利益相关者的期望，是所有本科专业教育都要关注和实践的基本方向。要根本转变"自娱自乐"的传统高等教育模式：自定目标、自定过程、封闭实施、关门验收。这就要按照职场对人才的需求确定培养目标，求职导向，学校和产业深度合作，引进产业的专家和职场资源，使学生在校期间有实训实习的专业实践机会，由利益相关者评价学校的培养质量。从本质上来讲，这就是广义的职业教育，也就是现代职业教育。中国所有应用科学与技术大学都要转型到面向职场的现代职业教育轨道上来。

4.7.2 本科院校办学观念的转型

地方本科院校在我国高等教育系统中占有重要地位。夏鲁惠在《地方本科院校如何转型发展》中指出：2012 年我国有 1145 所本科院校，其中地方高校 1036 所，约占 91%；地方本科院校在校生 1250 多万人，约占全日制本科在校生的 88%。随着招生生源紧张、新生报到率下降以及毕业生就业难度加大等问题的出现，地方本科院校办学中一些深层次问题逐步显现，人们不得不对地方本科院校办学进行重新审视。

夏鲁惠对本科院校办学观念转型、办学模式转型、发展实施策略进行的深刻的分析研究，对推进招考改革有重要的指导意义。

一是高校办学必须与经济社会发展联系起来。大学是以学科专业为基础开展教育教学活动的，因此学校的学科专业水平是其定位的重要依据。但同时也要看到，高校作为社会的一个子系统，其办学活动与经济社会环境存在着千丝万缕的联系。地方本科院校曾为我国高等教育大众化做出了重要贡献，但由于人才培养结构与社会需求存在脱节现象，近年来毕业生就业遇到困难。以 2012 年为例，全国有普通本科在校生 1427.1 万人(绝大部分在地方高校)，其中艺术专业 121.6 万人、文学专业 266.9 万人、管理专业 256.2 万人，分别占到 8.5%、18.7%、17.9%。这种人才培养结构明显偏离了当前经济社会发展的实际需求。

二是应用型人才培养必须着眼于大学生的就业和职业发展。多年来，地方本科院校对应用型人才培养一直进行着研讨，并且注重提升学生的实践能力。但对大部分地方本科院校而言，在社会旺盛需求的推动下，通常考虑的都是如何扩大办学规模，如何做强学科专业，而对大学生的就业和职业发展没有深入的思考和具体的措施，在学校实践教学与大学生就业之间存在"一公里"问题。麦可思对 2012 级学生进行了调研，农民或农民工家庭的本科生占 44%，无业与退休家庭占 6%，产业与服务业家庭占 26%。其中，在家庭中为第一代大学生的本科生比例达到 75%，新建本科院校的比例更高。因此，地方本科院校学生毕业后能否顺利就业、能否适应社会，已经上升为民生问题。

三是高校的生存与发展日益受到经济社会需求与供给的制约。我国高等教育发展正经历着由求学需求拉动向社会需求导向的转变，适应经济社会发展需求、提升大学生就业创业能力已经成为地方本科院校合理定位的决定性因素。尽管地方本科院校毕业生的学科专业水平高于高职院校毕业生，但由于高职院校办学更加接地气，专业设置、人才培养过程更加贴近生产实践，因而其毕业生就业形势明显好于地方本科院校。

当前，我国经济社会正处于产业转型升级、公共服务快速发展的历史阶段，需要大量的高层次技术技能型人才。地方本科院校理应抓住这一历史发展机遇，进一步树立育人为本、以职业需求为导向的办学理念，加大技术技能型人才培养力度，努力解决学校发展中的瓶颈问题。

4.7.3 本科院校办学模式的转型

地方本科院校都是以学科专业为基础开展教育教学活动的。目前，我国普通本科高等教育设有 12 个学科门类、92 个专业类、506 个专业，专业教育培养目标大多定位在研究、教学、技术开发与应用、管理等方面的专门人才。

夏鲁惠以多年的高校管理经验对本科院校改革转型进行了研究，他认为，地方本科院校转型发展，就是要发挥其学科专业建设优势，创新人才培养模式，培养面向生产一线的高层次技术技能人才。在办学机制方面，由注重提升学科专业水平向实施产教融合、校企合作转变，更加注重企业参与办学、校企联合培养，以及校企一体、产学研一体的大型实验实习实训中心建设。在教师队伍方面，由注重教师学术水平向建设“双师型”教师队伍转变。在专业建设方面，由注重博士点和硕士点设置、重点学科建设向对接产业链、面向地方产业发展需求转变，更加注重专业教学与职业标准、企业生产的衔接。在人才培养方面，不再单纯强调专业教学的理论性、系统性，而是强调人才培养的针对性及实用性，更加突出社会需求、就业导向，实施面向职业实践的人才培养方案，并且招收一定比例的中高职优秀学生、企业优秀在职技术技能人才。

地方本科院校转型发展是一种体制机制创新，既打通了普通高等教育与高等职业教育的联系，又实现了本科层次的高等职业教育，是对应用型人才培养的进一步深化。

4.7.4 本科院校转型发展的实现

转型发展兼具了普通高等教育和高等职业教育的特性，没有现成的模式套用，既可从普通高等教育的角度进行解读，又可从现行的高等职业教育的角度进行解读，各种说法不一。本文认为，应用技术类型高校是与学术类型高校相对应存在的，并与现有的高等职业院校一起构成了完整的高等职业教育体系。夏鲁惠认为，从长期看，应用技术类型高校的设置标准、学科专业设置要求、人才培养目标和办学模式等，将会与现在的地方本科院校有明显的差别，主要需落实以下几个要求。

一是明确转型发展条件。虽然教育部和地方教育主管部门在积极引导和推动地方本科院校转型发展，但是这种转型发展是有条件的。只有具备了一定的转型条件，才能真正实现转型。例如在办学机制方面，需要组建校企合作的教育集团，建立行业、企业参与的理事会(董事会)、专业指导委员会制度；在专业设置、课程设置、教学模式方面，需要具体制定与产业需求对接、与职业标准对接、与生产过程对接的人才培养方案；在教师队伍方面，专业核心课程教师必须具有企业工作经历和实践经验，“双师型”教师占专任教师比例以及来自行业、企业高技能人才的兼职教师比例需要达到一定的要求；在实践教学方面，主干专业课程的企业参与率要达到 100%，四年期间学生实习实训时间累计要达到一年，等等。

二是鼓励地方本科院校参与试点，并对试点高校给予政策支持。转型发展是提高地方高校教育教学质量的重大举措。不管是公办高校还是民办高校，不管是全部专业还是部分专业，只要希望参与转型发展试点，均应受到欢迎。只要满足转型发展的条件，政府就可以给予一定的政策支持。例如，允许试点高校自主制定招生考试方案、自主设置新专业、自主评聘高级职称，支持试点高校引进优秀企业领导担任学校校长，允许试点高校采取市场融资的办法建设生产化实习实训基地等。

三是把转型发展的理念、要求、条件固化在应用技术类型高校办学评价体系中，使地方本科院校转型发展有方向、有目标。客观地讲，转型发展是地方高校的又一次办学定位，改革力度大、要求高、投入大。例如，转型后高校毕业生初次就业率和毕业生对口就业率均要有明显的提高，并要达到一定的要求。

四是建立应用技术类型高校毕业生“学历证书+职业资格证书”的“双证书”制度。职业资格证书可分为 I 级(研究生)、II 级(本科)、III 级(专科)，逐步使职业资格证书成为大学毕业生就业创业能力的象征。应用技术类型高校的职业资格证书与学术类型高校的学位证书具有同等的法律地位。应用技术类型高校的毕业生若希望获得学位证书，需要另外提交相应的学术论文；同样，学术类型高校的毕业生若希望获得职业资格证书，需要通过相应的职业资格考试。

五是政府对转型发展成效显著的高校给予奖励，包括增加财政拨款、增加招生计划、增加青年骨干教师国内外研修选派名额等。

4.8 实践案例——区域推进高考改革方案

应对高考改革推进普通高中转型提质

——湖南省株洲市教育局推进高考改革实施方案

为深入贯彻党的十八届三中全会“深化教育领域综合改革”的总体要求和国务院《关于深化考试招生制度改革的实施意见》(国发〔2014〕35号)文件精神，积极顺应高考制度改革，确保我市在新一轮高考改革中，把握大局，赢得主动，进一步提升我市基础教育发展水平，促进普通高中转型提质，促进学生全面发展和健康成长，继续保持我市基础教育质量在全省的领先优势。现结合我市教育实际，特制定本实施方案。

一、指导思想

以改革创新为突破口，深化教育领域综合改革，完善课程体系，转变课堂教学方式，深化教学组织管理，不断提高课程实施水平。改变传统单一的教育质量观，开展教育质量综合评价改革，建立与高考制度协调的评价制度。全面提高校长及管理层的课程领导力，提升中小学教师的专业素养，建设一支能适应教育领域综合改革和新高考制度改革需要的专业化管理队伍和教师队伍。形成适应新高考要求的学校教育格局，全面提高教育教学质量。

二、工作目标

以推进素质教育、促进学生全面而有个性的发展为目标。以提升教育质量为核心，以深化课程改革为重点，以教师队伍建设为支撑，以质量综合评价为导向，以项目促进为路径，分阶段、分重点积极稳妥应对高考制度改革。当前应对高考改革的基本思路是：通过深化基础教育课程改革，提升校长及管理干部课程领导力和教师专业素养，完善高中学业水平考试和中考制度改革，构建综合素质评价体系等四大项目的推进和实施，实现从关注应试结果为本转向改善育人方式为本，从关注单一的分数评价转向全面的综合质量评价，从关注学段相对独立的教育转向学段间融合的整体教育，逐步实现基础教育发展的全面转型。

三、实施路径及策略

国务院《关于深化考试招生制度改革的实施意见》已经确定了改革的原则、总体目标、主要任务和措施，标志着新一轮考试招生制度改革已经正式启动，高考改革将给基础教育带来深刻的变化，教育行政部门和各学校必须作出积极应对，早做准备，从教学观念、管理理念、课程建设、队伍管理等方面主动应对，加强研究，积极顺应高考制度的改革。

(一)深化基础教育课程改革项目

新的高考招生制度，把促进学生健康成长成才作为改革的出发点和落脚点，把促进学生全面发展和个性发展作为教育的根本任务。实现了课程改革育人目标与高考改革选人目标的高度一致。在总目标一致的前提下，高考制度的变革必然将以前所未有的力量推进高中课程改革，随着高考改革的逐步深入，高中教育将面临许多新的挑战，这些问题都必须通过课程改革逐一破解。

实施路径：

1. 提升学生个性化培养水平。通过深化课程改革，建立个性化人才培养课程体系和现代教学组织体系；构建多元人才培养机制，搭建学生个性发展平台；探索建立多元人才评价体系等项目的实践与研究，创新人才培养模式。重点推进创新人才培养改革实验学校项目建设；加强学科特长生、创新潜质优秀生以及各种特殊才能学生的培养；着力发现和培养在文化课某一学科智力与非智力发展良好、学科成绩特别优异者；重点挖掘在非文化课如音乐、体育、美术、信息、科技等方面的“名学生”；通过建立学生发展指导制度，开展班主任“中学生生涯规划教育”培训，致力于追求每个学生的最佳发展。

2. 深化课堂教学改革。建立“自主、合作、探究”的课堂教学模式，构建新型高效课堂。试行分层教学和走班制教学，满足学生多样化教育需求。

3. 开展“新学校”实践研究与推广。推进国家课程校本化实施，构建办学特色鲜明、课程丰富多样、充分满足学生自主选择和差异需求的学校课程体系；建设5所“新学校”项目试验校，组织“新学校”发展校长论坛。

4. 推进基础教育课程基地建设。构筑一个“以创设新型教学环境为载体，以转变教学方式为重点，以活动、实践、体验、探究为主线，促进学生有效学习、主动学习、自主学习，提高学习兴趣和效能、发掘潜能特长的综合性教与学”的新平台，全面提高学生综合素质和实践创新能力。在2014年的基础上，2015年在全市继续建设10个普通高中课程基地，10个义务教育阶段课程基地。具体参照《株洲市普通基础教育课程基地建设实施方案》(株教函〔2014〕128号)

5. 加强初高中课程改革和人才培养方式的衔接研究。构建初高中课程改革深度融合的探索机制；建立初高中学生个性成长培养方式的实践研究；探索区域性“衔接协同”“一对一”模式试点，在片区内以一所优质公办高中对口一所公办初中，以促进区域教育均衡优质发展和区域特色学校品质内涵发展。积极开展初高中衔接教育在学制、评价、课程、管理融合等方面的实践研究。实施申报试点实验。从学制上的分段教育转向初高中的系统培养，实施“捆绑式”评价改革；组织开展“初高中衔接协同发展教育经验交流会和专题研讨”，引导学校在培养模式、课程开发开设、资源建设等方面进行大胆有益探索，促进初高中学校教育质量的整体提高。

6. 2015 年，加大区域整体推进课改工作的力度，建设和评选 1~2 个区域整体推进课改样板县；创建 10~15 所市级课改样板校；创新体制机制，引导初中、小学两个课改联盟自主创新发展。

7. 进一步提高中小学生实践动手能力和科学探究能力，规范理化生实验考查方案，加强技术类、理化生实验等实践类科目的规范管理。深化教学改革，培养学生的实践动手能力和创新意识。举办第二届理化生实验操作技能大赛，引导学校开齐开全理化生实验操作课程，促进学生全面发展。

8. 开展特色学校创建。遵循办学规律，以培养目标和课程设置为依据，在学校建设、管理体制、队伍建设、办学机制、教育教学、校园文化等领域形成特色体系。引导我市特色基础教育优质发展，推进学校办学模式改革，创建更多适合学生成长的学校教育，形成我市优质高中、特色高中、综合高中等多元化办学格局。2015 年，在全市中小学校创建 10 所特色学校。引导和建设 1~2 所综合高中。

(二)校长课程领导力和教师专业素养提升项目

建设好校长队伍，提升校长课程领导力是高考制度改革取得成功的重要因素。教师是新高考改革的实施者，全面提升教师队伍实施新课程的能力，充分发挥广大教师在高考改革中的主力军作用，建立促进教师专业能力持续发展的支持体系，鼓励教师大胆探索，创新教育思想、教育模式和教育方法，实现教师专业发展体系的现代化转变。

实施路径：

1. 成立高考改革工作推进项目组。遴选全市教研员、校长、学科骨干组建专家团队，开展新形势下的高考实践研究，以研究带动管理队伍及教师能力的整体提高，切实提升新高考背景下，校长和教师的新课程的管理水平和实施能力。

2. 召开项目组成果现场推介会，组织全市高中学校观摩学习，推广典型做法。

3. 分学段组织校长、骨干教师落实高考改革要求的专项培训，切身转变教学方式、学习方式、管理方式，促进基础教育整体提质。

4. 组织各学段的校长及骨干教师到高考改革实验区培训学习，及时跟进学习上海、浙江、北京等改革试点地区及教育前沿的成功经验，为顺利推进我市高考改革提供经验和样板参考。

5. 加快推进教育信息化，引导教师应用信息技术与学科教学深度融合。区域整体推进教师专业化成长，建设一支善用信息技术和优质数字教育资源开展教学活动的骨干教师队伍。开展“一师一优课、一课一名师”活动表彰奖励，推动教师利用信息技术和优质数字教育资源在课堂教学中的运用。

6. 暑假集中组织市直高中教育管理干部教学管理业务培训，切实提升新高考背景下学校干部对新课程实施的管理水平和学生综合素质评价改革的实施能力。

(三)进一步完善高中学业水平考试和中考制度改革项目

高中学业水平考试范围覆盖国家规定的所有学习科目，高考改革更着重考查学生独立思考和运用所学知识分析问题、解决问题的能力，这将有力推动高中学业水平考试的完善和中考制度改革。严格按照国家课程标准开齐课程、开足课时，进一步加强非考试科目的管理与评价，积极开展社会实践、社区服务和研究性学习，不走过场，不流于形式。规范音体美科目及技术类、理化生实验等实践类科目的考查。进一步加强对考试科目实际能力的要求，完善中考语文和英语考试方案，从考试内容和考试方式两方面进行调整，语文学科更加突出对传统文化和实际能力的考查。增加“语文口语交际”考查；外语学科更注重应用能力的要求，增加“外语口语”考查。升级中考招生录取系统，完善中招指标生分配及录取办法，不断促进学生综合素质的全面提升。

实施路径：

1. 进一步完善普通高中学业水平考试。认真落实9个文化科目的课程教学、模块学分管理和考试成绩要求。加强11个考查科目的课程管理与教学要求，强化过程管理和考查规范要求，促进学生个性发展和实践创新能力提高。

2. 完善现有的中考考试、招生录取系统，提升信息化功能，与全国学籍系统、考试系统对接。

3. 完善中招指标生分配及录取办法。

4. 用2~3年时间，在每个县市区至少建立1间现代标准化英语口语测试室。

(四)构建中小学综合素质评价体系项目

教育部《关于加强和改进普通高中学生综合素质评价的意见》(教基二[2014]11号)指出高中学校要将学生综合素质档案提供给高校招生使用。高等学校在招生时要根据学校办学特色和人才培养要求，制定科学规范的综合素质评价体系和办法，组织教师等专业人员对档案材料进行研究分析，采取集体评议等方式做出客观评价，作为招生录取的参考。

这就要求我们建立具有客观性、权威性和公信力的综合素质评价系统，评价系统必须明确规定评价内容、评价程序和组织管理，减少评价工作的随意性，使综合素质评价有参考价值。

实施路径：

1. 成立株洲市综合素质评价项目工作组，开展综合素质评价课程体系、评价内容、操作程序等方面的研究，指导全市中小学建立科学规范可操作的综合素质评价办法。

2. 完善初高中综合素质评价方案，加强综评工作的管理与考核。下发《进一步做好初中学生综合素质评价工作的实施意见》指导全市中小学开展综评工作。

3. 开展综合素质评价应用及优秀成果评选，在全市遴选在综评实施过程中的优秀成果案例，奖励表彰并在全市推广优秀经验。

4. 城区每所初中学校建设好综合素质评价信息管理系统，建立学生电子成长记录档案。

四、保障措施

(一)组织保障

成立株洲市高考改革工作推进领导小组。领导小组的主要工作是制订改革实施方案，统筹规划和全面部署应对高考改革的各项工作，指导、检查、评价全市各中小学应对高考改革工作的实施情况。

实施项目过程管理、阶段推进、专人负责的管理机制。注重过程管理，不同类别的子项目工作由基教科统筹协调，做到统一审定项目、统一进度安排、统一活动策划、统一督查和考核等四个统一。

(二)经费保障

加大对新高考改革的投入。争取政府部门对高考改革工作的支持和经费投入，加大对新高考改革的配套设施建设，逐步提高教师配备与培训、选课走班设施与设备等方面的支撑能力。设立新高考改革专项经费，奖励经费、补助经费，促进高考改革在我市平稳过渡和顺利实施。

教育 JIAOYU SHIDA ZHUANXING

十大转型

第5章

教育组织转型

——从管理走向领导

教育组织转型——从管理走向领导

教育的发展必然由传统走向现代，现代教育的发展必然走向教育的本质，走向人的成长和个性潜能的培养，走向现代公民素养和创新实践能力培养。这就是现时教育向现代教育转型发展的客观要求。

教育的现代化过程将是各种先进教育理念的融合过程。现代化教育是以受教育者为中心和以社会需要为指向的教育。

现代教育主要是适应现代社会、现代生产体系、现代经济体系、现代文化体系、现代科技、现代社会生活方式的教育观念和形态，表现为现代教育提倡和应用的教育思想、制度、管理体系、内容、方式、方法等。

现代学校制度将“学校”作为自己的本质规定，更加重视教师的教和学生的学，并以此作为构建整个学校制度的法则。在现代学校制度的框架下，所有的规则体系都是围绕更好地促进学生发展来构建的，从而更加凸显了教育的独立性和学校的自主性。

学校章程是为保证学校正常运行，就其办学宗旨、内部管理体制及财务活动等重大基本问题做出全面规范的自律性基本文件。学校章程是学校自主管理、自律及政府监督管理的基本依据。

学校组织因内外环境的变化要求学校不断加以调整，使学校的适应力、发展力以及竞争力得到显著增强。在教育领域改革和教育现代化进程中，学校组织转型必然成为适应组织内外环境变化的重要途径，学校从管理走向领导是现代学校的必然选择。

5.1 教育现代化的目标

5.1.1 现代教育的目标

现代教育的目标就是实现教育的现代化。现代化的教育与传统社会的教育有本质不同，在培养人才类型，教育人的模式，教育内容，教育方法等方面都与过去有本质不同。作为现代化教育，就是要建设现代化的学校，现代化学校的核心是有现代化的教师及现代化的教育理念。

5.1.2 教育现代化的内涵

教育现代化是一个国家适应现代化社会发展要求所达到的一种新的教育形态，是传统教育向现代化教育的现实转变。教育现代化也可界定为教育生产力、教育制度体系、教育思想观念等因素的变化与逐步现代化的过程。教育生产力是指教育的物质基础与发展水平。教育制度体系是指教育组织方式，组织结构，法律规章，结构系统及运行机制。

教育现代化的核心是人的素质的现代化，这是现代教育的理想追求和理想教育的现实走向。现代教育在实现现代化的过程中包括以下几个方面。

1. 教育思想的现代化。

教育思想主要解决对教育基本认识问题，涉及教育的理想与理想的教育问题、培养什么样的人与怎么培养人的问题等。教育思想的现代化是指能把握教育发展的内在规律与时代特征，树立正确的教育观与人才观，如全面发展的观念、终身教育的观念、民主平等的观念、多元化教育的观念、素质教育的观念等。教育思想的现代化是教育现代化的前提。

2. 教育内容的现代化。

教育内容的现代化包括课程体系、教材内容以及与其相适应的教育方法的现代化。课程的水平决定着学生的素质水平，课程结构决定着学生的素质结构，教育内容的现代化决定着现代化学生的素质。教育内容的现代化是教育现代化的核心。

3. 教育设施的现代化。

教育设施的现代化又称办学条件的现代化，它是指校舍设施、装备条件具有比较先进的水准，能够用现代化的信息技术、体能训练器械、艺术教育手段以及先进的科学实验与生产实习设备、充足的图书资料来装备学校。教育设施的现代化是教育现代化的基础。

4. 教师队伍的现代化。

哈佛大学前校长科南特曾经说过，学校的荣誉不在于它的校舍和人数，而在于它一代一代教师的质量。因此，教师队伍的现代化应成为推进教育现代化时首先考虑的战略重点。

教师队伍的现代化是指教师的学历层次与文化知识具有较高的水准，具有追求卓越、为人师表的师德修养，具备良好的教学基本功和技能技巧。教师队伍的现代化是教育现代化的根本，其标志是教师从教书匠向学者型、教育家型教师转变。

5. 教育管理的现代化。

教育管理的现代化是指管理队伍、管理制度和管理手段三方面的现代化，即具有一支用现代化教育思想武装、具备现代化管理知识的高素质管理队伍，具备一整套现代教育管理制度，具备现代化的管理手段，从而使教育管理科学化和高效率。教育管理的现代化是教育现代化的保证。

6. 社区教育的现代化。

社区教育的现代化是指建立学校与社区的互动机制，形成“学校为主，社区协调，政府统筹，社会参与，共育人才”的全方位教育格局，达到“学生关心社区，社区关心学生；学校对社会开放，社会设施对学校开放”的境界。

教育为立人之本，现代人的培养离不开现代化的教育。教育是决定一个人现代性的重要因素，受教育的程度直接决定了个人现代化的水平和现代性品质的转变。因此，教育现代化是实现人的现代化的必由之路，教育现代化的核心是实现人的现代化。

5.1.3 教育现代化的特征

中国教育学会会长、北师大教授顾明远结合当代中国的教育现实认为，教育现代化具有八个特征。

第一，广泛性和平等性。现代教育必须满足不同群体的不同教育要求，也就是办好人民满意的教育，人民满意，包括了教育的公平和教育的质量。公平包含教育机会的公平、过程的公平、结果的公平。教育机会的公平需要增加投入，教育过程的公平需要合理支配教育资源，教育结果的公平主要表现在每一个学生的潜力都能得到充分发挥，给每一个学生提供最适合的教育，使每一个学生都能成功。

第二，终身性和全民性。终身教育已经不仅仅限于成人谋生的问题，更重要的是要促进人的全面发展。现在已经进入了学习型的社会，学习型的社会就是以学习求发展的社会，就是创新的社会，就是全民素质高水平的社会。教育不限于学校，也没有年龄限制，而是全民学习，时时学习，处处学习。

第三，生产性和社会性。教育与劳动相结合、与社会相结合，是现代教育的普遍规律。我们要培养掌握科学技术的人才，那就要把教育和先进的科学技术、生产结合起来，与社会的生活结合起来，信息社会更是如此。现代教育必须与企业、社会、各种团体联系，为社会经济发展服务。

第四，个体性和创造性。人的发展既有共性，又有个性。共性更多体现在社会的要求，个性更多体现在个体的要求。工业社会强调标准化、统一化，个性不能得到充分的发展；信息社会强调个体性，多样性，信息网络化为个体学习提供了可能，为个性发展提供了条件。个性的核心就是创造性，科学技术迅猛发展，要求教育培养具有创造能力的人才，同时社会上激烈竞争需要人才有个性，有创造精神和开拓精神。怎么样培养个性、创造性？首先要承认学生的个别差异，每个学生都不一样。现在基础教育最大的问题是没有注意到发展儿童的兴趣、天赋、爱好，没有兴趣就没有学习。现在的学生都在苦学，老师在苦教，家长在苦熬，这不是现代化教育的特征。

第五，多样性和差异性。既然教育有个体性，那么社会的多样性必然要求教育有多样性，有差异性。教育已经进入了大众化的阶段，当然和精英教育阶段不同，但是大众教育并不是不要精英，我们仍然要培养精英，培养一批杰出人才。所以教育要有多样性、差异性。

第六，信息化和创新性。信息技术应用引起了一场教育革命，引起了教育观念、教育过程、教育模式、师生关系、师生角色一系列的变革。教育已经冲出学校范围，学生可以随时获得信息。教师不是知识的唯一载体，只是引导学生选择正确的路线和策略，使他们在信息的海洋中不至于迷失方向。社会在变革，教育只有不断地创新，才能适应时代发展的要求。信息社会要求学校成为信息的策源地。

第七，国际性与开放性。随着国际间交流越来越频繁，信息交流越来越快，地球变得小了，教育的开放性、国际性越来越强。教育不能不纳入到全球化的轨道，教育只有加强开放的力度，才能够吸收世界优秀文化，为我所用。国际化另一个内涵，是要培养具有国际视野、了解国际形势、掌握国际交往能力的人才。

第八，科学性和法制性。现代教育建立在高度理智性的基础上，不是凭经验，而是依靠科学决策。教育科学性包含教育法制性，现代社会是法制社会，教育科学性要与法制结合起来，教育行为要由国家立法规范。

教育现代化是建立一种适应现代社会、经济、科技发展需要的，以培养创造型人才为目标的新型教育体系。现代教育体系的要素包括：教育思想、教育观念、教学内容、课程体系、教育手段和方法、教育管理等。

实现教育现代化要求必须更新旧的教育思想、教育观念，改革旧的教学内容、课程体系、教育手段方法、教学模式、教育评价体系和教育管理体制，以适应社会现代化建设的需要。

因此，把握教育现代化的特征是教育规划中制定教育现代化的目标和教育现代化的具体内容的重要依据及要求。

5.2 现代学校制度

5.2.1 现代学校制度的意义

成功的学校来源于卓越的管理，卓越的管理离不开完善的制度。管理制度是组织中所有成员都必须遵守的一系列规则、章程，旨在通过管理的规范化、系统化和制度化有效地达成组织目标。而学校管理制度是根据国家教育方针和法规，依据学校工作任务和内部管理要求构建的有效的制度管理机制，使学校的管理工作实现良性循环，使学校的各项工作纳入科学规范的轨道，从而提高办学效益，促进学生和教师的全面发展，推动学校的可持续发展。

2010年7月国务院印发了《国家中长期教育改革和发展规划纲要(2010—2020年)》，从四个部分阐述了未来十年教育改革和发展规划的基本内涵，其中着重提到了建立现代学校制度。

现代学校制度是适应中国国情和时代要求，以依法办学、自主管理、民主监督、社会参与为特点的学校制度。建设现代学校制度的关键是促进政校分开，实现学校自主管理；同时要积极探索适应不同类型教育和人才成长的管理体制与办学模式，把促进学生的全面发展作为学校各项工作的落脚点。

现代学校制度要“政校分开、管办分离”的同时，还强调了要“探索适应不同类型教育和人才成长的学校管理体制与办学模式，避免千校一面”。实行政校分开，是教育部所提倡并正在推行的改革。“政校分开”有三个要义：政府不再直接管理学校，剥离学校与政府之间的直接隶属关系，使政府能够在公开、公正的前提下向所有教育者和学习者提供良好、公平、有效率的服务；政府成为教育活动秩序的供给者，使政府由过去公共教育产品的唯一提供者转变为公共教育供给多样化的倡导者，成为公共教育各主体关系的协调者以及良好公共教育产品直接或间接供给的服务者；通过建立学校法人制度，实现政校分开，真正赋予各级各类学校和其他教育机构面向社会和市场依法办学的自主权。

5.2.2 现代学校制度的内涵

“现代学校”指具有现代教育特征，能反映后工业时代(信息时代、知识经济时代)

的社会、政治、经济和文化特点的学校。“现代学校制度”指为了适应市场经济和“学习型”社会对人的教育发展要求，以人的发展为根本，以学校的法人制度为基础，以现代教育观念为指导，坚持依法办学、自主管理、民主监督和社会参与，促进学生、教职员工、学校及学校所在社区的协调和可持续发展的、完整的制度体系，奉行法制原则、民主原则、人本原则、开放原则、竞争原则和多元发展原则，旨在为更多社会大众提供成本较低、比较公平、充分和优质的教育服务，实现教育的公平与均衡发展。

1. 现代学校制度的目标。

一是实现学生的充分发展、全面发展、多元发展、终身发展和差异发展(最优发展)；二是实现校长、教职员工的专业化发展；三是实现学校的协调和可持续发展；四是实现学校所在社区的协调和可持续发展。

2. 现代学校制度的机制。

在规模较大的基础教育学校，要尽量做到决策权、日常管理权和监督权的“三权分立”，使其发展平衡、相互配合，最终形成民主决策机制、管理责任机制(可操作、可监控和可问责)、监督制衡机制、参与合作机制和平等竞争机制。

3. 现代学校制度的时代背景。

现行的学校制度支撑的是第二时代(农业时代)、第三时代(传统工业时代)的教育，即“大批量生产、标准化”的教育，成为了现代学校建设与发展的瓶颈。学校的法人地位不明确、学校受政府行政控制过强和学校的发展未展现个性等问题，既限制了学校内部管理制度的创新，又使家长、社区缺乏对学校的监督和了解。学校管理决策中的非制度化、权力化和经验化等特征亟待改变。

因此，尽快建立与第四时代(信息时代、知识经济时代)相协调的，体现现代教育理念且能全面激活学校发展潜力、提高学校效能及为学校的科学发展和可持续发展提供系统制度支撑的“现代学校制度”成为教育发展的必然趋势。教育现代化关键是教育体系和教育治理能力的现代化，其中核心是现代学校制度建设。

4. 现代学校制度的价值取向。

探索现代学校制度建设，一是全面推进教育创新尤其是教育制度创新的需要；二是进一步解放教育生产力、提高教育资源的利用效率、提高学校效能的需要；三是使学校尽快由计划经济体制下的学校转变为社会主义市场经济环境下的学校，以满足繁荣学校文化、推动学校可持续发展和建设“学习型”学校的需要；四是培养充分发展、全面发展、多元发展、终身发展和差异发展的各级、各类人才的需要。

5.2.3 现代学校制度的特征

现代学校管理制度应具有规范性、科学性、发展性、人文性、整合性、内生性、服务性，综合体现这些特性的学校管理制度才能促进学校的有序、高效和可持续发展。

1. 规范性。

学校管理制度的规范性，来源于传统制度，它是一种约束、制约和强制，具有明显的“刚性”特征。规范性要求组织成员共同遵守“规矩”，从而形成一种“体制”。也就是说，规范性能使事物稳定发展、有序发展，所以规范性又是发展性的基础。

2. 科学性。

学校管理制度的科学性是指管理活动要从客观实际出发，针对不同的管理对象制定不同的管理制度，利用科学的管理理论来指导实际工作。科学性还表现在管理制度的实施过程中针对不同领域不同层面的问题采用不同的管理方法。科学性要求学校管理制度体现新世纪的教育理念，体现学校的教育、教学和管理的本质特性，符合现代教育教学及管理的客观规律，同时还要结合本校的历史、人文和现状等校情，与时俱进。科学性要求管理者用系统论、控制论做指导，把学校的各项管理制度形成一个相互呼应、相互补充、相互协调的整体，让制度在学校管理中发挥整体的效能。

3. 发展性。

学校管理制度的发展性是指学校的管理制度既要与学校实际情况相符合，又要随着社会的发展，学校组织结构、组织环境及组织成员观念的某些改变而相应地做出某种变动。事实上，学校管理制度的发展性就是在制度环境的影响下，在学校组织成员的共同参与下，为学校的最优发展选择最适合学校自身的管理制度的过程，也只有拥有这种发展性的、动态性的管理制度，学校才能培养出高素质的现代人才。

4. 人文性。

学校管理制度的人文性表现为学校管理制度是从人的情感、需要、发展的角度来构建的。对于人文的关切，是以培养具有健全人格为己任的现代学校所必备的。尽管制度意味着约束和规范，但并不意味制度本身不具有人文性。理性精神、效率意识、人本主义对人性的张扬、后现代的多元思想，是构建适应现代社会需求的学校管理制度的必备因素。对教师要关注其人文素质以及对学生人格形成的影响等；优秀学生的标准的制定要参考多元智能理论；在校园文化建设上则要追求一种宽容而有智力挑战的文化氛围。

5. 整合性。

学校管理制度的整合性指学校管理活动要面向全局，着眼于各个部门、各类工作、各类成员及各类因素的相关性，从整体部署，进而达成学校目标。

6. 内生性。

学校管理制度的内生性是指学校管理制度的产生不是一种想当然的行为，它考虑了学校自身的特点和制度本身的内在特征，是学校成员经过实践协调产生的而不是外在组织的力量或学校个别成员任意的行为。

7. 服务性。

学校管理制度的服务性是指为教师发展服务，为学生发展服务。学校功能由被动保障转换为主动服务，教师和学生的主体地位得到全面强调，尽可能多地关注人的需求成为学校工作的精髓。教师的专业化发展，学生的全面发展和不断提高的多元需求会成为学校工作的聚焦点。

5.2.4 现代学校制度的主要内容

现代学校制度建设涉及教育培养目标与教育内容、教学组织形式、德育研究、教育方式、教育评价、教育管理、师资队伍建设等诸多方面，以及通过行动研究形成有效的制度，初步实现学校教育内涵发展的基本目标。

认真思考“培养什么样的人，如何培养人”的问题。要把育人为本、提高质量作为学校一切工作的主题与核心，制度建设必须考虑是否面向全体学生，是否落实课程方案，是否促进学生全面发展，是否有利于培养学生服务国家、服务人民的社会责任感，是否有利于培养学生勇于探索的创新精神，是否有利于培养学生解决问题的实践能力，是否有利于落实学生主体地位，促进学生个性发展及全面和谐发展，是否有利于学生形成正确的人生观、世界观、价值观，是否有利于推动教师的专业成长与发展。

现代学校制度主要包括以下具体内容。

1. 学校发展规划(主题：把群体智慧融入共同的创造发展中。关键词：共同愿景、具体规划、选定目标、进行调研、选择伙伴、制定对策、组织实施、检查效果、分析原因、评估总结。)

2. 学校安全与应急预案制度(主题：将一切发展置于安全保障的前提下。关键词：安全内容、保障措施、组织建设、应急处置。)

3. 学校课程与教学管理规程(主题：将高质量落实到每一个课程实施过程中。关键词：总体原则、教学行政管理、课程计划、教材开发、日常教学、考核评定。)

4. 教学质量评估实施办法(主题：高中教育质量保障行动。关键词：常态下的教学质量、学科质量标准、达标策略与办法、过程监控、诊断矫正激励方式。)

5. 学校全员育人导师制度(主题：全方位将育人融入教育教学的全过程。关键词：

育人规格、育人途径、育人方式、育人方法、育人成效、育人经验、典型案例。)

6. 学生心理健康教育制度(主题：让不同类别的学生均得到健康成长。关键词：类别特征、强化长项、弥补缺陷、解决问题、形成规律，对特殊学生的关爱与教育。)

7. 以特色育人为导向的校本课程建设制度(主题：校本课程是特色育人的心脏。关键词：课程目标、开发原则、主要内容、课程形态、实施方式、效果评估。)

8. 校园文化建设与创新制度(主题：把核心价值观内化为每一个人的教育理念。关键词：环境文化、制度文化、行为文化、建设文化、团队文化、课程文化等。)

9. 教师阶段性教育教学质量诊断与评价制度(主题：给教师工作做出发展性评价。关键词：诊断方法、评价体系、示范典型。)

10. 教师校本研修创新行动制度(主题：在学校中实现教师的共同成长。关键词：校本研修目标、研修内容、研修方式、个人规划、实践反思、同伴互助、专家引领、学校支持。)

11. 学生评教、议教制度(主题：让来自学生的反馈成为改进教学的一面镜子。关键词：评教指标、评教方式、评教时机、信息采集、反馈改进。)

12. 教学常规制度(主题：用成熟的常规保证教学工作有序、有效运行。)

5.3 现代学校制度建设

5.3.1 现代学校制度建设的政策

1.《2003—2007年教育振兴行动计划》(以下简称《行动计划》)明确提出："深化学校内部管理体制改革，探索建立现代学校制度。"这是国家政策文件首次对"现代学校制度"概念的认定。《行动计划》还指出："中小学要实行校长负责、党组织发挥政治核心作用、教代会参与管理与监督的制度。积极推动社区、学生及家长对学校管理的参与和监督。遵循'从严治教、规范管理'的原则，加强学校制度建设，逐步形成'自主管理、自主发展、自我约束、社会监督'的机制。"

2. 国家《教育规划纲要》明确提出："适应中国国情和时代要求，建设依法办学、自主管理、民主监督、社会参与的现代学校制度，构建政府、学校、社会之间新型关系。"

《教育规划纲要》第三部分第十三章"建设现代学校制度"指出：

(1)推进政校分开、管办分离。

适应中国国情和时代要求，建设依法办学、自主管理、民主监督、社会参与的现代学校制度，构建政府、学校、社会之间新型关系。适应国家行政管理体制改革要求，明确政府管理的权限和职责，明确各级各类学校办学的权利和责任，形成不同办学模式，避免千校一面。完善学校目标管理和绩效管理机制。健全校务公开制度，接受师生员工和社会的监督。探索建立符合学校特点的管理制度和配套政策，逐步取消实际存在的行政级别和行政化管理模式。

(2) 落实和扩大学校办学自主权。

政府及其部门要树立服务意识，改进管理方式，完善管理制度，减少和规范对学校的行政审批事项，依法保障学校充分行使办学自主权。高等学校要按照国家法律法规和宏观政策，自主开展教学活动、科学研究、技术开发和社会服务，自主制定学校规划并组织实施，自主设置教学、科研、行政管理机构，自主确定内部收入分配，自主管理和使用人才，自主管理和使用学校财产和经费。扩大普通高中及中等职业学校在办学模式、育人方式、资源配置、人事管理、合作办学、服务社区等方面的自主权。

(3) 完善中国特色现代大学制度。

完善治理结构。公办高等学校要坚持和完善党委领导下的校长负责制。健全议事规则与决策程序，依法落实党委、校长职权。完善大学校长选拔任用办法。充分发挥学术委员会在学科建设、学术评价、学术发展中的重要作用。探索教授治学的有效途径，充分发挥教授在教学、学术研究和学校管理中的作用。加强教职工代表大会、学生代表大会建设，发挥群众团体的作用。

加强章程建设。各类高校应依法制定章程，依照章程规定管理学校。尊重学术自由，营造宽松的学术环境。全面实行聘任制度和岗位管理制度。确立科学的考核评价和激励机制。

扩大社会合作。探索建立高等学校理事会或董事会，健全社会支持和监督学校发展的长效机制。探索高等学校与行业、企业密切合作共建的模式，推进高等学校与科研院所、社会团体的资源共享，形成协调合作的有效机制，提高服务经济建设和社会发展的能力。推进高校后勤社会化改革。

推进专业评价。鼓励专门机构和社会中介机构对高校学科、专业、课程等水平和质量进行评估。建立科学、规范的评估制度。尝试与国际高水平教育评价机构合作，形成中国特色学校评价模式。建立高等学校质量年度报告发布制度。

(4)完善中小学学校管理制度。

完善普通中小学和中等职业学校校长负责制。完善校长任职条件和任用办法。实行校务会议等管理制度，建立健全教职工代表大会制度，不断完善科学民主决策机制。扩大中等职业学校专业设置自主权。建立中小学家长委员会。引导社区和有关专业人士参与学校管理和监督。发挥企业参与中等职业学校发展的作用。建立中等职业学校与行业企业合作机制。

5.3.2 现代学校制度建设的要求

1. 依法办学。

依法办学既是规范办学的保证，又是现代学校制度建设的核心。坚持依法办学，学校应建立健全工作机制，恪守宪法和教育法律法规，以法律为准绳，开展法制学习，宣传法制教育，在全体师生中树立法律意识，保护学生和教师的合法权益。

学校章程既是学校的“基本法”，又是构建现代学校制度的基础性规范。坚持依法办学，学校应按照法定程序制定学校章程，并依据学校章程制定和完善学校的管理制度，实施学校的具体管理。

2. 自主管理。

(1)管办分离。

明晰产权、重新构建政府与学校的关系，使学校成为真正的独立法人，是构建现代学校制度的前提。因此，实行管办分离、政校分开，建立新型政校关系，即剥离学校与政府之间的直接隶属关系，从指令性行政管理转变为宏观指导性调控管理，使政府能在公开、公正的前提下向所有学校及教育者和学习者提供良好、公平的服务。

在构建新型政校关系、创新管理模式方面，积极探索“理事会领导下的校长负责制”。理事会担负着评议和监督、咨询和建议及宣传和协调三大基本功能，汇聚学校、家庭和社会三方力量，推动新型“政校关系”“社校关系”的逐步形成。以“校长负责制”为中心，教代会侧重协调学校内部的各种关系，理事会侧重协调学校内外部的各种关系，切实完善依法、开放、民主和高效的学校运作机制，使理事会真正成为学校各方主体利益的“平衡器”、校长权力的“制衡器”、教育资源的“整合器”及学校发展的“助推器”。

(2)制定规划。

为了建设现代学校制度，实现有效的自主管理，高质量的学校发展规划尤为重要。首先，学校发展规划是学校发展的纲领性文件，是学校办学目标的具体化，是校长引领学校发展的蓝图，是学校凝聚全体师生、员工的力量源泉，是学校办学特色和校长办学理念的体现。其次，学校发展规划是学校战略选择的依据、实施战略的步骤和方法，是达到组织目标最优化的行动选择，包括学校发展定位、发展目标系统、主战略、辅战略、重点发展项目及管理等。学校发展规划的制定办法、规划周期应尽可能与国家或地区的教育发展规划相一致。

(3) 制度建设。

坚持以人为本，勇于面对制度建设中的现实困境，科学矫正制度建设中的认识偏差，是我们进行现代学校制度建设的必然选择。现代学校制度建设的策略主要是：

①以章为行——现代学校制度建设的根本保证。

现代学校制度建设的三个部分：一是"学校章程"，它是学校自主管理和政府监督的基本依据；二是"核心制度"，它是促进学生与教师充分发展、全面发展的制度；三是"外围制度"，它是服务学校核心工作、为学校提供坚实保障的制度。

现代学校制度建设的四个基本原则：一是全体教师根据民主程序制定学校的规章制度；二是学校以各种方式听取各方意见；三是学校的各种措施、条例应落到实处；四是学校的规章制度应保持稳定性，并体现严肃性和权威性。

现代学校制度建设的四大机制：一是"纵向互动机制"，在制定制度之前要研究校情，在制度实施过程中要密切关注各种问题，研究解决策略，定期进行评估和反馈，必要时应对制度进行调整和完善；二是"横向合作机制"，既要处理好既有制度与现代学校制度之间的关系，又要处理好制度的执行主体之间的关系，以便更好地合作与交流；三是"运行监控机制"，它包括运行前监控、运行中监控和运行后监控，三者密不可分，相互衔接；四是"信息沟通机制"，在制度运行中难免出现信息不对称或信息失真等现象，该机制旨在全面沟通、及时沟通和主动沟通，是现代学校制度得以有效运行的重要保证。

②以人为本——现代学校制度建设的思想基石。

现代学校制度建设应体现"三本"理念。其一，"以人为本"，即尊重学生个体，突出个性发展；其二，"以生为本"，即一切为了学生的发展；其三，"以师为本"，即尊重教师，尊重知识，营造民主和谐的管理氛围。总之，现代学校制度建设应以促进师生发展，提升师生幸福感，最大限度体现学校的价值为宗旨。

③民主科学——现代学校制度建设的伦理价值。

现代学校制度有两个要义。其一，民主精神。现代学校制度的产生程序应体现民主精神，发动师生积极、主动地参与制度设计，让教师、学生、家长和社会人士有权表达感情、提出观点和反映意见。这样，才能提升学校师生对学校制度的认同感，增强学校制度的执行力。其二，科学精神。现代学校制度的内容要实事求是，即从学校的实际情况出发，尊重教育规律和个体成长规律。

④平衡包容——现代学校制度建设的适度张力。

其一，保持各项制度之间的平衡。其二，制度的刚性与弹性的平衡。例如，番禺附中大多数教师的基本上班制度与个别教师的弹性上班制度之间能保持平衡，其中渗透着人性的关怀。

⑤拓宽视角——照亮和规避现代学校制度建设的“盲区”和“雷区”。

其一，照亮制度建设的“盲区”。所谓制度建设的“盲区”，即易被忽视和易出现问题的区域。学校必须关注“盲区”，照亮“盲区”。其二，规避制度建设的‘雷区”。所谓制度建设的“雷区”，指不符合国家教育教学法规或政策的内容。学校管理者应依法治校，以法律为准绳，以政策为依据。

(4)文化引领。

现代学校制度建设必须关注伦理精神、道德倾向和价值基础，以发挥文化引领的作用。坚持“以人为本，以章为行”的理念，加强学校文化建设，营造健康舆论，实现对教师的价值引领和文化熏陶。

①以行政文化引领学校文化。旨在弘扬奉献、合作精神，敢抓善管，精于执行，力求成为团队的表率和精神领袖。

②营造公正的文化环境。无论是程序性制度还是评价性方案，都坚持“以人为本，利于发展”的原则，彰显公平、公正的价值取向。

③营造浓郁、宽松的学术氛围。注重教师的职业意识渗透和研究氛围营造，以严谨的治学态度和宽松的学术氛围作为学校治校和治教的行动指南。

④为教师直接参与学校发展搭建平台。不论奖励性绩效工作方案的拟定修改、监督运行，还是学校办学理念、发展规划的提炼、润色，都坚持走群众路线，鼓励一线教师积极参与、充分讨论，旨在吸纳教师的意见和建议，充分酝酿，反复修改，以体现教师的主人翁精神，增强决策的科学性、民主性，集思广益，共谋发展。

(5)机制创新。

现代学校制度建设中的重中之重，就是对学校行政管理架构，尤其是对中层机构的设置与中层管理人员的聘任进行改革创新，以调整结构和优化功能。

3. 民主监督。

加强民主建设，健全监督机制，既是现代学校制度建设的重要内容，又是贯彻“以人为本”，建设“幸福学校”的必然要求。例如番禺附中坚持推行民主监督的参与机制，充分发挥校长办公会议、行政扩大会议、教代会及党总支在决策中的民主监督作用，最大限度实现了决策的科学性、民主性；注重发挥教代会、家长委员会及学生会等二级组织在学校管理中的民主与监督功能，体现学校管理的开放性和民主性。

4. 社会参与。

社会参与机制是现代学校制度的重要组成部分，主要目的在于建立社会参与学校管理和学校服务社会的双向机制。“社会参与”主要表现在学校与社区的互动方面，具体包括两点：其一，社区或学校根据对方的合理建议调整教育措施，或利用各种教育资源给予对方必要的支持和援助；其二，家庭或社区对学校教育有知情权、选择权和参与权，以利于构建学校与社区相互支持的“学习型”社会体系。

5.3.3 建设体系化的现代学校管理制度

1. 规范型的岗位职责制度。

规范型的岗位职责制度是一种约束性、制约性和强制性的管理制度。这类制度规定了部门和岗位操作层面的一般要求，具有明显的“刚性”特征，其主要作用是促进组织运行的稳定性和有序性，而稳定性和有序性又是发展性的基础。从另外的意义上说，规范型制度是一种规矩，是一种纪律，这种“规矩”和“纪律”，表面上看是“限制”组织成员的行为，“束缚”组织成员的手脚，但恰恰相反，我们应该把它理解为是在统一组织全体成员的行为，而统一的行为是提高战斗力的基础。也就是说，规范型制度是学校发展的重要前提和基础。由此可见，任何事物的发展性都孕育于规范性之中。

2. 民主型的学校管理体制。

学校实行校长负责制，党总支部发挥政治核心与保证监督作用，学校教职工代表大会和工会参与民主管理和民主监督。这样，学校党、政、工各自发挥职能，又相互依靠、相互协调，形成民主型的学校管理体制。

教代会是实行民主管理的主要载体和途径，为了充分发挥教代会民主管理与民主监督的作用，学校实行教代会主席团常任制，主席团履行教代会闭会期间的民主管理职权，下设校务咨询委员会、专业工作委员会、年级工作组、招标工作组、内审工作组、监察工作组等6个常设专门工作机构。从学校重大方针政策的出台、教职工切身利益制度的制定，到学校财务的运作等，教代会或其授权的工作机构，全面、全程参与管理和监督。

3. 效率型的学校组织结构。

当学校发展到一定规模时，随着班级以及学生数量的增加，管理半径就会自然延长，如何提高管理效率，学校也会面临多元的选择，而这个发展阶段往往会伴随着学校内部组织形态的调整。年级部制是与多元化相适应的组织方式之一。学校的组织形式采用扁平化的年级部制管理，以适应学校规模大、班级以及学生数量多的特点。各年级部实行分权原则，有利于明确责任，提高效率。

学校中层实行二维结构，即年级部与各处室共同存在，各自向校长室负责，年级部负责全年级教育教学和管理，各处室负责全校业务督导、指导与协调。

扁平化的年级部制组织形式符合现代教育和管理规律，实行充分授权，各部门职责明确，提高了执行力。校长室成员由学校党政工领导组成，强调了集体领导，体现了民主性，使学校决策更具有科学性和权威性。实行年级部主任负责制，向年级部主任充分授权，包括一定的财权、人事权和考核权，还要做到责、权、利的一致。不但突出了年级部在管理中的主体地位，还提高了年级部在学校组织结构中的层位。年级部正副主任分别享受中层干部正副主任待遇，并实行任期制和轮换制。年级部主任负责制的管理模式是对"只管生产"，"不管采购"、"不管销售"的"车间主任式"的传统模式的突破，年级部主任成为"分校校长"，他既要对全年级的教育、教学负责，又要对全年级教师的管理和学生全面素质的培养负责，还要对学生未来的发展负责。各处室配合学校和年级部更好地发挥业务督导、指导与协调作用，使学校有序、高效运行。

4. 合作型的团队负责制。

团队有别于群体，团队的主要特征是团队中的成员都有共同的目标追求，为了共同目标的实现，其成员之间相互依存相互影响，并且能很好地合作，建设高效团队，形成团队精神，以追求集体的成功。为此，学校建立了年级、备课组、班级、教师"四个团队负责制"：即以年级组长为核心的年级教师团队负责制；以班主任为核心的班级教师团队负责制；以备课组长为核心的备课组教师团队负责制；科任教师与其所辅导学生组成的师生团队该教师全程负责制。四个团队负责制，重在教师的团结合作，形成合力。由于教师课堂教学的劳动具有"个体性"的特点，且不可避免地存在着为提高各自学科成绩与其他学科抢时间而形成内耗的问题，加重了学生学习负担，也使学生身心健康受到影响。"团队负责制"就是要求年级、班级、备课组和教师个人在四个教师团队中，既要强调教师个人奋斗，又要发扬团队精神，让教师团队的师德、师能、师风对学生产生潜移默化的影响，真正形成育人合力，产生"1+1>2"的效果，促进学生全面健康成长。

实行团队负责制的重要环节是落实目标管理，学校根据发展需要，制定学校的教育教学等工作各阶段的目标，如学年教学目标、学期教学目标等。接着学校把各项目标逐层分解，形成年级目标、班级目标、备课组目标和教师个人目标。为了促进团队目标和教师个人目标的实现，学校还运用评价的导向功能，在制定评价办法时，充分考虑团队内部、团队之间和教师个人的关系，科学合理制定评价标准。由于充分发挥目标的激励和评价的导向作用，各团队教师强烈地感受到自己是团队一员，并且由衷地把自己与团队联系在一起，愿意为团队的利益与目标尽心尽力。因此，团队负责制的有效实施，很好地解决了教师之间的团结合作与教师个人奋斗的问题和关系。

5. 竞争型的用人制度

教师的“职业倦怠”是影响教育改革与发展的不良倾向，也是办人民满意教育所不允许的。近年来，学校创新性地进行竞争型的校内用人制度改革，如：教师任课组合制，年级部主任责任制、任期制和轮换制，教研组长任职课题制等。这些改革的稳步推进和有效实施，将形成“百舸争流”“千帆竞发”的喜人局面。

教师任课组合制是学校内部用人制度改革的创新举措，它的出台背景是：传统的用人制度和学生对教师的期望是一个矛盾的统一体。对教师的人事安排，传统的做法一直是由学校领导“钦定”，哪个教师教哪个班都是学校领导说了算，哪个专业开设多少个班，也是由学校领导“计划”安排。传统的做法不能最大限度地满足教师自由选择岗位和学生自由选择发展方向的愿望。这种“钦定”和“计划”显然与“发展教育”的办学理念不相适应，而且也不利于点燃教师自我追求、自我实现的激情。学校实行教师任课组合制后，带来了人事制度和班级建制的改革。根据这个组合办法，教师能否升上高年级而参与任课组合，由其本人的年度综合绩效评价指数来决定；各门专业设置多少个班，由学生自愿选择的人数来决定；各专业班任课教师的安排，由教师互选自由组合来决定；再由学生自由选择教师组合便形成班级。这种组合办法具有明显的优势：学校内部用人制度实现了由学校领导说了算的“相马”，转变为教师互选和学生选教师的“赛马”；显然，教师要想在各层面的“赛马”中胜出，就要在师德、师能、师风中有更好的表现。这种组合办法具有鲜明的特点：教师、学生都可以有更多的自由选择，有获得竞争和发展的平等机会，这些都是现代社会公平性的主要元素。

6. 激励型的分配制度。

激励机制，是学校的核心发展力。学校以分配制度改革作为突破口去建立学校的激励机制，为学校发展注入了巨大的动力。

学校激励型的分配体系主要由如下制度构成：《分配方案》《学期绩效奖励》《班主任工作奖励》《备课组长工作奖励》《辅导竞赛奖励》《科研成果奖励》等。其中《分配方案》是学校分配的基本制度，其余是单行制度。

《分配方案》提出分配的指导思想是“公平与效率并重”，它还在总体上对分配原则、工资结构、分配标准和分配办法等做了基本的规定。分配原则是：多劳多得、优劳多得、重责多得和向关键岗位倾斜。在工资结构中，总工资划分为固定部分和活的部分，固定部分是指基本工资，是国家和各省规定的标准，由市统一发放；活的部分是学校自主分配的部分，它占了总工资的大半，项目包括：岗位工资、绩效工资、津贴工资。《分配方案》重点提出了活的部分工资的分配办法，其中规定：活的部分各项工资的人平标准执行市的标准；每项工资中分配的档次和标准，与国家基本工资中职称工资的档次和标准成比例；每项工资档次的获得，要用上述相关制度进行评价。这样，“拉开分配差距”的客观依据，选择了“国家标准”；谁能领哪一档次工资由制度的规定和评价来决定，充分体现了分配的合理性和公平性。

岗位工资主要体现在：一是不同的岗位，二是同一岗位的不同工作量。它是鼓励教职工争取多承担工作和敢于承担更重要的工作，体现了多劳多得、重责多得的分配原则。改变了过去那种“奖懒罚勤”，或者“干多干少一个样”的分配弊端；绩效工资主要由上述《学期绩效奖励》等单行制度进行评价分配。它鼓励教职工追求教育教学和工作的高质、高效，体现了优劳多得的分配原则。

7. 先导型的教育科研制度。

先导即走在前列，具有引领性、导向性作用。学校办学的立足点，是以科研引领学校的发展和教师的专业发展。因此，学校积极推动“科研强校、人才强校”的战略，遵循“以改革为中心，以解决问题为目的，以课题研究为载体”的科研工作指导思想，用科学的理论、方法指导学校教育教学实践，通过科研造就一支专家型、研究型的教师队伍，促进学校的内涵发展。

5. 3. 4 实施现代学校管理的策略

1. 把握现代学校管理的六大特征。

一是价值提升，即提升价值管理和价值领导力；二是知识传递，就是要主动健康地发展人；三要重心下移，由培养精英向培养大众转变；四是结构开放，实行跨年级组、跨学科领域交流；五是动力内化，鼓励自主主动参与；六是过程互动，强调管理过程中管理者与被管理者的互动。

2. 把握现代学校管理的基本理念。

管理的生命价值在于一切为了人的主动健康发展。管理即转化，就是要努力把师德转化为师得、师知转化为师行、师识转化为师智。管理过程中要实现四大任务：一是用教学发展人，让走进课堂与走出课堂的学生是不一样的；二是用管理激励人，要求管理者做到组织上诚心、业务上专心、工作上宽心、生活上尽心、决策上融心；三是用文化改变人，文化就是把“文”“化”到老师孩子心中去，用文化构成环境，环境即课程，以特有的校园文化逐步影响并改变人的生活方式；四是用制度培育人，以科学完备的制度约束，促进师生良好行为习惯的养成。

3. 把握推进现代学校管理转型的具体策略。

一是在常态化校本教研中实现转型；二是在管理机制创新中实现转型；三是在教研组文化创建中实现转型；四是在有效学习中实现转型。学会寻找挑战、主动挑战，学会享受教学、享受教研。

4. 在转型性变革中重建学校管理机制。

(1)以“校长负责与民主参与结合”为核心，重建办学决策机制。

伴随着时代发展和学校转型性变革实践的推进，我们逐渐清醒地认识到：办学决策必须由经验型向科学理性型转变，必须由零星随意型向系统程序型转变，必须由独断决策型向民主制度型转变，从而逐步形成“专家咨询、集体讨论、制定方案、校长审核、会议表决”的科学决策机制。要特别注重统筹“校长负责”与“民主参与”两大核心要素，既体现办学决策中校长的领导，又集聚多方智慧，提高办学决策的质量。

(2)以“分工负责与沟通协作”为核心，重建实施执行机制。

在学校管理运行中，有了正确科学的决策，关键在于各项工作的执行和落实。分工负责制度就是既要明确校长为学校工作第一责任人，还要明确中层干部为各项分管工作推进的直接责任人，具体负责向全体教职工提出工作实施的计划与措施，接受校长的检查考核和全体教职工的评议。沟通协作制度就是以召开联席会议、校务会议及部门例会的形式，通过不同角色交叉参与不同会议而实现各种理想、信息、资源等的沟通交流。确保各部门在执行某项决策中能及时准确地沟通信息和互动，从而较好地完成工作任务。

(3)以“评价反馈与激励完善”为核心，重建发展导向机制。

从成事与成人的角度，以过程性评价激励和综合性评价激励为主要方式，完善对教师日常履职尽责和总体任务完成情况的评价激励制度。过程性评价方式，主要是强化“在过程中尽可能关注到每一位教师的面向未来发展的及时性评价激励”；综合性评价激励则主要是以学期或学年为单位，从教师专业精神、专业素养、专业技能、工作绩效等层面，从发展的视角作出评价激励。

(4)以“常规保证与研究创新”为核心，重建动力更新机制。

一方面要求学校必须有一套基本的教职工共同认可的制度或规则，并在长期的实践中内化成教职工的自觉行动。主要包含了行政管理常规、课程教学常规、教师工作常规、学生发展常规、教研工作常规、安全及后勤保障常规等方面内容。另一方面要形成常规持续更新机制。随着时间、空间、人员的变化，要不断创建应对新形式、解决新问题的常规机制。一般来说，每学年一次常规机制更新，既有利于相对稳定，又有利于创新发展。二者虽处于动力更新机制的不同层面，但又具有极大的关联性。“常规保证”是学校发展动力之基础性来源；“研究创新”是学校发展动力之更新性来源。两大动力来源之间又不断实现着相互转换与发展。

5. 在转型性变革中提高课堂教学的实效性。

提高课堂教学的实效性，是每个教育工作者追求的共同目标。树立新课程理念，夯实教学常规，是实现有效教学的关键。学校要千方百计为师生搭建“教”与“学”的活动平台。

一是搭建课例引领平台。通过骨干教师上引领课，青年教师上汇报课、同行互助课、新课程研讨课、一课多讲课、行政随机抽签课、新教师问题诊断课等七种课例引领，促进教师更新理念，提升智慧，改变方式，提高效率。

二是建构课型夯实常规。根据教学内容和形式，构建五种课型框架，即新授课、复习课、试卷讲评课、综合课、实验课。针对每种课型提出相应要求和标准，如新授课标准是创设情景、探求新知、拓展应用、反思提升，试卷讲评课标准是试题分析、评重讲难、变式演绎、整理升华。努力让每堂课都在标准引领下完成。

三是提高课程执行能力。在精读教材，准确把握新课程要求的前提下，适时更新常规管理内容。备课层面追求在集体备课基础上的再备课(二级备课)；上课层面主张呈现“四级特色”，即展示目标、全员参与、借用媒体、质疑探究；辅导层面提倡因人而异、尊重差异；考试检测突出针对性、找准薄弱点、轻考重评、整体推进。

6. 在转型性变革中从质量监控走向质量自觉。

教学质量监控不同于企业控制或工艺式程序，绝不仅是按规范操作，就一定会生产出质量合格产品。缺少了被监控对象的自觉质量追求，再精密的教学质量监控，都无法达到预期的质量目标。长期以来的质量监控，在一定程度上都是“以分数论英雄”的判断性评价，在发挥正向作用的同时，自然会带来一些副作用，容易引起评价者的许多忧虑和评价对象的抵触。这种不太注重教师专业发展的评价，是很难受到教师欢迎的。让教师共同走向质量自觉，必须从以下四个方面入手，尽量把刚性的评价鉴定变成一种隐性的文化。

一是研究式的工作方式。学校出台的质量监控方案，应该是校内各个层面多次“商量”的结果，是从基层土壤里长出来的。要积极营造开放民主的氛围，尽量把管理者要做的事变成老师认为应该做也想做的事情。

二是交流共享互助的研修模式。在质量分析过程中，倡导同伴互助，注重培育团队精神。通过开展“经验介绍”“同行观察”“焦点论坛”等教研活动，挖掘教师的实践智慧，分享教师的实践成果，逐步形成同伴互助的研修模式。

三是管理中的换位思考。质量监控过程中，既要遵循学科逻辑，又要重视心理逻辑。不断消除管理对象的压抑、反感、疏远、无所谓等副面情绪，代之以愉悦、兴奋、信服、尊重的正面情绪。多以同情心、同理心实现理解沟通；多做换位思考，在管理者的“欲”与管理对象的“不欲”之间做好平衡。

四是螺旋式上升的质量监控。不仅要关注期末，还要关注半期、学年、前两年及各学段的质量对比分析。力求做到阶段质量相对闭合管理，促进全程质量螺旋式稳健上升。

教学质量监控作为一种管理手段，不是为了监控而监控，而是在实施过程中依托于“好的”组织氛围，营造“好的”管理环境，催生教师专业发展内驱力。充分发挥每位员工的主观能动性，让每位教师都能从被“监控”状态不断走向质量自觉，主动成为教学质量的承担者，自我发展的承担者，学生发展的推动者。

5.4 现代学校管理章程

5.4.1 制定学校章程的现状

我国《民法通则》和《公司法》中明确规定法人的基本条件之一是必须有自己的章程，同时根据《中华人民共和国教育法》(以下简称《教育法》)的规定，学校作为法人单位理所当然应该有自己的章程。

但是多年来学校章程的制定工作无人问津，致使学校管理工作处于无法可依、无章可循的局面。在《教育法》颁布之后，许多学校开始了学校章程的制定工作，并取得了一定的成效和经验。但从全局看，学校章程的制定和实施工作的发展十分不平衡。绝大多数的学校制定了学校章程，但不可否认的是仍有极个别学校根本没制定；有的学校章程内容和形式不规范，无指导性和可操作性；有的学校章程千篇一律，无地方特色和本校特色；有相当部分的学校制定的章程一经制定就束之高阁，从不实施也不修改，缺乏与时俱进精神。可见学校章程的制定工作是一个十分薄弱的环节，因此必须将这项工作放在十分重要的位置，成为学校的重要工作，使之科学化、法制化、程序化。

5.4.2 制定学校章程的意义

要搞好学校管理，就必须依法制定好学校章程；只有依法制定好学校章程，才能促进学校的管理工作，实现教育的目标。

1. 制定学校章程是《教育法》的要求。

《教育法》第三章第二十六条规定：设立学校及其他教育机构必须具备下列基本条

件(一)有组织机构和章程；第二十八条规定：学校及其他教育机构行使下列权利(一)按照章程自主管理。《教育法》明确地指出了学校必须制定学校章程并且按照章程自主管理。所以，制定学校章程是设立学校必须具备的条件，也是教育法对设立学校必须制定学校章程的基本要求。

2. 制定学校章程是现代教育管理的发展趋势和必然要求。

在现代世界许多教育发展较好国家的学校都制定了学校章程，并依据学校章程规范对学校进行现代管理。在我国，近几年来各级教育行政部门先后发出文件，要求各类学校必须制定学校章程，并对章程的主要内容做了指导性规定，各级教育督导部门也将制定学校章程纳入了督导评估学校工作的重要内容之一。因此，制定好学校章程是促进学校科学管理，提高学校教育质量的必然要求。

3. 制定好学校章程是现代学校管理的必然要求。

现代化的学校必须做到科学化、法制化，做到依法治教、依法治校，这就要求学校管理在贯彻执行《教育法》和相关法律法规的同时，要针对本单位学校实际情况制定章程，以实现学校的科学管理，促进学校全面贯彻教育方针，推进素质教育，促进教育质量的提高。各级教育行政主管部门，各级人民政府的教育督导机构，为了规范学校现代管理，对学校章程的制定和实施都做出了相应规定。

4. 学校章程是校长教育思想、工作作风、领导艺术的具体反映，也是衡量学校整体管理水平的重要标志，更是贯彻《教育法》更好地实现教育改革的强有力保证。

学校章程是保障学校“按照章程自主管理”的重要规范，对于推动政府职能转变具有重要作用，是社会了解、监督学校的重要依据。学校章程有利于规范学校内部管理，形成完备的规章制度体系，有利于学校办学水平的提高，有利于学校内涵发展，形成学校文化。一部好的章程能够提升学校的竞争力，章程反映学校的办学目标、办学理念等，体现学校特色，而这正是建立学校核心竞争力的重要载体。章程制定过程是学校办学理念的凝炼，教育教学管理的优化。

5.4.3 制定学校章程的要求

1. 把握学校章程的认识定位。

(1)学校章程的性质和地位。

学校章程是指为保证学校正常运行，主要就办学宗旨、内部管理体制及财务活动等重大的基本问题做出全面规范而形成的自律性基本文件，是学校全局性、纲领性文件。它是学校的“基本法”，是学校作为法人的基本条件，是学校办学的基本文件，是教育行政、社会及学校自身依法治校的重要依据。

(2)学校章程与学校一般规章制度的关系。

这两者既紧密联系又互相区别。其联系在于：学校章程是制定学校一般规章制度的基本依据，而学校一般规章制度是学校章程的具体化和补充。其区别为：①学校章程是学校申请设立及成为法人的基本条件，是学校的“基本法”，处于“母法”层次；学校一般规章制度是学校章程的“子法”，两者是“母与子”的关系。②学校章程的性质、地位决定了它的内容为原则性与可操作性的结合；学校的规章制度，具有较强的针对性和操作性。③从制定程序看，学校章程需报学校隶属的主管部门核准；而学校一般规章制度则无此程序。

2. 把握学校章程的基本特征。

学校章程在学校管理中的特定的地位和作用，决定了它具备以下特征。

(1)前瞻性。

学校章程应该对学校期望达到的办学境界进行定位，为全体师生员工描绘出一幅学校发展的宏伟蓝图，它对全校师生是一种教育，更是一种激励。因此，制定时必须体现“超前性”。另外，学校章程还应该反映时代的特点，适应社会进步和学校自身发展的需要，当学校章程不能满足上述要求时，就应该及时地做出修改。

(2)规范性。

学校章程是学校的一部内部“法律”，其规范性包括以下四个方面：一是内容设定规范；二是表述方式规范；三是制定程序规范，必须经教代会讨论通过；四是对校长的办学行为有制约作用。校长行政，必须以学校章程为准绳，自觉维护其严肃性，努力达成其所提出的各项目标，不允许出现与其相抵触的行为，不得随意修改其内容。校长可以围绕学校章程提出的目标要求，结合学校当时的实际，确定自己任期内的办学目标和治校方略，分步实施。当校长发现学校章程不能与教育、学校发展相适应时，有权提出修改建议并组织修改。

(3)指向性。

由于学校章程的内容中包含了学校的办学目标和办学理念，所以发挥学校章程在学校管理中的作用是实施目标管理的一项具体举措。目标管理是领导者引导被领导者共同努力追求未来新成果的组织行为。无论是目标还是理念对管理活动都具有指向性，对人的行为能够产生激励与导向作用。

(4)可控性。

学校章程所提出的预期目标应该是可以控制的，学校章程的可控制性体现在两个方面：一是学校章程所提出的目标与策略是否符合学校实际；二是能否根据这些目标与策略来制定一系列与之配套的、可以操作的、可以检测的具体措施，并且通过实施这些具体措施，可以评估学校章程提出的预期目标的达成度。也就是说学校章程的内容表述只能是提纲挈领的，它还需要一系列根据章程所制定的相关制度与之配套。

(5)特色性。

任何一所学校都是共性与个性的统一体。每一所学校所处的自然环境、社会环境，学校的性质、办学基础、师资水平、生源结构等方面都是有差别的，所以，学校章程在兼顾共性的同时，更要突出个性(即特色)，必须明确只有个性才是学校发展的支点。那么，怎样建构学校的特色蓝图呢？其基础是认真分析自身优势、劣势、潜能和生长点。只有共性没有个性的学校章程，是难以发挥其应有功能的。

3. 把握制定学校章程的依据。

制定学校章程的依据主要包括两个方面。其中最主要的一个方面是要有法律依据，当前制定小学学校章程的法律依据主要包括全国人大及其常委会制定的《教育法》《义务教育法》《教师法》等法律；国务院制定的《教师资格条例》《学校体育工作条例》《学校卫生工作条例》等法规；国家教育行政部门指定的《小学管理规程》等章程。另外一个方面是从学校客观实际出发的客观依据，它包括学校各方面的实际情况。由于各学校实际情况不同，制定出的学校章程也就不可能一样。如学校章程中有关学校领导体制的内容、内部管理体制的内容、学校发展目标等，都会因各学校实行的体制、机制、办学目标等不同而有所区别。

5.4.4 学校章程的基本内容

学校章程的内容必须符合国家的教育方针和现行法律、法规的要求，必须符合教育基本规律和教育管理基本模式要求，必须体现学校的办学特色，具有可操作性。因此，学校章程应包括以下几方面的基本内容。

1. 学校的名称、地址和办学形式。

学校的名称应符合教育行政部门和民政部门的有关规定，做到真实、准确反映学校的教育层次。学校的地址要具体、明确，要标明学校所在的行政区域或具体地点。办学形式要标明是否是全日制学校，或者是函授等其他形式的学校。

2. 学校的举办者、所有制性质。

主要是标明学校的办学单位是谁，是国家的(标明是哪一级行政主管部门)还是集体或个人的；所有制性质是全民所有制学校还是集体所有制学校或私立学校。

3. 办学宗旨。

即学校的办学目的、所实施教育的性质和培养目标。宗旨既要符合法律的规定(如贯彻国家的教育方针等)，又要具有学校自身的特点。为体现学校的办学宗旨，学校章程一般应对学校的办学目的、培养目标、教育的基本原则、发展规划等做出规定。

4. 主要任务。

学校章程应对学校教育教学工作的主要内容、开展方式、基本要求等做出规定。围绕教育教学工作的开展及培养目标的实现，学校章程还要对教育科研、总务后勤、卫生保健、安全保卫工作以及与家庭、社区建立广泛联系等项目做出规定。

5. 内部管理体制。

即对学校内部设立的主要管理机构及其职能的总称。我国学校目前实行的内部管理体制有“校长负责制”“学校董事会领导下的校长负责制”“党委(支部)领导下的校长负责制”等，学校章程要根据不同情况对学校内部的管理体制做出明确规定。要具体规定校长的职责、权限及履行方式，党的基层组织在学校的职责、权限及开展工作的方式，学校重大事项的决策程序和工作方式，教职工和学生参与学校民主管理监督的形式与途径，学校主要机构的设置及其职能分工，副校长及主要机构负责人的职责、权限等。实行“校董事会领导下的校长负责制”的学校，其章程还要对校董事会的职责、权限、议事规则等做出明确规定。

6. 教师、其他教育工作者和学生。

学校章程要对教师和其他教育工作者的来源、聘任或解聘、评价、晋升、奖励及处分等做出规定，明确和落实教职工在学校中的权利和义务，载明学校加强教职工队伍建设的基本意见、目标和步骤等。学校章程也应对学生入学及学籍管理、日常管理等做出规定，要明确和落实法律规定的学生的权利和义务。

7. 经费来源、财产和财务管理。

学校有稳定的经费来源，是其设立并取得法人资格的基本条件。学校章程应明确学校日常办学经费的来源，并对经费的使用和管理做出规定。章程中应载明学校经费的开支范围、审批支付程序，教职工福利待遇基本标准和分配原则，学校经费的管理机构、管理原则和主要人员的职责，以及校内财务检查、监督体制等。

8. 章程的产生和修改程序。

学校章程应由学校教职工代表大会制定产生，经教职工代表大会三分之二以上的代表审议通过后，由校长签名，报主管部门核准后生效。章程的修改程序与此相同。学校章程应对这一程序做出明确的规定。

在章程的管理制度中，下列内容不可缺少：校长负责制度、教师聘任制度、岗位责任制度、教育教学管理制度、教育科研制度、现代教育技术管理制度、经费使用制度、后勤管理制度、未成年人保护制度、学校议事制度、学校工作评估制度、教职工继续教育制度、教(职)代会民主监督制度、校务公开制度、教职工奖惩制度、民主管理制度等。

另外，在学校章程中，学校还可根据自己的实际情况，规定一些有较强个性和特色的内容，如：校风、学风、教风、校训、校徽、校歌、校庆日等。

5.4.5 学校章程制定的规范要求

1. 设计好学校章程的总则、分则和附则。

(1)总则。

学校章程的总则一般以"总则"二字为标题，在章程的第一章明确地表达。学校章程的总则与分则、附则相对应，在学校章程整体中居于统领地位，事关学校章程全局内容的总称。起草总则时需注意：第一，要把整个章程中的纲领和事关章程的全局的内容，集中在总则中加以规定或表现；第二，不能把其他内容或以为不好放的内容，都放在总则中，使总则变成了杂则。总则一般应顺序载明：制定章程的目的、根据；学校的名称、校址；学校的性质、隶属关系、办学规模；办学目的、培养目标、教育的基本原则及校训、校风、教风、学风、校徽、校歌、校庆日等。

(2)分则。

分则是指在学校章程中与总则相对应，使总则内容得以具体化的条件和规范的总称，它是学校章程中的实体性内容。起草分则时要注意三点：第一，内容的全面性，分则要对学校工作的方方面面及学校基本的重大问题做出全面规定；第二，结构的合理性，一般来说，分则的内容比总则、附则的内容都多，这就使分则结构层次、顺序的安排较复杂，从顺序来说，如果分则各部分内容处于平行、并列的地位，那么就应该按其重要程度来确定顺序，先写重要的内容；第三，避免分则的内容与总则内容相抵触，避免分则内容自身的矛盾。

(3)附则。

附则是指在学校章程中，作为总则和分则的辅助性内容而存在的部分。它的存在对总则和分则的实施有重要意义。附则的内容和排列顺序一般为：关于名词术语的定义，关于需在附则中规定的特色内容，关于学校章程解释权的授权规定，关于制定规章制度的授权规定，关于施行问题的规定。

2. 设置好章、条、款、项。

(1)章。

章是了解学校章程结构、整体、主要内容和风格的最为重要的条件。在起草中必须弄清楚：①应当设哪些章；②各章的主题是什么；③怎样为各章设计最佳标题；④如何使各章之间的关系和谐；⑤怎样使各章的顺序和逻辑关系最佳；⑥如何使章的结构最理想等。根据中小学校特点，学校章程一般可设立以下六章：第一章总则；第二章主要任务；第三章管理体制；第四章教师、其他教育工作者和学生；第五章经费来源、财产和财务制度；第六章附则。

(2)条、款、项。

条是学校章程最重要的单位。起草条文时需注意三点：①每个条文的内容都应具有相对的独立性和完整性；②条文的内在顺序，应按由一般到具体的逻辑顺序来排列；③尽量使条文内容长短适中。款是隶属于条文的一种结构要件。当一个条文的内容有两层以上意思时，便需要运用款这一要件。一款只能规定条文中的一层意思，同一层的意思只能规定在同一款中。款是以自然段的形式出现在条文中的。在一个条文有多款存在的情况下，各款的位置安排应以由一般到具体的逻辑顺序为依据。项是包含于款之中的，通常当款的内容有两个以上层次出现时。项一般以序数形式分段加以表现。在一款中有多项存在的情况下，各项的位置安排，亦以由一般到具体的逻辑顺序为依据。

3. 注意学校章程语言的运用。

学校章程在运用语言时，要注意以下几点：一是明确、具体；二是用规范化的语言；三是应注意“要”“不得”等常用语的运用。一般来讲，“要”“不得”等词，如果用在学校对班级、教师等的要求上，没什么问题；而一旦用在学校对自身的要求上，则不符合章程的语言规范，欠妥当。

5.4.6 学校章程的实施工作

1. 必须依法实施学校章程。

学校章程是学校依法治教、按章治校和依法自我管理的基础性、法规性文件。学校及其所属教育机构制定的规章制度原则上不能违反章程的规定或超越章程的范围；学校的法定代表人也没有凌驾于章程之上或超越章程的特权，学校及其他教育机构中的任何人都必须服从于章程的规定和约束。章程一经上级教育行政部门审批，教育行政部门在实施管理中必须尊重学校或其他教育机构章程的规定，依法行政，不得干扰或剥夺学校的依法管理权。

2. 必须全面实施学校章程。

学校章程一经批准就成为学校纲领性文件。学校全体师生员工都必须认真地全面地实施学校章程，不得片面理解，唯我所用。教育督导部门要将学校贯彻实施章程情况纳入学校工作检查考核范围，进行督导评估。同时学校在贯彻实施章程过程中要不断进行研究总结、发现问题，不断探索学校章程的发展规律，不断在实践中完善学校章程，促进学校章程的制定、实施工作，做到与时俱进，不断创新。

5.5 现代学校的发展规划

5.5.1 学校发展规划的意义

1. 学校发展规划现已成为国际教育界的研究热点，成为中小学学校管理领域普遍为人们所采用的一种管理工具。学校发展规划在教育现代化的背景下，适应学校管理的现状和改革需要，开始走进我国中小学管理的新实践。学校发展规划的推广和应用，将对提高我国中小学的办学水平和学校管理效能产生积极的影响。

2. 制定学校发展规划是落实素质教育，促进学校自主发展，稳步提高教育质量，发展特色建设，推进决策科学化、民主化，实施发展评价的重要环节。学校根据发展战略对学校发展前景进行形象设计，以此作为全校师生的奋斗目标。

3. 制定学校发展规划有利于学校领导在认真分析校情的基础上，提出发展优势、改变劣势的管理策略，并使提出的办学目标具有适切性和针对性，使学校的最近发展区和远景发展区能得到正确定位。

4. 制定学校发展规划有利于使学校各种教育要素得到优化组合，使各种教育要素严重失衡的现象得到纠正，从而有利于提高学校教育的整体效益，有利于学校为教师构建教育思想大学习、大讨论的平台，使多元的价值观在讨论或辩论的过程中逐步趋向和靠近教育的主流价值观，为落实素质教育奠定思想基础。

5. 制定学校发展规划有利于创建学习型学校领导班子，使工作学习化、学习工作化，提高自我反思与自我超越能力，提高科学决策与民主建设能力，使学校的可持续发展能力上一个新的台阶；有利于促进学校自主发展，为今后实行发展性评价提供可验证或测量的发展目标，使发展性评价的过程真正成为学校自我反馈、自我评价、自我整改、自我完善的过程。

5.5.2 学校发展规划的功能

1. 指向性。

规划是全面而长远的发展计划，在一定时期内，规划是学校各种活动、行为所要达到的境界和标准，是学校各项行动的航标。科学而符合实际的规划，具有增强凝聚力，提高学校工作的效率和效益的作用。

2. 可控性。

规划的指向性特征决定了规划具有控制的意义。规划制定并为群众所理解和认同后，校长就可以根据规划中所制定的目标，调动各种积极因素，努力实现预定目标；同时，在实现目标的过程中，还要尽力排除各种干扰，纠正偏离目标的各种行为，抑制不符合目标的其他需要；规划要求师生员工围绕目标和要求，按一定的活动方式及日程去行动。

3. 激励性。

规划能激励人们的行动，鼓励人们为实现目标而努力。当师生员工行动遇到障碍时，规划中的目标给人以克服困难的力量；而当行动较为顺利时，规划中的目标又给人以鼓舞，增添人们行动的热情和信心。

4. 可衡性。

正确而切合实际的规划中的目标，既是各项管理工作的出发点，也是终结点，因而它是人们检验和衡量各项工作成效的尺度。校长通常根据既定的目标要求检查工作的达成度，使精心设计的学校发展蓝图变成客观现实。工作好坏、质量高低的评价，不是来自主观和感觉，而是以是否完成规划中目标的客观实际为依据，并体现在能使学校及学校里的各个部门能根据规划要求具体衡量各自工作的成效。

5. 发展性。

校本发展是一种重视学校自身力量和学校自身发展的教育观念。它主张在政府宏观指导和积极参与下，学校自主办学和自主发展。即校本发展需要学校充分发挥自身的主体性、能动性和创造性，推进发展策略，发挥自主办学的功能作用。在校本发展的理念下，学校规划的制定要充分发挥学校的主动性和能动性，需要学校从自己的优势和弱势中寻求变革，在大量的比较参照中重新定位，制定科学可行、符合实际的行动纲领，并实事求是地去操作实践。

5.5.3 学校发展规划的原则

1. 依法办学与以德立校相结合的原则。

建立学校应遵守的法律规范和道德规范，并以此作为学校的价值法则，为制定学校发展规划提供理性认识基础。

2. 科学性与可行性相结合的原则。

科学性是可行性基础上的科学性，可行性是在科学性指导下的可行性。科学性与可行性两者不可分割。制定学校规划的科学性主要表现在对校情的科学分析，对发展目标的科学决策，对教育规律的严格遵守。可行性主要表现在政策的内化、理念的操作化、目标的举措化、特色建设的课题化。科学性与可行性彼此依存，相互促进，相互补充。

3. 定性目标与定量目标相结合的原则。

目标设置能定量的则予以定量，不能定量的则予以定性。使上述两种目标相互补充、相互结合。定量目标的设置要考虑到可测性，定性目标的设置要考虑到可验证性。

5.5.4 学校发展规划的基本内容

1. 学校发展的分析。

在制定学校发展规划时，首先要深入、全面地了解学校方方面面的基本情况，即摸清“家底”，其次要冷静理性地分析这些基本情况，既不盲目自大，也不妄自菲薄。对学校现实情况的分析一般包括以下几方面。

(1)学校发展的历史分析。

分析学校发展的历史是指总结和提炼学校发展的传统、特色和资源，确定学校发展的方向。

(2)学校发展的现状分析。

对于学校发展现状的分析可以从几个维度展开：一是分析学校发展的有利因素和不利因素，二是分析学校发展的软件、硬件情况，三是对学校整体工作中的各分项工作进行分析。

(3)教育发展的形势、政策和理论分析。

通过分析，明确国家和学校所在地区的教育发展形势、教育主管部门的政策倾向和教育理论发展的基本趋势。在制定学校发展规划时，保证学校的发展与国家和地区的教育发展形势、政策倾向等保持一致。

(4)学校发展的环境分析。

包括大环境分析和小环境分析。大环境是指影响学校发展的社会环境和新的人才需求趋势，小环境是指学校所在地区的教育发展情况和周边学校的情况。

(5)学校面临的挑战与机遇分析。

学校发展的挑战与学校发展的目标是一致的，是学校发展规划中需要解决的核心问题。面对挑战，还要努力寻找迎接挑战、促进学校发展的机遇。

2. 学校发展的目标。

确定学校未来三年至五年的发展目标，是学校发展规划中的重要内容。这个发展目标既包括学校发展的整体目标，也包括各方面具体工作的目标。一个科学有效的学校发展的整体目标必须具备以下条件：①与国家和地方教育发展目标相一致；②符合学校实际情况；③既有挑战性，又有实现的可能；④能够分解到学校各方面的工作中去，形成学校发展的目标体系；⑤目标在文字表述上必须清楚、明确，不能模棱两可，而且必须与学校现实工作相对应。

学校发展的整体目标必须分散到学校各个核心领域的工作中，继而形成一个目标体系。学校的核心工作领域包括；学校管理改革，教学改革，德育工作，体育卫生工作，课题体系和课程资源建设，教师队伍建设，教研和科研活动，后勤工作，学校文化建设，对外联系等。

学校发展规划要靠教职工去实现，所以必须站在教职工的立场上思考实际问题，进行有效规划。学校发展规划的目标，或者说学校发展规划要达到的效果是让处在不同发展阶段的教职工：一是看到任务，包括学校的任务和个人的任务，学校要围绕发展规划建立任务体系，即把任务分类分层，分出轻重缓急，分出常规任务和非常规任务，分出核心任务和外围任务等，同时把学校的任务和个人的任务有效地整合起来，这体现了规划的科学性；二是看到发展，包括学校的发展和个人的发展，学校发展规划要让教职工透过学校发展目标和任务体系看到学校的发展，透过个人在学校任务体系中的作为看到个人的发展，同时能够把学校的发展和个人的发展有机地结合起来；三是看到曙光，包括学校发展的曙光和个人发展的曙光，这表现为学校为实现目标、完成任务所能提供的物质条件和保障措施，学校目标的实现、任务的完成与教职工的素质和努力程度直接相关，但这两者之间并不能画等号，物质条件是指学校能够为教职工提供的物质资源和现实支持，以确保任务的完成，保障措施是指相应的管理规范和方法。

3. 学校发展的措施。

在学校发展规划中，要围绕学校发展的整体目标和目标体系，制定出一系列达成目标的措施。这些措施必须具备以下条件：

(1)有针对性，能够立足学校现状，指向学校某一方面的工作；

(2)讲求策略，能够多快好省地达成目标；

(3)符合国家和地方法律法规；

(4)符合教育规律和学生发展规律；

(5)切实可行，具有很强的操作性；

(6)不同的措施之间不会相互冲突。

4. 学校发展的保障机制。

学校发展的保障机制主要有：

(1)组织机构及制度体系。在学校发展规划实施之前，要审视学校当前的组织机构和制度体系，尽可能去规范和完善。

(2)人力资源。包括教师队伍、管理者队伍和生源，核心是教师队伍。

(3)物质资源。主要包括学校的办学经费、硬件设施、课程资源等，核心是课程资源。

因此，学校发展规划凝聚了社区及办学单位与广大教职员工的心血，是团结全体教职员工共同努力的奋斗目标，是学校在教育行政部门授权下自主办学、实现发展、提高办学水平的一份实实在在的协议书，是教育行政部门对学校进行办学水平评估的重要依据，也是对学校进行发展性评价的重要前提条件，制定好学校的发展规划将更好地促进学校的发展。

5.6 现代学校管理体系的构建

5.6.1 构建现代课程体系

1. 教育内容的现代化包括课程体系、教材内容以及与其相适应的教育方法的现代化。课程的水平决定着学生的素质水平，课程结构决定着学生的素质结构，教育内容的现代化决定着现代化学生的素质。教育内容的现代化是教育现代化的核心。

2. 基础教育课程改革将传统课堂组织模式转变为现代课程体系教学模式，招考改革把促进学生健康成长成才作为改革的出发点和落脚点，把促进学生全面发展和个性发展作为教育的根本任务，真正实现了课程改革育人目标与高考改革选人目标的高度一致，“选什么样的人”，决定我们“育什么样的人”。

3. 学校要立足于学生的个性化需求，按照学科分层、分类的要求构建学科课程体系；

4. 按立德树人、全面发展、培养实践创新能力要求构建综合素质课程体系。

5. 有步骤、有层次推进国家课程校本化，以学科和综合素质为中心建设“课程超市”，加强体育、音乐、美术、综合实践活动等课程的实施，构建重基础、多样化、有层次、综合性的课程体系，不断满足学生多元发展的需求。

6. 推进普通中小学课程基地建设，构筑一个“以创设新型教学环境为载体，以转变教学方式为重点，以活动、实践、体验、探究为主线，促进学生有效学习、主动学习、自主学习，提高学习兴趣和效能、发掘潜能特长的综合性教与学”的新平台。全面提高学生综合素质和实践创新能力。

7. 深化课堂教学改革，不断提高课堂教学效率。进一步推进教师教学方式和学生学习方式的转变，实现课堂转型，即实施以学定教、教师主导、学生主体、问题导学、过程评价，建构“自主、合作、探究”的高效课堂学习模式。

8. 全面建立以能力为导向的教育教学体系，实现从知识体系向能力体系的转变。

5.6.2 构建校本化的课程制度

1. 开齐开足国家课程。

按照《普通高中课程方案(实验)》和各学科课程标准，联系学生和学校实际开齐开足国家课程；加强技术类、综合类、实践类课程建设，应进一步制定和完善通用技术、信息技术、研究性学习、社区服务与社会实践活动等综合类课程的实施方案，进一步明晰课程目标、课程内容、课程方法、课程评价等，切实提高理化生等学科的实验操作能力，增强学生的探究和创新意识，学习科学研究的方法，培养信息素养和综合运用知识的能力；加强选修课程建设，激发学生的发展潜能，满足其发展需求，提供多样化的课程选择。

以人文教育为核心建设地方课程和校本课程。加强社会主义核心价值观教育、传统美德教育和本土文化教育，构建学校文化特色。

建设合作课程。学校与国内大学、科研院所、海外教育机构、社区单位以及企业等合作建设课程。

建设拓展课程。学校根据学生的实际需求，广泛开设讲座、报告、讨论等形式的拓展课程，形成课程系列。

2. 建立现代教学组织体系。

贯彻因材施教原则，促进学生个性发展和充分发展。实行选课制度，实行首席教师制度。

3. 建立自主、合作、探究的课堂教学体系。

在因材施教、学思结合、知行统一的育人原则和新课程三维目标的指导下，围绕提高学习效率、减轻学生负担这一核心，以学定教，开展自主、合作、探究的课堂学习方式方法的探索。

5.6.3 构建学生全面发展的服务体系

1. 建立全体学生全面发展的保障体系。

开齐开足开好国家课程，建立面向全体学生、为每位学生的不同发展服务的分层课堂教学体系，保证学生在课堂上有足够的时间去理解、探究、发现、体验，确保每一位学生实现共同基础上的全面发展。

建立健全导师制。每位学生从入校开始即配备一名学习与生活导师，导师一直跟踪管理到该生毕业。导师全部由在岗教师组成，主要职责是引导学生树立正确的学习观、成才观，掌握良好而高效的学习方法，帮助学生克服成长中遭遇的种种挫折，每学期为该生完成一份学习生活评价与导向报告。

2. 建立学生个性发展的支持体系。

学校应为学生的个性发展提供尽可能的支持。学校注重创设多样的校园活动平台。学生在教师指导下自主支配体育锻炼、科技活动、社团活动、研究性学习活动、考察体验活动等活动时间。每学期系统地组织社团节、艺术节、读书节、体育节、科技节等，为学生提供广阔的展示舞台。

建立校外实践活动平台。学校充分调动社会各界力量，广泛整合社会资源，建立不同类型的教育基地，系统地开展军营生活、农村生活、企业生活、社区生活、国外生活等综合实践活动。

面向高潜质学生，实施拔尖创新人才早期培养计划。加强与大学教育的衔接，鼓励学生参与高校实验室的部分课题研究，与高校和科研机构联合培养，帮助其成长为卓越人才。

3. 建立个性化的作业体系。

建立首席教师负责的教学团队，根据学生原有基础以及课堂学习情况自行编制分层的课堂作业和课外作业。一个班一般区分为高中低三个层次的作业，由学生选择完成。在作业编制中坚持精选原则，严格控制难度与数量，注意作业的层次性，开发充满个性的实践型、研究型、论文型、学生创作型等新型作业。

4. 建立个性化的学业辅导体系。

开辟学科辅导专用教室和讨论室，本年级学生可以自由进出，主动询问，接受学科专任教师的义务辅导，重点是指导学习方法，帮助学生完成学科作业。对学业有困难的学生，采取“一帮一”“教师个别指导”等帮扶措施，激励、帮助学业暂时落后的学生取得进步。

5. 建立心理健康辅导体系。

学校通过心理健康选修课、心理健康讲座、心理普查与心理咨询等方式，加强心理健康教育，帮助学生解决学习、生活中的心理困扰。

6. 建立家庭困难学生救助体系。

学校开展爱心救助活动，设立“家庭困难学生助学金”，用于抵减家庭困难学生的学杂费和补助贫困学生的生活费等，认真落实“国家助学金”项目，确保不让一个学生因贫困而失学。

5.6.4 构建突出学生主体的课堂教学方式

教学是语言文化与沟通文化的创造过程，也是奠定每个学生学力成长与人格成长基础的过程。

1. 教学从以“教育者为中心”转向“学习者为中心”，鼓励学生参与教学，创设智力操作活动，教给学生思维的方法并加强训练。

2. 教学从“教会学生知识”转向“教会学生学习”，指导学生掌握基本的学习过程，指导学生了解学科特征，掌握学科研究方法，培养学生良好的学习习惯。

3. 教学从“重结论轻过程”转向“重结论的同时更重过程”，促进教学相长。

4. 教学从“关注学科”转向“关注人”，以学科为本位的教学理念的局限在于重认知轻情感，重教书轻育人，关注人的教学理念表现在关注每一位学生，关注学生的情绪生活和情感体验，关注学生的道德生活和人格养成。

5.6.5 加强教学手段的现代化

以应用为核心推动课堂教学手段的现代化。认真开展信息技术与学科教学的整合研究、信息媒体在课堂学习中的应用研究、优秀课堂教学资源的开发研究，建设立体交互式共享信息平台和资源库，充分发挥信息技术的优势，实现教学内容的呈现方式、学生的学习方式、教师的教学方式和师生互动方式的变革。

5.6.6 建立现代课程资源体系

学校积极开发并合理利用校内外各种教育教学资源，提高人才的培养质量。

建设高水平的数字化图书馆和课程网吧，建设高规格的网络课程资源，工作日定时开放，节假日全天开放。

建设高标准的适应学生发展的学生分组实验室、小组合作探究实验室、研究性学习课题实验室、高端实验室以及综合实验室，并全面开放，为学生开展常规实验和拓展实验创造条件。

与高校以及科研院所联手，面向全体学生开放部分高校的一般实验室、图书馆；面向兴趣浓厚的部分学生开放高校、科研院所的重点实验室和核心资料库。

加强校际之间以及学校与社区的广泛合作，注重普通高中教育与职教、成教课程资源的融合与渗透，努力实现课程资源共享。

面向世界建立一批国外学习生活基地。

5.6.7 建立教师专业发展支持体系

学校应立足岗位，着眼长远，积极建立促进教师专业能力持续发展的支持体系，鼓励教师大胆探索，创新教育思想、教育模式和教育方法，形成教学特色与风格，成为研究型、学者型教师和教育家。

1. 建立教师校本研学体系。

教师应立足岗位，广泛阅读，提高教育教学理论水平，并反思自己的教育教学实践，转变教育观念、思维模式，实现教育创新，提升育人水平。

教师应在爱与责任的激励下，不断增强教书育人的责任感和使命感，关爱学生，淡泊名利，以高尚的人格和渊博的学识感染学生，成为社会楷模。

开展新老教师结对、自然状态下的课堂教学研究等形式多样的同伴互助活动。

开展以课程教学团队等为单位的课题研究，发挥首席教师的引领作用，研发教学资源，撰写教研论文，培养一批骨干教师和学科带头人。

2. 建立国内国际合作培训体系。

与国内名校合作培训教师。学校每年安排数名教师以访问学者身份，赴重点师范大学或知名中学拜师学习，以三个月或半年为一个访问周期，着力提高中青年教师教学科研水平和管理水平。

鼓励支持以中青年教师为主的教师群体，通过在职学习、脱产进修、远程教育等途径攻读教育硕士、博士学位，提升学历水平。

与海外学校合作培训教师。学校每年安排数名中青年优秀教师或管理人员赴海外参加为期三个月到半年不等的研修培训，以培养教学科研能力和创新意识为重点，学习国外先进的教育理念和管理方式，提高办学水平。

3. 建立教师教研成果孵化与推广机制。

学校设立现代教育实验学校教育科研专项基金，用于激励和支持广大教师尤其是青年教师开展教育教学研究。凡有好创意，且符合教育规律的教研项目，均可以申请该项基金。

引导在教育教学实践中成效显著的教师不断总结、提升自己的教学经验，并向有关报刊杂志推荐发表。

学校设立教育科研成果奖。凡在公开刊物上发表的教育教学论文，或参加教育主管部门、教育学会系统组织的评选活动获奖的论文、课题等，都予以一定的奖励。

对有应用价值的教研成果，通过召开成果报告会、编印优秀成果集、资助出版专著等形式予以大力推广。

把教师的教研工作实践纳入教职工年度考核体系。

4. 建立促进教师身心健康发展机制。

学校要关爱每一位教师，建立促进教师身体健康、心理健康、道德高尚和社会适应良好的发展机制。

倡导教师加强体育锻炼，普及科学的健身方法和健身知识，树立“每天锻炼一小时，健康工作五十年，幸福生活一辈子”的健康生活理念。

对教师的身体健康状况实行年检，建立健康档案。

建立教师俱乐部，丰富教师业余生活，引导教师形成积极向上的文化追求。

引导教师追求教书育人的成就感和幸福感。

营造平等民主和谐的教育教学氛围，经常性地开展集体活动，为教师提供交往的机会和必要的经费保障。

5. 建立教师评价体系。

建立促进教师不断提高的评价体系，对教师进行师德师风、教研教改和促进学生成长等方面的综合性评价，完善教师遴选与聘任制度，优化教师结构。

5.6.8 构建学生综合素质评价体系

评价标准转型。长期以来，我们对学生学业的评价主要以教师和教育主管部门的评价为主体，以学生的学业分数作为评价的主要标准，侧重于评价的甄别、筛选和批判性功能，重视终结性评价和相对评价等。这种评价作为选拔、区分学生的唯一手段，追求的是对所谓“适合教育的学生”的选择性功能，不利于促进学生的发展和素质教育的改革，也存在着明显的不合理性。《基础教育课程改革纲要(试行)》中对评价问题做出了明确的规定：“要建立促进学生发展的评价体系，要发现和发展学生多方面的潜能，帮助学生认识自我，建立自信，发挥评价的教育功能，使学生在原有水平上有所发展”。这就要求我们积极树立新的评价标准和观念，以“创造适合学生发展的教育”，适应新课程改革和素质教育的需要。

指导思想转型。要突出评价的发展性功能和激励性功能，重视对学生学习潜能的评价，立足于促进学生的学习和充分发展，为“适合学生的教育”创造有利的支撑环境。

评价的主体转型。调动学生主动参与评价的积极性，改变评价主体的单一性，实现评价主体的多元化；建立由学生、家长、社会、学校和教师等共同参与的评价机制。

5.6.9 中美教育体系比较的启示

与美国的中小学教育相比，中国学生的基础知识和解题能力整体上明显比美国学生好很多，为什么美国的大学，美国的科技、人文的创新比中国强很多？为什么美国基本垄断每年的诺贝尔奖？

对教育，美国人相信“不落后于终点”，中国人相信“不落后于起点”。美国的初中和小学教育主要是培养学生的自主学习习惯和能力，而中国很多家长和学校却拼命拔苗助长，结果在学前班、小学、初中教了很多学生接受不了的东西，学生长大后便忘了，没有兴趣了。

美国与中国高中教育的差距尤其突出，主要体现在以下几个方面：

学制上，美国大部分高中阶段是 9—12 年级，有四年的时间学习。中国的高中阶段其实只有两年，第三年要准备高考，基本就没多少机会学新知识了。

课程上，美国高中是学分制，因此可以开出比中国的高中多得多的必修课和选修课。美国一个普通高中都能开出上百门的课，跟一所小型大学差不多，这点中国大部分高中都无法与之相比。

教师水平上，美国的高中，因为要开大学的课程，对教师的要求很高。美国的高中教师很多都有硕士学位，博士学位的也不少。美国的教师执照课程也跟中国不一样。中国师范院校的本科毕业生，能考到教师证书就能当老师。但是，美国人要当教师，无论拥有何种学位，一律要读两年的教师执照课程。

科目程度上，美国的高中可以开相当于大学一年级或者二年级公共课程度的科目，中国的高中基本不会开大学程度的课。

高中分类上，美国有重点高中，甚至有“全国重点高中”。按照入学成绩高低来录取学生；在每一所高中里面，美国是按照学生的程度来分班，有专门给能力最高的学生读的“荣誉班”，天才学生读的“大学预修班”，有全球承认的“国际班”等等。

在协调学校服务机构上，美国有专门的部门负责协调高中生的课外社会实践和科研活动。

由此可见，中美教育的生态是有较大差距的，美国的教育更多关注和服务学生的个性发展，而不是一味追求教育的功利。

5.7 现代学校从管理走向领导

学校发展面临着外部环境、任务和功能、管理对象等多方面的变化，要求从学校管理走向学校领导，确立“价值领导”“团队领导”“整合领导”等理念和模式，通过“治理”统整学校上下、内外关系和利益，使学校领导成为一种共同创造的过程。

5.7.1 学校管理面临的挑战

传统学校的管理方式，在管理理念、管理模式、管理过程、管理策略和管理方法等方面，面临多种挑战。江苏省教科院彭钢分析认为，当今转型期的学校面临五个方面的挑战。

1. 学校管理强调对现存的人、财、物、时间、空间等具体要素的管理，而较为忽视对价值、精神、道德、需求、心理等要素的关注，但在一个充满变化和不确定性的社会，人们的心理困惑和精神迷茫十分普遍，迫切需要精神和价值的定位和引领，而确立何种学校精神和价值选择，如何更好地引领师生精神成长，已经成为影响学校未来发展的决定性因素。

2. 学校管理强调学校内部的管理，较为忽视外部环境和社会变化，以及这种变化对学校生存和发展的重大影响，而在宏观的范围内处理学校与外部环境的关系问题，妥善应对各种变化所带来的挑战，建构自适应的组织系统，显然已经超越了传统学校管理学的框架和视野。

3. 学校管理强调确定性的目标，在实现确定目标的前提下，进行"决策"和"用人"的运筹和谋划，而现代学校在相当程度上需要自主发展和主动发展，需要根据外部环境自主确立目标，因而有相当一部分非确定性的目标对学校具有重要价值，然而却具有动态性和模糊性，需要在不断探索和研究中逐步生成。

4. 学校作为一种社会组织，形成了管理的等级和阶层，以执行不同的管理行为，如决策、管理、执行、评价等，从而构成管理的封闭回路，这种管理模式实施周期较长，管理成本较高，管理效益低下，难以适应不断变化、需要创新的环境和任务。

5. 使用现代网络技术已成为一种日常生活方式，从根本上改变了人类生存的空间状态，从学校管理的角度看，这既导致了知识和信息的开放、交流、共享，也基本撤除了与外部世界区别和分隔的界线和屏障，这直接导致权力运作的"去魅化"，学校管理面对现代技术整体性地陷入制度盲区，使"管理"面临着严峻的社会和大众的挑战。

面对问题与挑战，需要从整体上谋求学校管理的变革，形成新型的学校管理。

5.7.2 学校领导策略选择

从传统学校向现代学校转型，学校必须从管理走向学校领导，这是对学校管理的超越。学校领导包含着传统学校管理的合理内核，但体现着全新的思想、思路和模式。教育学者彭钢认为现代学校领导转型，必须从以下几个方面进行。

1. 价值领导。

领导不仅是一种人类行为的外部控制，也是一种人类需要和情感的满足。好的领导能够充分关注人类行为的情感领域，形成整个团队的共同愿景，通过价值分享进行价值引领、价值提升和价值实现。

"价值引领"的功能和作用，主要包括以下三个层面的意蕴：一是重新恢复"精神"的地位和作用，但不是简单地重祭"奉献"和"牺牲"精神，而是建构新的学校精神(包括办学理念和教育哲学)，以此作为学校领导的核心，统领学校管理和发展的方方面面；二是以学校精神和价值为基础，建立学校发展的共同愿景，形成学校的共同认知、共同行为和共同想象，形成价值分享和文化共享的团队和集体；三是确立起教育的“道德”和“伦理”规范，使学校教育回归本质属性和基本规律，为学校规范行为、为师生健康成长“立基”和“立法”。

关于“管理”与“领导”的差异，按现代领导学的理解，管理为“正确地做事”，领导为“做正确的事”。前者主要涉及的是规范性地执行的问题，后者则是指包括决策在内的“领导”，即要求面对复杂的现实和不断变化的环境，有所选择地决定什么重要就做什么，即“做正确的事”，“做正确的事”就意味着一种价值选择、价值区分和价值实现。

从价值选择的角度看，学校领导需要学会选择，学会自主选择。今天的学校领导，更需要学会坚守，学会不选择，学会避免从众选择和趋时选择。底线是学校教育的公共产品性质，是国家的教育法律法规，是教育的基本规律和人的发展的规律。任何时候都能坚守这一底线，学校发展就能充分体现教育的伦理价值和道德精神。

从价值实现的角度看，学校领导需要把校长的思想变成一种学校执行力，从而实现学校全体师生的共同创造。学校领导其实就是一种共同创造的过程，这种共同创造具体表现在：具有明确的变革和创造的指向，基于学校，在学校中，为了学校，最终实现学校发展的共同愿景；把学校变革和创新理解为一种动态的持续发展的过程，关注现实的变化和师生发展的实际，强调通过行动解决现实中的问题，倡导自主性、批判性、建设性的学校探索，学校实践的过程也是不断生成校本化知识和认识的过程；全体师生共同参与变革、共同创造文化、共享学校发展，在这一过程中不断再生产学校的精神力、执行力和形象力，不断提升学校的品质和境界。

2. 团队领导。

现代社会应该倡导团队领导的理念和模式，应更多地关注群体之间良好关系的形成与互动。好的创新机制和解决办法不是来源于个人的有限智慧，而是来自整个团队在互动过程中产生的思想、智慧和创意。

学校领导要确立“团队领导”的理念，必须超越“一个好校长就是一所好学校”的管理理念，正确认识和理解权威性、制度化的校长个人领导，逐步实现学校领导和管理的权力下放和分享。过分依赖权威性、制度化的校长个人领导，校长成为办学成败的决定性因素，既是中国学校管理中的明显优势，也是中国学校管理中的明显缺陷。校长是重要的，但并不是办好学校的唯一因素。强势的校长和强势的行政一样，常常意味着学校制度和文化的缺席，民主和学术的缺失。校长个人在学校地位突显的同时，师生群体在学校的地位必然发生倾斜和失衡。

实施团队领导就要对形成制度化的学校组织行为进行变革。一是要改变构成基层团队的组织方式，变纵向系统为横向系统，变“金字塔”式的组织为“扁平式”的结构，形成多个集决策、管理、执行于一体的、低重心的组织系统，通过制度化的放权，以明显提高组织效率。二是要不断培育出非制度性的领导因素，主要是各种类型的学术领导和专业领导，尤其是在课程改革背景下所形成的课程与教学的领导团队，校本教研和校本培训的领导团队等，并充分发挥学术领导的作用和功能。学校领导就是由制度化的领导和非制度化的领导相结合所形成的学校领导团队。三是逐步形成教师制度化地参与学校重大决策的制度和机制，通过学校发展规划的制订、学校共同愿景的形成、学校文化建设等活动和方式，引导教师逐步参与学校决策、规划和建设等超越微观教学的宏观工作，从而形成教师更为宽阔的视野和更为综合的能力。

学校领导要确立每一个教师都可能成为领导的理念，相信每一个教师都具有参与学校管理的自觉性、主动性和创造性，教师不仅具有执行力，也具有领导力和创新力，能够承担相应的权力并担负相应的重任。学校领导的过程，就是一种不断提升全体教师的领导素养，努力增强教师教育责任感，建构教师实际领导才能的过程。

3. 整合领导。

学校领导要确立“整合领导”的理念和模式，能够平衡、协调和整合各种力量、利益和资源，形成双赢、多赢和共赢的利益格局，努力改善学校的社会形象，确立学校的社会信誉和社会责任感。

学校领导要同时面对三方面的关系。一是与国家和教育行政部门相关的对上的关系。学校作为国家设立的公共机构，要实现国家意志，要遵守国家法律、规章和制度，要完成国家规定的学校教育的培养目标和教育任务，因而有一个考量的指标叫目标达成度。二是与师生紧密联系的对内关系。学校作为一个共同体，要使学校内的广大师生形成共同意志、共同愿望和集体规范，积极而进取、宽松而有序、融洽而愉快地生活和学习，因而有一个考量的指标叫师生满意度。三是与学生家长、社区和社会的平行关系。学校作为一种社会组织，不仅要与学生家长发生深刻的联系，而且要与所在社区和社会发生紧密的联系。学校在社会中生存和发展，要担当社会责任，要注重社会形象，因而有一个考量的指标叫社会认可度。

学校领导力的高低就在于自觉认识和有效协调、统整三个度，形成三度之间的平衡状态，而绝不能简单地“对准”一方面的要求。

5.7.3 学校从管理走向治理

“治理”不同于“管理”和“统治”。治理要经历“自下而上”的过程；治理要保证信息的公开、透明和对称；治理要有利益相关方面的民主对话和相互博弈；治理的结果是多方面相互妥协，形成共同接受的观点、认识和结论，所谓多赢和共赢，治理不是一方压倒另一方。

实施学校领导从管理走向治理，必须转变观念，提升认识能力。

1. 实施依法治校。

学校领导力的提高，在相当程度上就是依法治校理性自觉的提高。要坚决执行国家的教育法律法规，要坚决执行国家的课程与教学计划，要严格规范学校的各种行为，要把学校的教育教学活动与管理活动纳入依法治校的轨道。

2. 实施民主管理。

学校领导力不断提高的过程，也是不断实现学校民主管理的过程。要形成以人为本、代表广大教师和学生的利益的领导集体，要增强全体教职员工参与学校工作的责任感和主动性，增加决策的透明度和参与面。

3. 提高组织效能。

学校领导力不断提高的过程，也是学校组织效能不断提升的过程：要着眼于优质教育活动和资源的提供，不断提升有效教育的供给能力，不断提高教育教学的质量和品质。要着眼于管理效率的提高，合理设置机构，规范管理活动，科学管理程序，最大限度地降低管理成本和消耗。

4. 提高服务能力。

学校领导力不断提高的过程，也是学校服务能力不断增强的过程。从管理走向服务，不仅需要确立服务的责任感，更需要建构有效的服务能力。学校领导要更好地为教师服务，教师要更好地为学生服务。要不断增强学校的社会责任感，更多地担起社会责任。学校的社会责任首先是育人，是培养全面而有个性的学生，培养有尊严有责任感的公民。

5.8 推进国家课程校本化实施

现代学校的建设与发展，关键是建立现代教育的课程体系，其标志是国家课程校本化实施。国家课程校本化，更加有利于促进学校的特色发展和学生个性化的成长，更加有利于创建适合每个学生个性发展的学校教育。

5.8.1 关于国家课程的校本化

我国长期以来形成了以纲为纲、以本为本的教学格局。这里的“纲”就是国家规定的统一的教学大纲，这里的“本”就是国家规定的统一的教材。教师的教学要依“纲”扣

"本"，可以说教师没有任何课程自主权。

国家新一轮课程改革把教学大纲改为课程标准，课程标准成为指导教师教学的最重要的依据。至于选用什么教材，则由当地教育行政部门组织教师选用。"用教材教而不是教教材"，成为新课程改革的重要标志。从过去的"一纲一本"到现在的"一标多本"；从过去的"以纲为纲、以本为本"到现在的"用教材教"，改革背后的深意就在于授予学校和教师更大的课程自主权。

1. 推进国家课程校本化的客观依据。

课程改革的根本目的或者说主要任务，是推进国家课程的最优化实施，而国家课程最优化实施的唯一途径就是国家课程校本化。推进国家课程校本化的客观依据有三个。

(1)教情。每位教师的教育教学活动都具有以下几个方面的独特性，即教育教学素养的个体差异、教育教学风格的个体差异、对教育教学价值的个体偏好、对教育教学文本材料的个体理解等。正是因为存在这些不同，每位教师对国家课程及其载体——教材的处理必然打上自己的独特烙印。

(2)学情。每位教师在不同的学校任教、执教不同的班级，面对的学生都是不同的、存在巨大差异的。这些不同的学生带进课堂的"经验"是不同的，这些不同的经验与国家课程实施载体——教材的联结方式、理解方式、体验方式与内化方式都是不同的。这些基于学生经验的不同而带来的以上方式的不同，则决定了教师实施国家课程方式的具体差异。

(3)校情。不同的学校为教师提供的教学条件与教学资源不同，而这些不同也必然会体现在教师对国家课程实施的不同处理上。

2. 关于校本课程的开设。

不少校长十分重视校本课程的建设，但对校本课程必须有一个明确认识。一是校本课程是国家课程的一种有效实施方式，或者说是国家课程校本化实施的具体体现。二是开设校本课程的目的要清晰。开设校本课程必须有清晰的教育价值定位。校本课程的价值定位包括：突出国家课程价值；突出国家课程价值指导下的学校课程价值；突出学生的个体差异与个性发展。三是开设校本课程的根本目的是为了促进学生发展。学校课程建设的一切出发点都是为了促进学生全面的、个性的、自主的、健康的发展。

3. 关于学校课程体系。

国务院关于基础教育改革与发展的决定中曾经指出："实行国家、地方、学校三级课程管理。国家制定中小学课程发展总体规划，确定国家课程门类和课时，制定国家课程标准，宏观指导中小学课程实施。在保证实施国家课程的基础上，鼓励地方开发适应本地区的地方课程，学校可开发或选用适合本校特点的课程，国家讲的是三级课程管理，而不是所谓的三级课程。

任何课程，不论是国家课程，还是地方课程，都必须回到学校这个具体的教育教学环境中才有意义。因此，从课程的现实化角度而言，只存在具体化了的学校课程，而不存在什么抽象的国家课程、地方课程。在这里，学校课程体系的建构，其逻辑框架必须回到国家课程领域中去。任何一个国家课程领域，都存在三种课程形态，即校本化的国家课程、校本化的地方课程、体现学校独特育人价值的校本课程。

5.8.2 国家课程校本化实施的必然要求与目标定位

1. 国家课程校本化的必然要求。

国家课程是国家教育行政部门规定的统一课程，它体现国家意志，是专门为未来公民接受基础教育之后所要达到的共同素质而开发的课程。国家课程具有统一规定性和强制性。正是由于这种特点，国家课程在实施方面必须走校本化之路。

目前的课程体系是学科课程为主，综合课程不足；知识课程为主，动手课程不足；选择性有所增强但与学生适应还有差距。单一的以国家课程为主的课程模式，已经远远不能适应快速发展的现代化建设的需要。

国家课程注重的是普适性，很难考虑到学校、学生的个别差异，很难满足多样化的需要。因此必须有足够多的课程满足这种多样化的需求，新课程改革必然要求国家课程校本化。

从已经实施的课程改革情况来看，新课程改革在实际操作的层面主要集中于课堂教学的改革，即技术层面的革新，很少涉及课程的层面。在课程的选择方面，仍然坚持着以考试为主的价值取向，丧失基础教育的整体价值，导致教师为考而教，学生为考而学。

基于以上情况，现代化的教育必然要求推进国家课程校本化的实施。

2. 国家课程校本化的目标定位。

国家课程校本化不是简单的校本课程。一般的校本课程主要是指学校在国家课程计划预留的课程空间内的完全自主的课程开发，这主要是以学生的需求和学生的兴趣为导向，开发出的特色课程。

“国家课程校本化实施”的基本含义是：在坚持国家课程改革纲要基本精神的前提下，学校根据自身性质、特点和条件，将国家层面上规划和设计的面向全国所有学生的书面的计划的学习经验转变为适合本校学生学习需求的实践的学习经验的创造性实践，包括教材的校本化处理、学校本位的课程整合、教学方法的综合运用和个性化加工及差异性的学习评价等多样化的行动策略。

国家课程校本化的基本要求是学校和教师通过选择、改编、整合、补充、拓展等方式，对国家课程和地方课程进行再加工、再创造，使之更符合学生、学校的特点和需要，即国家课程是在学校文化基础上的融合与建构。这样，每个课堂都是一个课程实验室，每个教师都是一个课程实验者，他们通过自己的课堂教学实践时时刻刻检验、发展并具体化国家的课程理想，并形成合乎本校特点的课程理想与实践。

国家课程校本化的功能在于为国家课程的实施提供具体的符合学校特色与学生特点的"课堂教学特色说明书"。新课程的实施虽然也有由专家提供的"产品说明书"，即教学参考书可以遵循，但是真正起作用的只能是学校及教师在落实国家课程的过程中通过研究学校本身的条件和特点，在研究所教学生的发展需求的基础上内在生成的具有本校特色的"说明书"，即国家课程的校本化、班本化、人本化(内化到教师个人知识与能力结构的课程)。这样，教师就不仅仅只是国家课程的被动实施者，而是课程改革的积极参与者。

第 6 章

学校价值转型

——学生是自主发展主体

学校价值转型——学生是自主发展主体

现代学校建设的过程中必须在学生的自由选择中重构教育新秩序。

一是学校要把课程选择权还给学生——促进学生个性化成长。

普通高中课程改革实施以后，要求学生在完成必修课程后，可以根据自身兴趣和志向选择修习选修课程。进行走班教学，满足了学生的兴趣爱好，学生个性特长得到发展，受到学生的欢迎。一些学校开始自发探索将选修课程选课走班教学的做法，运用到必修课程，开展必修课程全科或部分科目的“分层走班”教学。深化普通高中课程改革，更多的学校认识到“将课程选择权还给学生”的意义。

二是学校让学生成为自主发展的主体——加快现代学校制度建设。

建设现代学校制度的关键是促进政校分开，实现学校自主管理；同时要积极探索适应不同类型教育和人才成长的管理体制和办学模式，把促进学生的全面发展作为学校各项工作的落脚点。

三是学校是让生命自由生长的地方——让学生在学校教育中享有生命的尊严。

北京大学钱理群教授认为，实施生命化教育，推进教育改革要有姿态和心态，要用“从容”“宽容”“期待”“悠闲”“优雅”来参与教育过程，现在教育改革的形式主义又用无数的口号、标语，层出不穷的检查、评比、总结材料把我们死死缠住，我们的教师已经没有时间和余力读书思考，关注学生，做教育应该做的事情。而教育的急功近利、粗糙、急迫背后，仍然是教育本质的失落；教育是一个“慢活”“细活”，是生命的潜移默化的过程，需要生命的沉潜。

教育的根本性价值就是让学生成为自主发展的主体，在学习过程中实现自主选择课程。

6.1 现代学校的功能

6.1.1 现代学校的功能

现代学校的核心功能是保证和不断改进对学生及其相关消费者的服务。学校根据学生及其相关消费者的需求、学生发展和未来社会对人才素质的需求、国家教育方针与法令法规的要求，确定学校的办学理念。它包括办学宗旨、办学方针、育人目标、办学特色、发展目标、管理机制等部分。这些办学理念如何转化为可操作的管理行为，远期发展规划如何转化为各阶段的具体目标，关键要建立科学的目标计划体系。全面目标计划体系将学校近期、中期、长期发展规划，分解转化为学校各学年的目标任务。

理想的现代学校不仅要适应现代社会和现代教育发展的需要，更要体现人文精神的意蕴和学校组织的特性，为育人功能的实现服务。理想的现代学校管理具有以下几个特点：目的观是“使人成为人”，将促进学生的发展作为最终目标；人性观是“将人当作人”，尊重人的特性，遵循人的发展规律，满足人的发展需要；价值观是“公正”，保障受教育者平等的受教育权；“品格”是“包容”，表现为参与性、开放性和吸收性；“个性”是“自主”，拥有充分的自主权，实现管理与决策的独立性和专业性；“气质”是“柔性”，实施柔性的管理，以组织文化的构建等柔性策略引领学校的发展。

6.1.2 现代学校的目标

现代学校的发展以其高度的自主性、创新性为主要特征，努力构建促进学校自主、创新发展的现代学校管理机制，不断促进学校的全面、和谐、特色、优质发展，是现代教育管理者必须思考并做出抉择的一个重要课题。

1. 思想支配行动，观念引领实践。

实现教育行政部门职能的转变，构建现代学校管理运行机制，首先要彻底转变对学校实施管理的思想观念。传统的学校管理，更多地在于以“管理方便”为本，存在对学校管理统得过多、管得过细过死的现象。这在很大程度上，既影响了教育行政管理的效能，又束缚了学校办学的自主性、主动性和创造性。而现代的学校管理，则更多地在于“以校为本”，强调通过宏观上的把握、引领和协调，实现学校最大限度的自主发展。以学校发展为本，是现代学校管理的内在要求。学校是进行教育活动的地方，是教育改革的基点，教育的中心和灵魂在学校。发展教育必须通过发展学校来实现，改革教育也必须通过改革学校来实现。因此，将教育管理的重心下移到学校，建立与现代学校制度相适应的以校为本的学校管理运行机制，是实现学校科学发展的现实要求和紧迫任务，也是深化教育管理改革的方向和重点。

2. “以学校发展为本”的实质是“为了学校”。

任何学校管理制度的制定和实施，都必须具有这样的自觉认识，即促进学校的发展，最大程度地促进学校个性化、人本化和特色化建设。现代学校管理强调以学校发展为本，从本质意义上说，就是要以学生的综合素质发展为本。体现在教育行政和学校管理上，就是要以学校的发展为本。学校发展的主体力量是校长和教师，他们对学校的发展负有最直接的责任。实践证明，只有充分调动校长和教师的主动性与创造性的学校管理，才能最大程度地促进学校的发展。换言之，现代学校管理就是要充分尊重校长与教师的自然、社会和精神需求，提升校长和教师的品质，挖掘校长和教师的潜能，发展校长和教师的个性，促进校长和教师的全面自主发展，最终实现学校管理和整个学校教育的高质量、高水平发展。

3. “以学校发展为本”的基本内涵，是学校自主办学的回归。

现代学校制度理论认为，办学自主权回归学校，让学校自主办学，是实现现代学校管理的一个基本途径。同时，教育改革与发展的深入实践也深刻表明，没有教育行政管理的重心下移，没有学校办学的自主性、主动性，就无法有效保障我们的学校教育更符合实际的内在需要，学校管理的科学性就会打上折扣。但我们也必须清醒地认识到，学校自主办学，绝非自由办学，自主办学必须在法律、制度和政策的基础上实施依法办学、规范办学和有创造性地办学。因此，对学校管理进行宏观调控就成为一种必然。教育行政部门对学校实施宏观调控管理的基础在于规范，关键在于引领和指导。

6.2 现代学校的品格

6.2.1 现代学校是教育信念的坚守者

道之先哲老子曰：“少则得，多则惑。”教育回归本源，就不要给教育太多的压力与制约。教育需要耐心，教育需要鼓励，教育需要快乐，只有这样才会使人智慧和精神愉悦，从而拥有教育人生的幸福与生命的情怀。教育的力量是人一生的享受，是人一生的发展原动力。学校的校风好、环境美、质量高、声誉佳、师生和谐是产生强大教育力量的基础。有了对教育的信念和力量就会形成学校的共同愿景和校园文化，就会内化为学校发展的内驱力从而推动教育事业发展。教育需要坚守，让坚守成为习惯，让细节成为经典，这应成为对教育人生永恒追求的理念，应成为探寻用理想的教育实现教育理想的生命情怀。

1. 理想的学校是教育思想的实践者。

学校办学不但需要有对教育执着追求的勇气，还要有教育思想和教育智慧来引领，并内化为教育内容。让学生成长为健全人格的人和对社会有责任心的人，而不是偏离教育本质去追求异化和功利的东西。那些只顾迎合时尚评判的学校，追求一些耀眼的牌匾、标签、表扬来视为办学的成绩，甚至成为学校成名的动力，却忽视很多师生的成长和他们内心的感受，这些学校不仅没有特色思想和潜质，而且是教育者思考的软弱。

学校要有对自身教育观念和行为的内省勇气，让示范性成为自律，让示范性回归良知和道德。把学生发展引偏教育本原，以致影响学生未来发展，这对民族和人类无异于无法原谅的过失和罪孽；教育就是教育，教育一旦被政绩和功利所绑架就会失去本真，学校和教师就会失去教育思想的自由；教育一旦对思考缺乏穿透历史和现实的力度，学校就会千人一面，彼此雷同，即使有些特色也会失去其深刻性和独特性。

2. 理想的学校是彰显生命活力的场所。

学校在教育管理中要站在比升学率更高的层面上实施生命化教育，这是学校办学育人的责任和方向。教育是丰富人的生命经历，成全人的生命发展，它不只是文化的传承，更是对生命的自觉唤醒。正如人民大学黄克剑教授和教育学者张文质先生所述，教育有三个价值向度即授受知识，开启智慧，润泽生命。

理想的学校要实现工作学习化、学习工作化的管理要求。学校更加关注以内涵求发展，更加深入结合新课程实施要求和围绕一切为学生未来发展奠基的办学宗旨，探索实施生命化教育。

一是确立培养学生目标：具有较高综合素养的毕业生；适应社会发展的模范公民。对于高中阶段的学生综合素养体现出具有高中学生层级的知识与技能的学业水平，形成认识事理的情感与态度的正确价值取向，学会处理问题的过程与方法的基本应用。对于适应社会的模范公民体现出遵守道德和法律的规范，具有生活理想和生命情怀。

二是确立学校生命化教育目标：学校一切为学生的未来发展奠基，对每一个学生生命成长负责，让学生拥有为祖国振兴、民族复兴、社会进步服务的综合素养，为学生未来幸福打好基础。学校不让任何一个学生受到忽视和歧视，不让任何一个学生失去信心，不让任何一个学生得不到尊重，不让任何一个学生毫无专长，不让任何一个学生失去梦想。学校有丰富、平等、自由的对话与展示空间；学校有一批学识丰富、情感细腻、敬业奉献、富有人文情怀和课堂创造力的教师；学校是一个充满温暖、智慧、文化的精神家园。

3. 校长是理想学校使命的担当者。

在学校的管理中，校长最大的成功莫过于唤醒并引领教师、学生自主发展，用满腔的热情和执着的使命感把校园创造成生命成长的精神家园。做一个有文化自觉的诚信教育者是校长的良知与使命，是教师得以心灵自由、生命流动的幸福生活基因。教师的思想自由与个性的激发，必将生发出充满激情与活力的学校生活，学生因此就能参与民主生活，在学校生活中学会表达思想和权利的要求，知道自己是一个独立的个体，就会在丰富的校园活动中获得实践能力和创新能力。

理想的学校应该落实生命化教育管理的五个维度：抓好自主管理，增强生命的强度；着重活动育人，拓宽生命的宽度；培养爱与感恩，感悟生命的温度；建立书香校园，奠定生命的高度；发展特长兴趣，增强生命的亮度。

理想的学校应该落实以德为先、以德为本的“五自”育人效果：学习上自主，行为上自律，生活上自理，心理上自强，人格上自尊。让生命教育进课程，让传统文化修身。

理想的学校是以课堂教学方式改革为突破口，实施自主学习模式，结合学生实际培养自主学习能力。有效的教学方式和学习方式是提高课堂效益的生产力。

理想的学校改变评价方式，实行多元评价，让学生多元成才，让教师多元成功，让生命焕发活力。

理想的学校是改革行政管理机制，实施精致化管理：把严格与规范修炼成习惯，将认真与负责内化为品格。学校管理机构要实施扁平化设置，实施以人为本的服务管理，突出服务功能。学校管理中要落实“五精”要求，即学校管理要精细；教师队伍要精良；育人活动设计要精心；课程与教学实施要精当；校园环境要精美。

6.2.2 现代学校是基于生命成长办学

生命化教育理念中有两个观点，一是强调“教育行为始终指向具体的每一个人”，“生命化教育就是个性化、个人化的教育，始终指向一个个永无重复、永难穷尽的生命个体，始终以成全每一个健全和富有个性的人为自己最为根本目的”。这就是大教育观，“大爱”的生命观。正如张文质先生所述“关注所有生命的价值，肯定所有生命的意义”，“关注生命的差异，努力去成全所有生命各不相同的发展目标”。因此，生命化教育从关注每一个学生开始，从尊重每一个学生开始，从满足每一个学生需求开始，从善待每一个学生开始，从开启每一个学生的智慧开始，从相信每一个生命的意义开始，从成全每一个学生生命开始，从而形成了前面所述的生命化教育目标。

这种生命观透视出教育平等的深刻含义，所体现的教育评价标准与尺度，正是新课程改革期许的目标。以升学率为评价教育学校与教师工作的唯一刚性标准与尺度还在蔓延。一方面挥舞着素质教育的大旗呐喊，一方面又在暗下升学率的撒手锏，套住新课程实施的脚步，这种唯一刚性的评价已成为似乎无以疗治的中国中小学教育的痼疾，并且还在对我们的教育造成致命的伤害或威胁。可怕的或令人担忧的是教育成为学生生存竞争的"绞肉机"，失败者的生命发展完全被忽视与牺牲，而胜利者的生命在残酷的角逐中被严重扭曲，这两个方面都造成了对青少年生命的摧残，从根本上背离了教育的本质。因此，生命化教育将"成全每一个健全和富有个性的人"作为教育目标和评价尺度。尽管会受到传统体制的制约，但我们应该自信，坚定新课程观念的推行必然为生命化教育带来生机。

另一方面生命化教育"着眼于学生生命的长远发展"，这与新课程目标"一切为学生的未来发展奠基"的教育理念是非常一致的，也是我们对基础教育特点的一种理解与把握。每一个生命个性都内在地蕴涵了健全发展的可能性，教育就其本质而言就是对可能健全的生命的成全，而不同的生命个体，其发展的可能性是不一样的，这就要求我们的教育必须承认学生差异，对不同的生命个体开启不同的发展方向。基础教育的基本任务就是为终身学习与精神发展打基础，基础越厚实越宽广越能给学生今后发展提供更多的可能性。正在实施的高中新课程的目标就是与生命化教育的目标一致的，为我们评价基础教育提供了基本尺度，关键是功利主义教育观还在占领主导地位和传统家庭教育观的转变太慢。

6.3 现代学校学生自主成长新目标——学生是自主创新主体

6.3.1 创新教育的定位

基础教育是为个体升入上一级学校、自身素质持续发展以及今后走向社会做准备的教育，基础教育阶段的创新教育也要为学生未来的持续性创新打基础。为持续的创新打基础主要包括两大方面：一是打好创新精神的基础，二是打好创新能力的基础。

创新教育应具有全体性，面向每一个学生；创新教育应具有全域性，面向每一门学科；创新教育应具有全面性，是教育系统的整体性改造；创新教育应具有综合性，是个体生命质量的全面提升；创新教育还应具有双重性，现代教育必须致力于相互整合，兴利去弊。

1. 作为一种思想和观念的创新教育。

"创新"既有创造、革新之意，也指新观念、新方法、新发明。创造指创造前所未有的事物，强调的是首创性；而创新既含有在现实条件下或物质基础上通过内部的革新创造出新的事物，也可以指精神上的创意，如新方法、新手段等。从时代特征和实践意义上分析，创造较多的指实践中的发明创造，它的产品既可能满足现实需求，也可能不合时宜。但创新的立足点在于“新”，它是一种通过改造现实、满足时代需求的创造，具有时代的特征。因此，创新并不等同于创造，创新的概念包含着创造。人们通常所说的“创造”，属于最高层次的创新。

创造教育的核心是培养学生的创造力，而创新教育不仅在于培养学生的创造力，还要有意识地培养学生的创新精神、创新观念、创新意识和创新态度。因此，我们认为创新教育是以培养人的创造能力为核心，以培养人的创新精神和创新能力为基本价值取向，着重培养学生创新意识、创新观念和创新态度的一种教育。

2. 作为一个教育原则的创新教育。

教育原则是教育教学过程中必须遵循的基本要求和准则，它贯穿于教育教学工作的各个方面。“教有法，但无定法”，这里前一个“法”就是指教育中的规律和原则，教育教学活动必须坚持和遵循教育规律和原则。教育原则是教育思想的浓缩和凝结，是对教育思想的归纳和概括。

作为一种教育原则的创新教育在不同的教育层次上有不同的要求。高等教育机构既是人才培养的基地，也是知识产生与技术创新的场所，创新教育更多地表现为培养学生的知识转化能力和创造新知的能力。但在基础教育阶段，创新教育的目的不在于使学生发明创造出多少新的事物，而在于通过有效的教育教学途径培养学生的创新意识、创新观念和创新态度，塑造他们的创造才能。因此，作为一种原则，创新教育是指学校的教育教学工作必须以培养学生的创造能力为核心，通过积极的管理和有效的教学，更新学生的创新观念和态度，培养学生的创新精神和创新能力，归结为一点就是“为创新而教”。

3. 作为一种活动的创新教育。

作为一种活动的创新教育，指学校和其他社会机构为培养学生的创新能力在管理和教学方面的具体安排和策略。创新教育活动不仅渗透在课堂教学活动中，还包括培养学生创新能力的专门活动，以及社会教育机构为培养学生的创新意识和创新素养而开展的一系列活动。人们往往把学校作为培养学生创新能力的最重要的机构，但学校绝不是也不可能成为唯一的机构。培养学生的创新能力是一项系统工程，需要社会各系统密切配合。

从创新教育的思想和原则出发，目前基础教育中校长、教师的创造灵感没有得到充分发挥，学生的创新潜能受到过多束缚，因此，创新教育的前提就是解放。从这个角度来理解创新教育，则创新教育的活动有以下几个方面。

(1) 主体性活动。

要保持学生的主体地位、唤醒学生的主体意识、发展学生的主体性以帮助学生认识自己，发挥能动作用，尊重学生独立的人格以达到创新意识的培养。

(2) 民主性活动。

师生之间首先要有民主，才能有真正的师生平等，有了师生的平等，才有师生之间的沟通和交流。有了这种和谐的氛围，学生才敢于质疑权威，表述自己的创意思维，培养学生的创新精神。

(3) 互动性活动。

首先，学生的创新意识、情感、态度和创新能力通过阅读教材里陈述性知识不会得到很大的改变。互动性活动就是在具体教学实践中通过学生之间的相互交流，丰富他们的认知，以利于学习的广泛的迁移。让学生在具体的活动中，在同社会、周围环境的互动中学会选择、判断，学会获取知识的方法，培养自己的创造能力。其次，学生的每一种创意都应该在实践活动得到检验，获得反馈信息，这样学生才能得到创造的体验。通过一定的活动形式鼓励学生自己探索，让学生在冲突中寻求解决问题的方法，在应付困难和危机中增强面对困难的信心和勇气，这正是创新活动的实质所在。

(4) 独立自学的活动。

知识经济社会的一个特征是知识老化周期变短、产品换代加速，满足人们工作需求的 90% 的知识要在以后的工作中不断学习才能取得。早在 1972 年 5 月，联合国教科文组织国际教育委员会就出版了《学会生存——教育世界的今天和明天》，提出了终身学习的思想，因此，今后一个人如何通过有效的途径获得他所需要知识的能力成为衡量他创新能力高低的一个标志。培养学生独立自学的能力是开展创新教育活动的一个主要内容。

6.3.2 创新教育的内涵

1. 创新教育的目标。

创新教育是以培养学生的创新意识、创新思维、创新能力以及创新人格为主要目标的教育理论及方法；在使学生掌握学科知识，形成基本技能的同时，开发他们的创新潜能，发展他们的创新能力。

2. 创新教育的方式。

(1) 培养学生的创新意识是创新教育的起点。

具有创新意识的人的心理特点：不满足于现实，具有积极的批判精神；不满足于过去，具有深刻的反思能力；不满足于成绩，具有开拓进取的精神；不满足于现状，具有追求卓越的意志；不怕困难，敢于挑战，渴望发现新问题、创造新事物，保持强烈的好奇心、求知欲、想象力和广泛的兴趣。在教育教学过程中，要注重培养学生的创新观念和意识，引发学生的创新动机，激励学生的创新热情，开发学生的创新潜力。这些品质都是基础教育应重点予以关注的。

(2)创新思维是个体在观念层面新颖、独特、灵活的问题解决方式。

创新思维是创新实践的前提与基础，如果想不到是不可能做得到的。具有创新思维的人常常感受敏锐，思维灵活，能发现常人视而不见的问题并能多角度地考虑解决办法；理解深刻，认识新颖，能洞察事物本质并能进行开创性的思考；思维辩证，实事求是，能合理运用发散与辐合、逻辑与直觉、正向与逆向等思维方式，不走极端，能把握事物的中间状态等。这些品质是基础教育阶段思维训练的重点。

(3)创新精神是创新人格特征，是主体创新的内部态度与心向，它包括创新意识、创新情感和创新意志三大方面。

创新情感是个体追求新知的内部心理体验，这种体验的不断强化，就会转化为个体的动机与理想。经验性研究也表明，有创新情感的人常常是情感细腻丰富，外界微小的变化都能引起强烈的内心体验；人生态度乐观、豁达、宽容，能较长时间地保持平和、松弛的心态；学习和工作态度认真严肃，一丝不苟，有强烈的成就感，工作的条理性强；对世间的所有生命都有同情心和责任感，愿意为改善他们的生存状态而尽心尽力等，这些也是基础教育应予以优先关注的。

创新意志是个体追求新知的自觉能动状态，这种状态的持久保持，就会成为个体的习惯与性格。经验性的研究表明，有创新意志的人常常是能排除外界的各种干扰，长时间地专注于自己的活动；工作勤奋，行为果断，对自我要求较高，对工作要求较严；善于沟通与协调，组织能力强，有较强的灵活性，为达到目的愿意变换工作的途径和方法；有较强的独立性和自制力，在没有充分的证据和理由之前，不轻易放弃自己的主张，能容忍别人的观点甚至错误等，这些品质在基础教育阶段也应形成。

(4)创新能力是创新的智慧特征，是主体创新的活动水平与技巧，它包括创新思维和创新活动两大方面。

创新活动是个体在实践层面新颖、独特、灵活的问题解决方式，创新活动是创新思维的发展与归宿，经不起实践检验的思维是无价值的。经验性研究也表明，具有创新活动能力的人常常实践活动经历丰富或人生经历坎坷，经受过大量实践问题的考验；乐于动手设计与制作，有把想法或理论变成现实的强烈愿望；不受现成的框框束缚，不断尝试错误、不断反思、不断纠正；愿意参加形式多样的活动，乐于求新、求奇，乐于创造新鲜事物等。这些也是基础教育应给予考虑的创新素质目标。

6.3.3 创新教育的核心理念

1. 坚信每个学生都是可以造就的。

我国近代著名教育家陶行知曾经指出，创造是儿童的天性，而我们的教育在某些情况下非但没有使这种自然本性得到发展，反而压制了儿童创造的冲动。创新教育的提出，要求我们以欣赏的眼光来看待学生，使每个儿童的潜能都能得到发挥。教育者应坚信每个学生都是可以造就的，尤其不可低估"后进生"的创造潜能。可以肯定地讲，每一个学生都是一片有待开发或进一步开垦的土地。教育者应视之为教育的资源和财富，加以挖掘和利用，通过创新教育，把学生存在着的多种潜能变成现实。一谈到"创新"，人们很快就会与天才联系起来，似乎创新对一般学生来说是望尘莫及的事。事实上，人与人在智商差异上没有不可逾越的鸿沟，绝大多数人先天的条件是相似的。在实践中，教育者应坚信，所有学生的创造潜能同样深厚，在"创新"面前，没有后进生与尖子生的差别。关键在于你怎样去挖掘，教师在实践中应善待每一位学生，努力开发每一位学生的创造潜能。

2. 解放孩子是创新教育的希望。

在当今时代，人的主体性空前弘扬，任何对人的主体性和自由意志的扼杀是不道义的，因为人生而具有追求自由的天性。"人崇尚民主，向往自由，自由的本质或实质是自我选择、自我决定、自我追求、自我实现。"而现代教育却习惯于代替儿童选择，代替儿童思考，强迫学生接受，禁锢学生自由，压抑学生个性，违背了人的自然本性、社会本性和追求自由的本质，目的是为了按社会的预设标准把儿童塑造为某一种特定的人。因此学生的抗教育、反教育现象不断出现，出现新的教育无力，教育成了异化人的一种手段，它不是引导发挥人的潜能，而成了一种强制的、令人生畏的外在力量。

3. 创新教育的任务就是培养学生的创新素质。

创新是一种综合素质，它主要由三方面要素构成：一是创新人格，二是创新思维，三是创新技能。以上三要素最关键、最主要的是创新人格，其次是创新思维，最后才是创新技能。由此可见，创新教育的任务就是培养学生的创新人格、创新思维和创新技能，而不仅仅是创新思维。

6.3.4 创新型人才的自主成长

1. 创新型人才的培养。

创新型人才，是指具有创新性思维、能够创造性地解决问题的人才，从六个方面进行培养创新人才素养。

一是培养可贵的创新品质。创新型人才必须是有理想、有抱负的人，具备良好的献身精神和进取意识、强烈的事业心和历史责任感等可贵的创新品质。具备了这样一种品质，才能够有为求真知、求新知而敢闯、敢试、敢冒风险的大无畏勇气，才能构成创新型人才的强大精神动力。

二是培养坚韧的创新意志。创新是一个探索未知领域和对已知领域进行破旧立新的过程，充满各种阻力和风险，可能遇到重重的困难、挫折甚至失败。创新型人才每前进一步都需要非凡的胆识和坚忍不拔的毅力，为了既定的目标必须始终不懈地奋斗，锲而不舍，遭到阻挠和诽谤不气馁，遇到挫折和挫败不退却，牺牲个人利益也在所不惜，不达目的誓不罢休，不自暴自弃，不轻言放弃。只有具备了这样的创新意志，才能不断战胜创新活动中的种种困难，最终实现理想的创新效果。

三是培养敏锐的创新观察。创新就是发现，而且是突破，要实现突破，就要求创新型人才必须具有敏锐的观察能力、深刻的洞察能力、见微知著的直觉能力和一触即发的灵感和顿悟，不断地将观察到的事物与已掌握的知识联系起来，发现事物之间的必然联系，及时地发现别人没有发现的东西。创新型人才的观察力同时还应当是准确的，能够入木三分，发现事物的真谛，具有善于在寻常中求不寻常的创新观察能力。

四是培养超前的创新思维。创新思维是创新的基本前提，创新型人才具备思维方式的前瞻性、独创性、灵活性等良好思维品质，才能保证在对事物进行分析、综合和判断时做到独辟蹊径。

五是培养丰富的创新知识。创新型人才须具有广博而精深的文化内涵，既要有深厚而扎实的基础知识，了解相邻学科及必要的横向学科知识，又要精通自己专业并能掌握所从事学科专业的最新科学成就和发展趋势，这是从事创新研究的必要条件。创新型人才拥有的信息量越大，文化素养越高，思路便越开阔。

六是培养科学的创新实践。创新型人才必须具有严谨而求实的工作作风，严格遵循事物的客观规律，从实际出发，以科学的态度进行创新实践。

2. 创新型人才的人格。

创新人格是科学的世界观、正确的方法论和坚忍不拔的毅力等众多非智力因素的有机结合，是创新型人才表现出的整体精神面貌。没有创新人格，人的创新潜能很难充分发挥。因此，培养创新型人才，不能只注重知识、能力，同时还要注重创新人格的养成。

培养学生的创新人格，应从以下几个方面入手：

一是培养学生高度的社会责任感，激发学生追求科学、追求真理的激情。崇尚科学、热爱真理、追求进步的品质是创新的根本动力，是创新人格的核心要素，是创新型人才成长的动力、目标与价值导向。只有这样，才能最大限度地挖掘学生的创新潜能，最大程度地激发学生追求真理、献身科学的持久热情。

二是培养学生关注现实、关注前沿的学术品格。学习与研究要站在科学的前沿，体验实践的呼唤，感知时代的脉搏，在丰富多彩的社会实践中发现问题，寻找有价值、有意义的课题与项目。这就需要我们努力培养有问题意识和综合素质的学生。有问题意识就是善于发现问题和提出问题；有综合素质是指既有科学精神，又有人文素养，能够从科学与人文两个角度观察问题、解决问题。

三是培养学生强烈的求知欲和坚忍不拔的毅力。广泛的兴趣和强烈的求知欲、坚忍不拔的毅力和信心对于创新型人才的成长具有重要意义。一些人的成功往往不是因为他们有高于常人的天分，而是他们具有坚强的意志品质，具有明确的目的性、果断性、自制力、独立性。创新是一种探索，面临失败的可能性很大，这就要求我们培养的学生具备不怕挫折、不惧失败的心理承受能力，即使在最困难的时候也能够坚持探索。

四是培养学生“敢为天下先”的勇气和科学怀疑、理性批判的精神。缺乏独立思考，只知道人云亦云，就不可能见他人之所未见；缺乏“敢为天下先”的勇气，不敢超越常规，不敢坚持自己的独特见解，就不可能发他人之所未发。要创新，就必须不唯上，不唯书，不唯权威，不唯潮流，要注重培养学生独立思考的能力，鼓励学生对现有知识进行科学的怀疑和理性的批判，并勇于提出自己的见解。

五是培养学生开放的心态以及团结协作的精神。随着时代的进步和科技的发展，知识量在成倍地增加，个人不可能知晓一切。只有正确处理继承与创新的关系，善于学习不同学派、流派的知识成果，在实践中善于同他人团结协作，才能避免因个人知识和能力的不足所造成的局限性。兼收并蓄，集思广益，才能有所突破，有所创新。

6.3.5 创新型人才培养是现代学校使命

1. 现代学校应为培养创新型人才服务。

我国要在2020年建成创新型国家，首先要发展创新教育，教育要为培养创新型人才服务，这是现代学校的历史责任。

现代学校要充分认识和把握培养创新型人才是建设创新型国家的重要战略举措。世界范围的综合国力竞争，归根到底是人才特别是创新型人才的竞争。谁能够培养、吸引、凝聚、用好人才特别是创新型人才，谁就抓住了在激烈的国际竞争中掌握战略主动权、实现发展目标的第一资源。因此，现代学校要勇于担当和实践现代教育的重要任务，全方位地为培养创新型人才服务。

2. 现代学校应确立创新型人才教育目标。

一个国家有没有足够的科学储备，有没有持久的创新能力，关键在教育，特别是基础教育。教育是创新型人才成长的摇篮，任何领域的任何一种创新都是同教育分不开的。实施创新教育，培养好创新型人才，国家的知识创新、科技创新才有了生力军。正是鉴于教育在知识、科技创新中的作用，所以，教育也被纳入国家创新体系的重要部分。现在的青少年学生，将责无旁贷地成为我国国家创新体系中的主力军。因此，在现代学校教育中开展“创新教育”，把青年学生培养为创新型人才，将直接关系到国家创新体系的建设。

3. 现代学校要探索创新教育的机制。

创新教育是一种超越式教育。创新教育坚持的是以追求未来理想与成功为价值的“面向明天的教育观”；旨在培养不以“重复过去”为己任，而是真正超越前人的一代新人。创新教育又是一种主体性教育。社会主义市场经济尤其是知识经济的日益崛起，要求教育从现代社会高度，培养具有开拓创新型的人才。创新教育的本质特征是把个体的地位、潜能、利益、发展置于核心地位，高扬人的主体性，其职能是最大限度地激发学生的积极性、主动性和创造性。

作为超越式、突出主体性为特征的创新教育需要一种不同于传统教育的全新的运行机制、考核标准。在传统简单划一的教育体制下，学生的差异被抹杀，忽视个性化教育，学校成了批量生产的车间。而传统“应试”教育的评估体系四平八稳，面面俱到，缺乏个性、灵活性，教师衡量学生的标准过于“标准化”，学生的个性被抹杀，势必难以成为创新型人才。

教育要为培养创新型人才服务，就必须突破简单划一的教育体制和生硬的考核评估指标体系。要树立个性化教育理念，把教育办成开发人的潜能、发展人的个性、活跃人的思想的开创性事业。要建立个性化的教育体制和评估体系，尝试建立并不断完善个性化的教育体制。诸如：改革现行的生硬的学期制，充分发展不受年限限制，有利于鼓励优等生脱颖而出，给学生充分发展空间和自由余地的真正的学分制；改革统编教材制，给学生教师充分选择教材的自由；改革生硬的教育评估体系，给有某方面突出才能的学生充分的发展空间，给学生多方面施展才能的机会等。

6.4 现代学校学生自主成长新机制——普通高中多样化发展

国家《教育规划纲要》提出了“推动普通高中多样化发展”的新要求，这是党中央、国务院在新世纪新阶段首次对普通高中发展方式的重大政策定向。从世情、国情、教情的实际出发，全面准确把握这一国家层面教育决策的基本内涵，对全面贯彻党的教育方针、全面实施素质教育、促进基础教育事业科学发展，具有十分重要的现实意义。

6.4.1 普通高中多样化发展是学校自主创新的客观现实

高中学校对于自身的发展走向必须进行深刻认识。高中多样化发展走向是当今世情、国情、教情所致，为积极应对基础教育发展新形势，以创新精神实现理想的教育价值，必须充分认识教育发展的客观情况与形势，才能真正提高育人质量目标，实现教育的理想。

1. 世情——当今世界高中多样化发展的必然走向。

一些发达国家的普通高中多样化发展依存于高中阶段教育存在多种教育模式。很多普通高中有大量职业性质的选修课程，社区大学为高中后多样发展创造了条件。在瑞典，综合高中设置多种不同“项目”，每个学生都可尝试选择某一“项目”学习，登记入学的高等教育制度与社会福利制度保证了高中后教育的发展机会。在德国，不同类型的高中教育通向不同的高等教育或职业机会，能够沟通各类教育的机制以及严格的行业准入制度，又保证了学习者的再选择机会。

对于存在特殊才能的青少年，各国有多种特殊培养方法和途径。美国北卡罗来纳州议会1980年决定建立特殊的寄宿制数理学校，招收高智商少年，对其加大公共投入，强化理、化、生、计算机和实验课程，学生每天在校学习九至十小时；日本尝试建立六年制中学，加强培养工作的连续性，允许跳级，对理、数方面才能优秀的学生给予提前升学机会；俄罗斯设有少年宫、博物馆与学校联办的中学，强化对特殊少年的科学技术或人文素养的培养。

纵观西方发达国家普通高中发展情况，大都在保留班级授课制的前提下，为满足学生发展需求有两种基本做法：一是学校多样性，即增加普通高中学校的类型，为学生提供不同的选择，如美国的“校中校”“磁石学校”“全年学校”“特许学校”“新型美国学校”等选择性学校，德国曾经将完全中学分为古典语、现代语、数学自然科学、经济、社会和艺术等六种类型。二是校内多样性，即通过普通高中学校自身课程的多样性和选择性，来满足学生不同的发展需求。

“校内多样性”满足学生不同的发展需求，是在普通高中学校内部开设多样化的选修课程、建立选修制度，将选择权交给学生，让学生在选择中逐步明晰发展方向，在选择中学会选择，这是美、英、德、法、芬等西方主要国家的主要做法。美国绝大多数学生在综合高中就读，只有极少数学生到选择性学校读书，而德国教育改革后也逐步在取消完全中学学校类型划分。这是由于普通高中教育阶段是学生人生观和价值观形成、身心发展、志趣分化的关键时期，也是学生人生职业规划和分化发展的重要阶段，但大多数学生发展倾向是需要在高中阶段逐步清晰的，如果将普通高中学校进行分类，学生在入校前做了选择，但进入学校开始学习后将会受到很大的限制。因此这些国家高中阶段学校类型不一，有的国家学校类型比较多，但承担普通高中教育责任的学校则较为单一，如美国的综合高中、英国的第六级、德国的完全中学、法国的普通教育高中等。至于少数发展倾向已经清晰的初中毕业生，则是通过建立少量的“专门学校”来满足他们的需要。在亚洲教育发达的新加坡、日本等国家对高中多样化的发展也是日趋完善，尤其新加坡多样化的学校设置让每一个学生可以选择到适合自己成长的学校和课程。

研究发达国家多样化的普通高中发展，我们可以看到其发展路径基本上是由学校多元化的办学特色实现的，同时与高等教育多元化入学制度相匹配，利用相关政策，加强大学与高中联系，创办艺、体、科技、人文高中或其他特殊高中，是促成高中多样化的重要途径。普通高中目前主要有两大类“特色”：一种是满足特殊对象的需要，使之达成一般性发展目标；二是满足有特殊发展要求的学生，使之达成有特点的发展目标。

2. 国情——高中多样化发展是适合学生个性成长的必然选择。

《国家中长期人才发展规划纲要(2010—2020年)》是贯彻落实科学发展观、更好实施人才强国战略的重大举措，是在激烈的国际竞争中赢得主动的战略选择。建设人才强国，必须坚持服务发展、人才优先、以用为本、创新机制、高端引领、整体开发的指导方针，加强人才资源能力建设，推动人才结构战略性调整，创新人才工作体制机制，实行人才投资优先，实施更加开放的人才政策，培养造就宏大的高素质人才队伍。

世界银行在《中国与知识经济：把握21世纪》的报告中指出“中国的竞争力将越来越取决于其人民有效地创造、获取、分享和使用知识的能力”，同时呼吁必须“继续致力于将教育体系改造成一个内容丰富、广泛和富有灵活性的体系”，普通高中多样化发展应是对此呼吁的极好回应。

建立个别化教育体系，给学生选择教育的权利和自由，将极大地促进学生个性发展和自身完善，也将为社会提供不竭的创新源泉。这是对每个鲜活生命的尊重，是在教育过程中实现公平的重要途径，也是以人为本在基础教育中的写实，由此可见，以人为本不是理想，而是现实。

3. 教情——高中多样化发展是克服同质化的现实要求。

我国基础教育的发展几十年来主要是为社会培养合格劳动者和为高校输送优秀人才，基本是大一统的教育模式。随着近十年来的新课程改革，教育培养目标与国际信息时代接轨，素质教育要求不断深化，不但满足社会需求、发展需求，而且更加关注学生个性发展，为终身发展奠基。

在传统教育环境中，过多的规范化、标准化拘囿了学校个性的张扬，造成了中小学教育发展的同质化现象，甚至出现了“千校一面”的状况，学校、教师、学生缺乏个性与活力，三者发展的空间狭窄、资源稀少、路径单一、模式雷同等等。但是由于对教育的传统惯性思维，社会各阶层对教育观念始终难以改变，因此学校发展在同质化中徘徊，在同质化中博弈。其一是学生及家长对升学需求趋同，这种升学的刚性需求促使高中学校不得不以升学为办学的主要目标；其二是教育方针政策的统一性、课程与教学目标的统一性、高校人才选拔方式的统一性决定了学校多样发展的空间不足；其三是普通高中肩负着为人才成长打基础的教育职责，办学目标、课程设置、教学方式不可避免产生同质。

伴随近年来经济的高速发展和社会的全面进步，学生和社会公众对高品质、个性化、差异性选择的学校教育的要求越来越强烈。

随着教育改革的深入和基础教育多元化、内涵式竞争格局的日益突显，学校个性和特色的彰显显得日益迫切和重要，它直接关系到学校的生存、发展与卓越，这一点对于历史悠久的名校而言更成为时代的呼唤。

6.4.2 普通高中教育发展面临的变革与挑战

随着普通高中教育的普及，人民群众日益增长的接受高中阶段教育特别是优质高中阶段教育的需求和优质教育资源供给相对不足的矛盾仍十分突出；随着经济和社会的发展，尤其人才战略和经济社会的转型发展，对创新型人才的渴求与长期以来形成的强调知识传授、统一步调的人才培养模式之间的矛盾尤为突出，普通高中教育的发展面临着重大的变革和挑战。

1. 多层次人才需要与多样化教育的需求，必须改变同质化下的“千校一面”。

随着经济和社会的快速发展，生产技术不断提高，产业转型速度加快，对人才的需求呈现多样化和全方位的特点。社会需要多层次多类型人才，人民群众有多样化的教育需求，迫切需要改变普通高中“千校一面”、高度同质化的局面。由于人的潜能是先天不同的，高中阶段是学生不同个性和才能开始显现和发展的时期，又是学生决定自己今后不同生活道路的关键期，学生具有强烈的多样化发展的需求。长期以来，普通高中教育“千校一面”，缺少办学特色，形成了高度的同质化，与社会和人民群众多样化的教育需求形成尖锐的矛盾，随着高中教育的普及，这种矛盾就更为显现。普通高中教育要促进每个人的潜能得到应有的发展，就需要切实改变同质化的倾向，实现培养目标由一元向多元转变；需要进一步推进办学模式的多样化和特色化；需要尝试普通高中教育与中等职业教育间的双向流动，普通高中教育与大学教育的上下沟通，不断增强办学活力，形成灵活、多样的办学局面，为学生提供适合的教育，为学生成才提供均等的机会。

2. 建设人力资源强国迫切需要高质量普通高中教育，必须改革培养模式。

建设创新型社会，提高自主创新能力，是破解发展难题，转变发展方式，实现又好又快发展的根本保证。目前我们的自主创新成果较少，产业技术的一些关键领域存在较大的对外技术依赖，不少高技术含量和高附加值产品主要靠进口，对外技术依赖局面日趋严重，自主创新能力亟待提高。创新型社会建设需要国民整体创新水平的提高，需要建立新型的人才培养体系。普通高中教育是高层次创新人才培养的基础，对创新型社会建设起着重要的支撑作用。然而，普通高中教育“一切为了高考”的倾向仍然严重，长期以来形成的强调知识传授、统一步调的人才培养模式，使得学习者的个性和主动性得不到发挥，普通高中的其他职能已经被弱化，难以满足培养创新型人才的要求。因此，高中教育迫切需要转变人才培养的模式，探索建立以提高国民素质为宗旨，以培养学生的社会责任感、创新精神和实践能力为重点，促进学生生动活泼主动发展的新的人才培养模式，提高全民族的创新能力和竞争力。因此必须改革培养模式，提高创新型人才的培养水平。

3. 普通高中教育要应对教育信息化水平，必须改革教育形态。

进入21世纪，随着科学技术的迅猛发展，产业的不断升级以及信息技术的飞速发展，普通高中教育无论是在发展方式、教育形态，还是在教育观念和教育模式方面都面临变革的压力。科学技术的迅猛发展，知识的“创造周期”“物化周期”“更新周期”明显缩短，要求普通高中的教育内容不断更新；社会经济的快速发展，产业的不断转型升级，使得社会职业变更的速度加快，要求普通高中教育要适应终身教育的需要；以微电子技术为主要标志的新技术的发展日益渗透到社会各个领域中，使得知识的获取更为便捷，要求普通高中教育不断提升教育信息化水平，转换教育形态等。迎接这一系列挑战，需要普通高中教育发展具有面向未来的前瞻性，积极开展一系列的前瞻性探索，明智地选择和确立符合时代要求、适合国情的普通高中教育发展的方式、观念与模式。

6.4.3 普通高中多样化发展的实施对策

基础教育改革发展的基本趋势是：由规模发展向内涵发展转变；由重点发展向优质均衡发展转变；由一元发展向多元发展转变。

1. 普通高中多样化发展可以走“校内多样性”加“专门学校”的路子。

普通高中的多样化的目的是推进培养模式多样化，满足不同潜质学生的发展需要，而通过建立个别化教育体系，也就是“校内多样性”，以灵活的、可供多种选择的课程设置来满足学生多样化选择的需要，已经被证明是可行的，且有许多成功的经验可以借鉴，应该成为普通高中多样化的主要形式。与此同时，在普通高中学校数量较多区域，可以建立少量的如艺术高中、体育高中、科技高中等“专门学校”，以满足一些志趣分化明显、职业倾向清晰的学生就读普通高中的需要。为此，建议可暂不调整高中学校生源分配的机制，同时鼓励高中学校更深入研究学生发展的需求，树立“让每一位学生成功”的教育思想，尽全力满足学生发展的需求。

2. 调整普通高中课程结构，做到“保底”和“扬长”相结合。

个别化教育体系的建立是普通高中多样化的关键，而选修课程的建设则是其中的核心任务，因此，普通高中新课程改革自然就是推动普通高中多样化发展的重要平台。在进一步完善普通高中课程改革的“调结构、减总量、优方法、改评价、创条件”工作方针中，最为重要的任务是“调结构”。调整必修课程和选修课程的结构，将必修课程明确定位于提高国民素质这个目的，适当降低必修课程的水平及其内容的难度和广度，成为全体国民的“共同基础”，起到提高国民素质的“保底”作用，同时增大选修课程在总课时中的比例；调整选修课程的结构，形成分水平的学术课程、兴趣拓展课程、职业准备教育课程、中职课程以及大学先修课程等选修课程系列，起到促进学生个性发展的“扬长”作用。为此，建议加强普通高中校长的课程领导力培训和教师课程开发能力的培训，提高课程开发的意识和能力；加强普通高中学校间的合作，共通共享所开发的高质量的选修课程；加强普通高中和职业高中学校间的合作，将部分中职课程引入普通高中；加强普通高中与大学的联系，建设大学先修课程；加强普通高中与社会教育机构的联系，增加学生选修课程的资源；加强普通高中信息化建设，充分利用信息化手段为学生提供更大的选择空间。与此同时，通过审定将学校开发的高质量选修课程列入全省选修Ⅰ课程目录，以加快我省选修课程建设的步伐。

3. 进一步推进评价改革和高校招生制度改革，与普通高中教育形成良性互动。

普通高中多样化发展，学生的个性发展，普通高中学校的特色发展，都需要评价制度的支撑。尤其是普通高中毕业学生的多元化“出口”，将对普通高中多样化发展起到强大的牵引作用，为此需要进一步推进评价改革和高校招生制度改革。在进一步改进普通高中学业水平考试，在做好监测必修课程质量的同时，拓展对学生个性化发展水平的认证，如开设不同学术水平选修课程的认证考试、大学先修课程的认证考试等；进一步完善“三位一体”的高校招生制度的改革，在深入研究不同类型高校合格新生标准的基础上，进一步改进高考的内容和形式，同时加快高校录取制度的改革，不断提高学业水平考试和综合素质评价结果在招生中的作用，在开展高职高专学校的“免试入学”试验和本科院校的自主招生改革中，应突出强调不同类型高校合格新生的标准是不同的，高校应突破“唯分数论”，充分利用反映高中学生发展状况的各种证明材料，选择适合自己学校的新生；尽早进行普通高中特色学校标准的研究，引导普通高中学校的多样化、特色化发展。

4. 建立个别化教育体系是普通高中多样化发展的关键。

普通高中教育是在九年义务教育基础上进一步提高国民素质、面向大众的基础教育，是为学生终身发展奠定基础的高层次基础教育。不断改进普通高中教育，确立符合时代要求、适合国情的普通高中教育发展的方式、观念与模式，对提高国民素质、培养合格劳动者和创新人才具有重要意义。普通高中教育发展方式要从“单一”走向“多样”，普通高中教育的任务要在关注全面发展的同时促进学生的个性发展，实现“人人成才”。

(1)通过普通高中学校“校内多样化”满足每一位学生发展的需要。

班级授课制是现代教育的基本教学制度，其优点是教师可以根据课程标准对全班学生按一种要求授课，保证学生达到一个基本较高的水平；缺点是无法关注到每个学生的需要，难以实现因材施教。因此要实施走班制或小班化，让学生按基础选择、按兴趣选择，达到因材施教，关注每一位学生成长。

(2)建立个别化教育体系应成为核心任务。

“个别”是相对于“群体”“集体”而言的，“个别化”是相对于“同一化”“划一性”来讲的，因此，个别化教育就是指调节目标、课程、学校资源、学习方法、时间和管理等因素，以适应学习者的个别差异。在班级授课制作为学校教学的基本制度前提下，实现个别化教育的成熟做法就是允许学生自由选课，进行“走班教学”。学生可以根据自己的需要选择相应的课程，选择同一课程或同一水平课程的学生在一个班级内上课，这既发挥了班级授课制的优点，又克服了它的缺点。

要实现个别化教育，需要丰富多彩的选修课程、可行的选课制度、分步选择的时间安排、“走班上课”的教学组织形式、严格的学分管理制度甚至弹性的高中修习时间等，也就是要建立个别化教育体系。这其中的核心就是要建设符合学生发展需要的丰富多彩的选修课程。个别化教育体系的建立意味着高中学生个性化发展的需要主要是通过“校内多样性”来满足。当然，个别化教育体系如要顺利运行，则普通高中学校的管理制度需要跟进改革，进行制度重建。

(3)普通高中学校应在满足学生个性化发展的过程中逐步形成办学特色。

通过建立个别化教育体系，也就是“校内多样性”来满足高中学生个性化发展的需要，并不妨碍普通高中学校特色的形成。因为不同学校的生源存在差异，学生的发展需求也存在差异，在满足学生个性化发展过程中，因学生需求的差异以及学校资源的差异，学校建立的课程体系也会存在不同，而富有特色的课程体系应当是普通高中学校办学特色的集中体现。

个别化教育体系的建立，尤其是多样的选修课程开发，需要时间，因此，普通高中学校办学特色的形成也会是分阶段的，大致可分为特色课程或项目、学校特色和特色学校三个阶段。通过开发一个符合学生需要的富有特色的课程或项目，学校就具有了一个特色课程或项目；经过努力，开发出多个特色课程或项目，就逐步形成了学校特色；当开发的课程能够满足本校学生的发展需要，并形成了有别于其他学校的课程体系，学校就形成了办学特色，成为特色学校。当然，建设少量的如艺术高中、体育高中、科技高中等“专门学校”也是形成普通高中学校特色化的一种途径。

5. 普通高中将以高考为主要升学目标向促进学生个性化成长转型。

促进办学体制多样化，推进培养模式多样化，探索培养创新人才的途径，分类建设高中优质资源，开展综合高中的建设。

(1)在区域内实施“创新型人才培养改革试点”基础上，完善创新型人才培养课程实施、师资培训、考核评价机制。扶持自主创新发展的学校开展初中高中教学衔接实践研究，探索个性化人才成长方式。建设一批学术型高中。

(2)创新人才培养新路径，不断完善区域基础教育创新型人才培养体系的构建。推动普通高中和高校人才培养有效衔接，深化普通高中与高校协作实施创新人才培养试点。启动国际化交流合作办学，建设一批国际化高中。

(3)探索普通高中分类培养机制对接高考的多样化的招生改革，让每个学生有成功、出彩的机会。建设一批技能型高中。

(4)建设一批“省级特色实验学校”培育校，选定在全面执行国家课程方案的基础上，突出学科特色，在数理、人文、科技、体育、艺术等方面形成有明显的学科优势和系统的特色学科课程体系，作为“省级特色实验学校”培育校；扶植和推荐办学特色明显的培育学校参加“省级特色实验学校”的评选。建设一批特色型高中。

6.5 现代学校学生自主成长新路径——创建特色学校

中小学要实现为创新培养服务，必须促进学校特色化发展，促进学生个性化成长，这是实现创新培养的新路径。在开展特色学校创建的过程中，如何实现一校一品？如何探索学科课程基地建设，引领学校内涵特色发展？

6.5.1 学校特色与特色学校的内涵

学校特色是对学校发展形成的社会赞赏性肯定和美誉度评价。学校特色是学校共性基础上的个性显现，是个性基础上的共性存在；独特性、优质性与稳定性是学校特色的核心内涵，也是判定学校特色发展与否的内在标准；学校特色总是体现在学校办学工作的某一个要素、方面或范围上面。因此，学校特色就是学校基于自身的历史传统和实际情况，在较长时期的办学实践中逐渐形成的一种区别于同类学校的独特、优质而且相对稳定的办学气质和办学风格。

特色学校是指普通学校发展通过项目培育、名师带动形成的特色项目学校。以此为基础，项目特色不断在教育过程中得到深化与优化，形成特色课程和文化，逐渐形成特色明显的学校特质而成为特色学校，直至培养出自己的名师、名生和名管理经验等而成为品牌学校。

特色学校的“特色”是一种先进的、独特的、富有时代特征和相对稳定的学校文化。它不只表现为学校具有个性化的外显环境、校本化的课程体系、独特的教育教学管理制度、明显优于同类学校的特色项目，更是表现为凝聚在学校每一个成员身上的一种精神品质。也许我们很难用语言准确地描述它，但它无处不在，它不因校长更换而改变，不因教师调动而弱化，也不因学校变迁而消亡，它深入学校每一个成员的骨髓，影响人的一生。

6.5.2 创建特色学校的意义

特色学校的本质内涵确定了中小学特色学校创建的方向和目标，创建特色学校的出发点和归宿点是学校的每一个成员。中小学创建特色学校的根本目的是为了培养人，是为了培养学生有终生受用的良好习惯和精神品质。我们必须从教育的终极目标出发规划学校特色目标。

特色学校建设是学校内涵发展的必然选择，内涵发展需要平台、需要举措，特色发展就是支撑。特色学校建设是学校优质发展的必然要求，是学校改善办学品质，提升办学水平的重要途径。特色学校建设是适应学生个性发展的客观需要，是新课程实施和深化素质教育的本质要求。特色学校建设是克服千校一面及同质化现象，实现多样化发展的必然之路，实现学校一校一品，一校一特色，一校一风格。

6.5.3 创建特色学校工作的路径与策略

1. 学校特色的生命力在于学校特色课程的彰显和支撑。

没有课程的支撑，特色是难以持续发展起来的，也难以形成育人特色。因此要积极探索和实践中小学学科课程基地建设，培养学科素养，培养学科实践能力和创新精神，培养个性化成长的人才，实现特色育人，克服千校一面、同质化现象。积极建设特色育人的校本课程，规划具有特色育人的校本课程实施路径。

2. 学校通过特色建设来改善内涵品质必须把握四个要素。

一是学校育人环境，二是学校育人队伍，三是学校育人课程，四是学校育人文化。环境是基础，是条件保障；队伍是关键，有特色培育的人才，才有引领与支撑；课程是载体，是育人过程与目标体现；文化是内核，是学校育人氛围的内化和价值取向，是发展的共同愿景追求。

3. 学校特色建设需要校长特色办学思想和特色的教师群体。

学校发展的核心竞争力是校长的课程领导力。学校特色建设是否目标明确、是否持续有力、是否实现特色育人，取决于校长的特色办学思想的领导力，取决于校长对教育内在本质与教育未来发展作用的认识穿透力。

在所有特色学校的要素中，校长是最关键的要素。校长是一所学校的灵魂。一所学校的办学特色，实际是校长办学思想个性化的表现。没有特色的校长，很难办出有特色的学校。

教师是学校的生命和活力所在、精神和力量所依。特色建设要靠特色教师来实现。校长的办学理念和学校的特色主题，都必须依靠一支与之相适应的教师队伍去实施。

4. 学校内涵发展与特色创建必须真实地落实新课程标准，静下心来真实地落实好育人要求即素质教育目标，要远离一些功利的色彩。

校长实现有价值的办学理想，真实地实施新课程就必须真实地抓好课程改革的核心环节即课堂教学，这是突破口。因此学校要有发展力和竞争力，才能更好地实践课堂教学改革。课堂教学改革的成功与否，就关系到特色创建的成效大小；学校特色成效的大小，影响着学校教育实现理想教育目标的大小。校长要实现这一目标，首先须经历理想教育的四个境界：一是从理念到观念的境界；二是从观念到方法的境界；三是从方法到文化的境界；四是从文化到思想的境界。

5. 学校实现个性化与特色品质发展必须立足学校的发展历史与现实。

这是特色之树常青的土壤。特色项目的选择与挖掘必须结合学校的实际，必须拓展到学校课程层面建设和培育，绝不是喊个口号、写个方案、挂个牌子，虚有其表。

6. 特色项目的选择与培育要突出要精致。

项目选择能体现学校发展目标与育人特点，体现学校精神与文化，体现学校个性化课程。项目选择要少而精，不可大而全，要集中体现，不可泛滥贪多，否则就没有特色了，一校一品精致化了，学校的品牌就自然形成。

“特色项目”是学校在办学过程中合理利用本校优势和潜能基础上形成的若干单项性特色，它在同类学校中有明显的优势。学校统领全局的特色项目既是特色学校的表征，也是特色学校形成的基础。因此，创建特色学校，特色项目的选定十分重要，它既决定学校教育的发展方向与学生的发展方向，也决定学校最后能否形成特色。

学校在确定统领全局的特色项目时必须注意遵循三个原则。一是遵循普遍性原则。学校特色项目的选定必须考虑能让绝大多数学生参与，那种只有少数学生介入的特色项目，层次再高，也只能培养部分特长学生，不可能对学校整体工作形成有力的推动；特色项目所要培养的是能让学生终生受益的素质。二是遵循个性化原则。特色项目的确定必须从本校实际出发，发扬本校优良传统，充分考虑本校教师的专长和愿望，深刻挖掘和利用独特的社区资源。三是遵循综合性原则。统领学校全局的特色项目要能体现多门学科、多种能力等的融合，要具备上升为学校整体特色的基本要素，而其中最重要的要素就是特色项目中能提炼出某种教育思想或是精神特质，并把它辐射到学校的整体层面和各个领域。

7. 加强特色学校建设的指导与管理，是实现教育均衡发展的客观要求。

目前特色学校建设工作在各县市之间，各学校之间，城乡之间都存在较大差距。为了加快特色学校发展，加快改善学校内涵品质，我们有必要加大这项工作的管理力度。一是制定区域中小学特色学校建设的实施方案，开展特色学校评选。二是设立特色学校申请项目培育校，开展培育指导。三是分级分区域召开特色学校建设论坛，给校长们展示特色办学的思想舞台和相互学习交流的平台，激发学校的特色发展活力。四是发现本土特色典型，组织召开学习经验与现场交流推广会，达到典型引路，榜样示范，让校长和管理者亲身体验和感受，开阔思路，激发内在动力。五是开展特色学校建设对口帮扶，带动薄弱学校发展，教育均衡发展不只是办学条件的均衡，更是师资队伍的均衡，薄弱学校更需要教育人才的支撑和教育理念的引领；对口帮扶特色学校建设是一个促进均衡发展的有力切入点和平台，能在学校发展的根本上实现均衡。六是成立特色学校的专家指导组，对各校特色建设进行指导服务，提供咨询、探讨和经验介绍，帮助解决建设过程中的实际问题。七是组织校长培训，以现场经验和感受开展学习活动，采取走出去参观考察培训的形式提高特色建设能力。

6.6 现代学校学生自主成长新方式——建设学科课程基地

为落实国家中长期教育改革和发展规划纲要精神，深化基础教育课程教学改革，推进普通高中特色建设，湖南省教育厅确立株洲市为高中教育改革试点市。株洲市教育局于2011年上半年启动了学科课程基地建设项目，作为高中教育改革的重要内容，也是湖南省最先开展此项工作的地市，可谓立意之高。从城区高中学校试点来看，我们静下心来审视学科课程基地建设的一些做法，将会使这个改革项目在全市中小学推进更快、效果更好。

6.6.1 中小学学科课程基地建设的意义和目标

基础教育阶段是学生个性形成、自主发展的关键时期，对提高国民素质和培养创新人才具有特殊意义。学科课程基地是以创设新型学习环境为特征，以改进课程内容实施方式为重点，以增强实践认知和学习能力为主线，以提高综合素质为目标，促进学生在自主、合作、探究中提高学习效能，发掘潜能特长的综合性教学平台。建设学科课程基地旨在不断改进教学方式，引导学生高效学习，促进教师专业成长，推动学校特色发展。

1. 学科课程基地建设意义。

有利于改变长期以来基础教育应试导向、千校一面、同质化的现象；有利于引导学校将工作重点集中到强化教学环节、提高教育质量上来，减轻学生过重的学业负担；有利于纠正重课内轻课外、重知识轻能力、重书本轻实践的现象，以多样化学习，激发学生学习兴趣，挖掘学生实践潜能和创造潜能，办人民满意的教育。

2. 学科课程基地建设功能。

体现课程先进理念和有效实践结合，坚持因材施教、学思结合、知行统一，在科学性、实践性、互动性、实效性上下功夫；体现破解教学难点与载体创新结合，以学生为主体，面向全体学生，紧扣课程内容、手段运用、方法创新，形成开放、创新、互动的教学创新载体；体现先行先为与分享共享结合，市级课程基地要围绕解决做什么、怎么做的问题，先行试验、总结提升，通过多种形式建立便于向其他学校和社区开放的共享平台。通过市级高中学科基地实践探索，推进中小学学科基地的建设，使其成为提升区域教育质量的引擎和抓手，实现教育内涵优质发展。

3. 学科课程基地建设目标。

学科基地建设启动要以学科课程为落脚点进行建设，制定今后三到五年实施计划，基础教育课程基地建设应该在六个层面共同努力。一是更高层次地充分认识课程基地建设的重要意义和深远影响；二是更高品位地思考课程基地的建设方案；三是更高质量地推动基础教育课程基地建设进程；四是更高水平地通过课程基地建设引领新课程实施；五是更快地提升校长课程领导力，促进学校教育品质改善；六是通过学科基地的引领带动，提升区域教育整体发展水平，真正实现教育强校、强市、强省的目标。

6.6.2 中小学课程基地建设的内容和主要任务

1. 创设具有鲜明特色的教学环境。

加强学科情境、专业特色、课程实施载体的建设，形成充分展现科学思想、学科思维、方法手段和文化品位的特色明显的课程学科教学环境。

长期以来，基础教育缺少应有的教学环境建设，各门学科都在同一情境——教室中完成教学任务，没有体现学科特点的教学环境，没有相关学科的专业特点，更谈不上学科文化的建设。同时，教学内容缺少与社会生活的联系，缺少学科知识应有的拓展。因此，要加强学科情境、专业特色、课程实施载体的建设，形成充分展现科学思想、学科思维、方法手段和文化品位的特色明显的课程学科教学环境。一是要呈现学科精神，课程基地要提炼鲜明创新理念、实践主题，体现明显的学科思维和学科科学，以便培养学生的学科意识和学科科学精神。

2. 突出核心教学内容的模型建构。

围绕教学重点难点等核心内容，通过物态和非物态相结合的模型展现，改进知识表达方式，以形象直观的体验，引导学生演示、验证、巩固和拓展学习内容，增强学生对抽象内容的直观理解和对具体形象内容的抽象概括，不断提高学习效率和学习效能。

学生对知识掌握的困难往往是缺少空间概念的立体思维，脑中"形象"不起来，容易糊涂。课程基地就是要通过物态和非物态相结合的模型展现，改进知识表达方式，以通过实物取"象"的直观体验，引导学生演示、验证、巩固和拓展学习内容，增强学生对抽象内容的直观理解和对具体形象内容的抽象概括，不断提高学习效率和学习效能。一是要发动教师分学科认真讨论。围绕教学重点难点等核心内容进行梳理，排查出各个知识重点和难点。二是寻找模型制作思路和方法，扣住重点和难点，从学生掌握知识的角度，探讨如何进行物态和非物态的模型建构，明确建构方法途径。三是在学校自力更生的现时，主动加强与高校、科研院所和企业的合作，进行教学模型的开发制作。

3. 建设促进自主学习的互动平台。

优化教学过程，高度重视技术推动的互动学习平台的研发，运用新理念、新技术、新方法、新手段，开发建设人机互动、自主测验的教学用具、设施设备和教学场所，激发学生主动学习、自主学习、快乐学习的内生机制的产生。

要把学科课程基地建设成为“促进自主学习的互动平台”。互动是刺激人的兴趣的关键因素，这在电脑游戏中表现尤为突出。互动是教学过程中的重要要求。长期以来我们一直强调教学中的互动，而这种互动往往更多是指向师生的互动。但是，作为一个教师首先是以是否完成工作量为考量前提的，师生“互动”是受时空的严格制约的。如何突破时空的限制是学科课程基地建设的重要突破，也是其重要特征，这就是努力实现技术推进下的“人”“机”互动。要高度重视技术推动的人机互动学习平台的研发，运用新理念、新技术、新方法、新手段，开发建设人机互动、自主测验的教学用具、设施设备和教学场所。在显示形式上，有的可以是如乒乓球的发球机的人机互动，有的是系统即时自动判断，有的是学科知识的机器识别与判断，有的是立体感游戏式的互动。所有这些，都需要学科教师、软件人员和企业工程师的结合，开发各种学科“学习机器”。通过学生与学习机的互动，突破时空的瓶颈制约，激发学生主动学习、自主学习、快乐学习的内生机制的产生。

4. 开发丰富而有特色的课程资源。

进一步加强国家课程的实施，不断提高教学效能，同时，加强地方课程和校本课程开发，努力提供丰富的学习素材和多样化的学习条件，并形成难易不同的课程资源，为不同潜质、不同水平学生的发展提供个性化学习的选择和帮助，促进学生全面而有个性的发展。

一是加强国家课程的实施，不断提高教学效能，并形成难易不同的课程资源，为不同潜质、不同水平学生的发展提供个性化学习的选择和帮助，促进学生全面而有个性的发展。二是加强地方课程和校本课程开发，创新建设反映地方乡土特色的独特课程文化，努力提供丰富的学习素材和多样化的学习条件。三是与高校合作，建立先修模块的学生课程，逐步实现少数高中与高校课程的衔接，为学有余力的学生发展提供个性化学习的选择和帮助，让他们在大学有更多的时间去掌握新的知识技术，为成为创新型人才打好基础。

5. 构建教师专业成长的发展中心。

课程基地建设立足于服务学生的发展、教师的发展和学校的发展。通过教研组织建设在基地、教研活动开展在基地、成果首先应用在基地，大力提高教师专业水平，以名师支撑基地，以基地成长教师，以教师发展学生。要将服务每一位学生的发展摆在第一位。促进教师发展是促进学生发展的前提和学校发展的关键。因此，要将课程基地建成教师专业成长的载体平台。一是将名师工作室建在基地，通过名师用家的感觉建好工作室。二是将拔尖创新人才的试点设在基地，并建立与高校的多方联系与合作。三是建立以名师为带头人的师生创新团队，开展项目学习。通过教研组织建设在基地、教研活动开展在基地、成果首先应用在基地，大力提高教师专业水平，以名师支撑基地，以基地成长教师，以教师发展学生。

6. 形成学生实践创新的有效路径。

通过建设学科课程基地，加强学生对课程的体验和感知，在实践应用中巩固知识、增强技能，在实际动手中发现探究、创新能力，逐步养成学生勤于动手、敢于创新、善于创造的行为习惯。

培养实践动手和创新能力，是素质教育的重要内容，是人才成长的关键举措，是课程基地的核心任务。通过建设课程基地，加强学生对课程的体验和感知，在实践学习中提升认知能力，在实际动手中发现创造创新。一是加强学生实践动手印证学习知识，唯有实践才能出真知；二是加强科学技术的小制作、小发明、小创造；三是鼓励学生对未来知识的探究，开展研究性学习，寻求对已有知识体系的再发现。

6.7　现代学校学生自主成长新常态——让学生自主选择课程

如何真正实现“因材施教”，这是广大教育人长期探索的教育问题。现行普通高中学校普遍采用平行分班的方式建立行政班，行政班之间学习能力较为平衡，这便于学校进行业绩考核。但同一班级里的学生间差异较大，既表现在学习能力上存在较大差异，也表现在对不同学科存在不同的学习需求，造成相当数量的学生学习效果不理想，这种现象一直困扰着学校和教师。

6.7.1　变革学校育人模式

必修课程的走班教学，就是根据学生学习能力层级对必修课程内容进行处理，形成不同的教学路径和方式，学生根据自己的学习能力选择适合的层级学习。

高中阶段教育已进入全面普及时代，普通高中教育应从原来的“甄别人才”转向“人人成才”。要做到“人人成才”，就需要为每一位学生提供适合的教育，也就是“因材施教”。真正要做到“因材施教、人人成才”，只在选修课程上选课走班，而占高中课时总量三分之二的必修课程仍按照行政班“齐步走”的方式开展教学是无法完全实现的。

必修课程的走班教学，学生能得到适合其能力的教学，全面提高学业水平。与此同时，学生通过在不同层次教学班的流动，还能明晰自身对相关学科学习能力和倾向的判断，为自己选择修习选修课程以及确定专业方向提供可靠的依据。必修课程的走班教学，带来的诸如分水平的备课、分水平的上课，针对不同程度的学生如何让教学更加有效等问题，教师从原来面对毫无差异的平行班到面对各具特点的教学班，似乎有太多的问题需要研究，有太多方式值得尝试，使得教师更加关注每一位学生的成长。必修课程的走班教学和选修课程的选课走班，让学校的工作前所未有地聚焦到原本应该聚焦的每一个学生身上。当为每一位潜质不同的学生提供适合的教育内容和教学成为学校焦点时，会连带引发学校课程制度、教学制度、学生管理制度、教师管理制度乃至学科专用教室建设等一系列“链式反应”，最后真正告别“眼中没有学生”的“齐步走”的育人模式。

因材施教是“以人为本”在普通高中学校的具体体现，是育人模式转型的方向。必修课程走班教学作为一个小小的支点，已经开始撬动普通高中学校育人模式的转型。

6.7.2 实践探索课程管理机制

1. 探究实施策略。

经过课程改革的实施，学校和教师的教育理念、课程意识已经有很大的提升，转变育人模式已逐步成为共识，选课走班教学的管理制度日趋完善。要进一步深入研究、探索学校课程选择机制。第一，着重突破不同类型学校必修课走班教学机制；第二，完善以学生自主选择为主的教学班组成方式；第三，完善行政班与教学班并存的班级管理制度；第四，建立健全德育导师制；第五，提升教师必修课程校本化实施能力的渠道和方法；第六，逐步推进学科教室的建设，为学生创设良好的学习环境。

2. 探究实施路径。

第一，分层处理必修课程内容。学校对必修课程进行校本化的改造，将必修课程分为 2~3 个层次，最终均达到课程标准的要求。教师针对不同层次学生特点提出不同教学路径、设计不同教法，重点考虑排除学生的学习障碍，设计分层练习。

第二，学生自主选择组成教学班。学校通过确定各层次教学班数量、宣传发动、摸底测试、自主选择、公布名单的方式组成教学班。学生在教学班学习半个学期，主动提出要求的，可以进行调整。

第三，授课教师平行安排，个别学校也尝试实行学生选层次的同时可选教师。

第四，改革教学和评价方式。采用“同一科目同时上课”的方式排课；分层备课和上课；实行过程性评价和终结性评价相结合的学生评价制度，将学生日常考勤、课堂表现、作业完成情况、日常学段检测成绩作为过程性评价，与终结性考试共同构成学科成绩，用于学分认定。

第五，强化教育资源配给。鼓励学校整合资源，一方面盘活行政班教室资源，另一方面充分利用学校其他教学空间。同时对普通教室进行专门化改造，尝试建设学科专用教室，逐步将教师固定在教室中。

3. 探究管理方式。

必修课程走班教学，如何改进管理将成为新的问题。为此，学校应积极探索行政班和教学班并存的管理模式，以加强学生思想品德教育以及班级建设。

第一，实行教师双岗管理，任课教师为教学班班主任，既要完成学科教学任务，又要承担起对所任教学班的学生管理的责任。行政班的班主任主要负责行政班学生的全面管理，并与教学班主任通力合作，信息互通。

第二，建立健全选课走班的管理制度。学校建立《学生作业管理办法》《课堂管理办法》等与走班教学相配套的管理制度，规范学生和教师的行为。

第三，建立导师制。学校建立导师制作为实施个性化教育的工作机制，每位导师最多带 10 名左右学生，从高一一直带到高三毕业，全面指导学生的德育、生涯规划、学习指导、选课指导和心理疏导。

6.7.3 实践探究课程设置

学校要设计好学段课程的安排，学校各学科教研组着力修改核心素养体系下的课程建设方案，共同做好本学科的合适课程设置，以满足学生选课的需求。

一是保障学科方案建设的科学性，促使核心素养转化为学科素养。根据不同学科的特点和学生发展阶段的身心特点，各学科围绕本学科所关联的核心素养，按学段建构可理解把握、可操作实施和可观察评估的学科具体教学目标，使各学段的育人目标彼此衔接，上下贯通。进一步探讨必修与选修的融合，使之互为补充与促进。建立从知识向能力、从能力向素养不断提升的发展水平等级标准，并借此对学生核心素养的发展进行观察评估，实现对教学行为的有效反馈与指引。

二是课程设置从学期制走向学程制，保障课程设置的弹性和选课的差异性。为适应社会生活、高等教育和职业发展的需要，增大课程的弹性是必然选择，让学生不考“短”的科目而考其“长”的科目更利于他们个性化和差异性发展。学校建立学程制（每学年不再是两个学期，而是四个学段），统筹安排好选课节点、学考节点、选考节点和国考节点，保证课程设置的弹性。同时，学校将精心编制《选课指南》，详细说明各类课程的定位和功能、各学程的课程具体安排、相关考试要求、选课程序和要求，班主任与成长导师指导和帮助学生形成合理的课程修习方案；切实保证学生选择修习课程的权利，满足学生差异性的发展。

三是从学校实际情况出发，结合学生的核心素养体系，着力进行特色课程群建设。如架构以“自我管理素养”为核心的生涯规划课程群；提升以“生态素养”为核心的课程群；重构以“跨文化素养”为核心的多元文化融合课程群；完善以“终身学习素养”为核心的学能课程群；等等。

6.7.4　实践探索课堂形态转型

学生选择多样化，既需要学校课程的多样化和选择性，又要求课堂教学的适切性和有效性。随着改革的深化，学校可能会取消行政班，年级概念也会淡化，学习某一科目可能有不同年级学生一起进行。

1. 学教层次进行分层与分类。

在尊重学生差异性的基础上，语文、数学、英语课程实施分层走班教学；根据学生不同的兴趣特长与专业倾向，对“6 选 3”课程——物理、化学、生物、政治、历史、地理和一些自主选修课程实施分类和分层教学。根据学生的兴趣爱好与特长不同，体育、艺术实施分项教学。

2. 学教方式凸现自主与探究。

学校要让学生在经历中学习，转变“被动、单一、无视学科差异”的方式为“主动、多样、尊重学科性质”的方式。通过主题教研活动、微课等载体，开展一系列有效教学活动，真正落实学生的主体地位，让学生去自学、去探究、去解决，提高学生深度学习效能。

3. 学教策略侧重合作与竞争。

教师从学生的学习起点出发，按照学生的学习规律和学习需要进行教学策略选择，通过小组合作、组际竞争等方法，促进学生对知识的理解、迁移和运用。

4. 学校师资队伍建设的优化和资源的有效配置。

分层、分类的走班教学等方式对学校目前的师资数量和结构带来挑战，选考的时间不同会导致对教师的需求呈现时段性落差。因此，从人事结构上进行调整，优化教师队伍建设，培育优势学科势在必行。学校面临场地不够、编制过紧的问题，除政府部门给学校充足的场地、编制、经费外，学校也要有效配置已有的资源，对教室、自修室的利用达到最大化。

6.8 实践案例——学校创新发展

建设学术性高中　培养创新型人才

————株洲市第八中学对“北京十一”育人模式的探究与实践创新

株洲市八中校长曾湘章考察北京十一学校后，认识到北京十一学校的育人模式改革，是一场涉及课程形态、班级组织形式、学生管理方式、学校组织结构，最终改变整个学校生态的全方位变革。

曾校长认为，北京十一学校的改革代表了一个方向，尤其在高考招生制度改革后，传统的教育教学方式将面临巨大的变革。为适应中国高中教育的发展，适应学校的可持续发展，株洲市八中确定学校新的定位、新的育人模式是“建设学术性高中，培养创新型人才”。十一学校成功的措施和理念给本校“建设学术性高中，培养创新型人才”的实践带来重要启示。

1. 构建满足学生个性化学习和发展需求的课程体系是学校转型提质的关键。

从2009年开始，十一学校开始对现有的国家课程、地方课程、学校课程进行整合，通过分层、分类设计，开发出近300门学科课程供学生选择。数学、物理、化学等理科课程采取分层设计，语文、英语、历史等人文学科采取分类设计。体育课变成了田径、篮球、足球、排球、网球、游泳、艺术体操、击剑、滑雪、龙舟等22个模块。艺术类课程开发为中国画、油画、书法、动漫、声乐、戏剧等24个模块。学生根据自己的需要和兴趣选择学习课程。

十一学校提供如此丰富、可选择的课程，着眼点并不止于“提高学生的综合素质”，而是在不断选择的过程中，让学生自己发现兴趣、才能和需求，将个性化学习与自己的人生发展方向联系在一起，这对株洲市八中有积极的借鉴意义。学术性高中的培养目标是一批能进入一流大学就读的高水平的人才，并且在高中阶段为大师级的创新人才奠定基础。围绕这个目标，学校要注重思维能力与审美情趣的思维和美育的研究，着眼于发展师生的学术素养、专业精神与审美情趣。这就需要学校和学生、家长、社会合作开发大量学术性、前沿性的，多元化、可选择性的课程，高度重视教育教学的效能，使学生获得高水平学术研究所需的知识基础、研究能力和思维方式。

此外，株洲市八中提出的“一个学生一条发展路径，一个学生一套成长方案”不仅仅是一条简单的升学路径，它需要不同的课程来支撑，需要有一套适合的课程体系，以此来满足不同学生的个性化发展需要。新的高考招生制度鼓励学生全面发展和个性发展，这要求我们要不断地整合国家课程、校本课程、拓展课程、活动课程、社会实践课程，构建满足学生个性化学习和发展需求的课程体系。

2. 要转变教学观念和教学方式。

十一学校的学生自主选课后，同一个班里的学生课程安排千差万别，固定的班级授课制已无法容纳变化了的课程。于是，学生按照自己的课表开始走班上课。走班上课后，十一学校取消了行政班，班主任也随之消失。取而代之的是自习管理项目组、课程管理项目组、诊断与评价项目组、小学段项目组、学生管理学院，学生有不同的问题可以去找不同的教师，学生由被管理变成自己管理自己，自己对自己负责。这一变化还体现在教学上，老师不是像过去那样统一地去教学生，而是根据不同的学生需求和兴趣采取适合他的教学内容和教学方式。

北京十一学校实行走班制后学生自主选择学习内容，自己对自己负责。在教学中，学生主动质疑和探究，老师充当的是陪伴者和引导者的角色。株洲市八中在学术性高中的初步实践中也注意到了传统的大一统教学的局限性，要实现创新型人才的培养目标，可以借鉴十一学校的教育观念和方式，开展研究性教和研究性学为核心的学术性高中的教学。

(1)要重视课堂教学的研究过程。课堂教学要提倡民主、和谐、生动、活泼，上课的形式可多种多样；教师尊重学生，师生关系和谐；教学形式寓教于乐，生动有趣；教学内容因材设置，做到课堂教学有趣、有品、有意义；注重研究能力的培养，我们要着力提高学生独立命题、撰写小论文的能力，倡导学生独立思考，鼓励学生提出个人的见解。

(2)要始终对学生充满期待。注意培养和保护学生的自信心，要让每个孩子的心中有梦想，脸上有笑容，教师要充分发挥学生的主体作用，善于挖掘学生的创造潜能；鼓励和珍视学生在学习中产生的创造性火花。

(3)要注重学生的体验过程。要让学生学会自主、学会选择、学会负责，教师应该更多地扮演导师的角色；教育工作者应拥有研究和发现学生的能力，让学生实现从“学会”到“会学”；要把学生的课外活动作为帮助学生培养才干、体验和适应社会的重要措施。

(4)要更加注重教学信息化建设。要提高教学效能，把传统工作中可以量化和信息化的部分用教育信息化产品替代，从而提高教学效率。

3. 通过环境建设、组织建设、队伍建设使全校师生有共同的价值追求。

十一学校在组织结构上向“扁平化”靠拢，权利下移，以年级为单位的“学部”在改革中获得了前所未有的自主权，集教育、教学、科研、管理于一身。且学校采取双向聘任制，即学部(年级)与教师之间每年都进行双向聘任。值得一提的还有十一学校强调教师的共同价值追求，通过老师共同研究制定《北京市十一学校行动纲要》，使价值追求成为每一个人的事。

要营造创造以学术文化为核心的学校价值和文化，首先要重视学校的环境建设。十一学校通过体育季、戏剧节、泼水节、狂欢节等不断丰富和营造自己的学校文化，而学术性高中可以通过学术刊物、学习园地、沙龙、讲座、活动等，把学术文化熔铸为学校文化的内核；学术性高中的组织建设应以效能化为目标，学校通过提高教师开发和实施学术性课程的能力，把体系、科组建设成学术性管理机构，并大力推动学术性学生社团的活动。各种管理机构的专业化水平和效能要服务于师生，保障教师更好地履行专业技术责任；打造以专业化为核心的学术性高中教师队伍。可通过建立各种工作室，完善青年教师培养的导师制，参与各级各类的科研课题，研究和实施教师专业发展积分制，实行校内级别制等多种方式和途径，助力教师的专业发展。总之，通过环境建设、组织建设和队伍建设，不断深化学校学术文化的内涵，把学术性高中作为全校师生的共同价值追求。

第 7 章

课堂形态转型
——让学生自主个性成长

课堂形态转型——让学生自主个性成长

叶澜教授说："课堂教学蕴含着巨大的生命活力，只有师生的生命活力在课堂教学中有效发挥，才能真正有助于新人的培养和教师的成长，课堂上才有真正的活力。"

华东师大课程改革指导专家郑金洲博士指出："认识了课堂，才真正理解了教育；改变了课堂，才真正落实了新课程。"

教育的功能是唤醒人的自觉。对于学生来说，我要学，才有可能实现教育。课堂教学转型，就是突出学生自主学习，构建新型师生关系，现在时髦的提法就是"翻转课堂"。

为实现新课程"为了每一个学生的终身发展"的核心理念，课堂教学不仅要传授基础知识和基本技能，更要培养学生的学习方法、情感、态度和价值观，培养学生的思维能力和终身学习的能力，培养学生的学习兴趣、学习习惯和探索精神。

课程改革的实施必须在两个层面上突破，一是国家课程方案中的课程设置改革，二是课堂教学方式的改革。随着教育改革发展的纵深推进，课堂教学的改革已经进入深水区，是真正实现改革目标的关键点和突破口。课程改革，决胜课堂，已经成为我们推进课堂转型实践，以及各学校实施有效教学研究的重要课题，这关系着素质教育的目标能否在课堂主阵地实现，课改目标的达成必须以转变课堂组织方式、优化课堂教学过程、提高课堂教学效率为出发点和归宿。

7.1 课堂转型的意义

基础教育课堂的功能主要不是选拔精英，而是促进人的幸福成长，提升学生的文化素养。教育要培养创新人才，中小学在创新人才培养链中只是最前端、最基础的部分，课堂给予学生的是创新人才基本素养的培养，理想的课堂应是培养学生对知识的好奇心、问题意识、探究兴趣、创新思维和方法，发展学生的爱好特长，并在课堂中形成师生平等互动、培养学生交流沟通、团队学习、自主管理能力的过程。这些恰恰是创新人才必备的基本素质，如果我们能让学生按照自己的兴趣和特长选择课程、选择课堂、选择探究课题、选择实践项目，那么，我们的学生都会具有创新人才的潜能，我们的课堂都会成为师生共生的乐园。此时此刻，课堂转型自然水到渠成。

7.1.1 课堂是生命成长的阵地

首先要认识课堂对学生成长的深远影响。学生在校学习有 70% 的时间在课堂度过，课堂效益高学生就学得轻松，才有时间去发展特长个性，才有时间参加课外活动和身体锻炼。可见课堂是生命成长的主阵地。

其次是研究有效的课堂教学需要用何种方式。新的课程标准对教学有明确的实施要求，确立以学生发展为中心，学生是教学过程的主体，教师是引导者、指导者、促进者，教育的目标是为学生终身发展奠基。但现实中还是有些教师和一些学校的管理不顾教学的规律与学生发展的实际，教学中脱离新课程要求，总是凭过去的课堂经验和形式应对课堂，却忽视课堂教学效果，忽视对学生的影响，也忽视自己从事教育的内心感受。

存在这些问题的主要原因是缺乏对课堂教学有效的研究与反思，缺乏对育人质量的本质认同。如果课堂教学墨守成规，继续一味地追逐学科知识点和应试高分，只能偏离教育质量评价要求；如果学校继续增加课时、增加科目，同样违背教育规律和教育本质；如果我们依然以拼体力、拼时间、拼作业量做题量来达到提高教学质量的目的，更是不符合现代教育以人为本的发展要求。要提高教育质量正确的选择，就是以学生为本，遵循学生认知成长规律，从以考定教、以教定学转型为以学定教、以学促教。应用先进的教育理念和最新的信息技术，重塑课堂，让课堂更具发展性、包容性和科学性。

7.1.2 课堂转型的艰难历程

华东师范大学钟启泉教授认为，课堂转型已成为教育领域静悄悄的革命。

1. 基于传统课堂的认识。

钟启泉教授认为，半个多世纪以来，我国中小学的课堂一直受到苏联凯洛夫教育学的影响。凯洛夫教学理论早在20世纪50年代末就遭到苏联教育界的质疑和批判，并逐渐被抛弃，不幸的是，它在中国的持久蔓延却使我国的课堂教学带上了强烈的灌输色彩。“灌输式教学”使得“课堂”被简化为教师以教材为媒介，引导学生掌握一定知识、技能的活动。

钟启泉教授认为，这实在是抹杀了教学活动的复杂性。课堂教学虽然是以认知活动为中心而展开的，但也在构筑着教师与学生以及学生与学生之间的关系；乃至重建着教师和学生自身的生存状态和生活方式。因此，课堂教学这种活动体现三种特性的实践：认知性、技术性实践，人际性、社会性实践，道德性、伦理性实践。显然，传统教学理论仅限于教学的认知过程，而失落了教学的社会过程和内省过程。

2. 基于课堂转型中的焦虑。

钟启泉教授认为，在新课程的实施中，尽管“对话式教学”的意义得到越来越多的中小学教师的认同，但是，真正实现了“对话式教学”(师生互动)的课堂却并不多见。不少教师仍然热衷于设计“教师上课”的框框，并没有直面每一个学生的学习需求。虽说“上课”的目标被标榜为引导学生的“学习”，骨子里却根本没有学生。教师所关心的仅仅停留于“教师上课”本身，并没有聚焦学生的实际需求。这是课堂是否真正转型的关键所在。

一些教师采用“对话式教学”的最大焦虑是怕耽误教学进度。钟启泉教授认为“对话式教学”的采用或许有损于教师上课的效率，却无损于学生学习的效率。“灌输式教学”的效率是牺牲了学习困难学生、失落了学生学习兴趣的效率。在这里需要转变教师的观念。倘若我们不去追求处理教科书内容的进度，而是寻求每一个学生的学习经验的效率，那么，“对话式教学”远比“灌输式教学”更有效率。教师的责任不是教科书的处理，作为专家的教师的责任在于实现课堂中每一个学生的学习。在实践中真正成功地采用了“对话式教学”的教师是决不可能拖延教科书内容授受的进度。

3. 基于课堂转型的实质。

教室里整齐排列的课桌椅，学生面对黑板和讲台静静地聆听教师的讲授，然后教师问、学生答的课堂教学情景，亦即所谓的“三中心”(教师中心、教科书中心、课堂中心)的教学情景，至今在我国很多中小学教师看来是很正常，但在欧美各个国家已经被淘汰。

在欧美国家的教室里，黑板和讲台从教室中消失了，课桌椅被换成4~5个人围坐的小台桌子，教科书成为配角，代之而起的是丰富多彩的学习资料。教师的作用已经转变为学生学习的设计者和服务者了。从20世纪70年代开始，各国已不约而同地展开着这场“静悄悄的革命”。面对21世纪的挑战，课题转型“已经是不可逆转的了”。

钟启泉教授认为，今日课堂的变化，显然隐含着产业社会的终结与知识社会的勃兴这样一个背景，课堂“灌输式教学”的时代终结了。在欧洲各国中无论是号称教学方式最为传统的法国，还是受国际教育界瞩目的欧洲教育改革的明星——芬兰，都在推进“项目中心”的课程和“合作性学习”。近年来，即便在固执于“灌输式教学”的东亚国家和地区，这个势头也在开始涌动。我国教育部2001年发布的《基础教育课程改革纲要(试行)》强调新课程改革的具体目标是要实现从“灌输中心教学”向“对话中心教学”的转变。归根结底，就是要改变残酷的应试竞争的现状，变“排斥性学习”为“合作性学习”，使每一个学生都能获得主动的生动活泼的发展。

4. 基于课堂转型的历程与走向。

我国从2001年实施新课程以来，课堂教学转型至今经历了三个主要时期：新课程标准和新教材解读适应期、教学方式变革期、校本课程建设期。这三个时期表现出三个层次，其一是形成落实课堂教学三维目标共识；其二是聚焦课堂，转变教学方式，探索自主合作探究的教学模式；其三是实施三级课程校本化建设，实践研究个性化、选择性、适合性的课程培养。这种课改走向与正在推进的基础教育综合改革形成了无缝对接。

7.2 课堂转型的实践

7.2.1 课改进程的实践反思

我们目前的小学、初中经历新课程改革走过了十四年，高中新课程改革近十年，从宏观层面上讲，教师对新课程理念学习经历了通识培训、学科课程培训、教学课程的实践，已经有了观念上的变化，更加注重教学的三维目标，更加注重课程的开设，更加注重学生的综合素质评价。

但从微观层面上看，我们还不容乐观，还有许多难以改变的习惯在忽视学生生存状态和课堂的内心感受，离落实新课程要求还有很大差距。我们一些学校的教学教研管理、课堂教学评价、学习方式、教学方式仍然陈旧老套，缺乏变革，漠视学生的成长需求，导致不少课堂低效、无效甚至负效，少有高效；新课程目标难以有效实现，素质教育表面化、形式化；一些教师与学生的感受是真累、真苦，教师难有职业幸福感，学生逐渐失去学习兴趣。追求分数、升学率的目标下，忽视了学生的健康成长，忽视了学校的健康发展，忽视了学生的实践能力与创新精神的培养。

教育中存在这些问题，究其原因主要有：一是教育观念没有实质转变；二是教师需要树立职业理想；三是教育需要生态环境；四是学校管理机制需要相应变革；五是实现有效教学必须聚焦课堂。随着课程改革进程的深入，教育科学发展的要求，基础教育更加关注学生的学习状态、发展状态、成长状态，更加关注学生的课堂状态、过程状态、效果状态。聚焦课堂，实现课堂转型将赋予我们诸多思考。

7.2.2　课堂转型让生命充满激情

课程改革的主阵地是突破课堂教学环节。突破课堂教学核心环节是学校教育质量发展的内在动力。每个教师、每所学校必须通过这个环节。这就要求学校教学管理必须从宏观走向微观，转变教师的教学方式，转变学生的学习方式，构建自主、合作、探究为特征的有效课堂模式。从而实现课程育人目标即全面提高育人质量，实现以人为本，一切为学生的未来发展奠基；从而实现教学目标即学生在学习中形成具有知识与技能、过程与方法、情感态度与价值观的三维目标。

课堂学习是学生与教师交流互动的主要场所，教师的教学观念、行为方式、教学艺术、教学情感等都在课堂中体现，学生的学习态度、学习情趣、思维状态、学习效果等都在课堂中展示。因此，研究课堂、聚焦课堂、实行课堂转型是教师教学生命力所在。

7.2.3　课堂转型让学校充满活力

实践证明课堂教学改革坚决、扎实到位的地区、学校，教学质量突出。山东潍坊地区的聚焦课堂教学，构建幸福课堂，连续十年高考质量领先全省；江苏的洋思中学聚焦课堂教学，总结了“先学后教，当堂训练”，成为全国名校；山东聊城杜郎口中学聚焦课堂教学，总结的“三三六制”教学模式，把一所农村弱校变为强校；湖南省岳阳市许是中学的课程教学改革真抓实干，聚焦课堂教学，教学质量进入全省先进行列；株洲市区域整体推进课堂教学改革，促进课堂教学转型，连续六年全市高中学业水平考试位列湖南省前茅，高考水平连续五年保持全省先进：株洲市三中聚焦课堂教学，学考、高考质量实现低进高出；醴陵一中、醴陵四中聚焦课堂教学，高中教学质量迅速提高；株洲市七中、云阳中学、长鸿实验学校、景弘中学、东富中学聚焦课堂教学，学校实现持续发展，教学质量稳步提高，以课堂转型打造出了学校教育质量的品牌。

课堂转型促进了学生成长活力形成，促进了教师专业素质提升，促进了学校内涵成功发展，促进了校长课程领导力显著增强。

7.2.4　课堂转型让区域教育品质改善

课改推进需要校长的课程领导力和对教育理想追求的勇气，需要教师关爱学生未来发展的生命情怀。课改过程是师生共同成长的过程，是学校管理机制和教育文化重建的过程，是引领学校走向充满教育活力的过程，是学校教育内涵品质改善、特色逐步形成彰显的过程，会使教师更有教育职业幸福感。区域整体推进课改是实现区域整体提质减负、促进均衡发展的重要路径和必然选择。

检验课堂转型是否有效的标准主要有两个方面：一是是否落实了自主、合作、探究的学习方式；二是是否实现了“高质低负”，提高了育人质量(三维目标要求)，有效减轻了学生的学习负担。

7.3 课堂转型的管理

7.3.1 课堂转型要突出教师专业角色

教师的工作是一种自律性的职业。钟启泉教授认为，教师是借助依存于情境的不安定的实践中跟情境的对话来行使职务的，课堂转型中的教师专业化定位应是反思性实践家。从反思性实践的立场看，教学的实践不是靠一般的技术原理的运用能够奏效的，教学的研究也不是靠抽取教学经验上升为一般化的技术原理所能奏效的。作为反思性实践家的教师比之作为技术熟练者的教师，更胜之处在于：能够投身于更复杂的情境，与学生在平等的关系之中，寻求文化含义的建构和拥有高度价值之经验的创造；能够与儿童、同事和家长合作，倾注全力去发现并反思这种情境中学习的意义和价值，展开实践反思，分享实践经验，增长实践智慧。教师借助反思性教学的实践，发现自身角色的自律性和专业性的职能，恢复自己的尊严和希望。这正是教师的专业化成长与教学改造的基本途径。“反思性实践家”是近年来支撑教学研究的最重要的概念。

7.3.2 课堂转型要再造教师反思文化

课堂改革的成败系于教师。单纯的经验积累并不意味着教师的顺利成长和成熟，课堂教学研究才是教师专业成长的基本功。钟启泉教授认为，我国的课堂研究重心需要从“技术性实践”研究转型为“反思性实践”研究。瞄准“技术性实践”的教学研究试图寻找一切教学都存在的有效的科学原理与普遍技术，事实证明这样的研究思路对改进教学而言常常徒劳无功；而瞄准“反思性实践”的教学研究，则是以观察、记录、评议特定教学的“教学案例”研究的方式展开的。“教学案例”研究是依据教学这一个别的、具体的实践事实，以教师为主体的、基于审察与反思的、旨在促进教师专业成长的教学研究方法。它通过提供教师考察教学的丰富视点，促进了教师对教学的多元理解和教师实践智慧的生成。毋庸置疑，一旦教师意识到教学尚有其他的可能性有待选择，他们就一定能够走上教学创新的道路。

7.3.3 课堂转型要建立管理机制

目前我国中小学的管理机制基本上是与过去的课程体系相适应的管理而建立的，机制与管理功能是相互依存的。现在新课程管理目标更加突出学生主体地位、发展地位、个性成长地位，更加突出教师的主导地位、指导地位、促进地位，更加突出学校的育人为本地位、服务地位、特色发展地位，因此学校育人功能与以往已经有了很大差异，务必要变革管理机制，才能理顺管理功能，才能建立与之相适应的教育教学教研管理制度，才能建立与新课程相适应的管理要求。不从机制上变革，学校校长就不能很好地建立课程核心领导力，就不能实现变被动为主动的育人发展方式，就难以实现聚焦课堂，就难以实现管理、服务重心下移的扁平式管理，就难以真正实现科学决策、民主管理。现在我们不少学校没有从管理上建立与新课程相适应的机制，有的学校还是家长式、一言堂，没有确立好教师、学生在学校中的地位。试想一下把原来的“政教处”改设为“学生发展中心”，把原来的“教研室”改设为“教师发展中心”，把原来的“教务处”改设为“教学管理服务中心”，等等，不就突出了教师、学生、服务的核心地位吗？不更受到教师、学生的关注和欢迎吗？学校的以人为本的管理不更有体现吗？

观念是行动的指南，机制是管理的保障。要真正实现有效管理、有效教学、学校持续发展，没有与新课程相适应的机制是难以实现的，即使有也是不会持久的。

7.3.4 课堂转型要变革教学管理方式

1. 推进课堂转型，学校教学管理必须要实现六个转变。

从行政型管理转变为服务型管理；从设计教案转变为研究学案；从挖掘教材转变为开发课程；从分析教材转变为研究学生；从评价教师转变为诊断课堂；从评价学生转变为反思教学。

2. 推进课堂转型，学校管理必然经历四个阶段。

从理念到观念为第一阶段境界；从观念到方法为第二阶段境界；从方法到文化为第三阶段境界；从文化到思想信仰为第四阶段境界。

这是推进课程改革成功必然的渐进过程，这是把理念变为现实的孕育生成过程，只有沉浸其中才会感受到教育的快乐，只有参与其中才会领略到生命与智慧的激情。这是一个从无形到有形操作生成，形成整体推进之势生长，再由有形到无形的个性风格追求的过程。

3. 实现课堂转型，教学操作要实现六个转变。

把教师主讲变成学生参与；把知识课堂变为知识、能力、情感交融的课堂，变成探索性、研究性的课堂；把单一课堂变成多思维、多文化、面向全体的课堂；把整齐划一的课堂变成生动活泼、形式多样的课堂；把听、读、写环节深化为演、听、画、做等；把完成教学任务的课堂变成能满足学生需求的、适合学生学习方法的课堂。

7.4 课堂转型的方式

7.4.1 课堂中心转型

从“知识的课堂”到“能力的课堂”再到“创新的课堂”；从“以教师、教科书为中心”转变到“以学生为主体”“以学习为中心”，将改变课堂的生态。

7.4.2 课堂目标转型

课堂教学设计逻辑结构从以学科体系为线索向着以学生学习为线索转变；教师教学出发点和着力点从教师如何“教”向学生如何“学”转变；学生培养模式从标准化模式向注重因材施教、开发学生多元智能、为学生提供多类型的课程和个别化的教学转变。

随着信息技术的发展，课堂的转型将更具颠覆性。信息技术将为个性化学习和个性化教学带来契机和可能，因材施教不再是梦想；课堂将是创造新知、激发创新潜能、实现心灵沟通的乐园；优质教育资源将不仅仅在区域内，而且在全球实现最大程度的共享，教学从平面走向立体，学习从被动走向主动；无所不在的学习环境将让终身学习的理念深入人心。当前，信息技术与学科课程已经开始走向深度融合，网络学习空间已经改变课程的学习形式，微课程、翻转课堂、幕课已经走进校园课堂。

7.4.3 课堂结构转型

赢在课堂才能赢在未来。课堂转型就是“以学生的学习为中心来组织教学”。未来的课堂教学，无论是在教育观念上，还是在教学结构上，都将朝着以学生的学习为中心这一核心内容发生转型，也就是“以学定教”。

课堂教学的未来发展方向，就是“以学定教，少教多学，让学生在快乐中发展”。

1. 要认识影响学生学业的因素。

一是了解学生的学习动机和对自己的挑战性期望。激发学生的兴趣和爱好，能够让学生产生对自身水平的挑战性期望，它所带来的学习效果一定是最好的。二是了解合适的学习时间和有效的学习机会，才能提供给学生有效的学习机会。三是教师的针对性教学，教师的教学要关注“个人化”和“针对性”。

2. 认识当前课堂教学的问题和症结。

现在的课堂，学生的学习很多还是被动进行的。课堂上如何让每一个学生都真正动起来，真正投入到学习中去？这是一个问题的症结，课堂教学改革就是要从这里去改。其次，在班级授课制的阶段，教师如何顾及不同学生的个体需要，还缺乏清晰的思路。

3. 教育观念和教学过程的转型。

首先，课堂教学将不再是开始于老师的备课和讲课，结束于考试评价的过程。课堂教学改革的方向发生了重大的转变，一是课堂教学开始于学生的独立学习和预学准备，开始于老师了解学生知道什么和能做什么，二是评价始终与教学过程平行。现在，很多正在进行的课堂教学改革实验，其评价始终都与整个教学过程平行展开(要评价学生的预学情况，要评价老师的引导过程，要评价学生课堂上出现疑问老师怎样处理)，也就是不断通过过程的评价来调整学生的学习方式。这是现代教学改革的关键之处。

其次，课堂教学总是在了解学生的基础上有针对性地设计与改进。上一堂课，对学生懂的内容，教师在教学设计中要淡化，对学生不懂的内容，教师在教学设计中要重视。

再次，课堂教学从动机到结构都将是以学生学习为中心来进行组织，而不是以教师为中心来进行组织。

4. 课堂转型的本质要求。

当前的教育已经走到了内涵发展的阶段，课堂作为基础教育最核心的内涵问题，各种课堂教学新模式，与新课堂教学模式相伴而生的教学新名词、新术语不断涌现，如学案、导学案、学材、任务单、预学单、学习设计、学情分析……这些新概念不断推陈出新，使得课堂转型注入了功利化和实用化的色彩。其实，教学改革与课堂转型，绝不是教学形式和教学术语的刷新，它反映的是实质的根本性的改变。

要改变那种大量讲授、大量训练的课堂基本形态；改变老师讲得很累、学生学得很苦的课堂基本状况；改变课堂教学开始于老师的备课和讲课，结束于考试评价的局面；改变围着知识转、围着重点转、围着老师转、围着形式转的窘境；改变学生感受不到课堂的愉悦和学习的幸福，师生关系紧张的现状。这其中的关键就是要以学生的学习为中心来组织教学。课堂教学应该开始于老师了解学生知道什么和能做什么，评价始终与教学过程平行，教学总是在了解学生的基础上有针对性地设计与改进。

7.5 课堂转型的实施

高效课堂的教学方式是实现课堂高效的生产力。课堂教学的高效率，是每一个教师不断追求的目标，它是教学过程的最优化，教育效果的最大化，是师生完美配合的结晶。

构建高效课堂两个核心因素是学生和教师。课堂是否高效，就要看学生和教师是否在课堂上都得到了充分的发展。学生的发展是高效课堂的核心目标，而教师的发展是学生发展的有力保障。课堂教学是教学的主阵地，是实现高效的核心所在。课堂中的流程优化、时间操控、学生主体的发挥等是我们能否实现高效的依托。因此学校教学方式的选择或者说教学方式的转型是非常关键和特别重要的。

7.5.1 课堂教学中存在的主要问题

课堂教学中存在的主要问题是急功近利和狭隘，低效率，质量差。由于对课堂教学的价值存在认识上的偏差，导致课堂教学向着应急和实用的功利方向发展，进而导致课堂教学的狭隘性。主要表现在：

(1)在教学目标上，存在着围绕考试目标确定教学目标的问题，不能全面育人。

(2)在教学内容上，存在着以考定教、以考定学的问题，考什么就教什么、学什么。

(3)在教学方式和学习方式上，存在着重视传递、忽视生成的问题。

(4)在教学评价上，存在着重视结果忽视过程、重视考试成绩忽视素质发展的问题。

这种急功近利、狭隘的课堂教学严重制约着学生综合素质的提高，也影响着学生的学业成绩提高。

7.5.2 课堂教学转型的主要任务

1. 改革旧的教育观念，树立新课程现代教育理念。

观念是行动的指南，教育观念对教学起着指导和统领作用。一切先进的教学改革都是从新的教育观念中生发出来的；一切教学方式改革的困难都来自旧的教育观念的束缚；一切教学方式改革的创生都是新旧教育观念替换的结果。确立以学生发展为本、以教师发展为本、以学校发展为本的教育观念，是课堂教学方式变革的首要任务。

因此，现代教学改革必须具备五种观念，才能实现教学方式的有效转型：新教育思想发展的动态观念，不断更新教学思想，不断丰富教学思想；全面发展的整体观念，培养多层次多规格人才；学生为主体的观念，学生是学习的主人；重视实践的观念，应让学生在实践活动中锻炼成长；教书育人的观念，以培养创新人才为宗旨。

2. 坚定推进课堂教学方式改造。

先进的教育观念的确立，要通过构建先进的教学模式，用先进的教学方式体现出来；教育观念转变本身也需要通过教学模式这个载体才能在教学方式转变过程中得以进行。观念不转变，模式不构建，落后的教学习惯不改变，教学方式转变就失去方向。

3. 致力于教学管理制度的重建。

重建教学管理制度是课堂教学方式改革的重要任务。教学管理制度的重建是实现教学思想观念更新、教学方式转变、学习方式转变、教学模式构建的基础和保障。观念更新、方式转变、模式构建的最大阻力就是落后的学校管理制度和评价制度。教学管理制度重建是解决教育观念和行为的根本问题。

7.5.3 课堂教学转型的实施目标

1. 以科学发展观统领课堂教学改革，制定优质高效的课堂教学策略，促进学生全面发展、和谐发展、可持续发展和自主发展，全面提高课堂教学的水平和效率。

2. 课堂教学方式改革的目标。

通过课堂教学方式改革要实现五个转变。

(1)变单纯传授知识为在传授知识过程中重视能力培养；

(2)变单纯抓智育为德智体全面发展；

(3)变教师为中心为学生为主体；

(4)变平均发展为因材施教，发展个性；

(5)变重教法轻学法为教法学法同步改革。

让学生在学会学习的过程中学会合作、交流、共享，学会发现自我、发展自我、展示自我、超越自我，实现自身价值。

7.5.4 以学定教的实施意义

1. 以学定教的概念。

以学定教就是依据学情确定教学的起点、方法和策略。这里的学情包括学生的知识、能力基础，学生的年段认知水准，学生课前的预习程度，学生对新知的情绪状态等学习主体的基本情况。而“定教”，就是确定教学的起点不过低或过高，在恰当的起点上选择最优的教学方法，运用高超的教学艺术，让每一位学生达到最优化的发展。

2. 以学定教的意义。

以学定教和以案定教、以教定教的本质区别在于目中有人，尊重学生，以人为本，以生为本，真正体现教学是为了学生主体的发展。而以案定教，教师心中只有教案，教学是为教案服务，而不顾及学生的基础、情感和生命发展。以教定教呢？教师心中只有自己，忙着灌输知识，忙着传授方法，全然不考虑学生喜欢不喜欢，能不能接受。

3. 以学定教的内涵。

一切从学生的学习实际出发，一切以学生认知的积累和能力的提升为根本；以学生的认知水平确定起点和难点，以学生的认知需求确定教学内容，以学生的认知规律确定教学策略；教是为了学，教是服务于学，教是为了不教；既要想办法让学生“肯学、愿学”，更要有措施让学生“学会、会学”。

7.5.5 以学定教的实施要求

1. 以学定教的主体要求。

教师教学计划的制定、内容的取舍、方法的选择，要基于学生这一主体，着眼于学生的发展，让学生感受到积极主动获取知识的快乐，更有创造力不断被激发的惊喜，有自身潜力不断被发掘而感受到的成功与自信的舒畅体验。在学生、知识、方法、教师、环境等课堂要素中，学生永远居于核心地位。

2. 以学定教的理念要求。

(1)以学生为本。

新课程理念下的课堂教学不仅是一个特殊的认知过程，而是师生双方情感共融、分享体验、共同创造的完整的生活过程。构建互动的师生关系、教学关系，是教学的首要任务。

以学定教要求我们应着重关注课堂上学生三维目标的实现情况，即是否获得了知识与技能，是否经历了过程，掌握了方法，情感、态度、价值观的发展怎样。以生为本的核心是将学生看作可被点燃的火炬，是知识和方法的自我构建者，是情感、态度和价值观的自我塑造者。在以学定教标准的统领下，任何教学活动都应围绕学生的已有经验和未来发展去开展，按学生的成长规律去设计，在学生的"最近发展区"着力，这样才能激起学生积极求知的热情，使之主动参与，使学习过程成为学生身心和人格健全发展的过程。

(2)重视自主学习、探究学习。

自主学习是学生在教师引导下，自己确定学习目标、选择学习方法、监控学习过程、评价学习结果的一种能动的、创造性的学习方式。学生的自主学习程度如何，具体要看一节课中学生学习的自由度、能动度和时间度怎样。自由度是看学生的学习目标、方法、进度及对结果的评价是否由自己决定；能动度是看学生的学习是否积极主动；时间度是看学生是否有思考与自学的时间。从本质上说，探究学习是一种发现学习，具有深刻的问题性、广泛的参与性、丰富的实践性和开放性。坚持以学定教、以学论教，教师就会在教学过程中，以问题为载体，创设一种科学研究的情境，通过学生探索、分析、处理信息、独立地发现问题，获得知识技能，形成情感、态度、价值观的探究活动。在学习过程中，学生动态的问题越多越好，说明教师善于启发；教师回答不上来的问题越多越好，说明学生的探究有深度。当然，一节课不可能完全体现学习的自主性、探究性，但哪怕有一点体现以学定教、以学论教，就是一节学生得实惠，既叫好更叫座的课。

3. 以学定教的操作要求。

一是看学生是否做到：联系阅读，主动回答，自主讨论，自评互判。在以学定教策略统领下，联系阅读是指教师引导学生从相关书面材料中提取信息、获得意义来影响其非智力因素的活动。

二是看老师是否做到：引人入胜，创设情境，保证时空，互动倾听，结尾无穷。老师要从学生学情出发，从激发兴趣入手，让学生对某一课题处于最佳学习状态或境界的教学行为。以学定教原则特别要求教师要保证学生亲身体验、自主探究的时间和空间。教师要实践陶行知先生的“六大解放”，给学生一定的时间去体悟，给他们一个空间去创造，给他们一个舞台去表演，让他们动脑筋与思考，用眼睛去观察，用耳朵去聆听，用自己的嘴去描述，用自己的手去操作，使课堂成为学生生命成长的乐园。

教师作为新课程实施中的探索者，作为以学定教的策划者，要在课堂上允许学生充分表达自己的见解与困惑。教师应该相信“没有尝试过错误的学习是不完整的学习”，要用欣赏的眼光去观察，用宽容的心态去理解，要鼓励学生创新；要允许学生出错，要学会延迟判断，让学生学会自己在错误中改正，在跌倒处爬起。教师在引导学生对教学内容进行总结、升华的同时，激发学生对相关内容或问题产生继续学习的欲望，并使学生在课后主动收集信息、解决问题。

7.5.6 以学定教的实施策略

1. 以学定教，自主合作的教学策略。

新课程要求教学要以学生的身心发展素质为基础，以科学的学习规律为依据，以科学的学习方法为纲要，以发展思维、提高学习能力为主线，以素质充分发展为目标，以高效的学习思路为设计蓝图，遵循相应的教学原则，让学生在积极主动的学习活动中，建立合理的知识结构，获得科学高效的学习方法，形成较强的学习能力，养成良好的思维品质，身心素质和谐发展。

新课程倡导新的学习方式，以学生自主、合作和探究为主，教师不应再充当导演的角色，而应成为学习情境的创造者、组织者，成为学生学习活动的参与者、促进者。教师要以学定教，从以往“只见教材，不见学生”的教学模式中转变过来，花时间去揣摩学生、琢磨课堂，关注学生在课堂上的反应，思考相应的对策，了解学生的需要，真正上好每一节课。课堂教学不再成为教师自我展示的舞台，让学生在课堂上“学会”和“会学”，才是教师的本职。

随着“自主合作高效”和谐课堂的深入研究，逐步形成“以学定教，自主合作”高效课堂教学策略，科学地定位教与学的关系，极大地挖掘出教师与学生的潜能，实现了课堂效益的最大化。

2. 以学定教，自主合作的教学操作。

当前的课堂教学应充分发挥学生的主体地位，让每一个学生都能充分地“动”起来，自主去探索新知，发现问题，互助合作解决问题。在此基础上，教师对学生在自主、互助学习中尚未解决的问题，作适时、必要的引导和点拨等，并辅以高质量的达标题做最后巩固，以实现课堂教学时间的高效运用，提高课堂教学的质量和效益。鉴于此，总结出了“以学定教，自主合作”高效课堂教学策略。其基本环节为：明确定向，指导学法—自主研学，巡视指导—合作交流，点拨深化—拓展应用，高效达标。

课堂教学策略在实施中有两条线贯穿教学始终，一条是明线，一条是暗线，明线就是学生为主体的学的活动，每一个环节都是学生在学和练；暗线是就是每一步都有教师在指导、引导。把这两条线结合得好，课堂教学就能取得高效益。

7.6 课堂转型的路径——课程资源与信息技术深度融合

7.6.1 教育技术是教师专业化发展的重要支持

应用现代教育技术，促进各级各类教育的改革与发展，尤其是促进基础教育的改革与发展，已经成为当今世界各国教育改革的主要趋势和国际教育界的基本共识。国际教育界之所以会有这样的共识，是因为现代教育技术的本质是利用技术手段，特别是信息技术手段，优化教育教学过程，从而达到提高教育教学效果、效益与效率的目标。

效果的体现是各学科教学质量的改进；效益的体现是用较少的资金投入获取更大的产出，培养出更多的优秀人才；效率的体现是用较少的时间来达到教学内容和课程标准的要求。

现代教育技术所追求的这三个方面的目标，是各级教育部门和中小学校十分关注的目标。而确保这些目标的实现，正是现代教育技术的优势所在。要让现代教育技术的上述优势得以发挥，需要靠教师去实施。这样，就对教师教育提出了更高的要求——在教师的专业技能中，提高应用教育技术的能力已变得越来越重要。《中小学教师教育技术能力标准》的制定，就是要从制度上保证广大教师具有合格的应用教育技术的专业技能。

7.6.2 教育技术是课程资源应用的重要手段

基础教育新课程改革的核心是要培养学生的创新精神，让青少年生动、活泼、主动地发展，这就要求教师改变在课堂上的教学方式与行为模式。而应用教育技术正是改变教师的教学方式与行为模式的最重要手段。

1. 学生是首要的课程资源。

在信息化、网络化、多元化的今天，教师个体对学生群体的知识优势已逐渐丧失。面对“弟子未必不如师”的现实，教师除了要有紧迫感，不断学习充实自己之外，还应虚心向学生学习，并适时地把讲台留给那些学有所长或在某一方面有研究、思考的学生，这既是对他们努力的肯定，也是对其他学生极好的示范，引导学生学会相互学习、相互欣赏。同时教师对学生认知和心理状态的把握，也仍然是一切教育教学成功的基础。因此学生不仅是我们教育的对象，也是我们教育活动的合作伙伴，是不可忽视的课程资源。

随着我国城镇化进程的加快，农村资金、技术、劳动力实现了跨地域的流动，同时学生“择校”已成为我国教育发展中的客观现实，这一学情的变化打破了城市公办学校原有的生源结构，呈现出城市学生与农民工子女学生杂处的局面，使得不同地域成长的学生同处同一课堂。由于不同的成长背景，使得学生分别带有鲜明的现代城市文化和传统乡村文化风情、就学地文化与出生成长地文化的烙印。这些文化相互接触时，既有可能带来学校文化、班级文化、课堂文化的丰富多彩，也有可能造成不同范围、层面的文化差异，甚至因学生的知识基础参差不齐，也会给教师的教学带来更大的难度。

2. 提升课程资源信息能力是课程资源与信息技术的深度融合的基础。

从信息的角度看，首先是课程资源信息意识，它是课程资源创生的前提和基础。没有课程资源信息意识，就无法谈及课程资源创生。一般说，课程资源意识越强、越敏锐，课程资源创生的可能性越大。其次是课程资源信息收集和整理能力，课程资源信息收集和整理是课程资源创生的重要保证。课程资源的创生需要材料的支持，没有材料，创生成为无本之木，材料的丰富给创生提供了广阔的空间。

从教师的知识方面看，教师的支持性知识对课程资源创生能力的培养具有重要作用，无论本体性知识多么渊博，经验性知识多么丰富，如果没有先进的课程观、教学观做支撑，课程资源的创生依然会陷入以知识单向传授为主的狭窄地带。只有建立在以人为本的理念下，用建构主义的课程观、教学观和学生观为依托，教师才可能从人的发展的角度审视课程活动，从而产生创生愿望，增强创生意识。

从创生的方法方面看，课程资源的创生是以信息的创造性加工为主体，通过创造者的横向思维活动来完成。课程资源的创生不是为了寻求某一最佳答案，而是寻求更多的解决问题的方法或情境，以适合不同人的需要。因此看问题的角度、思维的方式对教师课程资源信息创生能力的培养，具有较大的影响。发散思维与横向思维能力的强弱决定了课程资源创生能力的强弱。

学校必须提升课程资源信息能力，才能实现课程资源与信息技术的深度融合。

3. 网络人人通学习空间让学生自主选择课程成为现实。

利用信息技术，建立网络人人通学习空间已经成为现实，学校走班教学、网上走班学习、课程私人定制将成为个性化教育的选择方式。

7.6.3 传统课堂教学方式将被网络教育改造

互联网已经改变了新闻、商务和金融等行业，互联网也将改变教育。有人说，互联网可以超越时空，所以未来的教育可以实现远程学习、在线学习、泛在学习。

中关村新兴网络教育开发研究院院长李洪波在《我们为什么要用互联网去改造教育?》中指出，应用网络教育改造传统教育必须解决以下认识问题。

1. 必须解决传统教育问题。

搞互联网教育，首先要搞清楚教育到底存在哪些多年解决不了的重大问题需要用互联网思维或技术才能解决；其次要搞清楚互联网的哪些特性或功能可以被用来解决这些重大教育问题。互联网如果不能改变现有教育弊端，提高教育质量和教育效率，仅仅是将线下课堂讲授变成网上视频讲授，或为教师课堂讲授提供一些数字教育内容和工具，那么互联网与教育结合的意义就不大。

当前传统教育存在的最关键、最核心问题是将学生当作“知识容器”，被动接受灌输，思维能力丧失，主动获取知识的能力和创新能力不断被削减，学生的大脑处于休眠状态，只有机械记忆，缺少学习兴趣，同时由于教师所教学生数量过多，课堂上只能老师一个人在讲，学生听，其结果是教育质量低。用什么样的教学方式能够让学生主动学习、积极思考是互联网教育必须解决的问题。

其次教育事业发展不均衡，教育的公平和效率严重缺失，边远地区、经济欠发达地区的学生无法享受优质教育。政府和有关部门对解决第一个问题下了很大功夫，从2001年新课改开始就试图从以教师为中心的讲授式教学模式转变为以学生为中心的探究式学习方式，但在现有教学组织方式和教育技术手段没有改变的情况下，其结果是教师讲授式教学模式难以撼动。政府和有关部门相继采取了卫星教育、有线电视教育、教育光碟等措施送教下乡，其结果也是收效甚微。

《中共中央关于全面深化改革若干重大问题的决定》提出“大力促进教育公平，构建利用信息化手段扩大优质教育资源覆盖面的有效机制，逐步缩小区域、城乡、校际差距”的要求。课堂教学将被网络教育改造，实现教学方式转型将成为现实。

2. 充分认识互联网对教育的影响。

互联网作为人类最伟大的科技创新成果之一，改变了人类社会的生产、生活方式。

《国家中长期教育改革和发展规划纲要(2010—2020年)》指出“信息技术对教育发展具有革命性影响”。如果说信息技术对教育具有革命性影响，那就必须能够解决教育质量低下、教育效率不高、教育发展不均衡的问题，否则难以称得上“革命性影响”。

教育的本质是提高人的智慧，培养人格，改善人生。从教育的角度讲，教育过程是教育者根据教育目的、任务和学生身心发展的特点，通过指导学生有目的、有计划地掌握系统的文化科学知识和基本技能，发展学生智力和体力，形成科学世界观及培养道德品质、发展个性的过程。跳出教育的范畴讲，教育的过程实质上是信息交换和处理的过程，而互联网的核心功能正是信息交换和处理。互联网信息交换和处理的功能至少有以下八个特点：

快——速度快；低——成本低；超——超越时空；大——容量大；强——能力强；省——省时、省力、省钱；众——众人可以同时发言、倾听或回应；多——品种多，有文本、图像、语音等。

互联网信息交换和处理的每一个特点都将对教育发展起到直接、显著的促进作用，特别是“众人可以同时发言、倾听或回应”的功能，可以实现“多对多”，改变传统课堂、电视课堂和网络视频课堂的“一对多”的信息交换局限性，能够有效帮助学校教师从讲授式课堂教学模式转变为以“讨论交流”为核心的常态化学生自主探究学习模式，营造大范围探究式、讨论式、参与式学习环境。互联网信息交换和处理的其他特点更加强化了“多对多”的教学效果。

现代教育理论和实践认为：最符合人性的学习是自主、个性化的探究学习，最好的学习方式是对话交流的模式。真正的教育是让学生体验结论得出的过程，讨论、交流是教与学的中心环节，当前最主要的问题是学校教育如何实现学生自主学习。

李洪波认为，“云学习”就是基于现有学校体系，以网络教学实施平台为学习空间，变实体课堂为虚拟课堂，以学习者为主体、以教育者为主导，网上和网下学习相结合，超越时空、多维参与、主动探究、在线互动，网络平台与网络终端相分离，学生手持网络终端，网络课程服务商运营网络平台，提供伴随服务，教师变成导师，纸质教材变成数字学材(学生自主学习材料)，以数字学材——导学案为引领，面向大规模人群，形成大范围探究式、讨论式、参与式学习环境，对外开放课堂，实现常态化学生自主探究学习。“云学习”不是一种产品，而是一个学习的过程。“云学习”的学习内容不是预设的，而是生成的。也就是说，互联网不是用来推送学习资源的，而是用来生成、展示学习成果的，或者说是学生用来讨论交流探究作业的。

李洪波分析“云学习”有三个主要参与主体，分别是学生、教师、网络课程运营服务商。他们的职责：一是“学”，二是“导”，三是“服务”。整个“学导”过程要以“学”为核心，“导”要紧紧地围绕着“学”来展开，重点是激发学生的学习热情，让学生沿着教育者设定的学习路径自主探究。教师要由知识的发布者转变成学生探究的指导者、点拨者、发现者、唤醒者、激励者，为学生答疑解惑、指点迷津，对学生的作业进行品头论足；学生要由过去的观众变成“演员”，由知识的接收者转变成知识产生的体验者、试错者，体验结果的报告者、评论者、借鉴者、反思者、修正者；网络课程运营服务商则提供“演出舞台、演出道具和演出服务”。互联网教育能否成功，上述的转变和定位至关重要。

7.7 课堂转型的教学模式探究

西方学术界通常把模式理解为经验与理论之间的一种知识系统。一般是指介于经验与理论之间，把两者沟通起来的一种具有可操作性的典型体系和简约化的知识范型。高效的课堂教学模式是观念、方法的载体，是操作路径，是有效推进课改的生产力。

教学模式的研究具有方法论意义。长期以来，人们在教学研究上习惯于采取单一刻板的思维方式，比较重视用分析的方法对教学的各个部分进行研究，而忽视各部分之间的联系或关系；或习惯于停留在对各部分关系的抽象的辨证理解上，而缺乏作为教学活动的特色和可操作性。教学模式的研究指导人们从整体上去综合地探讨教学过程中各因素之间的互相作用和其多样化的表现形态，以动态的观点去把握教学过程的本质和规律，同时对加强教学设计、研究教学过程的优化组合也有一定的促进作用。

7.7.1 教学模式的意义

国家《教育规划纲要》把培养创新型人才，着力培养青少年的社会责任感、创新精神和实践能力放在突出的位置上。培养创新型人才是提高教育质量、推进素质教育的重大战略和政策的主要目的。因此，探索培养学生创新能力的课堂教学模式势在必行。

培养学生创新能力的课堂教学模式应该营造创新氛围，强化对学生创新意识、创新精神和创新能力的培养，要求教师创造思维活跃、畅所欲言的环境氛围，让课堂成为学生充分发挥独创精神的空间。美国哈佛大学在本科生和研究生教学中所实施的研讨会课堂教学模式对我们探索培养学生创新能力教学模式具有重要的借鉴意义。

教学模式是一种具体化、操作化的教学思想或理论，它把某种教学理论或活动方式中最核心的部分用简化的形式反映出来，为人们提供了一个比抽象的理论具体得多的教学行为框架，具体地规定了教师的教学行为，使教师在课堂教学中有章可循，便于教师理解、把握和运用。每一种教学模式都是由特定的比较稳固的操作程序和方法的策略体系所构成，它是直接为解决特定的教学任务和目标服务的，具有很强的操作性。

教学理论的目的和归宿在于指导教学实践，从而使教学实践建立在科学的基础之上，以提高课堂教学的质量和效率。教学模式在教育理论和实践之间架起桥梁，发挥中介作用，对实践起着极为重要的指导作用。有利于教师提高教学水平和质量，可使教学活动多样化，更利于切合不同教学内容、对象和环境的需要。它既具有理论的概括性，又具有操作性。

7.7.2 教学模式的结构

教学模式中各个因素之间有规律的联系就是教学模式的结构，一般包括五个因素。

1. 理论依据。

教学模式是一定的教学理论或教学思想的反映，是一定理论指导下的教学行为规范。不同的教育观往往提出不同的教学模式。

2. 教学目标。

任何教学模式都指向和完成一定的教学目标，在教学模式的结构中教学目标处于核心地位，并对构成教学模式的其他因素起着制约作用，它决定着教学模式的操作程序和师生在教学活动中的组合关系，也是教学评价的标准和尺度。正是由于教学模式与教学目标的这种极强的内在统一性，决定了不同教学模式的个性。不同教学模式是为完成一定的教学目标服务的。

3. 操作程序。

每一种教学模式都有其特定的逻辑步骤和操作程序，它规定了在教学活动中师生先做什么、后做什么，各步骤应当完成哪些任务。

4. 实现条件。

是指能使教学模式发挥效力的各种条件因素，如教师、学生、教学内容、教学手段、教学环境、教学时间等。

5. 教学评价。

是指各种教学模式所特有的完成教学任务、达到教学目标的评价方法和标准等。由于不同教学模式所要完成的教学任务和达到的教学目的不同，使用的程序和条件不同，当然其评价的方法和标准也有所不同。

7.7.3 教学模式的特点

1. 指向性。

由于任何一种教学模式都是围绕着一定的教学目标设计的，而且每种教学模式的有效运用也需要一定的条件，因此不存在对任何教学过程都适用的普适性的模式，也谈不上哪一种教学模式是最好的。评价最好教学模式的标准是在一定的情况下达到特定目标的最有效的教学模式。教学过程中在选择教学模式时必须注意不同教学模式的特点和性能，注意教学模式的指向性。

2. 操作性。

教学模式是一种具体化、操作化的教学思想或理论，它把某种教学理论或活动方式中最核心的部分用简化的形式反映出来，为人们提供了一个比抽象的理论具体得多的教学行为框架，具体地规定了教师的教学行为，使得教师在课堂上有章可循，便于教师理解、把握和运用。

3. 完整性。

教学模式是教学现实和教学理论构想的统一，所以它有一套完整的结构和一系列的运行要求，体现着理论上的自圆其说和过程上的有始有终。

4. 稳定性。

教学模式是大量教学时间活动的理论概括，在一定程度上揭示了教学活动带有的普遍性规律。一般情况下，教学模式并不涉及具体的学科内容，所提供的程序对教学起着普遍的参考作用，具有一定的稳定性。但是教学模式是依据一定的理论或教学思想提出来的，而一定的教学理论和教学思想又是一定社会的产物，因此教学模式总是与一定历史时期社会政治、经济、科学、文化、教育的水平联系，受到教育方针和教育目的的制约。因此这种稳定性又是相对的。

5. 灵活性。

作为并非针对特定的教学内容教学，体现某种理论或思想，又要在具体的教学过程中进行操作的教学模式，在运用的过程中必须考虑到学科的特点、教学的内容、现有的教学条件和师生的具体情况，进行细微的方法上的调整，以体现对学科特点的主动适应。

7.7.4 构建教学模式的适切性

1. 教学是一门科学和艺术，是个性和风格的彰显，没有固定的模式可言。

在课堂教学中，当教师的教育理念没有达到课程标准的育人与教学要求，教学方法陈旧，不符合学生成长要求时，需要模式来规范、带动、引导，达到课程标准的教学要求。

在教学实践中，很多教师的成长基本上是先从无形到有形，达到要求后实现个性化，再到无形无模的阶段。实际上通过这个模式的导引心中已经构建了一个模式：自主、合作、探究的操作流程。

2. 成功推进课改的学校和教师都经历了建构探索模式和适应模式的过程。

这个阶段很多学校和教师是有困惑的，特别是很多所谓的名校名师自以为就是新课改标准实施的化身。但是我们必须注意到这种学校和教师很危险，校长必须要有清醒的认识，必须关注学生的未来发展，不要因功利教育丧失了教育的良知，背离新课程的初衷和要求，过去不代表现在，过去满堂灌有效果(有分数)，但现在不是这样，现在是看未来有能力、有素质；名校名师依赖招生优势，教了好的生源班取得好成绩就以为教学水平高，为课改推动制造借口，形成阻力。

为什么课改推进呈现“农村包围城市”“弱校带动强校”，就是因为他们没有城市、名校的优越、自负的心态，敢于正视现实实施课改。

因此，每一所学校要结合校情、学情探索自己的教学管理模式、学科教学模式。这一点上是没有固定模式可言。这个模式构建的核心就是通过自主、合作、探究性学习方式，实现育人的三维目标，即知识与技能、过程与方法、情感态度价值观的素质形成。

3. 学校推进课改工作一定要重视模式的构建，模式是观念、方法的载体，是操作路径，是有效推进课改的生产力。

构建模式的过程是教师真正理解新课程标准的过程，是再学习、再提升的过程，是内化成自己教学行为的过程。否则很难进入课改的境界，只能游离于课改之外吆喝，体会不到实践探索育人过程经历痛苦之后的快乐。

没有模式的引导和规范操作，课改不可能会有实质的变化，反而会折腾老师，也是走不远的。因为它没有真正用新课程理念来指导。

7.7.5 超越模式的教学境界

在课堂教学改革过程中，建构或推行新的课堂模式成了自觉或不自觉的行为，到底要不要模式，如何建构与推行模式，则有不同的声音。

1. 要从依靠模式到超越模式。

在观课研课的实践中，有一些教师经常用“教无定法、贵在得法”这句话来给自己找依据，其实这是一句教学境界达到一定高度后才能使用的话。

对于一些教师没有跳出单一化的“新授课”课型，在这种课上，教师没有学会智慧导学，学生也没有学会自主、合作与探究学习，此时，引用类似“教无定法”之类的话就不太适用。

达到“教无定法”的教学境界，必须经历五步：

第一，依靠模式，实现教学方式转型，将“教”的课堂转向“学”的课堂；

第二，依靠模式，实现角色转型，指导学生学会自主、合作与探究学习，教师要与学生同步，学会智慧导学；

第三，依靠模式，规范教与学的行为，提高教学质量和课堂教学品位，促进教师专业发展；

第四，超越模式，达到“教无定法、贵在得法”的境界；

第五，不再依赖模式，达到“教是为了不教”的境界。

模式的问题应根据学生学习能力和教师自身的专业素质、教学水平来选择和确定。在课堂教学改革实践中，开始阶段须依靠模式，随着学生学习能力和教师专业能力的不断提升，则应逐步超越模式，走向文化自觉。从课堂教学改革与发展角度来讲，从依靠模式到超越模式是提升课堂教学品位的有效路径，也是促进教师专业成长的有效途径。

2. 学校如何实现由“依靠模式”到“超越模式”的成功转型。

(1)基于理念建构模式。

在建构模式时要突出五个要素：一是基于多年实践和认识，明确学校教学理念；二是创新课型，建立多元课型体系；三是确定教师和学生在不同课型中的行动要素，或确定师生统一的学习要素，要具体到细节；四是明确师生采用的教与学工具名称与数量；五是构建学生成长目标，明确通过本模式的实施，将培养什么样的学生。

(2)基于规范研发操作指南。

学校课改领导小组和专家小组要对学校建构的基本模式进行全面而科学地诠释，并研发制定“教师导学行动操作指南”“学生学习行动操作指南”和“学校课改行动操作指南”，具体明确在本模式系统中，教师要做什么，学生要做什么，学校教务、德育、科研等部门分别要做什么，各部门应承担什么样的新职责和任务，目的是规范教师和学生的操作行为。

(3)基于转型分科研训模式。

在建构模式、研发规范基础上，学校要组织学科教师进行分科培训，并对相关基本模式和各种操作规范进行专题研讨和深度培训。重点研讨在学科教学中如何运用模式，如何用教师操作规范来改变教师习惯性的传统教学行为；如何用学生操作规范来改变学生以往被动学习方式和学习习惯。

通过这种比较性分析和研究，就能够很快辨别出实施模式前后的行为变化，明确今后在该模式系统中的操作思路和行动方向。到这个阶段时，教师可以按该模式要求来备课和上课，开始进入实验研究阶段。

(4)基于个性创建学科变式。

教师经过一段时间的实验和操作后，对模式有了一定的认识和体会，在此基础上，由教研组或备课组开展专题研究，建构基于学校基本模式基础上的、符合学科特色的学科课堂教学模式，亦称学科变式。在这一阶段中，教师要边实践边思考，边研究边提炼，逐步突出本学科的教学特色和个性。

(5)基于实践优化课堂模式。

教师采用学科变式实施教学，在课堂教学实践中，应重点指导学生自主合作与探究学习的能力，关注单位时间的学习效率；同时对自己教学行为应不断进行反思和总结，不断提高智慧导学艺术和水平，推动由“教师搭台师生唱”走向“师生搭台师生唱”，由“师生搭台师生唱”走向“师生搭台学生唱”，再由“师生搭台学生唱”走向“学生搭台学生唱”。

(6)基于发展超越模式范型。

在学校模式和学科变式引领下，课堂教学境界将逐步提升，学生自主合作与探究学习能力也会达到一定水平。学生的学科学习基本上无需教师的无间断指导，而达到了“可有可无”的境界。此时，学生的课堂学习行为已经超越了学校模式框架体系。达到这个境界后，教师和学生在课堂教学中就无需用固定模式来规范学习行为，从而达到一种行为自觉。

7.8 课堂转型的新模式

随着教育信息化的发展，“慕课”“微课”“翻转课堂”已经成为被逐步认识和推广的一种全新的现代化教学方式，弥补了一些传统教学方式中的不足，体现出现代化教学和传统教学的深度融合。

7.8.1 “慕课”“微课”“翻转课堂”的概念和特点

1.“慕课”。

“慕课”(Massive Open Online Courses，简称 MOOC)其意指大型开放式网络课程，从字义我们了解到，和传统课程不同之处在于，“慕课”是大规模的，由几千几万人参与的；开放的，不分国籍不分地区，只要兴趣使然都可以参与其中；基于网络的，受教育者无需到现场听课，只要通过网络就能够接受自己感兴趣的课程教育。

MOOC 是新近涌现出来的一种在线课程开发模式，它发端于过去的那种发布资源、学习管理系统以及将学习管理系统与更多的开放网络资源综合起来的旧的课程开发模式。通俗地说，“慕课”是大规模的网络开放课程，它是为了增强知识传播而由具有分享和协作精神的个人组织发布的、散布于互联网上的开放课程。

这一大规模在线课程掀起的风暴始于 2011 年秋天，被誉为“印刷术发明以来教育最大的革新”，呈现“未来教育”的曙光。2012 年被《纽约时报》称为“慕课元年”。多家专门提供“慕课”平台的供应商纷起竞争，Coursera、edX 和 Udacity 是其中最有影响力的“三巨头”，前两个均进入中国。

“慕课”的主要特点：

(1)大规模的，不是个人发布的一两门课程；

(2)开放课程，尊崇创用共享(CC)协议；

(3)网络课程，不是面对面的课程；这些课程材料散；人们上课地点不受局限。无论你身在何处，都可以花最少的钱享受美国大学的一流课程，只需要一台电脑和网络连接即可。

2.“微课”。

“微课”指的是以一个内容简短、主题明确的视频方式来集中说明一个问题或核心内容的小课程，最终实现在线学习或移动学习的实际教学内容。目前而言，“微课”不仅是师生学习交流的教育资源，也构成了学校教育教学改革的特色。

“微课”的核心组成内容是课堂教学视频(课例片段)，同时还包含与该教学主题相关的教学设计、素材课件、教学反思、练习测试及学生反馈、教师点评等辅助性教学资源，它们以一定的组织关系和呈现方式共同“营造”了一个半结构化、主题式的资源单元应用“小环境”。因此，“微课”既有别于传统单一资源类型的教学课例、教学课件、教学设计、教学反思等教学资源，又是在其基础上继承和发展起来的一种新型教学资源。

“微课”主要有以下特点。

(1)教学时间较短。教学视频是“微课”的核心组成内容。根据中小学生的认知特点和学习规律，“微课”的时长一般为 5~8 分钟左右，最长不宜超过 10 分钟。因此，相对于传统的 40 或 45 分钟的一节课的教学课例来说，“微课”可以称之为“课例片段”或“微课例”。

(2)教学内容较少。相对于较宽泛的传统课堂，“微课”的问题聚集，主题突出，更适合教师的需要。主要是为了突出课堂教学中某个学科知识点(如教学中重点、难点、疑点内容)的教学，或是反映课堂中某个教学环节、教学主题的教与学活动，相对于传统一节课要完成的复杂众多的教学内容，“微课”的内容更加精简，因此又可以称为“微课堂”。

(3)资源容量较小。从大小上来说，“微课”视频及配套辅助资源的总容量一般在几十兆左右，视频格式须是支持网络在线播放的流媒体格式。师生可流畅地在线观摩课例，查看教案、课件等辅助资源；也可灵活方便地将其下载保存到终端设备(如笔记本电脑、手机、MP4 等)上实现移动学习、“泛在学习”，非常适合于教师的观摩、评课、反思和研究。

(4)资源组成、结构、构成“情景化”。“微课”选取的教学内容一般要求主题突出、指向明确、相对完整。它以教学视频片段为主线“统整”教学设计(包括教案或学案)、课堂教学时使用到的多媒体素材和课件、教师课后的教学反思、学生的反馈意见及学科专家的文字点评等相关教学资源，构成了一个主题鲜明、类型多样、结构紧凑的“主题单元资源包”，营造了一个真实的“微教学资源环境”。这使得“微课”资源具有视频教学案例的特征。广大教师和学生在这种真实的、具体的、典型案例化的教与学情景中可易于实现“隐性知识”“默会知识”等高阶思维能力的学习并实现教学观念、技能、风格的模仿、迁移和提升，从而迅速提升教师的课堂教学水平、促进教师的专业成长，提高学生学业水平。就学校教育而言，“微课”不仅成为教师和学生的重要教育资源，而且也构成了学校教育教学模式改革的基础。

(5)主题突出、内容具体。一个课程就一个主题，或者说一个课程一个事。研究的问题来源于教育教学具体实践中的具体问题，或是生活思考，或是教学反思，或是难点突破，或是重点强调，或是学习策略、教学方法、教育教学观点等等具体的、真实的、自己或与同伴可以解决的问题。

(6)草根研究、趣味创作。正因为课程内容的微小，所以人人都可以成为课程的研发者；正因为课程的使用对象是教师和学生，课程研发的目的是将教学内容、教学目标、教学手段紧密地联系起来，是“为了教学、在教学中、通过教学”，而不是去验证理论、推演理论，所以决定了研发内容一定是教师自己熟悉的、感兴趣的、有能力解决的问题。

(7)成果简化、多样传播。因为内容具体、主题突出，所以，研究内容容易表达、研究成果容易转化；因为课程容量微小、用时简短，所以，传播形式多样(网上视频、手机传播、微博讨论)。

(8)反馈及时、针对性强。由于在较短的时间内集中开展“无生上课”活动，参加者能及时听到他人对自己教学行为的评价，获得反馈信息。较之常态的听课、评课活动，“现炒现卖”，具有即时性。由于是课前的组内“预演”，人人参与，互相学习，互相帮助，共同提高，在一定程度上减轻了教师的心理压力，不会担心教学的“失败”，不会顾虑评价的“得罪人”，较之常态的评课就会更加客观。

3.“翻转课堂”。

“翻转课堂”教学模式(Flipped Classroom 或 Inverted Classroom)是指把传统课堂教学模式颠倒过来，由传统的“课堂老师讲课，回家学生作业”变为“学生在家自主学习知识，课堂上和老师互动答疑学习运用知识”。

在“翻转课堂”教学模式下，学生在家完成知识的学习，而课堂变成了老师与学生之间、学生与学生之间互动的场所，包括答疑解惑、知识的运用等，很好地实现了让学生自己掌控学习、增加学习中的互动性、让教师与家长的交流更深入，从而达到更好的教育效果。

互联网的普及和计算机技术在教育领域的应用，使“翻转课堂”教学模式变得可行和现实。学生可以通过互联网去使用优质的教育资源，不再单纯地依赖授课老师去教授知识。而课堂和老师的角色则发生了变化，老师更多的责任是去理解学生的问题和引导学生去运用知识。

利用视频来实施教学，在多年以前人们就进行过探索。在20世纪的50年代，世界上很多国家所进行的广播电视教育就是明证。为什么当年所做的探索没有对传统的教学模式带来多大的影响，而“翻转课堂”却倍受关注呢？这是因为“翻转课堂”有如下几个鲜明的特点。

（1）教学视频短小精悍。大多数的视频都只有几分钟的时间，比较长的视频也只有十几分钟。每一个视频都针对一个特定的问题，有较强的针对性，查找起来也比较方便；视频的长度控制在学生注意力能比较集中的时间范围内，符合学生身心发展特征；通过网络发布的视频，具有暂停、回放等多种功能，可以自我控制，有利于学生的自主学习。

（2）教学信息清晰明确。在视频中教师的教学过程与教学内容的表述紧密地与学生思维认识融合起来，并缓慢地填满整个屏幕。除此之外，就是配合书写进行讲解的画外音。这种方式让人感到贴心，就像我们同坐在一张桌子面前，一起学习，并把内容写在一张纸上。这是“翻转课堂”的教学视频与传统的教学录像的不同之处。

（3）重新建构学习流程。通常情况下，学生的学习过程由两个阶段组成：第一阶段是“信息传递”，是通过教师和学生、学生和学生之间的互动来实现的；第二个阶段是“吸收内化”，是在课后由学生自己来完成的。由于缺少教师的支持和同伴的帮助，“吸收内化”阶段常常会让学生感到挫败，丧失学习的动机和成就感。“翻转课堂”对学生的学习过程进行了重构。“信息传递”是学生在课前进行的，老师不仅提供视频，还可以提供在线的辅导；“吸收内化”是在课堂上通过互动来完成的，教师能够提前了解学生的学习困难，在课堂上给予有效的辅导，同学之间的相互交流也有助于促进学生知识的吸收内化。

（4）复习检测方便快捷。学生观看了教学视频之后，是否理解了学习的内容，视频后面紧跟着的四到五个小问题，可以帮助学生及时进行检测，并对自己的学习情况作出判断。如果发现几个问题回答的不好，学生可以回过头来再看一遍，仔细思考哪些方面出了问题。学生对问题的回答情况，能够及时地通过云平台进行汇总处理，帮助教师了解学生的学习状况。教学视频另外一个优点，就是便于学生一段时间学习之后的复习和巩固。评价技术的跟进，使得学生学习的相关环节能够得到实证性的资料，有利于教师真正了解学生。

7.8.2 “慕课”“微课”的积极作用与适用范围

“慕课”和“微课”是借助先进的信息技术和网络平台实现的，其积极作用不能低估。它首先表现在优质资源共享和自学的灵活性上。目前传统课堂的小班上课，由于一个学校教师水平的参差不齐，一些优秀教师所教的班有限，别的班的学生没法享受优秀教师的资源，更别说学校之间的差距更大。多年来屡禁不止的择校问题，与其说是择校，不如说是择师。虽然优质学校的硬件设施好于薄弱学校，但家长更看重的是优质学校的师资水平。而传统的手工式的教学方式，再优秀的教师也只能教几个班的课，不可能让外班外校的学生享受到这种优质资源。俗话说：“庄稼种不好误地一年，学生教不好误人一生。”如何发挥优秀教师的讲课资源，“慕课”和“微课”可以部分地解决这一问题。

通过以上的分析我们认为，“慕课”和“微课”不能完全颠覆传统的实体课堂，不能代替老师在课堂上的现场点拨和指导，只能作为课堂教学的一种补充。其作用主要表现在以下几个方面。

1. 适于教师在备课时借鉴学习。

通过“慕课”可以募集到许多优秀教师的讲课课件，这些优秀教师对课程标准的理解、对教材的分析、对课堂教学的设计都是难得的课程资源，如果教师在备课时能学习借鉴这些优秀资源，一方面会提高个人的专业素养，另一方面可以直接借鉴学习，提高自己的教学水平。因为微视频不同于过去网上的课堂实录和优秀教案，它是以PPT课件的形式配以教师的讲解，对教师的备课能起到直接的启迪借鉴作用。

2. 适于转化学习困难的学生。

在课堂上同样的授课时间，学习困难的学生并不能完全掌握，教师也没有时间专门去照顾这些学生。过去靠课堂笔记难以复现教师讲课的情境，现在有了微视频，学生在课后复习时可以反复观看，加深理解。还可以根据“慕课”提出的练习题进行变式练习，确实有助于转化学习困难的学生。

3. 适于家长辅导孩子。

现在家长普遍重视孩子的学习，有的家长想辅导自己的孩子但苦于不能了解教师的讲课进度和要点，也有的限于文化水平觉得辅导不了。现在有了“微课”，家长在家也可以反复观看，首先自己明白，然后检查和辅导自己的孩子就方便多了。甚至家长可以通过智能手机在上班的地铁上或中午休息时间下载观看老师的微视频，提前学习，回家辅导孩子时做到心中有数。

4. 适于学生的课后复习。

根据艾宾浩斯的遗忘规律，学生在课堂上学得再扎实过后不复习也会遗忘，而学生在复习时如果能够观看老师的微视频，会加深自己对教材的理解，会复现老师讲课的情景，激活记忆的细胞，提高复习的效果。所以老师在课后可以把自己的微视频放到网络上，供学生复习时参考。

5. 适于缺课学生的补课和异地学习。

有些学生因病因事缺课，过后找老师补课，一是老师不可能有时间及时给学生补课，二是老师补课时也不会完全像在课堂上讲课那么具体。如果有了微视频，学生即使在外地，也可以通过网络下载老师的“微课”自学，及时补上所缺的课程，使“固定学习”变为“移动学习”。现在笔记本电脑、平板电脑、智能手机比较普遍，携带方便，都能实现这种移动学习。

6. 适于假期学生的自学。

中小学生每年的寒暑假时间都比较长，除了参加一些必要的社会实践活动外，一般老师都会布置一些预习和复习作业。如果老师能够根据学生的需要事先录制一些“微课”帮助学生预习或复习，也能够提高学生的自学效果。当然，用于预习的视频要区别于教师讲课的视频，不然又变成了“先教后练”的接受性学习。

总之，对于“慕课”“微课”这样的新生事物，我们要积极研究和实验，取其所长，避其所短，既不能盲目追风，轻易“翻转课堂”，又不能一概排斥，忽视现代化手段带来的积极作用。

7.8.3 “慕课”“微课”与“翻转课堂”的实践研究

1. “慕课”“微课”与“翻转课堂”在实践中的应用。

目前，“慕课”“微课”“翻转课堂”已成为课堂教学改革的流行语，大有颠覆传统课堂、迎来课堂教学革命之势。这种源于美国的教学形式，目前已经引起了国内许多中小学和教育行政部门的重视。

山东省昌乐一中宣称是省内第一家“慕课学校”，从 2013 年秋季新学期开始在初一、高一各取两个班进行“翻转课堂”实验。

山东省济南市历下区教育局也于 2013 年 7 月颁布了“翻转课堂”教改实验实施意见，提出在全区义务教育阶段学校积极开展数字化网络环境下学习方式的探索，开展“翻转课堂”教学的研究。

湖南省株洲市天元区开展了“微课”与“翻转课堂”教学展示活动，以此推进课堂教学方式变革。

华东师范大学 2013 年 9 月成立了“慕课”中心，并组织了高中、初中、小学 C20 慕课联盟(C20MOOCs)，开展了一系列的研讨活动。有的专家断言：“慕课将翻转基础教育课堂”，“将来可能一门课就是一个优秀教师上课，别的都是辅导员”，教师未来的选择就是“当讲师还是当辅导员”。

2. “翻转课堂”的组织。

(1)“翻转课堂”不是在线视频的代名词。“翻转课堂”除了教学视频外，还有面对面的互动时间，与同学和教师一起发生有意义的学习活动。它不是视频取代教师，不是在线课程，不是学生无序学习，不是让整个班的学生都盯着电脑屏幕，不是学生在孤立地学习。

(2)“翻转课堂”是一种手段，增加学生和教师之间的互动和个性化的接触时间；是让学生对自己学习负责的环境，老师是学生身边的“教练”，不是在讲台上的“圣人”；是混合了直接讲解与建构主义学习；是学生课堂缺席，但不被甩在后面；是课堂的内容得到永久存档，可用于复习或补课；是所有的学生都积极学习的课堂；是让所有学生都能得到个性化教育。

(3)“翻转课堂”的步骤：

其一，创建教学视频。应明确学生必须掌握的目标，以及视频最终需要表现的内容；收集和创建视频，应考虑不同教师和班级的差异；在制作过程中应考虑学生的想法，以适应不同学生的学习方法和习惯。

其二，组织课堂活动。内容在课外传递给了学生，课堂内更需要高质量的学习活动，让学生有机会在具体环境中应用其所学内容。包括学生创建内容、独立解决问题、探究式活动、基于项目的学习。

(4)“翻转课堂”是如何改变学习的？

乔纳森·贝格曼和亚伦·萨姆斯认为“翻转课堂”从根本上改变了我们的学习，主要体现在以下三个方面。

第一，“翻转”让学生自己掌控学习。“翻转课堂”后，利用教学视频，学生能根据自身情况来安排和控制自己的学习。学生在课外或回家看教师的视频讲解，完全可以在轻松的氛围中进行；而不必像在课堂上教师集体教学那样紧绷神经，担心遗漏什么，或因为分心而跟不上教学节奏。学生观看视频的节奏快慢全在自己掌握，懂了的快进跳过，没懂的倒退反复观看，也可停下来仔细思考或笔记，甚至还可以通过聊天软件向老师和同伴寻求帮助。

第二，“翻转”增加了学习中的互动。“翻转课堂”最大的好处就是全面提升了课堂的互动，具体表现在教师和学生之间以及学生与学生之间。由于教师的角色已经从内容的呈现者转变为学习的教练，这让教师有时间与学生交谈，回答学生的问题，参与到学习小组，对每个学生的学习进行个别指导。当部分学生为相同的问题所困扰，教师就组织这部分学生成立辅导小组，为这类有相同疑问的学生举行小型讲座。当教师更多的成为指导者而非内容的传递者时，我们也就有机会观察到学生之间的互动。学生们在小组中彼此帮助，相互学习和借鉴，而不只是依靠教师作为知识的唯一传播者。

第三，“翻转”让教师与家长的交流更深入。“翻转课堂”改变了教师与家长交流的内容。学生是否在自主学习？这个更深刻的问题会带领教师与家长商量：如何把学生带到一个环境，帮助他们成为更好的学习者。

7.8.4 “慕课”“微课”与“翻转课堂”的冷思考

“慕课”来袭似乎使人们看到了基础教育课程改革的新动向，“慕课”真的能翻转中小学的传统课堂吗？“慕课”与“微课”的实质是什么？在课堂教学中的效果如何？其适用范围是什么？“翻转课堂”会成为今后课堂改革的主流吗？

1.“慕课”是教师的预设，没有翻转接受性学习的本质。

“慕课”是一种大规模开放式的在线课程。“翻转课堂”是指学生在家里观看教师事先录制好的或是从网上下载的讲课视频，回到课堂师生面对面交流和完成作业的一种教学形态。“慕课”强调的是用“微视频”(微课)，区别于传统的一节课 45 分钟的网上教学或“空中课堂”，每段视频不超过 15 分钟，便于集中学生的注意力和分解难点，力求保持学习的有效性。

实施新课程，就是提倡由过去的“接受性学习”变为学生自主合作“探究性学习”。有的“慕课”推广者强调这种新的教学形式有助于学生的探究性学习，是“先学后教”，是对传统课堂的颠覆和翻转。

天津教科院王秋月老师认为，“慕课”所提倡的“先学”已不是新课改意义上的“先自学”，而是“先听课”。所谓“先学后教”，是在老师没有讲授之前让学生自学课本，并特别强调在课堂上自学，教师根据学生的自学情况再进行点拨。而现在的“慕课”是“先听课”。学生在家里或课外不是自学课本，而是观看教师的讲课视频。学生不用自己探究，教师把重点和难点都进行了分解，甚至对课文的分析或对例题的解题步骤都讲得很具体，学生只用做练习题就可以了。与传统的接受性学习不同的是：过去是在课堂上听老师讲课，现在是在家里听老师讲课，只是换了个时间和地方，翻转的是时间和地点，但没有翻转接受性学习的实质。新课改所提倡的探究性学习也被翻转回了接受性学习。其实，“慕课”的本意是为缺课学生补课用的，而不是提倡大部分学生都用这种方式学习。“‘慕课’在发达国家主要应用于成人的高等教育，而不是基础教育。在欧美国家的基础教育领域对于‘慕课’等新技术的应用并不风风火火，而是相对保守。”这种学习只能说是“浅度学习”或“泛在学习”，有别于“深度学习”“互动学习”和“自主学习”。

新课程提倡的“探究性学习”，是在老师没有讲授之前先让学生自学课本，而不是先听老师讲解。学生自学不会的通过小组合作来解决，小组合作不能解决的全班讨论来解决，大家都不会的再由教师来点拨解决，老师一定要退到最后一步。教师讲多长时间、讲什么，不是根据课前的预设，更不是事先录制好微视频，而是根据学生的自学情况“以学定教”“顺学而教”。教师在课堂上只讲学生不会的、不对的，学生通过自学能够解决的问题不需要老师讲。而现在的“慕课”是根据教师的预设，并不知道学生通过自己看书学会了什么、不会什么，又回到了接受性学习的老路上去了。

新课程要求的“探究性学习”，强调的是让学生通过自己的实验、推导、求证得出结论，建构知识。所以修订后的义务教育课程标准更注重学生的探究过程。而“慕课”所倡导的“微视频”，虽然教师在视频中也引导学生探究知识的形成过程，但这种探究并不需要学生的独立动手动脑，是观看教师的“探究过程”。更不用说自控能力差的学生会直接看问题的结论，没有耐心去看老师的推导探究过程。

2.“慕课”中“翻转课堂”会增加学生的负担。

“翻转课堂”是否会加重学生的课外负担？这是我们更为关注的问题。现在各级教育行政部门都强调要减轻学生的学业负担，有的地方强调小学低段课后零作业，中学的课后作业每天不超过一小时或一个半小时。虽然各地的具体规定不同，但减轻学生课后作业是大势所趋，这里的课后作业不仅指复习作业，也包括预习作业。如果每节课课前都让学生在家自学 15 分钟，中小学一天 6~7 节课，至少要有 5 节新课，就需要观看 75 分钟的“微课”，这还不包括学生看后理解消化和做练习的时间，更不包括中学生必要的课后复习作业，是否会加重学生的课后负担？

上海市教委基础教育处处长倪闽景认为：“从现在的‘慕课’现状来看，有人认为可以实现基础教育的课堂翻转，大量的知识可以放在课外通过网络来自主学习，但是我认为这种做法是有悖教育伦理的——在课程标准高度统一和考试模式极其单一的情况下，让学生大量利用课外时间学习，势必会加重学生课业负担。”

华东师大钟启泉教授认为：“某些‘慕课’还不如说是应试教育课堂搬家，应试教育精致化、普及化。”

“翻转课堂”的教学形态，改变教学方式和学习方式，实现学生自主、合作、探究性学习，是新课程所倡导的，关键是“在线”“翻转课堂”并没有改变接受性学习方式，是一种“浅层”的凭借媒介形式化的改变呈现方式。但是，在新课程推进中，不少学校积极探索课堂教学改革，可以说已开展了多年的“翻转课堂”教学实体变革实验，而不是用虚拟的“微视频”。如江苏省南京市东庐中学的“讲学稿教学模式”是部分翻转，山东省杜郎口中学“三三六教学模式”和昌乐二中“二七一教学模式”是完全翻转。东庐中学的讲学稿分为两部分，一部分是课前自学部分，一部分是课上探究部分。要求学生在课前自学完基础知识，课上先检测学生自学部分，然后师生共同探究难点部分。以杜郎口中学为代表的完全翻转课堂模式则是在课前让学生学习课本，课上主要是讨论交流、展示。

王秋月在教改实践中观察到：现在有的寄宿制学校声称不是让学生在家看，而是在自习课上看，好像没有占用学生的课外时间，实际上这样的学校已经大大延长了学生一天的学习时间。自习课虽然教师不讲课，但学生看老师的“微课”还是等于教师讲课，只是换了个形式和时间。我们提倡学生预习，但不提倡“过度预习”，过度预习会加重学生的课外负担。

不管什么教学形式，都要以减轻学生的课外负担为前提条件。我们说的提高课堂教学效率，是向课堂40分钟或45分钟要效率，而不是向24小时要成绩。要通过提高课堂教学效率，在保证完成国家课程标准的前提下，把课后时间还给学生，让学生有更多的时间发展自己的爱好特长，落实国家中长期规划中所提出的让学生了解社会、动手实践、参加社区服务和社会实践活动。现在有些学校的翻转课堂是课前忙自学，课上忙表演，大大加重了学生的课外负担。

另外，目前我国中小学的教材“一标多本”，一门学科一个课程标准下的教材有多种版本，各地用的教材版本不统一，教学进度不统一，也使“慕课”不能成为一种主流的教学形式而同时运用于不同地区不同学校的同一年级的学生，更没法实现“一门课就是一个优秀教师上课，别的都是辅导员”的理想目标。

即使是同一版本同一进度，不同学校之间学生的水平不同，也不可能完全按照一个教学进度进行，这样有可能导致好学生吃不饱，差学生吃不了。事实上现在很多学校一个班的学生两极分化的现象很严重，老师在课堂教学中要分层教学，针对不同水平的学生采取不同的措施，而这是“慕课”和“微课”那种统一制作的方法所做不到的。

华东师大钟启泉教授指出：“所谓名牌中学教案在其他学校用甚至西部地区用，那么教师还有作用吗？教育还需要考虑班级情况吗？教育需要当面交流，课堂是不可复制的，这都是教育常识。”

3. 用“微课”教学不能有效提高课堂教学效率。

现在不少学校老师改变做法，不让学生在课外看“微课”，不加重学生的课外负担，而是在课堂上看老师课前制作的微视频，能增加学生学习的兴趣和课堂教学效率。为了检验这种做法的效果，天津教育科学院王秋月到学校实地观摩了一节用“微视频”教学的高中政治课，王秋月老师观摩课堂实录与思考如下。

这节课是学习《关于世界观的学说——哲学是系统理论化的世界观》。在 45 分钟的一节课上老师播放了 7 段微视频，其中 2 段是补充的生活中的案例，5 段是教师对基本概念和理论的讲授和归纳。课前备课组进行了集体备课，分工录制了微视频，在课上播放的 5 段分析教材的微视频也是不同老师录制的，目的是分担工作量。每个老师上课时都可以使用，做到资源共享。上课的老师还特别强调因为录制“微课”花费了不少的时间，大大加重了备课的工作量。所谓“微视频”就是“课件加旁白”，不出现老师本人的画面，一是录制简单，二是不分散学生的注意力。在上课的过程中老师不断插播微视频，如对基本理论的分析，对知识的归纳概括，都是通过播放微视频来解决的。在播放微视频的时候，老师站在一边，与学生共同看着屏幕上的课件，听着自己讲解的声音，俨然成了旁观者。在课后的反思和研讨会上，听课的老师提出了许多问题：“既然老师就在现场和学生面对面，为什么不直接用课件给学生讲解，而让学生看自己课前录制好的视频呢？难道课前老师录制的声音比现场讲解更生动吗？”整堂课老师像一个视频播放员，师生之间的现场互动减少了，老师在“微课”中的讲解也是课前预设的而不是根据学生的自学情况现场生成的。当老师一脸麻木地站在一边听自己的录音时，整个课堂显得单调乏味。有一位听课的老师毫不客气的说：“这实际上是穿上现代化外衣的接受性学习。”讲课的老师感觉自己费力不讨好，显得有些委屈。本来学校对于这种改革充满了希望，打算购置设备制定措施在全校推广，由于课堂效果令人失望，学校领导也只好决定“等等再说”。

针对目前“教学跟风”“赶时髦”的现象，实际上是教育缺乏定力、缺乏本质的认识。教研专家王秋月老师不无感叹，对现在有的学校每个学生发一个平板电脑，让学生在课堂上看老师的“微视频”，这种做法也值得思考：既然在课堂上师生都在场，让学生看老师的视频与现场讲课有什么不同，仅仅是让学生们感到新鲜吗？上海市教委的倪闽景认为："这种做法太资源浪费——好不容易学生们在一起上课，结果各自低头在电脑前学习，就失去了课堂教学最宝贵的交流和沟通的资源。"这个观点与华东师大的钟启泉教授不谋而合，钟启泉教授认为："教学的过程一定是人际互动智慧碰撞……没有思维碰撞，教育就无法完成。"

由此可见，"慕课"和"微课"的实质是"接受性学习"而不是"探究性学习"，与实体课堂相比，只是翻转了教师讲课的时间和地点。如果作为主要的教学形式，"翻转课堂"会加重学生的课后负担。如果把"微课"直接用于课堂教学，会把生动活泼的师生互动变为单一的看视频，教师也不能做到"以学定教"。所以"慕课"和"微课"只能是课堂教学的补充而不是主流，它适于教师在备课时借鉴学习，适于转化学习困难的学生，适于家长辅导孩子，适于学生的课后复习，适于缺课学生的补课和异地学习，适于假期学生的自学等。

教育十大转型

JIAOYU SHIDA ZHUANXING

第 8 章

学习方式转型

——培养自主学习的动力

学习方式转型——培养自主学习的动力

基础教育长期被高校分层选拔和录取模式“绑架”，关注学生的个性与兴趣不够，甚至压制学生的个性与兴趣，从而让学生在分层选拔的过程中“一心一意”地追求更高层级的大学，而不是去弘扬个性和实现自我。

新高考的录取模式从“高校+专业”向“专业+高校”转变，这种变化将高中教育模式不得不从原来的“层次选拔”向现在的“兴趣选择”转型。

学校必须坚持：只有学生认识了自己，才可能知道自己需要什么学科和知识；只有学生为自己选择了学科和知识，才可能真正珍惜学习的机会。

学校不可能为学生的人生发展给出一个明确的指引，但学校有义务为学生的专业选择和人生发展提供丰富的路标。

中小学生在基础教育阶段最重要的就是培养良好的学习习惯和学习方法，掌握好的学习技能将为自己的成长品质与终身发展奠定良好基础。

新课程要求创设有利于引导学生主动学习的课程实施环境，提高学生自主学习、合作交流以及分析和解决问题的能力。学习方式的改善是以教师教学行为的变化为前提的，因而我们把教师教学行为的变化和学生学习方式的改善视为课程改革成功与否的重要标志，也是素质教育能否深入推进的关键因素。

利用信息技术，建立网络人人通学习空间已经成为现实，学校走班教学、网上走班学习、课程私人定制将成为个性化教育的选择方式。

8.1 学习方式转型的涵义

8.1.1 学习方式转型的意义

转变学生的学习方式在当前推进素质教育的形势下具有特别重要的现实意义。单一的被动的陈旧的学习方式，已经成为影响素质教育在课堂教学中推进的一大障碍。

一个在学校中度过九年或十二年学习生活的孩子，整天处于被动的应付、机械的训练、死记硬背、简单重复中，对所学的内容生吞活剥、一知半解、似懂非懂，那么我们怎么能够想象和指望他会成为一个高素质的人？在他的一生中，如何能具有创新的精神和创新的能力，如何能成为幸福生活的创造者和美好生活的建设者？传统的学习方式把学习建立在人的客体性、受动性、依赖性的一面上，从而导致人的主体性、能动性、独立性的不断销蚀。

因此，转变学习方式，就意味着要改变这种他主性、被动性的学习状态，把学习变成人的主体性、能动性、独立性不断生成、张扬、发展、提升的过程。这是学习观的根本变革，学习不是一种异己的外在的控制力量，而是一种发自内在的精神解放运动。

转变学习方式，要以培养创新精神和实践能力为主要目的。要构建旨在培养创新精神和实践能力的学习方式及其对应的教学方式。要注重培养学生的批判意识和怀疑精神，鼓励学生对书本提出质疑和对教师的超越，赞赏学生独特性和富有个性化的理解和表达。要积极引导学生从事实验活动和实践活动，培养学生乐于动手、勤于实践的意识和习惯，切实提高学生的动手能力、实践能力。由此可见，转变学生的学习方式，实质上是教育价值观、人才观和培养模式的变革。

现代学习方式的首要特征是主动性，核心特征是独立性，重要特征是独特性，突出特征是体验性，本质特征是问题性。这些相互包含、相互联系的特征尽管是从不同的角度提出，却是一个有机的整体。

8.1.2 学习方式转型的要求

新课程倡导学习方式的变革有其深刻的原因。从教育内部说，是由于传统的学习方式不能更好地推进素质教育，不能成为课程改革的积极的推动力量。从外部说，是社会发展对新课程提出的要求，即传统的学习方式不能更好地适应学生掌握知识，适应社会对人才的需要。课程改革理念下学习方式的变革是教育自身和社会发展在课程中的反映。

1. 教育自身的需求是推动学习方式变革的内在动力。

长期以来，我国课堂教学所施行的是传统的传递—接受式的教学方式。在这种教学方式下，教师单纯地教，学生被动地听，教师很少顾及学生的需要和兴趣，教师的主要任务是将知识传授给学生。这种被动接受的学习方式使学生对学习缺乏足够的兴趣，学习不再是一种乐趣，而是一种痛苦的煎熬。教师为改变这种状态，不得不想方设法地调动学生的学习兴趣，以外在的方式促使学生学习，结果教师疲于应付，学生学得很苦，课堂对于教师和学生来说都是没有兴趣的地方。这种缺乏主动性、积极性和能动性的单一被动的学习方式，严重阻碍素质教育的推行，不利于新课程的推及和实施。因此，改革学习方式势在必行。

2. 社会发展对学习方式也提出了新的挑战。

人类社会步入21世纪，信息化的浪潮席卷全球，信息化社会最突出的特征之一就是信息量的膨胀，信息化社会的到来使人们不得不重新审视知识，重新思考有限的生命和无限的知识之间的关系，使他们不得不在知识的内容、价值和掌握知识的方法和技巧等方面重新做出选择。面对浩如烟海的知识，人类最需要的是学会掌握信息，掌握有用的知识，“求知”的意义已经从能够记忆和复述信息转向能够发展和使用信息。因此，要想在激烈的社会竞争中生存，人们必须通过教育、通过课程改革的推进与实施，掌握最基本的学习技能和技巧，形成学生积极主动的学习方式。而在我国教育中形成的过于接受的学习方式，缺乏主动性，忽视学生的主体性，是很难适应社会发展的。

8.1.3 学习方式转型的策略

《基础教育课程改革纲要(试行)》中明确指出：改变课程实施过于强调接受学习、死记硬背、机械训练的现状，倡导学生主动参与，乐于探究，勤于动手，培养学生搜集和处理信息的能力，获取新知识的能力，分析和解决问题的能力以及交流与合作的能力。

从课程变革和实施的角度，基础教育课程改革关于学习方式改革的目标中至少包含下面三个方面的实践策略。

1. 倡导学生的学习方式由他主学习转向自主学习。

传统过于接受的学习方式，容易使学生主体性、能动性和独立性丧失。从学校层面上看，它导致教师和学生对课堂学习和生活失去兴趣，课堂毫无生气，学校只是传授知识和技能的工厂。从社会的角度上看，学校教育培养的人才缺乏创造力，难于适应社会生活的需要，难于满足社会发展对人才的需求。转变过于接受的学习方式，就是要转变这种他主、被动的学习状态，把学习变成人的主动性、能动性和独立性不断生成、张扬、发展和提升的过程。

学习方式的转变意味着学习观的变革，即学习不再被看成是一种外在的控制力量，而是一种发自内心的、积极的、主动的过程，任何外在的、被动的、不与学生内在主动性结合的学习，很少能取得好的学习效果。基于这样的学习观念，从教育的价值观念上看，教育不再是一种促进学生学习过程的外在产生的强加的手段，而是以一种积极的方式，促使学生的学习由被动转向主动的过程，从而使教育真正发挥促进人发展的功能。新课程改革的基本理念是以弘扬人的主体性、能动性和独立性为宗旨的自主学习。

2. 转变学习方式就是要突出学习过程中发现、探究和研究等认知过程。

学生的学习方式一般可分为接受和发现两种。在接受学习方式中，学习的内容以定论的形式直接呈现给学生，学生是被动的知识接受者。学生最重要的活动就是听，把知识纳入到头脑中。在发现学习方式中，学习的内容主要是以问题的形式呈现在学生的面前，通过问题调动学生学习的积极性和主动性，学生是知识的主动接受者，是知识的发现者。

学生是有着完整人的生命表现形态，是处于发展中的以学习为义务的人。“学生”一词可以从人的自然存在、社会存在和精神存在三个层面来解读：学生学习——掌握生存的常识和技能，以便独立地面对世界；学生学习——遵从生活的律则和规范，以便和谐与人相处；学生学习——探索生命的价值与意义，以便有尊严地立于天地间。以这种方式来解读学生，我们必须改变传统的学习观念，在关注知识、技能的同时，凸现学习过程中学生的发现、探究和研究等认知活动，使学习过程成为发现问题、分析问题和解决问题的过程。通过教育强调发现学习和探究学习、研究学习，形成以“自主、合作、探究”为主要特征的现代学习方式，成为课程改革的一个重点。

3. 转变学习方式，要以培养创新精神和实践能力为目的。

培养创新精神和实践能力是社会对人才的基本要求。因此，我们要转变学生的学习方式，构建旨在培养学生创新能力和实践能力的学习方式以及对应的教学方式。在教学中，更为重要的是通过新的学习方式培养学生的批判意识和怀疑精神，鼓励学生敢于怀疑、敢于质疑、敢于超越教师，同时，更加注重学生独立性的培养以及富有个性化的理解和表达。在教学中，也要通过构建富有“自主、合作、探究”特征的现代学习方式，使学生能积极从事实践活动，培养学生乐于动手、勤于实践的意识和习惯，注重合作意识和能力的培养，切实提高学生的动手能力和实践能力。

8.2 自主学习的教育观

8.2.1 坚守自主成长的学生观

国家《教育规划纲要》明确指出，实施素质教育，必须端正教育思想，转变教育观念。因此没有教育观念的转变，课程改革就难以取得预期的效果，素质教育就会流于形式。课程改革在如何看待学生、学习、知识、发展、课程等方面，都有着重大的转变。

树立正确的学生观：学生是教育工作的最主要的对象，究竟应该如何看待学生，这是教育工作者面对的一个最重要的问题。学生观的核心内涵是，学生究竟是人还是物。在我们实际的教育工作中，普遍存在着把学生当作任人摆布的物的现象。这涉及一个如何看待人的问题。课程改革对于学生观坚持了以下三个要点。

第一，作为生活在一定社会条件下的人，人与人之间错综复杂的关系，使学生具有“被决定”的一面。新课程必须具有必要的统一性、规范性，这一点在课程标准中得到了体现。

第二，作为具有主动性生命形式的人，学生与无生命的物和有生命的植物、动物有着本质的区别。正是这种主动性，使人能够不断地“更新”，不断地超越自我。因此，在课程实施的每一个环节，都必须充分考虑如何保护并发挥学生的主动性、积极性。

第三，学生具有“未完成性”。从积极的意义上理解，这种未完成性是指：在我们的学生身上，具有丰富的潜能，存在着广阔的发展空间，蕴藏着对于复兴中华民族大业至关重要的人力资源。促进每一个学生的充分发展是这次课程改革的一项重要使命。

8.2.2 倡导师生双主体意识

教学活动是人类特有的“双主体”的实践活动。教学过程中教师的主导性与学生的主体性的发挥都是为了一个共同的目标——学生的发展。从“教”来讲，教师要发挥主导作用，积极安排好教学；从“学”来说，学生是学习活动的主体，要充分发挥学生的主体性，让他们真正成为自己的主人。教师主体性的发挥是为了学生主体性更好地发展，而学生主体性更好地发展在很大程度上依赖于教师主体性的良好发挥。只有“双主体”能动的“交互作用”，学生才能不断丰富知识、提高能力；教师的经验才能得到增长、知识系统也得到更新。

“双主体”是一个受到普遍关注的新教育观。树立新课改倡导的师生双主体意识，既要充分发挥教师的积极性，又要充分调动学生的积极性。教师要以尊重、理解、宽容、赞赏的态度来处理师生关系，必须尊重和了解学生的兴趣爱好、情感情绪、个性特点、抱负志向，尊重学生的选择判断及其个人意愿，维护每一位学生的人格尊严，宽容学生的缺点和错误，以发展的眼光看待学生，坚信学生有改正缺点、追求上进、进行自我教育的力量；赞赏学生有兴趣爱好及其独立性，赞赏学生所取得的任何进步，赞赏学生所付出的努力和良好行为，赞赏学生的批判精神等。要以帮助和引导学生学习来代替知识的灌输，帮助意味着师生地位的平等，教师不再是以居高临下的身份来施教，而是与学生一起组成学习问题的共同体，教学也就成为地位平等的主体之间共同探讨有关学习问题的活动。引导则意味着启迪和激励，是在强调学生主体地位的前提下对学生的引领而不是强制。帮助、引导重在不断激活学生内在的学习需求，发挥学生的主体作用，使学生成为具有主体精神和独立个性的真正的人。

8.2.3 遵循学习活动的规律和原则

教师指导学生掌握学习方法，实现学习方式转型必须遵循学习活动的规律和原则，才能达到有效学习。具体而言要运用好以下八条原则。

1. 明确目标原则。

掌握学法，指导确立学习目标是基点。目标是人们要求的结果和将要达到的标准，目标是行动的指南。学习目标具有激励和导向的作用。对学法的掌握，只有在学习目标的指引下，才能做到有章可循。为指导学生确立明确的学习目标，教师必须引导学生制定近期目标与远期规划，以督促学生不断进取，习得相应学法，实现所定目标。

2. 充分准备原则。

学习是一个系统的过程。要使学习获得成功，学生不仅要掌握好的学习方法、手段，还必须做充分的准备。首先，要牢固掌握基础知识和基本技能，围绕基点打好基础，为学会学习创造必备的条件。基础越扎实，越有利于认识学习规律，掌握学习方法。其次，要做好学习计划。学习计划是在一定时间内，为完成学习任务事先做出的明确而具体的安排，是学习行动的纲领。教师要帮助学生制定学习计划，使计划既有稳定性，又有灵活性，并督促学生坚持执行，及时检查并适时调节，为学生掌握学法提供保证。

3. 学贵有恒原则。

学习是一种有目的、有计划的持久性活动过程，学习方法是在学习过程中不断积累经验逐步获得的。要形成一整套有效的学法，需要有“锲而不舍”的精神，学贵有恒。恒心是推动学习的动力。有了恒心，才有高度的自觉性和强烈的求知欲，才有不屈不挠的精神，经受得起各种考验，正确对待学习过程中的失败与挫折。学习方法的使用和学习技能技巧的养成都不是一蹴而就的，需要的是持之以恒的不懈努力和矢志不移的一贯追求。

4. 学以致用原则。

掌握任何方法、技能的根本目的都在于运用。只有在实践中不断地加以运用，才能使学法逐渐熟练起来。指导学生掌握学法，需要将学法理论与学习实践联系起来，做到学用结合。因为学习过程实质上是一个知行统一的过程，是一个把理论知识应用于实践，指导实践，而又通过实践来检验、深化、丰富和发展的过程。为指导学生掌握学法的这一原则，应努力做到以下几点：一是将学法理论与学习实践相联系，不死搬教条。只有把前人总结的方法、原则，与自己的实际相结合，灵活地运用到学习实践中去才有意义。二是要从做中学，在实践中学习。三是熟能生巧。方法越用越活，技能越练越精。只有反复实践，学以致用，才能加深对学法的理解，认识到学法的真谛。

5. 善于质疑原则。

“疑”是学与思结合的媒介，是思维的触发点，有疑才能激发学生的探索欲望。“疑”是人们在认识上的矛盾之处，没有认识上的矛盾，就不会有积极的思维活动，也就不会去解决问题而获得真知。

教师应指导学生先要有“疑”的意识，要善于从问题的侧面或反面去思考。善于质疑，还要调动各种非智力因素积极参与才会取得更好的成效。敢不敢“疑”，首先是一个勇气问题，面对经典的书本，甚至名家、名人，能不能以一颗平常心去“疑”？这就要有不迷信权威的勇气；其次是毅力和恒心的问题，疑点问题一下子不能解决，有没有毅力坚持下去，直到水落石出？总之，充分发挥非智力因素的作用参与质疑、解疑，必定有利于科学学法的形成。

6. 针对性原则。

针对学生学习的实际情况，进行对症下药式的学习指导。首先要考虑学生的年龄特征，如针对小学低年级学生知识面窄、抽象思维能力差、注意力不持久等实际情况，进行具体、生动、形象的指导；其次要考虑学生学习类型的差异，如对知识扎实、学风踏实、学习有方、成绩较好的学生应注重指导学生自我总结和自觉运用良好的学习方法，而对学习刻苦但方法死板、成绩不佳的学生应在肯定鼓励的同时，重点指导其改进方法，提高效率。

7. 操作性原则。

学习方法具有明显的行为特征，有很强的操作性。要使学生掌握方法，就必须进行学习方法训练，使之达到自动化的程度。学习方法的指导训练，要与知识学习紧密结合，切忌空洞讲方法，学而不用。

8. 系统性原则。

学习方法指导要渗透在学生学习的全过程，要考虑各个方面的协同配合，以达到学习方法指导的最佳效果。首先，要求对学生学习的全过程施加学习方法指导。因为学习的各环节是相互制约的，所以，对于每个环节都要加强指导。其次，学习活动涉及态度、能力、身心素质等多方面因素，在指导时也要统筹考虑，使学习方法指导渗透各环节、各方面。再次，学校和家庭、班主任和各科教师要协调一致，共同承担起学习方法指导的任务。

8.3 自主学习的动力基础

8.3.1 课堂是自主学习的阵地

1. 教学是课堂创生与开发的过程。

传统的教学观把知识当成定论，把学习简单地看成是知识由外到内的输入过程，低估了学生已有的认知能力和知识经验，轻视了学习者心理世界的差异性。现代课堂教学则是教师与学生以课堂为主渠道的交往过程，是教师的教与学生的学的统一活动。为了突出学生学习的主体地位，培养学生自主学习的能力，让课堂教学变成课程创生与开发的过程，我们改革不合理的课堂教学环节，加强现代课堂教学价值观的引领，努力构建一种多元化、发展性和人性化的课堂教学观与评价观，不断创造有效的时间和空间，让每一个学生的自身素质得到提升和发展。

2. 教学是师生交往互动、共同发展的过程。

强调师生交往，构建互动的师生关系、教学关系，是教学改革的首要任务。教学是教师的教与学生的学的统一，这种统一的实质是交往。《基础教育课程改革纲要(试行)》明确指出，教学过程是师生交往、共同发展的互动过程。在教学过程中，要处理好传授知识与培养能力的关系，注重培养学生的独立性和自主性，引导学生置疑、调查、探究，在实践中学习，使学习成为在教师指导下主动的、富有个性的过程。教师应尊重学生的人格，关注个体差异，满足不同需要，创设能引导学生主动参与的教育环境，激发学生的学习积极性，培养学生掌握和运用知识的态度和能力，使每个学生都得到充分的发展。把教学本质定位为交往，是对教学过程的正本清源。教师与学生都是教学过程的主体，在教学过程中，强调师生间、学生间的动态信息交流，这种信息包括知识、情感、态度、需要、兴趣、价值观等方面以及生活经验、行为规范等，通过这种广泛的信息交流，实现师生互动，相互沟通，相互影响，相互补充。传统意义上的教师教和学生学，将不断让位于师生互教互学，彼此将形成一个真正的“学习共同体”。

3. 教学不仅要重结论更要重过程。

结论和过程在教学中有着十分重要的关系。所谓教学的结论，即教学所要达到的目的或所需获得的结果；所谓教学的过程，即教学目的要达到或获得所需结论而必须经历的活动程序。教学的重要目的之一，就是让学生理解和掌握正确的结论，所以必须重结论。但是，如果不经过学生一系列的质疑、判断、比较、选择以及相应的分析、综合、概括和认识，即如果没有多样化的思维过程和认知方式，没有多种观点的碰撞、争论和比较，结论就难以获得，也难以真正理解和巩固。更重要的是，没有以多样性、丰富性为前提的教学过程，学生的创新精神和创新思维就不可能培养起来。所以，不仅要重结论，更要重过程。

4. 教学既要关注学科更要关注人。

关注人是新课程的核心理念——“一切为了每一位学生的发展”在教学中的具体体现，它意味着：关注每一位学生。关注的实质是尊重、关心、牵挂，关注本身就是最好的教育。

关注学生的情感生活和情绪体验。学生在课堂上是兴高采烈还是冷漠呆滞，是笑意融融还是愁眉苦脸？伴随着学科知识的获得，学生对学科学习的态度是越来越积极还是越来越消极？学生这一切必须为各位教师所关注。

关注学生的道德生活和人格养成。课堂不仅是学科知识传递的殿堂，更是人性养育的圣殿。教师不仅要充分挖掘和展示教学中的各种道德因素，还要积极关注和引导学生在教学活动中的各种道德表现和道德发展，这样，学科知识增长的过程，同时也就成为人的健全与发展过程。

8.3.2 调整课程结构是实施自主学习的关键

为了使学生的学习方式发生根本性的转变，保证学生自主性、探索性的学习落到实处，课程改革首先通过课程结构的调整，使学生的活动时间和空间在课程中获得有效的保障，并在新课程标准中倡导通过改变学习内容的呈现方式，确立学生的主体地位，促进学生积极主动地学习。

倡导学习过程转变成学生不断提出问题、解决问题的探索过程，并且能够针对不同的学习内容，选择接受、探索、模仿、体验等丰富多样的适合个人特点的学习方式。学习方式的这种转变，还意味着必须关注学生的学习过程和方法，关注学生是用什么样的手段和方法、通过什么样的途径获得知识的。由于获得知识的过程和方法不一样，由此带给学生真正意义上的收获也可能不一样，对学生终身发展的影响也就有可能不同。

8.3.3 转变教学方法是实现自主学习的保障

改变单一的接受性学习方式，倡导自主学习、合作学习、探究性学习，实现学习方式的多样性，从而促进学生知识与技能、情感、态度与价值观的整体发展是基础教育课程改革的重要目标之一。

引导学生形成“自主、合作、探究”的学习方式，教师需要改变教学方法，提倡学生参与确定学习目标、学习进度和评价目标，在学习中积极思考，在解决问题中学习，使学习成为在教师引导下学生主动的、富有个性的发展过程。应为不同层次的学生提供参与学习、体验成功的机会，在合作学习中有明确的责任分工，促进学生之间有效的沟通。教师应创设能引导学生主动参与的教育环境，激发学生学习的积极性，让学生独立、自主地发现问题，通过实验、操作、调查、信息搜集与处理、表达与交流等活动，经历探究过程获得知识与能力，掌握解决问题的方法，获得情感体验。

8.4 自主学习的动力培养

8.4.1 建构自主学习方式

1. 自主学习的内涵。

自主学习是一种学习模式，即学习者在总体教学目标的宏观调控下，在教师的指导下，根据自身条件和需要制订并完成具体学习目标的学习模式，是由学习者的态度、能力和学习策略等因素综合而成的一种主导学习的内在机制。从学习过程来看，是学习主体主导自己的学习，它是在学习目标、过程及效果等诸方面进行自我设计、自我管理、自我调节、自我检测、自我评价和自我转化的主动建构过程。

自主学习是与传统的接受学习相对应的一种现代化学习方式。自主学习是以学生作为学习的主体，通过学生独立的分析、探索、实践、质疑、创造等方法来实现学习目标。《基础教育课程改革纲要(试行)》在论及基础教育课程改革的具体目标时指出：“改变课程实施过于强调接受学习、死记硬背、机械训练的现状，倡导学生主动参与、乐于探究、勤于动手，培养学生搜集和处理信息的能力、获取新知识的能力、分析和解决问题的能力以及交流与合作的能力。”

2. 自主学习的表现。

自主学习是一种学习者在总体教学目标的宏观调控下，在教师的指导下，根据自身条件和需要自由地选择学习目标、学习内容、学习方法并通过自我调控的学习活动完成具体学习目标的学习模式。具有能动性，独立性和个别差异性等特点。

学生的自主学习，涉及学习动机、学习方法、学习时间、学习结果、学习的物质环境和社会环境等问题，而又主要集中在学习动机的自我调节和学习策略的自我调节方面，其表现颇为丰富。

在学习动机问题上，自主性学习的动机往往存在于学生学习活动的过程中或存在于学生的自我知觉中。学习者通过自己设定目标、对自己的胜任能力进行判断、寻找自我价值等来激发自己的学习动机。

在学习方法上，自主学习表现为学生有意识地、有计划地使用自己特有的学习策略。有的时候，这种意识和计划已经熟练地内化为学生的自觉化行为，学生能够自如地调动这些学习方法为自己的学习服务。

在学习时间上，自主学习表现为学生能够自己计划、管理好时间，能够自我约束，合理安排时间，以达到较好的学习效果。

在学习结果上，自主学习表现为学生对自己的学习结果有清醒的意识，对自己的学习效果能够进行自我监控、自我判断，并根据学习任务和进程做出相应的调整。

在学习环境方面，自主学习表现为学生对学习情境中所出现的各种信息很敏感，能够做到随机应变。

3. 自主学习的基本特征。

(1)独立性。

独立学习状态下，学生在整个学习过程中尽可能摆脱对教师或他人的依赖，由自己做出选择和控制，独立地开展学习活动。

(2)能动性。

建构主义特别重视学生的主体地位，认为知识是由主观建构的。自主学习不是由教师直接告诉学生应如何解决面临的问题，而是由教师向学生提供解决该问题的有关线索，从而发展学生的自主学习能力。

(3)开放性。

自主学习不受时间、地点、教材等条件的限制，重视学生自主选择学习的时间、地点，自主选择学习的方法、内容，自主制定学习计划，自主进行学习反馈和评价，学习更加开放。

(4)合作性。

自主学习虽然具有独立性的特点，但它并不是个人封闭式的学习，与自学有本质的区别。学生可以根据自身的学习情况和特点选择学习伙伴。在学习过程中进行相互交流、帮助，吸取他人之长，弥补自身之短。

(5)创造性。

自主学习不是学生对学习内容的简单复制，而是学生根据自身学习需要，完成知识的再创造。在整个学习过程中进行创造性的学习和创造性的解决问题。

8.4.2 自主学习的动力内化

自主学习这一范畴本身就昭示着学习主体自己的事情，体现着主体所具有的“能动”品质。学习的自主性具体表现为自立、自为、自律三个特性。

1. 自立性。

具有独立性的学习主体，是自主学习的独立承担者；独有的心理认知结构，是自主学习的思维基础；渴求独立的欲望，是自主学习的动力基础；而学习主体的学习潜能和能力，则是自主学习的能力基础。可见，自立性是自主学习的基础和前提，是学习主体内在的本质特性，是每个学习主体普遍具有的。它不仅经常地体现在学习活动的各个方面，而且贯穿于学习过程的始终。因此，自立性又是自主学习的灵魂。

2. 自为性。

学习主体将学习纳入自己的生活结构之中，成为其生命活动中不可剥落的有机组成部分。学习自为性是独立性的体现和展开，它内含着学习的自我探索性、自我选择性、自我建构性和自我创造性四个层面的结构关系。因此，自为学习本质上就是学习主体自我探索、自我选择、自我建构、自我创造知识的过程。

3. 自律性。

学习主体对自己学习的自我约束性或规范性，它在认识域中表现为自觉地学习。自觉性是学习主体的觉醒或醒悟性，对自己的学习要求、目的、目标、行为、意义的一种充分觉醒。自律学习也就是一种主动、积极的学习。主动性和积极性来自于自觉性。只有自觉到自己学习的目标意义，才能使自己的学习处于主动和积极的状态；而只有主动积极的学习，才能充分激发自己的学习潜能和聪明才智而确保目标的实现。自律学习体现学习主体清醒的责任感，它确保学习主体积极主动地探索、选择信息，积极主动地建构、创造知识。

自主学习就是学习主体自立、自为、自律的学习。学习的自立性、自为性和自律性是学习自主性的三个方面的体现，是自主学习的三个基本特征。其中，自立性是自主学习的基础，自为性是自主学习的实质，自律性则是自主学习的保证。这三个特性都说明了同一个思想：学习主体是自己学习的主人，学习归根结底是由学习主体自己主导和完成的。承认并肯定这一思想，对于改革矫正曾有的诸多不合理的教育教学手段、模式，从而探索创立崭新的教育教学手段、模式，无疑具有特别重要的现实功能和意义。

8.4.3 自主学习的动力激发

自主学习对施教者有其基本要求，施教者包括学校、家庭和社会。对在校学习的学生来说，学校是学习的主要场所和主渠道，教师和校长是最主要的施教者。自主学习要求施教者应以学校教育为主阵地，同时辅之以必要而科学合理的家庭教育和社会教育，使儿童和青少年通过自主学习，学会求知、学会做人、学会健体、学会审美、学会生活、学会交往、学会劳动、学会生存，具备与现代社会需要相适应的学习、生活、交往、生产以及不断促进自身发展的基本素质。

1. 愿学、乐学。

调动并形成强烈的学习动机，增加学习的兴趣，使学生愿学和乐学，解决学生中存在的厌学、逃学的问题。

2. 会学、善学。

要强化学法指导，使学生知道怎么样学习才能省时省力效果好。在新的形势下，使受教育者掌握多样化的学习技能和方法，改变盲目学习的状况，是实现学生自主发展的重要目标之一。自主学习教改实验，要把学法研究和新的学习手段、学习技术的研究摆在重要位置。

3. 自醒、自励、自控。

这些要求主要属于学生健康心理素质的发展目标。自主学习要求学生不仅要把学习内容作为认识的客体，而且要将自己作为认识的客体。要对自己做出客观正确的自我评价，从而对自己的行为进行自我激励、自我控制、自我调节，形成健康的心理品质，使自己的注意力、意志力和抗挫折能力不断提高。

4. 适应性、选择性、竞争性、合作性、参与性。

要使学生学会适应，要主动适应，而不是被动适应；要适应生活，适应学习，适应环境。允许并鼓励学生根据自己的素质和兴趣发展自己的特长。允许学生有选择学习内容、学习方式、学习方法的权利，按照全面发展与特长发展的要求，对学生的偏科倾向科学引导，并鼓励学生发展自己的优势和特长。要改善办学条件，为学生进行选择性学习提供更多的图书、报刊、信息、学习技术及学习手段。鼓励学生追求与自己情况相适应的较高目标，培养他们的进取心和成功欲望，鼓励竞争。在文化学习、体育比赛、技能训练、生活适应能力等方面鼓励竞争。主动合作、乐于合作、善于合作是人类赖以存在与发展的社会基础，是人的良好品质。要创造环境，使儿童和青少年增强合作意识，培养合作精神。鼓励所有学生都成为学校内一切活动的积极参与者和主动参与者。通过参与，达到主动学习、主动锻炼、主动发展与提高的目的。

8.4.4 自主学习的习惯养成

现代学习理论表明，在学习活动中需要学习者的大脑处于积极的活跃状态，并始终保持一定的紧张度和有效的思维加工，才能保证学习中所输入的各种知识、信息的有效吸收。在自主学习中，学生的自主性首先表现为他们在学习活动中必须具有独立的主人翁意识，有明确的学习目标和自觉积极的学习态度，能够在教师的启发指导下独立思考。同时，学生应该自觉地把自己看作教育的对象，积极寻求发展的机会。培养自主学习的习惯。

1. 确立学习的自主意识。

学习者在思想上要树立自主意识，确立"我是学习的主人，是自己学习前途的决定者，应该对完成学习任务承担主要责任"的观念，保持对学习的兴趣，以兴趣热情为主动学习的动力，去开发热爱自然、热爱社会、热爱生活、追求美丽人生的学习源泉。

2. 增强学习的自觉性。

学习的自觉性是学习自主性的集中体现。学习自觉性通常指学习活动建立在学习者有目的、有意识的自我操纵与监控之下，其学习不是随意的、盲目的和外力驱使的。具有良好学习自觉性的人，在学习中总是目标明确，有的放矢，积极主动。良好的学习自觉性不仅有助于提高学习效率，增强学习效果，而且有益于学习者生动活泼的自主发展。

3. 强化学习的自主行为。

学习的自主行为是学习自主性的独有体现，是学习者在自主学习实践中的一种独立行为，具有学习自主性的人，往往能合理地选择、学习、吸收他人的学习长处，更好地发挥自身的主观能动性，表现出较强的学习个性和学习风格，从而形成适合于自己的独特的学习模式。积极主动参加学习实践，勇于探索，不怕挫折，善于从失利中吸取教训，加强自我调节和监控，不断调整、改进、创新自己的学习方式，消除妨碍学习自立的胆怯、畏缩、恐惧、逃避、过于自卑、过度焦虑等心理障碍，形成真正的学习自立自主行为。

8.4.5 自主学习的动力目标

1. 培养自主学习能力是社会发展的需要。

面对新世纪的挑战，适应科学技术飞速发展的形势，适应职业转换和知识更新频率加快的要求，一个人仅仅靠在学校学的知识已远远不够，每个人都必须终身学习。

终身学习能力成为一个人必须具备的基本素质。在未来发展中，我们的学生是否具有竞争力，是否具有巨大潜力，是否具有在信息时代轻车熟路地驾驭知识的本领，从根本上讲，都取决于学生是否具有终身学习的能力，使学生在基础教育阶段学会学习已经成为当今世界诸多国家都十分重视的一个问题。正如联合国教科文组织出版的《学会生存》一书中所讲的："未来的文盲不是不识字的人，而是没有学会怎样学习的人。"而终身学习一般不在学校里进行，也没有教师陪伴在身边，全靠一个人的自主学习能力。可见，自主学习能力已成为21世纪人类生存的基本能力。

同时作为教育者，我们更清醒地知道在当今知识大爆炸的时代，任何教育都不可能将所有人类知识传授给学习者，教育的任务必然要由使学生学到知识转成培养学生的学习能力，培养学生的学习能力是学习的本质。

2. 培养自主学习能力是课程改革的首要目标。

《基础教育课程改革纲要(试行)》在谈及新一轮课程改革的具体目标时，首要的一条是："改变课程过于注重知识传授的倾向，强调形成积极主动的学习态度，使获得基础知识与基本技能的过程，同时成为学会学习和形成正确价值观的过程"。这一目标使"改变学习方式，倡导自主学习"成了这场改革的亮点。

传统学习方式过分突出、强调接受和掌握，冷落、忽视发现和探索，从而在实践中导致了对学生认识过程的极端处理，使学生学习书本知识变成仅仅是直接接受书本知识(死记硬背书本知识)，学生学习成了被动地接受、记忆的过程。这种学习窒息人的思维和智慧，摧残人的自主学习兴趣和热情。它不仅不能促进学生发展，反而成为学生发展的阻力。是把学习建立在人的客观性、受动性、依赖性的一面上，导致了人的主动性、能动性、独立性不断被销蚀，严重压抑了学生的学习兴趣和热情，影响到了新生一代的健康成长，已到了非改不可的地步。基于此，《基础教育课程改革纲要(试行)》提出要"改变课程实施过于强调接受、死记硬背、机械训练的现状，倡导学生主动参与、乐于探究、勤于动手，培养学生搜集和处理信息的能力、获取新知识的能力、分析解决问题的能力以及交流与合作的能力"。就是要转变这种他主的、被动的学习状态，提倡以弘扬人的主体性、能动性、独立性为宗旨的自主学习。因此，培养自主学习能力成为课程改革的首要目标。

目前，随着新课程改革的深入进行，新教材的广泛使用，我们体会到课程改革为培养学生的自主学习能力提供了条件和操作平台，同时培养学生的自主学习能力也成为课程改革对教学提出的要求。在新教材中，有很多部分是要求学生去自主探究，去收集整理分析资料，自主地去获取新知识，去分析解决问题等，这些都要求学生有较高的自主学习能力。那么，怎样使学生学会自主学习，提高学生的自主学习能力就成为教学中有待解决的问题。

3. 培养自主学习能力是学生个体发展的需要。

首先，自主学习提高了学生在校学习的质量。经过检验，成绩好的学生也是自主学习能力较强的学生，因为自主学习能够促进学生对所学内容的深度理解，符合深度学习的特征。

其次，自主学习能力是创新人才必备的基本功。据我国学者调查研究，在 1992 年“中国大学生实用科技发明大奖赛”中获奖的学生的学习活动都具有很强的独立性、自主性、自律性，表明学生的创造性与他们的自主学习是密切相关的。也正如著名的数学家华罗庚的论述一样：“一切创造发明，都不是靠别人教会的，而是靠自己想，自己做，不断取得进步。”

再次，自主学习能力是个体终身发展的需要。自主学习是个体走出学校后采取的主要学习方式，而没有自主学习能力，个体的终身发展会受到极大的限制。

4. 培养自主学习能力有助于提高课堂学习效率。

学习效率的提高是实施素质教育的关键，更是课堂教学所必需的。课堂上的自主性学习并非独行其事，而是指学生不盲从老师，在课前做好预习，课上热情参与，课后及时查漏补缺，充分发挥主动性、积极性，变老师要我学为我要学，摆脱对老师的依赖感。真正意识到学习是自己学来的，而不是教师或其他人教会的，自己才是学习的管理者，这些有助于提高课堂学习效率。

8.4.6 自主学习能力的培养

1. 制定计划，并严格按照这个计划开展学习。

2. 目标意识，确立一个目标，有利于学习中的坚持。

3. 范围的确定，从所用的教材到知识面要先确定下来，除特殊情况，一般不能改动，不能今天以这为主，明天又改成以其他为主了。

4. 注重学习的氛围和环境，可以和好朋友一起开展学习上的比赛，让学习的环境活起来。

5. 自我检查。

8.5 自主成长的个性化教育

8.5.1 个性化教育的本质与作用

1. 个性化教育的本质。

(1)心理学提出的“个性化教育”。

心理学派教育专家把个性化教育定义为：所谓个性化教育就是弘扬、发展和优化学生独特个性的教育。

(2)教育学提出的“个性化教育”。

个性化教育就是要使学生具有个性，帮助学生发掘、形成和发展个性，使学生的个性得到充分发展的教育，就是教育者承认学生在社会背景、智能背景、态度价值、情感和生理等方面存在个别差异的前提下，做到既“有教无类”，又“因材施教”，使每个学生都得到全面发展。

个性化教育的实质是以受教育者的个性差异为重要依据，让每一个学生都找到自己个性才能发展的独特领域，以个性充分发展，人格健全为目标的教育。

2. 个性化教育的作用。

个性化教育是学校教育个性化、家庭教育专业化和社会教育系统化的融合和统一，因此，个性化教育将有利于改进学校教育、家庭教育和社会教育的自身缺陷和不足，个性化教育的作用主要有以下几点。

(1)促进学校教育个性化发展。

学校教育最大的缺陷是缺乏个性化，忽视人的个性存在和人与人之间的差异，学校教育模式下无论是老师、学生、教学内容或课程、教育装备和教学管理等都是标准化的、划一性的。这样的直接后果就是严重制约人的创造性和自我个性化的发展，把人都教育成从一个模子里刻出来的。

(2)促进家庭教育专业化发展。

家庭教育是学校教育、社会教育等一切教育的基础，一个人的教育成长和未来成就很大程度上取决于家庭教育而不是学校教育或社会教育。家庭教育千姿百态、各不相同，但是家庭教育普遍性的问题是缺乏专业的教育知识、教育手段、教育方法和教育资源，这样的直接后果就是不同的人由于家庭教育环境的不同，将影响一生。而个性化教育将有效弥补家庭教育专业化不足的弊端。

(3)促进社会教育系统化发展。

社会教育非常灵活，又无所不在，社会教育的最大缺陷就是缺乏系统性，而个性化教育完全可以弥补社会教育系统性缺乏的弊端。

8.5.2 个性化教育的价值体现

1. 教育内容与学习目标的价值体现。

人格更完整——个性化教育通过对教育对象的气质、情绪、认知、兴趣、能力、性格、价值观和信念等进行人格整合和个性优化，有效预防心理障碍，减少人格缺陷，使教育对象的人格更完整，更具人格魅力。

知识更全面——个性化教育通过潜能开发、素养教育、学科教育、阅历教育、职业教育、创业教育和灵修教育全面学习计划，对被教育对象的思维、能力、观念、行为、知识、性格和潜能等进行沟通、引导、纠正和培养，从而实现知识的传授、能力的转移、思维的训练、情操的陶冶、潜能的开发、心灵的提升和自我超越，促进教育对象全面发展，有效防止“学科知识教育”和“分数、升学和文凭教育”对人产生的严重“束缚”和“异化”。

能力更突出——个性化教育通过性格、心理和学习行为分析与诊断，系统性地进行人格整合和个性优化，根据教育对象的性向特征、兴趣爱好和最佳才能区来充分发展个人特长，使个人专长和能力更突出，更有利于发挥个人专长、取得个人在社会中的竞争优势和获得事业成功。

身心更健康——个性化教育非常注重“身体素质”和“心理素质”的和谐发展，在进行全方位的知识、能力和潜能发展的同时，还进行系统而全面的力量、速度、耐力、柔韧和协调等身体素质训练，以及智商(IQ)、情商(EQ)、逆商(AQ)等心理素质训练，使教育对象的身体和心理更健康强壮。

阅历更丰富——一个人读过的书，走过的路和交往过的人对他的性格、心理、观念、信念、知识、能力、心态等有关个人学习与成长的各个方面都将产生深远影响。

独立创新能力更强——独立是适应环境的基础，创新是改变环境的手段。教育的根本目的是帮助教育对象获得独立与创新能力，个性化教育将使教育对象的独立能力和创新能力更强。

2. 教育方式的价值体现。

量身定制——个性化教育通过对被教育对象进行个别化的综合调查、研究、分析、测试、考核和诊断，根据社会未来发展趋势和职业前景、被教育对象的个人潜质特征、自我价值倾向以及家长(监护人)的目标与要求，对教育对象进行量身定制教育目标、教育计划、辅导方案和执行管理系统。

3. 教育途径的价值体现。

促进潜能开发——人的潜能是无限的，生命潜能是取之不尽、用之不竭的宝贵资源。个性化教育通过运用和传授“情景假设”“心理暗示”“信念聚焦”“目标锁定”“自我激励”等心理学、成功学和神经语言学等开发生命潜能的尖端技术，最大限度地帮助教育对象开发生命潜能，从而推动个人学习与成功。

促进终身学习——社会变化越来越快，信息和知识的更新速度更快；适应社会变化的唯一途径就是不断学习和终身学习。个性化教育通过潜能开发、素养教育、学科教育、阅历教育、职业教育、创业教育和灵修教育提供涵盖一个人一生的系统全面的教育，是真正的终身学习解决方案。

学以致用——边学边做或边做边学是最好的学习，个性化教育更注重学中做、做中学；更注重实效和运用；并且在强调学习最先进和最实用的知识基础上，更注重个人专长、兴趣、目标和真实生活体验和感受。

自我超越——掌握系统而全面的学习方法和思考方法，学会如何学习、如何思考及如何解决问题，这是学习的根本目的。个性化教育在帮助教育对象掌握知识的同时，更注重改善心智模式和系统化的学习方法和思考方法训练，最终实现自我学习、自我教育、独立思考和自我创造，从而真正达到“学习和思维的自由与超越”。

8.5.3 个性化教育的实施要求

1. 个性化学习源于个体差异。

没有个性的人是一个无趣的人，个体的千差万别、性格的多样性，使得各种创新思想不断涌现、各种发明创造层出不穷。每一个学生都是鲜活的多样思维聚集体，十几岁正是孩子个性形成、完善的重要时期。差异是客观存在的，也是不可避免的。无论教育者怀着多么美好的愿望，无论教育者以爱心和智慧在孩子成长的事业上做了多少工作，他所教导的学生们最终仍然会表现出极大的不同。是什么原因造成了个体成长过程中的差异？心理学家给予了不同的解释：受遗传、环境、种族文化差别等的影响。个性差异是也客观存在的，它是教育的结果，同时它也是教育的依据，只有研究和了解了学生的个性差异，针对学生心理的不同特点，实施差异教学，才能取得良好的教育效果。个性化学习的提出源于学生个体的差异。

《学习：内在的财富》中说：“个性的多样性、自主性和首创精神，甚至是爱好挑战，这一切都是进行创造和革新的保证。”根据这个思想，追求学习者的个性发展，是世界教育或课程改革的重要趋势。在教学活动中应该培养学生适应生活，享受生活和创造生活的能力。教师应改变自己以往的教学观念，把课堂还给学生，把学习的主动权还给学生，教师要不断钻研，善于引导，勇于探索，敢于实践，这样才能将课改真正落到实处，才能培养出具有个性化学习的学生。

我们看到很多学习不得法的学生，其实是非常聪明的孩子。他们不是缺少学习兴趣，也不是缺少学习能力和毅力，而是他们一直在用一种不适合自已的学习方法学习。如果能让这些学生了解自身在学习中的心理特征，监控自已的学习过程，寻找适合自己的学习方式，采取个性化学习方法，就能充分调动他们的学习积极性，提高学习成绩。

2. 个性化教育要尊重个性差异。

在教育教学过程中，不断反思，不断调整，以平等的身份面对所有的学生，以对话的形式与学生进行情感交流，自觉尊重学生的个性差异，要在了解学生的基础上，根据学生的思想实际和学习状况开展教学工作。

在新的理念下的教学是要求教师把课程与大千世界的方方面面联系起来，把丰富多彩的社会生活融入课堂，进而把学生拉到大千世界中去学习，去理解。而这样的理念就要求教师要有全新的视野，让学生带着生活经验与感受走入课堂，又带着课堂的收获与感悟走向社会。因此，教师必须不断地探索，创造性地实践。备课不仅仅局限于课本的知识范围，还要发散性地、开拓性地，从多角度扩散、联系生活，联系其他学科知识。课堂上才能够旁征博引，将单一的一篇课文创造成一个知识性与趣味性完美结合的讲座。这样不仅活跃课堂氛围，激起学生的兴趣，也能使课堂内容更加饱满和充实。

要培养学生自主学习、独立思考的能力。学生是课堂教学的主体，教师是引导者、组织者、合作者和促进者，学习过程中应体现学生自读、自悟。学生由于家庭背景、生活经历、性格、悟性及能力等方面各不相同，所以对同一个事物的理解也是各不相同的。教师在教学中应尊重学生个人的感受与独特体验，珍视学生的奇思妙想。

3. 兴趣是自主个性成长的基础。

开展宽松愉快的教育活动，打好基础知识和培养基本技能，充实发展个性的教育，基于学生的学习兴趣，采用各种形式的教育、教学指导方式，把学科内与学科外的知识综合起来。学生还应结合自已的学习兴趣、爱好以及知识、能力方面的特长，自发地组织成立兴趣小组。通过小组活动增强讨论交流，获取新知识。教师可以在活动中有意识地把各科知识有机地结合起来，努力营造一个民主、和谐、宽松、愉悦的课堂氛围，使他们“亲其师而信其道”，有效地调动学生的学习积极性，建立融洽的师生关系。

重视学生的专长，有意识地开展综合学习。强调学生的自主学习，就是帮学生掌握个性化学习的方式。学生掌握了这种学习方式，逐渐形成科学学习的习惯，学习就变成了孩子自已的事。

学生的差异是客观存在的，不以人的意志为转移。在教学实践中，面对这些差异，正确的选择应该是“承认差异，利用差异，发展差异”，把差异当作一种资源来开发，本着对学生负责的态度积极引导学生，和学生共同实现真正的个性化学习。

4. 个性化教育的实施要求。

(1)实施个性化教育就要弘扬学生独特个性，是“在发现和尊重受教育者现有个性以及有利的物质条件基础上，尽可能地促进受教育者的体能、智能、活动能力、道德品质、情感意志等素质自主、和谐、能动地发展，最终形成优良个性的教育”。

(2)实施个性化教育就要充分注意学生的差别，承认学生在智力、社会背景、情感和生理等方面存在差异性，了解其兴趣、爱好和特长，并根据社会要求适应其能力水平进行教育，使之得到发展，而反对强求划一式的教育。

(3)实施个性化教育，强调发展学生个性，而不是无视学生个性存在采用千篇一律的大规模制造的教育，主要是针对目前班级授课制和划一性教育制度下无视学生个性的教育提出来的，但是“个性”是人的一种客观的、事实的、自然的存在，把教育目的视为只发展“个性”显然是具有局限性的，把“个性化教育”等同于“个性教育”，更是失当。

8.5.4 自主选择促进学生个性成长

1. 个性化的课程和班级选择。

课堂改革是教学改革的基础，课堂改革的本质有两点：一是让学生拥有自己的选择权。学生可以根据自己的兴趣和爱好来选择课程，学习的积极性极大地提升，从某种意义上讲，职业规划提前到了基础教育阶段。二是让教师都承担育人的责任。传统的教学模式中班主任的权力和责任相对集中，实行走班制以后，所有的教师都要承担育人的责任。把选择权给了学生，师生关系就平等了，老师们真正地从学科教学走向了学科教育，他们每天都会遇到新的问题，学生们不断地给老师提出新挑战、新课题，老师们自然无法懈怠。

2. 个性化的网络学习选择。

随着互联网的迅猛发展，网络为我们的学习方式带来了巨大的变化，给现代教育带来新的发展机遇。

随着“终身学习”的社会教育理念发展，以及信息科技的进步，学习的空间更加广大、更加弹性化，“远距离”的学习也因此成为各个专家学者研究的对象，能为“想学习”的个人寻求更加完善的学习理论与学习方法，让学习者可以放心地学习。远距离的学习从“点对点的架构”发展到“虚拟学习架构”，这样就形成了一种全新的学习模式——网络学习。

网络学习就是依据建构主义学习理论并以网络及多媒体技术为依托而构建的一种

在线式的学习方式。这种学习方式以学习者为中心，为学习者提供符合个人需求和特点的互动实时的课程。课程的设计注重学习者的即时反馈和学习效果，其形式为虚拟学习社区，“在虚拟的环境里学习现实世界”。网络学习的出现必将给传统的教学模式带来巨大的冲击，呈现以下特点。

(1)互动性。

互联网络超越地域限制实现了良好的互动性。思想需要交流，也只有在交流中才能得到提升。网络产生的最初动因就是使信息的传播更快捷，使人的交流更便捷。在同一教室(空间)中可以面对面地同时(时间)讨论同一问题，不存在时间和空间上的差异。但是如果教师与学生，学生与学生身处两地，甚至远隔千里，那该怎么办?随着网络及多媒体技术的成熟，网络上的“互动”已经不再是一种“理想”而是现实存在。虚拟学习依托最先进的信息技术，实现了学习的互动性，即教师与学生、学生与学生之间的直接“互动”。虚拟学习通过在网络上架构学习平台，为身处不同地方的学习者提供了一个能够通畅交流的“虚拟课堂”。学习者即使身处雪域高原或者天涯海角，他们的学习都能够达到良好的互动性。

(2)实时性。

信息交流反馈的实时性体现在反馈的准确及时和无障碍性。众所周知，在网络没有出现的时候，解决异地远程教学的办法是函授和电视教学等方式。这些方式最大的缺点是教师和学习者在同一时间内只能单向地向对方传递信息和反馈，特别是学习者的反馈不能实时反馈给教师，这样光是在信息传递这一环节上就花费了很多时间，而且在这一环节还可能导致信息的“失真”，不符合传播理论的要求。同时学习者相互之间也无法形成良好的相互沟通交流模式，这样形成了一个个封闭的信息“孤岛”。虚拟学习的良好互动使得信息和反馈的传递能够同时进行，而且现代网络技术又能将“失真”控制在最低限度。有了这些保障，学习的反馈就能做到及时和准确。

(3)个性化。

网络学习和以往教学方式不同之处还体现在“因材施教”。这种学习模式比小班化教学更加注重学生的个性特点，学习者通过网上的注册，可以进入一个完全适合个人特点的课程体系，实现一对一的学习，并且可以向“社区”定制自己所需的课程、资源来满足自己的学习需求，学习时间也更具弹性，完全体现了以学生为中心的新型教学模式的特点。虚拟学习是基于学生的自学能力及自我控制学习步调，以各种讨论方式来进行学习，让学生可以有更大的弹性及空间来选择学习；虚拟学习将混合各种多媒体教学所形成的影响进行统整，达到统合多媒体教学成效、优点的一种功能强大的学习途径。

(4)平等性。

网络学习的另一个特点是平等的互助合作学习。网上社区有来自各个地区的学习者。网上社区提供了丰富的资源和工具，为所有学习者提供了良好的合作环境。如人大附中网校推出的基于网络的研究性学习平台，就是这种小组合作式学习的一种模式。学习者之间在平等的交流过程中实现学习的互助合作，或者完全不受地域限制地在网络社区中自由组成合作小组完成某一具体任务。这种合作在网络虚拟学习出现以前是完全不可想象的。

(5)生动性和现实性。

虽然网络学习教与学的环境完全是建构在网络这一被人们称作“虚拟的世界”“不真实的世界”的环境中，但虚拟学习的内容和其展示的情境是真实世界的反映，它是用虚拟的技术来展示真实情境，虚拟的只是学习的环境。

8.6 自主学习的教学策略

8.6.1 改变教师备课方式

备课是为使课堂教学过程更加完美及科学实施课堂教学任务的教学准备。备课是上课的基础，上课是备课设计的真实再现。在教学过程中备课是一个至关重要的核心环节，有着不可替代的重要作用。

1. 知识传递型教学的备课。

教师围绕教材内容，以知识为主线，将知识系统地讲授给学生，使学生理解和掌握，即教师从知识角度来“搭台”，为上课时自己的“唱戏”做准备。

这种备课导致了以教本为主的课堂，单一化的“教师搭台”，既无法面向全体学生实现教学目标，也限制了教师的专业化成长。

2. 知识建构型教学的备课。

随着教本课堂逐步向学本课堂转型，备课成为师生为实现高质量课堂学习而进行的全方位准备，它是一个动态的过程，包括课前备、课中备和课后备。

从教师角度讲，备课是无止境的过程，涉及教师的生活、学习、教学等活动，以及教师对人生反思、生活感受和知识增长等理性和非理性的思考和认识。

从课堂内涵变化来看，课堂教学由过去的“教师向学生传递知识”转向“师生通过合作探究来建构知识”，这种转型要求备课必须有教师和学生这两个备课主体的共同参与，即备课过程是“师生搭台”的过程，是师生准备“唱戏”的过程。

3.“师生搭台”式的结构化备课，才能促进课堂教学方式的转型，才能满足学生发展的需要，才能促进教师专业成长，从而为“学生搭台学生唱”的最高境界奠定基础。

在知识建构教学视野下，师生备课过程就是师生学习、成长的过程，不能狭隘地认为备课是教师的工作，上课才是学生学习的过程。在备课过程中，教师和学生应从不同角度和视角进行结构化准备。

第一，要明确角色意识，教师和学生都是备课的主体。教师不再是传统意义上的权威者、传授者，转而变成促进学生学习的方案设计者、问题预设者、活动组织者、合作探究者、评价激励者、氛围营造者、成长促进者等角色；学生不再是传统意义上的等待者、接受者，而是知识先行探索者、问题发现者、方案设计者、活动组织者、合作探究者、成功体验者等。

第二，要树立问题意识。在结构化备课过程中，师生都要关注三维目标，要通过文本研究发现问题，教师要根据文本知识来预设问题，同时要重视学生发现的共性问题和个性问题，要对问题提出、问题讨论、问题解决、问题评价等进行全面设计。

第三，要树立对话意识。备课是教师提前与学生、与文本、与情境、与问题进行“无声”对话的过程，备课也是一种十分具有教育意义的对话活动的设计。

4. 根据不同课堂范型特征，确定备课方式和工具。

备课的方式和工具不是统一的和模式化的，是随着学生学段的认知能力和不同课堂范型而不断变化的。

小学低年级学生年龄小，认知能力较低，知识储备较少，教师备课依然以“教师搭台”为主，教师备课主要是教案；当学生具有一定认知能力、知识储备和合作能力时，教师备课就应开始关注学生的问题和需要，教师备课使用工具除了教案还可增加导学案；当学生具备自主合作与探究学习的能力时，备课方式将走向“师生搭台”式备课，教师和学生共同备课，合作备课所采用的工具是“问题式学习工具单”和学习设计方案。

5. 以“五要素”式备课行动，创建教师备课文件夹。

实施有效的结构化备课行动，要根据学生学情、学段和能力特征来选择备课内容，主要从学生、课程、情境、自己和设计等五个方面进行备课。

备学生——从全体、基础、问题、能力、情绪等方面研究学生的发展需要；

备课程——从目标、内容、问题、意义、教具等方面开发有效课程资源；

备情境——从创设问题、思维、活动、媒体、环境等情境来搭建有效学习平台；

备自己——从导学策略、风格、弱点、期望、形象等角度来提升教学效益；

备设计——从过程、方法、时间、方案、拓展等方面来优化教学过程。

在此基础上，创建个性化的教师文件夹。

6. 结构化备课是满足学生发展需要、促进师生成长的动态性备课过程。

结构化备课最关注的是实效性，关键要看学生是否“愿意学”“主动学”“都会学”“学得好”。只有设计出促进学生发展、教师成长的学习方案，才能最有实效地备课。

要做好结构化备课，还需要广大教师超越自己，大胆创新，改变长期以来的“习惯做法”，尊重学生的认知规律，从学生的学习活动、情感发展等需求出发，研究教材，有效利用课程资源，搭建有效教学平台。教师应把备课当作促进自己专业发展的重要途径和手段。

备课既是一门科学，又是一门艺术。缺乏创造的艺术，必然没有生命力，只有不断创新，才能达到更高的、富有个性化、创造性的名师境界。

8.6.2 实施问题导学

“为什么我们的学校总是培养不出杰出人才?”这个著名的“钱学森之问”，其实涉及中国教育的一道高难命题。所谓杰出型人才必须具备创新意识和创新能力。创新的前提是培养思维意识和思维能力。要培养思维意识和思维能力，其前提则是培养问题意识和发现、分析、解决问题的能力。

这种问题能力从哪里培养？无疑首先要从课堂中培养，中小学课堂只有走向以问题为中心的学习型课堂，才能培养学生的问题能力。将“以问题为中心的学习”课堂视为“问题导学型”课堂。

1. 知识传递式课堂教学特点。

教师单纯讲授知识，学生根据教师要求进行记录、记忆或者做题，然后接受考试。这种课堂教学的最大弊端是忽视了学生的情感发展、闲置了学生的多元思维，从而浪费了学生的智力资源，扼制了学生潜能的开发，使学生的学习活动变成了简单的机械劳动。

有一项统计，自恢复高考制度以来，全国各省市诞生了3600多位高考状元，到目前为止，没有一位状元被发现已成长为卓越型杰出人才。其实，不是这些状元没有能力，从某种意义上说是知识传递式课堂教学没有给予他们创新思维的“种子”。

2.“问题导学”课堂的特点。

“问题导学”课堂是以“问题”发现、生成和解决为主线的小组合作学习，其“问题解决”的主要途径是以各种有效活动为学习平台，学生在自主建构、合作探究、展示对话过程中，学会思考、分析、比较、总结、归纳、综合、判断和评价。

3.“问题导学”课堂的建构。

(1)认识以“教”为本走向以“学”为本的四个境界。

教学的本质应是让学生学会学习，最终学会终身学习和持续发展。从教学内涵上看，课堂教学应从“教”的课堂逐步走向“学”的课堂，这是一个从低级向高级、从不成熟逐步走向成熟的动态发展过程。

具体可划分为四个境界：即教师知识讲授课堂—教师导学课堂—问题导学课堂—自我导学课堂。

这是学生身心发展规律和认知能力发展程度的进化过程。每一境界既有密切的内在联系，又有着本质差异，其教学理念和思路及方法都有很大差异。

“教师导学”课堂是指在教师指导下组织学生自主、合作与探究学习的课堂境界；“问题导学”课堂则是学生在以问题为主线的自主学习、发现生成问题基础上与教师合作探究的学习境界。

有什么样的课堂，就会培养什么样的人才。课堂就像人的素质胚胎，有什么样的内涵特征和文化取向，就会培养什么样素质的人才。

(2)走向以问题为中心的课堂。

中小学阶段是学生创新思维品质养成的奠基阶段、黄金阶段。他们不一定能有什么惊人的发明和创造，但是，学生创新思维能力在中小学阶段一旦养成，将在未来的社会实践中发挥巨大能量。

“问题导学”课堂，能激发学生学习兴趣、丰富学生情感、挖掘学生潜能、促进学生思维发展，所以“问题导学”课堂不仅能培养学生的创新思维品质，还能培养学生的创新思维能力。例：株洲已启动五所创新人才培养改革试点学校；长沙一中、师大附中创建现代实验学校。遗憾的是目前还有许多中学和大学课堂仍停滞在封闭的“教师讲授课堂”阶段，没有着力培养学生“勇于探索的创新精神和善于解决问题的实践能力”，有的甚至以培养清华北大高分学生作为创新思维人才的目标。

(3)把握“问题导学”课堂的意义。

“问题导学”课堂在于使学生获得问题发现、问题生成、问题解决的能力，培养他们的创新思维意识、合作能力、交往能力、实践能力和创造能力，使他们学会终身学习。

(4)教师面临的核心任务，就是挑战自我，超越现实，创建“问题导学”型课堂，追求“自我导学”的课堂理想。

“问题导学”是当代课堂教学深度改革不能回避的新路径，也是引人注目的新方向。目前创建“问题导学”课堂教学困难依然很大，教师角色、教师行为、师生关系、备课思维等方面的深度转型非常困难，很多教师难以走出自我，对知识讲授型课堂和教师导学型课堂有深厚的情结。

4.“问题导学”课堂，教师观必须实现四个角色转变。

一是由过去照本宣科的传授者转变为匠心独具的设计者；

二是由知识的单一讲授者转变为课堂学习激情睿智的指挥者；

三是由自我陶醉的讲授者转变为课堂学习有条不紊的组织者；

四是由应试教育的钻营者转变为学生素养的培养者。

5.“问题导学”课堂，学生观必须实现四个角色转变。

一是由过去少数“尖子生”独占学科高地，转变为全班学生按自己个性特长人人参与；

二是由过去少数同学之间发言与讨论，转变为现在的每一名学生积极发言、人人思考；

三是由过去少数学生的学会进步，转变为全体学生的人人发展；

四是由过去少数学生的鹤立鸡群，转变为全体学生的人人成功。

8.6.3 让学生自主先学

对于课堂教学，学生先学就是预先学习，即预习。

预习是学习能力培养的奠基工程。预习具有超前性、独立性、异步性的特点。通过课前或课上的结构化预习，学生不再是一张白纸而任由教师描画。

1. 预习的独立性与超前性有助于学生发现与思考问题，从而促进他们自主合作学习的能力，也促进课堂教学方式的转变。

先学后教决不只是教与学顺序关系的改革，它涉及教学思想、教学过程和教学方式等教学的诸多方面，它引发了课堂教学的革命性变化和实质性进步，学习成了课堂的中心，学生成了课堂的主角，课堂成了基于学生的学习、展示性学习、交流性学习的真正的学堂。

2. 预习有助于高起点的教学。

预习是对文本内容事先进行自主探究性学习，也是感知文本、理解知识、自我建构的过程。

在知识传递型课堂教学中，学生课前做好充分预习，对基本知识和技能都理解了，教师在课堂教学中对教学重难点进行重点讲解和指导，就能够圆满地完成教学任务。

在知识建构型课堂中，如果学生课前做好充分预习，对基本知识和技能都理解了，把未解决的问题列出来，教师在课堂教学中针对学生疑难与自己预设的问题，组织学生开展自主、合作探究学习，师生合作顺利才能实现教学目标。

3. 预习能够缩小学生差异。

在课堂教学中始终存在一个难以解决的问题，那就是“后进生”和差异问题。导致“后进生”的原因很多，其中一个重要原因就是没有做好预习，“后进生”一多，全班学生的差异自然就拉大了。

教师要在预习过程中关注和指导“后进生”，一定要认识到“后进生”转化的黄金期在预习阶段。如果“后进生”转化了，全班的学业成绩差异便自然缩小了，这样才能体现教育的公平和公正。

4. 预习能够培养良好的思维习惯。

不重视预习，学生不习惯课前预习，喜欢上课听教师讲授知识，很多学生逐渐养成了课前等待、上课接受的被动学习习惯。当学生走向成人后，他们中很多人都没有凡事打出“提前量”的好习惯，也就没有养成良好的结构化思维习惯，许多人做事都是习惯于“拖拖拉拉”。

这种被动思维的习惯，也影响到教师的工作效率和日常生活质量。教师备课简单化，缺乏科学性；教师关注学生过于表面化，不开展深入研究；教师上课过于机械化，缺乏智慧性；教师科研过于形式化，缺乏深刻性和专业性等。

5. 预习能够培养终身学习能力。

(1)教育的本质是实现自我教育，教学的本质是让学生学会学习。

预习本身就是自主学习，预习过程就是学会自主学习、追求自我教育的过程。对一个人成长而言，离开学校之后，根据自身发展需要进行再学习，几乎都可以称之为预习，不会再有专业人员对他给予指导了。培养预习能力就是培养学生的终身学习能力。

(2)学生先学中教师的作用。

《学会生存》指出：“教学过程的变化是，学习过程现在正趋向于代替教学过程。”在这样的课堂上，教师的教最准确的定位：促进学，即提示学、指导学、组织学、提高学、欣赏学。在这个过程中，教师的主导作用不断转化为学生的独立学习能力，随着学生独立学习能力由小到大、由弱到强的增长，教师的作用也就发生了与之相反的变化，将最终实现“教是为了不教”。

学生先学由依赖于教师的指导和培养，转化为自主学习，培养自己独立的学习能力，这是先学后教的关键。

(3)逐步形成终身受用的能力。

教学论告诉我们，当学生已经能够自己阅读教材和自己思考的时候，就要先让他们自己去阅读和思考，然后针对学生的阅读和思考中提出、发现和存在的问题进行教学，这样学生的独立性和独立学习能力就会很快发展起来。

独立性和独立学习能力是提高学生学习质量和课堂教学质量的根本法宝。依赖性、被动性的学习，不仅是教学质量低下的原因，也是学生学习负担过重的根源。

8.6.4 让展示对话焕发学生激情

展示对话给课堂带来别样惊喜。展示对话课堂中师生角色发生了翻天覆地的变化。在这样的课堂中学生成了主角，他们不再是被动的听讲者，而是要发挥主观能动性，以各种方式将自己的学习成果展示，这样的活动极大地促进了学生的智力因素和非智力因素的开发。

1. 展示对话学习，焕发生命活力。

展示体现了生命的两种本性：一是作为个体的自我需要成长、发展，二是作为群体中的另一个自我需要交流、欣赏或被欣赏、评价或被评价。

张卓玉讲："展示内容的丰富性决定了它的生命力，它是人本主义教育的一个核心词汇。人本主义坚持，展示是人性的基本需求，是人的基本权利，是生命成长的基本形式，也是学习的有效途径。对展示的认识水平和实施状况反映着教育理论和教育实践的文明程度。"将展示引进课堂，把课堂引向社会，旨在培养学生社会化的交往能力、沟通能力和合作能力。

在以"学"为中心的课堂教学活动中，展示对话学习方法是一种树立自信心、锻炼逻辑思维能力、培养表达能力和分析问题解决问题能力、促进情感发展的社会化学习方法。

2. 展示对话学习的意义。

(1)尊重学生人性，呵护生命价值。

科学的学习过程应该是吸收与释放、获取与展示有机统一的过程。在课堂中，将展示对话的权力还给学生，让他们通过展示对话来讨论问题、解决问题，实现学习目标。学生们想表达、展现、交流、被评价、证实自我的本能需求得到了满足，那种好奇、探究、怀疑、充实自我的天性得到验证。

马斯洛心理需求理论：实现自我价值是个体需求的最高境界，只要是学生都会有这种需要，都想在小组、班级群体中寻找自信基础上的自我表现，追求自我价值。

(2)深刻理解知识，实现融会贯通。

学生为了实现展示对话，便积极思考、积极动脑，知识基本理解后才能说出来，自己阐述的过程既是理解加深的过程，也是思维进一步梳理加工的过程，还是记忆巩固的过程。

案例：美国缅因州教师培训学院有一项研究成果，俗称“学习金字塔”理论。相关专家对7项学习方法进行样本化研究，测量出采用不同学习方法进行24小时学习后的知识保持率。其中的第一项“讲授”法学习，24小时候后知识保持率仅仅是5%，最后一项是“向他人讲授/对所学知识立即运用”，24小时后学生知识保持率达到90%。这个数据说明，如果在课堂教学中采用展示对话方式并立即进行应用训练，学生24小时后的学习巩固率可达90%。而用“讲授法”，学生24小时后的学习巩固率非常低，仅为5%。

(3)提高学习能力，促学习方式转型。

通过展示对话学习，学生能够树立自信心，体验成功感觉，分享成功快乐。为了寻找这种感觉，学生需要事先进行预习，在合作探究中积极参与，以便充分做好展示准备。在这种展示欲望的驱使下，学生学习进入良性循环，开始重视课前预习和课后拓展复习。

这种方法能有效促进教学方式的转型，让学生由被动学习走向积极主动学习，同时也能有效推动教师角色和行为转型。展示对话学习，能够在单位时间内使全班同学困惑的问题得到迅速解决，使全班同学在最短时间内都能够领会知识要点，这是展示对话学习的一大特殊功能。

因为同伴的展讲和交流，对学生而言更易于接受和理解。当学生在课堂学习中，把所困惑的问题都弄清楚时，心中自然产生一种成功的喜悦感和成就感，其学习兴趣在潜移默化中得以激发，从而促使他们更加喜欢学习，学习情感得到提升。

(4)培养交往能力，促进个性绽放。

展示对话学习，促使接受式的静态学习向师生对话式的动态学习转型，使学习过程社会化，打破了过去“课堂学知识、社会炼能力”的传统框架。在这个社会化学习的系统中，学生像成人一样展讲和对话，自由表达，言者无过，发展个性，思维绽放。

通过展示对话学习，学生学会对话、学会尊重、学会交往，实现人人个性绽放，他们的思考能力也因此得到提升，思维能力得到发展，社会化能力得到明显提高。不论是课堂内与教师、同学交往，还是课堂外与社区成员、家庭亲属的交往，其方式和水平都会明显提高。

在推进基础教育课程改革实践中，展示对话学习正在以极强的生命力走向中小学课堂。走向展示对话学习无疑是一种挑战。因为以往的课堂教学中，教师是话语的控制者，转向展示对话学习，教师就必须智慧地“闭上自己的嘴、启开学生的嘴”。

8.7 自主学习的管理策略——走班制

《关于普通高中学业水平考试的实施意见》指出，从2017年开始全国都将开始高考综合改革，即在高考中实施语文、数学、外语3门学科全国统考，政治、历史、地理、物理、化学、生物6门学科任选3科的考试成绩。今后高中教学势必将采用“走班制”教学，它将更加有利于培养学生的个性化选择能力和自主发展能力。

8.7.1 走班制的基本涵义

1. 走班制的概念。

走班制又称为走班教学，是在中小学开展的一种新型教学模式。真正意义上的“走班制”教学是学科教室和教师固定，学生根据自己的学历和兴趣愿望选择符合自身发展层次的班级上课。不同层次的班级，教学内容和程度要求不同，作业和考试的难度也不同。这种分层教学模式，是承认学生认知能力和认识水平等方面存在差异，坚信每位学生包括学习有困难的学生都有发展的潜能。教师在教学过程中区分层次因材施教，让每一个学生都能逐步提高成绩。

在传统的班级授课制下，以统一的要求对学生实施统一的教学，造成的最常见的现象是“能力强的学生‘吃不饱’，能力弱的学生‘吃不了’”，既抑制了前者的个性发展，也加重了后者的负担。因此，如何在班级授课制的教育背景下有效地解决学生个体差异问题，真正实现因材施教，是现代学校教育所面临的重要课题。

2. 走班制的发展。

“走班制”最先出现于美国。美国一些学校将课程分为一般课程、大学预备课程、职业课程与荣誉课程等，学生可以根据自己的学习条件和兴趣，自主选择学习课程，自主选择任课老师，自主选择研究方向。这种课程分类已经突破了传统的必修课程、选修课程，构建了一个基于学生发展需求的课程体系。与这种走班制相适应，美国中小学所有的室内场所，不管是教室、办公室、体育馆还是食堂、图书馆，都在一个整体性的建筑里，这些建筑大都控制在一两层内，方便学生走班。

我国高中新课程改革以后，高中生在学校除了要学习必修课程，还有总量超过必修课程的国家选修课程和一定数量的学校自主开发的校本选修课程。学生可以根据自己喜好，选择自己喜欢的学科方向和教师，安排自己的课堂学习。选课走班开始走进了我国的普通高中学校。近年来，除了选修课，一些高中学校也开始了在建立一个新的课程体系的基础上，选修课与必修课都开始进行走班制教学的探索。

随着高中新课程改革的进一步深入推进，学生逐步实现个性化的学习成为必然趋势，“走班制”探索将会成为越来越多高中学校的选择。但总体上看，我国的“走班制”仍处于尝试探索阶段，“走班制”带来收获的同时也存在着一些问题，未来“走班制”如何进行，还需要进一步探索。

利用信息技术，建立网络人人通学习空间已经成为现实，学校走班教学、网上走班学习、课程私人定制成为个性化教育的选择方式。

3. 走班制的方式。

“走班制”有不同的方式：一种是学科和教室固定，即根据专业学科教学内容的层次固定教室和教师，部分学科教师挂牌上课，学生流动听课。一种是实行大小班上课的形式，即讲座式的短线课程实行大班制，研究型的课程实行小班制。通过不同班级、年级学生的组合教学，增强学生的互助合作。一种是以兴趣为主导，学生根据自己的兴趣选择上课内容。

我国一些高中推行的“走班制”基本模式为：日常管理仍在一个固定的班级，称为行政班，但由学生自由选择上课内容和学习的教室，学生走班后上课的教室为教学班。不同班级的学生，根据自己所选科目的不同到不同的教室上课，需要时自习也会在教学班上。

相比于传统的固定班级教学模式，走班制不会把学生固定在一个教室，或根据学科的不同，或根据教学层次的不同，学生在不同的教室中流动上课。走班制还会把学生的兴趣放在一个更加突出的位置，即学生可以选择一个自己更有兴趣的学科学习，或者选自己更加欣赏的老师来上课。

8.7.2 浙江高中试行走班制的启示

新高考改革方案中，选择性的教育思想贯彻始终。学生在选考什么科目、考几次、用哪次成绩等方面，有了前所未有的选择权。这促使高中教育不断趋近“好的教育”，“让每一个学生都拥有自己的跑道”，但这也给学生、教师和学校带来了诸多挑战。

1. 走班制提高了学习效果。

浙江省已经在全国率先试点高考改革，浙江部分的高中从 2012 年开始便在实际教学中实行了走班制。从浙江高中实施走班制的情况看，实施走班制的学校在校内也进行试点，即一部分班级实行走班制，另一部分班级则仍实行传统的固定班级教学模式。从试点的结果看，有学校表示在期末考试测验中，走班制学生的平均分要高出传统班级学生的平均分 10 分，说明走班制更有利于学生掌握相关知识。

2. 走班制方式的实践。

浙江省实行走班制主要是指分层次教学，即在语文、数学、外语、政治、历史、地理、物理、化学、生物这9个高考科目的教学中，分A和B两个层次，也有的学校分为A、B、C三个层次，其中A类班级适合学习程度更好的，B类和C类班级则适合基础程度相对差一些的。

3. 学生多样化的选择。

浙江省新高考试点方案给予了考生“7选3”的选考自主权。不同的学生，对同一门科目关注度、要求不一样。学生既要考虑自己在科目上是否有优势，也要和未来专业有所对应。据调查，一些学校对2014年入学的高一学生进行参考意向选择，原来估计学纯理科和纯文科的占有大量比例，但实际上只占18%和5.6%，而选择文理交叉的占76.4%，这充分体现了学生选择的多样化。

4. 形成“选课走班教学”的育人机制。

随着高中新课程改革的不断深化以及浙江省高考改革新方案的实行，“选课走班”将成为普通高中教学改革的必然趋势。从高一年级开始必修课分类分层走班探索，逐渐建立基于“选课走班教学”的育人机制。

一是完善学生自主发展的管理模式。自主发展是学生适应社会和实现个人价值的重要前提。学校尊重学生个性，创设一切有利于学生身心发展的活动，建立学生自主发展的管理模式，构建学生的精神家园，实现“不让学生的精神去流浪”，培育学生自尊、自信、自强的理想人格。

二是建立学生生涯规划指导制度，完善成长导师制。高中学校建立学生生涯规划指导制度，通过相应的课程和活动，帮助学生认识自己，妥善处理自己的兴趣特长、潜质倾向与未来社会需求的关系，提高学生生涯规划能力和主动发展能力。完善成长导师制，为每一位学生配备成长导师，负责学生的德育、生涯规划、学法指导、选课指导和心理疏导等工作。

三是优化选课制度，全面推进实施选课走班教学。学校进一步探索行政班和教学班并存情况下的管理组织体系，修订与新课程和新高考制度相适应的课程安排、学段设置、教师调度、班级编排、学生管理、教学设施配套等制度，为学生个性化学习创造条件。

8.7.3 走班制的利与弊

1. 走班制是未来教学的改革方向。

走班制教学模式相比现有模式有许多优点。走班制更有利于调动学生学习的主动性。通过让学生自主选择学习科目，甚至选择授课教师，使学生从目前固定班级教学中的被动接受角色转变为主动选择的角色，可以很好地激发学生学习的兴趣和积极性。

走班制还能扩大学生的交往范围。由于没有了固定班级，学生在每门科目的学习中会接触到不同的同学，交往范围可以扩大几倍，有利于培养学生的社交能力。

2. 走班制的管理难度加大。

走班制虽然满足了学生的兴趣，给了学生更自由的空间，但难免会疏于对学生纪律上的要求。对于正处于青春期的学生来说，对学生管理和引导还是增加了难度。

在固定班级模式下，可以充分培养学生的集体荣誉感，有利于学生团队观念的养成，但实行走班制后，由于没有了固定班级，学生对于集体的认识必然会带来较大的影响，不利于学生团队观念的培养。

走班制作为教学管理的一种新生事物，既是大势所趋，但也应该在改革中充分考虑到各种现实情况，逐渐稳步推动走班制的落实。

8.7.4 “分层走班制”的界定

1.“分层走班制”的涵义。

所谓“分层教学”，就是根据学生的知识掌握情况、能力水平、智力和非智力因素等，将一个教学班的学生分成若干层次，再根据新《课程标准》要求和因材施教的原则，有针对性地分层备课、分层授课、分层指导、分层练习的一种教学模式。

2.“分层走班制”的操作过程。

(1)学生分层的操作办法：起始年级不进行分层，进入初中或高中二年级后根据学年的综合成绩进行分层。学年末进行分层调整。

(2)“走班制”的操作办法：教务处在设置课表时，将年级的同批次学科课程安排在同一时间，学生在上同批次课时进行流动，异班同层走班上课。

3.“分层走班制”与“快慢班”“尖子班”等的区别。

(1)“分层走班制”模式下，每一个学生都是平等的，在师资、学习条件上享有同等待遇，只是将学生按基础的好坏及接受能力的强弱分为若干个层次，然后将教学内容也相应地分为若干层次，采用不同的教学方法，使学生能够较快较好地掌握所学的内容，能够及时赶上进度。而“快慢班”“尖子班”内的学生在师资、学习条件上享有不平等的待遇，对“快班”“尖子班”进行重点指导，对“后进生”则敷衍了事。这种人为地将学生分等划级，实际上剥夺了大多数学生平等受教育的权利。

(2)“分层走班制”模式可以有效地发现学生的差异，依据这种差异进行有针对性的教学和辅导。而“快慢班”“尖子班”根本不可能做到有的放矢、分类指导。

(3)“分层走班制”模式面向全体，关注每一个学生的全面发展，符合新课程改革的基本理念。“分层走班制”的目的是充分调动每一个学生的学习积极性，采用各种教学手段，最终让每一个学生都能完成学习任务。而“快慢班”“尖子班”关注的只是少数人，关注的只是“升学率”，把最应该抓好的大部分学生给耽误了。

8.7.5 “分层走班制”的实施过程

1. 分层学科的设置。

进入初中以后，常常在数学、英语两门学科出现“学困生”，尤其是进入八年级、九年级以后，两极分化更加明显，部分学生甚至放弃了这两门学科的学习。而往往数学、英语成绩较差的学生，其他学科也会出现不同程度的困难，一般说来，数学、英语两科出现问题的学生，往往最终不得不无奈地放弃进入高一级学校学习的机会。根据这一现象，初中在实施“分层走班制”教学模式的改革中，将分层的学科确立为数学、英语两科。

2. 层次的设置及原则。

在具体实施分层的时候，我们认为，必须遵循以下几个原则。

(1)科学性原则：学科的设置、分层的依据要切合实际，要具可操作性，同时又要符合相关的教育教学规律。

(2)全面性原则：面向全体学生，使各类学生共同发展。

(3)变通性原则：学生分层是一个相对动态过程，不可固定化。分层是为因材施教，促进最大发展。因此，初中学校依据各年级学生数学、英语成绩将学生按照现有行政班分为两个部分各 3 个层次(A、B、C)，实行异班同层走班上课，每学年依据学生变化了的成绩重新分班。

(4)针对性原则：分层的基本依据是同一层次的学生成绩要相对平均，差异性较小，这样有利于教师的针对性教学。

(5)可操作性原则：分层以 3~4 层为宜。分层过少，学生的差异仍然很大，分层教学就失去了意义；分层过多，教师和教室的安排都是一个难题。因此，分层必须具有可操作性。

3. 教师的设置及原则要求。

教师的设置采取交叉分层任教的原则。即每一个任课教师既要担任高层次教学，又要担任低层次教学，目的是既让每一位教师承担较为相同的教学任务，适应不同层次的教学需要，又有利于学校合理利用教师资源，有效地避免了所谓的“好老师教好学生”的不公平现象，同时也有利于学校对教师教学教育工作进行考核。

对教师的教学，要求必须做到全心全意投入工作、认真负责地对待教学中的每一个环节、平等地对待每一位学生，在分层走班制教学模式的探索中闯出一条新路子。

4. 对教学的要求。

在教学中，要遵循如下原则。一是互补性原则。在教学过程中，尽管已经分层，但学生仍然存在差异，所以要协调好各类学生活动，处理好个性与共性的关系，实现各种学习形式的功能互补。二是发展性原则。各层知识目标，不是一成不变，随着学生知识水平能力不断提高，对同类课程的各层目标逐步加高，使分层教学成为一个充满活力和积极发展的过程。

具体来说，就是要做到：

第一，分层备课，确定不同层次的教学目标。

无论哪节课，首先要有一个恰当的教学目标，它是教学过程的关键环节，它确立了课堂教学的着力点和主要方面。因为“分层教学”是以同时兼顾各类学生为出发点的，因而“分层备课”首先是要给不同类型的学生，确定不同层次的教学目标。“分层备课”在目标分层之后，教师要对所教知识进行具体的分层，即对分层授课、分类指导、分层练习、分类测试进行周密的思考和准备。

A. 对知识进行“肢解”。教师针对教材内容，围绕目标，把所教知识分解成一个个可供各类学生尝试学习的小知识点，然后按知识的结构顺序，由易到难、特殊到一般、具体到抽象的原则排列。

B. 对学生的能力进行预测，制定分类指导方案，“不打无准备之仗”。教师分层备课时，必须预测到学生课堂学习中会遇到哪些困难会提哪些疑问，教师应如何解决这些问题。这就要求老师对同一知识点站在好、中、困难三类学生的位置上，进行思考，估测他们各自的思维方式，回答方法，制定相应的指导措施。当然，无论一个教师如何准备，也难以保证学生课堂学习中不会提出人意料的问题，但恰恰需要的就是学生这种思维的暴露，恰好能为我们的课堂教学中的分层释疑分类指导提供素材。

第二，调整教学内容，保证各有所得。

A. 课堂讲授内容分层次。教师备课时要兼顾基础与提高的要求设计课堂教学内容，以基础课为主，适当渗透提高课内容。

B. 课后练习分层次。每节课的课后作业除按新课程的要求留必做题外，还适当加一至两个提高教学大纲要求的题作为选做题。

C. 考试内容分层次。学校组织的每次考试，在试题的分量和难易程度上都加以区分，一般基础内容占70%～80%，提高内容占20%～30%。这样便保证了各类学生都能学有所得。

第三，变换辅导方式，培养自学能力。

现代教育越来越重视教法和学法的研究。教师教学的重要之点是教会学生学习。所以，在调整课程和教学内容的同时，也要变换辅导方式，必须采取“个别辅导，分类推进”的办法。具体说，就是：

A. 对各学科的尖子生，教师要有目的地布置题目，压担子，尽量挖掘其内在潜力。

B. 对部分学习基础处于中下的学生，教师要在基础课的基础上适量加提高内容，以促进其知识的加深和拓宽。

C. 对后进生(包括学困生和德育偏差生)，采取学生多练习，教师多批改，集中进行训练的办法，以强化基础内容的巩固。

8.7.6 分层走班制的理论意义和现实意义

1. 理论意义。

分层走班制教学模式是依据个体差异和因材施教理论而提出的一个崭新的命题，充分体现了从“应试教育”向“素质教育”的转变，从“本本”向“人本”的转变，是从“人人失败”向“人人成功”的转变。

(1)分层走班制教学模式的实验成功，有助于实现初中、高中、大学的紧密衔接。

(2)分层走班制教学模式的实验成功，势必会造成对现有教学模式的巨大冲击。它从根本上否定了分“尖子班”、“快慢班”的模式，印证了素质教育的推广势在必行。

2. 现实意义。

(1)教学目标的分层、评价。检测的分层，可以改变“学困生”始终处于落后、中等生永难名列前茅的状况，使基础近似“相等”的学生处在同一起跑线上，多数学生有进入本层前列的希望，从而增强学习自信心。各层学生在适合自己的空间学习，有利于“学困生”走出低谷，看到希望，也可以使中等生不再满足及格、积极进取，使优等生勇于竞争、尽展才华，促进了全体学生的发展。

(2)分层走班制教学模式的成功，势必有助于学校教育教学质量的提高，确保学校可持续的、稳定的发展。

教育十大转型 JIAOYU SHIDA ZHUANXING

第9章

教师引领转型

——为学生自主成长服务

教师引领转型——为学生自主成长服务

教师是教学的设计者。教师在理解和灵活运用各种教学策略的基础上，要针对学生的特点、特定的学习内容，创设一定的学习环境。在课程改革中，尤其要针对不同类型的学生来为之设计更为有效的学习活动。

教师是学习的促进者。教师要起到促进学生学习的作用，要激发学生学习的动力。特别要关注那些暂时处于后进状态的学生，通过对他们个性的深入了解与把握来为他们的学习与发展提出可供参考的学习设计，指明发展的路径。

教师是学生学习的伙伴。教师不仅是教学的管理者，而且应该是学生学习的伙伴，促进学生的学习。师生之间建立友好融洽的关系，有利于增强教育的力量。

教师是学生成长的发现者。教师不仅要关心学生对文化知识的学习与掌握，同时还要关注学生身心的健康成长与发展。只有注重了育人这个环节，才能深入地了解和把握学生的个性，进而发现每个学生的不同特点和发展潜力，对学生进行更有针对性的指导，以使学生快速地健康成长。

校长要关注有效的课堂教学，担当促进学生的健康成长、促进教师的专业发展、促进课改的深化推进、促进学校教学质量的整体提高的重任。

朱永新认为“理想教师应该是一个追求卓越、富有创新精神的教师”。教育家与教书匠的最大差异在于，教育家有一种追求卓越的精神和创新精神，追求的是一种充满灵性与智慧的教育教学，而教书匠往往忽视学生的主观能动性，以灌输作为教育教学的指导思想和主要的教育教学手段，接受时间越长，越使学生的思维更加单一、心理更不自信、视角更加狭窄、想象更缺活力。

理想的现代教师就是具有教育家型的教育思想和教学方式。理想的现代教师的成长需要专业素养的不断提升和发展，才能满足和服务学生成长的需要。

9.1 现代教师的专业素养

9.1.1 现代教师的行为规范

1. 教师的法律义务。

对教师行为最基本的要求来自于法律规定，即教师的法律义务。法律义务是教师行为的最基本的规范。一个践行着崇高标准的教师无疑是值得敬仰的，但崇高的道德标准显然不能作为一种普遍的要求，而只能让教师自己去选择。对教师法律义务的强调不意味着对教师权利的否认，教师行使并维护自己的合法权利也是教师的一项义务。

2. 教师的专业伦理。

专业伦理就是人们在从事专业活动过程中必须遵循的行为规范和准则的总和。教师专业伦理就是教师在从事教育教学活动时必须遵循的道德规范。专业伦理是专业的重要指标之一，是专业形成和成熟的重要条件，也是专业人员的必备条件。教师专业的伦理规范包括：

责任心、敬业精神、服务精神——学生利益至上是教师专业伦理中的核心内容。必须将学生的利益放在首位，相信每个学生都有发展的可能，应当对每个学生保有高期望，一切行为都应当以促使学生的健康发展为目的。

公正公平——公正公平地对待每一个学生，不应因学生的智力、学识、背景而区别对待学生。必须与学生保持适当的距离，以维持一种健康的关系，因为与学生及其家庭保持过于亲密的关系可能影响教师的专业判断，导致不公正的产生。

审慎地行使自己的权利——教师在行使自己的权利时尤其要有谨慎的态度，因为师生关系中实际存在的双方的不对等和教师劳动的个体性，教师可能错用或滥用自己的权利。教师在行使权利时不能违反法律义务，也不能侵犯他人的权利。除此之外，教师还应用更高的专业伦理来约束自己的权利行使。

尊重自己的工作，具有高度的教学效能感——教学效能感包括一般教学效能感，即教师对教与学的关系，对教育在学生发展中的作用等问题的一般看法和判断；个人教学效能感，即教师完成教学任务、教好学生的能力和信念。缺乏教学效能感，既不违背法律，也与道德无涉，但绝对是一种非专业的表现。

坚持专业判断——用专业性来衡量行为。有些行为既不涉及法律，也不涉及道德，但事关专业性。对自己对学生采用双重标准，对自己工作和学科的不尊重，显然与法律或道德无关，但同样是缺乏专业性的表现，都需要教师基于自己的专业性来做出判断，采取适当的行动。

9.1.2 现代教师的能力素养

1. 课程开发能力。

新课程的一个重要特点就是学校和教师获得部分课程权力，课程开发成为教师专业工作的重要组成部分。

课程开发具体包括课程选择、课程改变、课程整合、课程补充、课程拓展及课程新编等多种方式，无论是何种具体方式，都需要教师具有根据教育目标和学生发展需求确定课程目标，根据课程目标充分利用整合课程资源确定课程内容的能力。

2. 教学设计能力。

为学生学习而设计教学，这是教师的一项必要能力。教师的教学设计能力都是合格的教师所必备的。但新课程对教师的教学设计能力有新的要求，其中最为核心的就是教师理解课程标准，将课程标准转化为教学目标，并在课程实施过程中确保教学目标的实现的能力。课程开发能力、综合实践活动的实施能力等无疑是非常重要的，但没有课程标准的落实，那么校本课程、综合实践活动都会失去根基。因此，对新课程的实施而言，更为重要的是教师理解课程标准，将课程标准转化为教学目标，并保证目标的落实的能力。这种能力的提升应是当前教师专业发展的重点，也是新课程真正在课堂层面落实的关键。

3. 合作探究的能力。

在新课程背景下，教师还应当具有反思探究的能力和合作交流的能力。反思探究与合作交流不仅仅是一种能力，更应当是一种工作方式，教师应当具有的专业生活方式。

(1)合作。

合作能整合各种行动方案、文化、组织和研究成果，能够应对后现代急速发展、复杂多样、变动不居、价值多元的时代特征。合作能为教师提供情感道德的关怀；打破学科之间的隔阂；提高教学效能；减轻教师负担；促使教师与行政人员关于变革的视域融合；降低环境的不确定性；增加教师对外部变革的适应能力；提高教师的反思能力；增加学习的机会；保证教师的持续发展等。在日趋多元化的社会中，合作必须以承认多元为前提；合作并不必然排斥中央的调控；合作需要倾听不同的声音，并建立伦理的原则，使这些声音趋向一致；合作不应该限定在教师之间；合作应该参照政府部门的指引，以改进学校、教师、社群的工作情境；合作需要变革学校组织结构。

学生发展是教师集体劳动的结果，需要教师的广泛合作。教师与同事、学生及其家长、教育管理者、教育理论工作者之间的合作应成为教师日常专业实践的核心内容之一，应该成为教师的职业生活方式之一。教师的合作意识和能力应是教师专业素养的重要组成部分。

(2)探究。

探究体现着教师职业生活的本质，是教师专业活动的核心。教学工作极为复杂，具有生成性，有一定的规律，但没有固定的程序和规则可循。课程不是供教师执行的规定或计划，也不是教材或教材的内容及其纲要；教材不是用以实施课程的文本；教学不是转化课程内容、实现学生知识内化的过程，而是师生双方通过对话，共同建构知识的过程。教师在教育教学过程中随时随地都可能遇到困难和窘境。每一个教育教学情境，对教师都是特殊的，都可能是一个新的困境。这种困境不可能借助于预设的规则或程序一劳永逸地得到解决。每一次遭遇问题，教师都可能需要从头开始，重新经历各种困惑、窘迫乃至危机。

教师的职业活动需要教师的探究。从课程开发、课程调适，到课程设计，再到课程实施和课程评价，无不需要教师的探究。探究应当成为教师的基本职业态度和职业工作方式之一。

9.2 学生主体的教育观

新课改以来，人们对教师在基础教育新课程发展中的地位和角色等问题的认识发生了很大的变化。教师观也随之发生了变化，体现在：教师不再只是一个课程知识的被动传递者，而是一个主动的调适者、研究者和创造者；教师不再是一个真理的垄断者和宣传者，而是一个促进者、帮助者、真理的追求者和探索者。因此，积极能动的教师形象取代了消极被动的教师形象。

9.2.1 学生主体的教师观

在21世纪的课程改革中，现代教育的教师观表现在以下几方面。

1. 教师是教学的设计者。

教师在理解和灵活运用各种教学策略的基础上，要针对学生的特点、特定的学习内容，创设一定的学习环境。在课程改革中，尤其要针对不同类型的学生来为之设计更为有效的学习活动。

2. 教师是指导者和信息源。

现代社会要求教师能够指导学生如何学习、如何发展、如何创造、如何生活，要能够为学生的成长提供有效的帮助。同时教师还要教育学生养成现代社会所必备的信息素养和信息能力，让学生知道如何发现和搜集信息、处理和使用信息，利用信息来达到学习和创造的目的。

3. 教师是学习的促进者。

教师要起到促进学生学习的作用，要激发学生学习的动力，为学生的学习提供支架。特别要关注那些暂时处于后进状态的学生，通过对他们个性的深入了解与把握来为他们的学习与发展提出可供参考的学习设计，指明发展的路径。

4. 教师是组织者和管理者。

一定的教学秩序是开展教学的前提。尤其在今天大力提倡的合作式、探究式学习中，教师作为组织者和管理者的角色就更为突出，教师要帮助学生组织学习小组，引导和指挥学生参与讨论并开展其他各种合作学习活动，使各项学习活动得以深入，进而通过组织好的群体互动来促进个体的发展。

5. 教师是学生学习的伙伴。

教师不仅是教学的管理者，而且应该是学生学习的伙伴，促进学生的学习。师生之间建立友好融洽的关系，有利于增强教育的力量。教师以平等的身份与学生进行讨论和合作，作为学习伙伴共同进行意义的理解建构，共同解决学习中的各种困难和问题。

6. 教师是学生学习的帮助者。

教师在学生学习遇到困难时，要提供必要的帮助和指导，以使学生的学习活动得以继续和深入，并维持学习和探索的积极性。

7. 教师是反思者和研究者。

教师要不断对自己的教学进行反思和评价，提高对自己的教学活动的自我觉察，以便及时发现和分析其中存在的问题，提出改进方案。20 世纪 90 年代以来，教师成为研究者已成为一种世界性潮流，教师不仅能传播知识，而且能通过自己的研究发现来创新知识，成为知识的发展与创造者。

8. 教师是学生成长的发现者。

教师不仅要关心学生对文化知识的学习与掌握，同时还要关注学生身心的健康成长与发展。有人有意将“教书育人”调整为“育人教书”，是对教育教学规律的深层次的领会与把握。只有注重了育人这个环节，才能深入地了解和把握学生的个性，进而发现每个学生的不同特点和发展潜力，对学生进行更有针对性的指导，以使学生快速地健康成长。

9.2.2 学生主体的教学观

教学是一个信息和情感交流、沟通，师生积极互动、共同发展的过程。“没有沟通就不可能有教学”，失去了沟通的教学不可想象。教学是语言文化与沟通文化的创造过程，也是奠定每个学生学力成长与人格成长基础的过程。因此要突出服务学生成长的四个教学观。

1. 教学从以“教育者为中心”转向“学习者为中心”。鼓励学生参与教学；创设智力操作活动；教给学生思维的方法并加强训练。

2. 教学从“教会学生知识”转向“教会学生学习”。指导学生掌握基本的学习过程；指导学生了解学科特征，掌握学科研究方法；培养学生良好的学习习惯。

3. 教学从“重结论轻过程”转向“重结论的同时更重过程”。结论和过程是和谐统一的关系。提倡重结论的同时更重过程的意义，教学过程是知识的形成与发展的过程，也是知识的形成与应用过程。教学结果指引着教学过程，教学过程指向于教学结果，针对不同的教学内容，教学过程和结果可以有所侧重，但有效的教学活动是更加注重教学过程中生成的因素与问题解决方法。

4. 教学从“关注学科”转向“关注人”。以学科为本位的教学理念的局限在于重认知轻情感，重教书轻育人；关注人的教学理念的表现是关注每一位学生，关注学生的情绪生活和情感体验，关注学生的道德生活和人格养成。

9.2.3 学生主体的学生观

学生观，是教育工作者对自己的教育对象——学生的身心特点、发展潜能、素质目标及评价标准等问题的看法和观点。怎样看待学生，把学生看成什么样的人，对学生采取什么态度，一直是教育理论和实践的重要问题。实施新课程，更新教育观念是前提，改革考试制度是关键，建构评价体系是导向，提高教师素质是根本。在新一轮课程改革中，学生观问题受到了许多教育理论研究者和实践者的关注。“一切为了每一位学生的发展”是新课程的最高宗旨和核心理念。课程改革的关键在于教师，教师的学生观又直接影响着教育教学质量。

学生观是教师对学生的根本看法。“怎么看待学生，把学生看成什么样的人，对学生采取什么态度”，这个古老而弥新的话题，不同年代的不同教师均有不同的回答。教师的学生观是教育工作的重要构成，直接制约着教师教育手段的选择、教育过程的优化和教育成效的显现。良好师生关系的建立、良好教育氛围的形成，都取决于教师是否有科学的学生观。当前教育实践中出现的诸多问题都可或多或少地归因于教师学生观的不当和缺失。

1. 学生是具有责权主体的人。

学生作为教育对象，首先基于其作为人的这一主体存在，是有主体意识、主体能力的活生生的生命整体，是既享有一定权利也承担一定责任的责权主体。教师尊重学生的主体地位和独立人格，在课堂教学中真正将学生作为学习的主体，是走进新课程的必要前提。

1989年11月20日联合国大会通过的《儿童权利公约》中指出：儿童在教育过程中享有下列权利——提问的权利；质疑的权利；寻找、追求理由的权利；批评的权利；行动自由的权利；隐私不受侵犯的权利；人格受到尊重的权利；给予公正对待的权利等等。中学时代是人一生中生命色彩最斑斓、生命成长最迅速、生命发展最重要的阶段。教师应该明白：今天的学生虽然所学的知识很多，但他们的知识还是无序的。教师要做的就是把学生头脑中许许多多无序的知识，通过教学活动使之科学化、有序化。面对这些“观其外表，貌似成人；察其内心，稚气未尽”的中学生，新课程下的教学不能简单强硬地从外部实施知识的“填灌”，而应当把学生原有的知识经验作为新知识的生长点，引导他们从原有的体验中，生长新的知识经验。教学不是知识的传递，而是知识的处理和转换。教师不单是知识的呈现者，不再是知识权威的象征，应该重视学生主体对各种现象的理解，倾听他们对时下的看法，思考他们这些想法的由来，并以此为据，引导学生丰富或调整自己的解释。

学生是责任主体，学校和教师要引导学生学会对学习、对生活、对自己、对他人负责，学会承担责任。在教学时，教师不仅要给学生学习的权利，同时也要赋予责任意识，明确是自己要学习，是我要做什么，而不是老师要我做什么。例如我国中学生普遍回家要做家庭作业，因为这作业是老师布置的，如果老师不留，学生就不做，大家看来这是理所当然的事情。可是在美国，如果你问学生作业不做老师会不会批评，他回答：学习是我自己的事，老师为什么要批评？只有有了“自己要学习”的责任意识，学习才可能变得主动。新课程下的老师要注重引导学生让他们自己去走路，自己去学习，帮助他们认识自己的责任，主动学习。

2. 学生是具有独特个性的人。

个性，是指个体的总的精神面貌，反映了该个体同他人之间稳定特征上的差异性，是在先天遗传素质的基础上，又经过后天社会生活环境的作用而形成的。现代科学表明，每个人的遗传基因都是与他人不同的。“黄沙如海，找不到两颗完全相似的沙粒；绿叶如云，寻不见两个完全一样的叶片；人海茫茫，没有两个完全相同的学生。”学生有着自己独特的内心世界、精神生活和内在感受，有着不同于成人的观察、思考和解决问题的方式。因此，我们不应该强制学生在成人安排好的圈子内活动，不能只引导学生在成人设计好的圈子里思维，而要给学生全面展现个性的时间和空间，正视学生的独特性和培养具有独立个性的学生，要承认并正视现代学生的群体特征以及与成人之间存在着的巨大差异性。

学生个体发展的速度有快慢、水平有高低、结果有不同，实施新课程应大力倡导个性化教育和全纳教育，为学生提供平等的发展机会和条件，这是教育最低程度的公平。长期以来，基础教育最大的缺欠是把知识性、甚至是强制性的知识学习看得过重，而忽视了对学生情感、情绪以及个性发展的关注。实施新课程，教育的成功不能只是一部分人的成功，而应是所有学生的成功；不能是学生一时的成功，更应是学生一世的成功。

由于经验背景的差异不可避免，学生对问题的看法和理解经常千差万别。其实，在新课程中，这些差异不仅是教育教学的基础，也是学生发展的前提，本身就是一种宝贵的资源。实施新课程要充分尊重和重视学生的独特个性。首先，教师必须具有鲜明的个性差异观，因材施教，使教学真正符合每个学生的实际需要。其次，学生不是单纯的抽象的学习者，而是有着丰富个性的完整的人；学习过程也不是单纯的知识接受或技能训练，而是伴随着交往、创造、追求、选择等的综合过程，是学生整个内心世界的全面参与。教师必须还学生完整的生活世界，丰富学生的精神生活，给予学生全面展现个性力量的机会。为此，教师要关注学生独特的感受和理解，尊重学生标新立异的思维方式和行为。

3. 学生是具有发展潜能的人。

多元智能理论指出，人人都拥有言语、数理、空间、音乐、运动、自我、交往等七种智力，每个人的智力各具特点，都有自己的智力强项。布鲁姆也曾指出，一般理智健全的儿童，完全能够学会教师所教的内容，关键是教师的教学要符合学生的学习需要。这就启示我们，学生具有巨大的发展潜能，只要我们为之创造条件，其潜能终将会被开发，素质也将得以完善。每个学生都是一片有待开发或进一步开垦的土地，其身上都存在着“不完善”和“未确定性”。教师应视之为教育财富加以开发和利用，通过教育不断培育和扶植他们身上的“生长点”，把他们存在着的多种潜在发展可能变成现实。

新课程提倡用积极的眼光和态度来认识学生的天性，坚信每个学生都是可以造就的；同时应认识到学生身心发展是有规律的，教育活动应顺应这些规律。每一个学生都是具有发展可能性的，作为教师不能对某些学生放弃这种发展的可能，要努力使每一个学生都能在原有水平上得到发展。它要求教师不能孤立静止地看待学生，而应着眼于学生的成长，站在人生发展的制高点进行智慧的选择和高超的把握，对其每一个可能素质做出有效指导，使之转化为现实素质，并促进下一步素质向更高现实转化，依此循环往复，螺旋上升，形成持续发展的巨大动力，推动个体综合素质的不断完善。在理念上，教师应坚持学生是追求进步的，是会向前发展的；在评价上，要坚持发展性评价，让学生不断改进行为。

实施新课程，教师要善于用放大镜发现学生的闪光点，对每个问题、每个学生的评价不可轻易否定，不随便说“错”；教师要正视学生正在成长发展的特点，允许学生犯错误，同时要帮助学生纠正错误，克服不足；教师要认识和理解学生身心发展的基本规律，熟悉不同年龄阶段学生身心发展的特点，并据此开展教学活动；教师要从学生现有基础开始发展，重视学生现有的心智水平，重视学生的可接受程度，重视学生的生活阅历和情感体验；教师要注重学生的努力程度，关注未来潜力。要有这样的认识：学生只是现在不会，你不能由此推断他永远不会，他只是现在无能，你更不能由此断定他永远无能。教师只有用善待的眼光去看待学生，用真诚的爱心去温暖学生，用有力的行动去帮助学生，这样才会避免“赢在起点上，输在终点上”，才会收到良好的教育效果。

4. 学生是具有创新精神的人。

陶行知先生曾说过：“人人是创造之人，天天是创造之时，处处是创造之地。”创造是人类的本质，学生在校学习的过程也是不断否定、不断创新的过程。学生身上蕴藏着无限的创造潜力，培养学生的创新精神和实践能力是基础教育课程改革的核心内容之一。原复旦大学校长、现被聘为英国诺丁汉大学第一位华人校长的杨福家教授说过：“什么叫学问？就是学习问问题，而不是学习问题。如果一个学生能够懂得怎样去问问题，怎样去掌握知识，就等于给了他一把钥匙，就能够自己去打开各式各样的大门。”因此，一位出色的教师，应该不断拓宽学生的思路，勤于培养学生开拓新领域、分析新情况、迎接新挑战的能力。

反思中国教育现状，从学校、教师、家长到社会，普遍流行的好学生的标准是：一言一行遵守规矩，回答问题整齐划一，在家从父母，在校从老师，考试照书本，答案合标准，考试获高分，否则就是“出格”“不听话”“调皮捣蛋”。有人形象地比喻，学生入学时像个问号，到毕业时却像个句号。正是这样的学生观，极大地扼杀了学生的创新思维，窒息了学生的创新精神，培养出的通常是唯书、唯师、唯上、唯分的缺乏自信的学生。学生在某些特定的学习情景中，其思维能力、创造能力完全有可能超越常规，超越老师，甚至超越某些权威。新课程下的教师切不可忽视这种超越性，因为常常是这种超越性，会撞击出灵感的火花。因此，我们应积极鼓励学生大胆质疑，标新立异，充分发挥想象力，激发学生思维的敏感性、灵活性、独创性。社会已发展成为一个终身学习的体系。大量事实表明：现在的学生在某些方面的知识已经超过了成年人，尤其是计算机、现代科技等方面。而且，由于青少年思想解放，精力充沛，记忆力好，接受新事物快，他们所掌握的新信息往往超过成年人，在许多方面与成年人有了同等的地位，甚至高于成年人。他们观念之新、信息之灵、个性之飞扬，都为今天的教育提出了许多新的问题。实施新课程，教师要注重学生的探究性学习，注重对学生创新精神的培养，因为这是每个学生内心深处的需要。创造是人的天性，培养创造能力是最能激发学生潜能的教育之举，它可以让学生保持注意力、意志力，可以尽力消除外在因素的不良干扰。

9.3 学生主体发展需要创新教育能力

9.3.1 教育创新是教育转型的灵魂

中国教育学会目标教学专业委员会理事长张志勇指出：“与西方发达国家的教育相比，我国教育观念层面的差距，比物质层面的差距更大，教育的精神贫困比物质贫困更可怕。‘教师中心’、‘学科中心’、‘课堂中心’是传统的‘接受教育’赖以存在和发展的基础，要推动由‘接受教育’向‘创新教育’的转型，建立创新人才大量涌现的新型教育，就必须超越传统的‘三中心’教育思想的羁绊，彻底向传统的‘三中心’教育思想告别，实现教育思想的重建。”

创新教育应成为教育模式改革的灵魂，通过培养学生的学习能力、探究能力、交流合作能力、表达沟通能力及组织管理能力，提高学生的创新意识、创新精神、创新能力的素养。这一创新教育的改革是现代教育模式发展的必然选择。

9.3.2 培养创新型教师的有效方式

创新教育需要培养和造就创新型教师，没有适应创新教育的教师就不可能培养出创新型人才。那么教师如何提升自身的创新素养呢？一般来说要注重六个方面的创新素养。

一是教师必须树立为学生成长服务、为未来创新型社会发展服务的理念，只有树立创新教育理念的教师，才能对其教育目标和教学的方法、原则、价值观、教学行为等进行有效的引领；二是适应创新教育的教师应具有较为全面、广博的涉及当代科学与人文领域的基础与专业知识，能较好地满足学生的求知欲和好奇心；三是教师应具有适应创新教育需要的创新能力，包括教学方法的选择与运用能力、教学模式的设计与创新能力、激发学生创新动机与思维的能力、教学研究与迁移能力；四是教师自身应具备较强的创新品质，乐于接受新事物，以积极的心态面对新变化，迎接新挑战；五是教师应具有较强的反思能力，善于反思和超越传统的传承教育，在实践中创新教育方法、教育策略，提升创新教育教学能力，不断突破自我、发展自我；六是在师生关系上，教师应具有民主、平等的意识和观念，努力使自己成为学生发展的引导者、促进者、合作者。

9.3.3 提升教师创造性思维教学能力的方法

1. 对创造性思维能力的发展认识。

过去很长时期人们普遍认为，人的创造性思维能力是一种天赋的才能，不能通过后天的培养和启迪产生。心理学家们在早期的智力研究中只注重智力测验，注重智商水平的研究，却忽视了人后天的智力的培养与开发。直到20世纪50年代后期，人格心理学的研究中开始关注个体创造性思维能力发展问题，认识到创造能力在后天发展的可能性。

2. 在教学中关注创造性思维培养的教育方法。

20世纪70年代末以来，国际普遍关注创新人才的成长，尤其关注基础教育的教学方式的选择，其中关于启发性思维的教学成为教师专业素养的重要追求目标。在教学实践中，更加注重培养学生的思考能力，积极引导学生勤于思考、敏于推理、善于概括、精于问题解决。特别是21世纪初，我国基础教育的新课程改革实施，要求在学科教学中转变教学与学习方式，采取自主、合作、探究方式培养学生实践能力和创新精神，突破了传统的知识主体、教师中心、学生被动接受学习的模式，使创造性思维能力培养的教育教学成为中小学生发展的重要内容和目标。

3. 提升教师的创造性思维教学能力的途径。

学生创造性思维能力的培养，离不开创造性思维教学能力的教师。提升教师创造性思维教学能力必须从以下几方面着手：

(1)培养创新精神，掌握创新知识。教师是教学的主导者、引领者、促进者，教师应在思想观念上、方法上、知识的组织上具有创造性。一个思维迟滞的教师不但不能培养出创造性的学生，反而会妨碍学生的创造力的开发。教师要通过学习思维科学、创造学建立合理的知识结构，把握知识与能力关系，积极参与教育科学研究及科技实践活动；教师还要不断学习新课程相关的教育哲学、人才学、教育方法论，帮助学生开拓眼界，优化知识结构，才能在教育教学工作中更好地指导和培养学生。

(2)运用创造性课堂教学模式教学。创造性课堂教学是发展学生创造性思维能力的重要教学方式，其基本模式是：引起关注—启发思考—验证和应用结论。由基本模式分化产生几种常用教学模式，是教师必须认识和运用于教学中的。

教学模式是在一定教学思想指导下所建立起来的完成所提出教学任务的比较稳固的教学程序及其实施方法的策略体系。要培养学生的创造思维，就应该有与之相适应的，能促进创造思维培养的教学模式，当前创新教学模式主要有以下几种形式。

①开放式教学模式。这种教学模式在通常情况下，都是由教师通过开放题的引进，学生参与下的解决，使学生在问题解决的过程中体验学科的本质，品尝进行创造性学科活动的乐趣的一种教学形式。开放式教学中的开放题一般有以下几个特点：一是结果开放，对于同一个问题可以有不同的结果；二是方法开放，学生可以用不同的方法解决这个问题，而不必囿于固定的解题程序；三是思路开放，强调学生解决问题时的不同思路。

②活动式教学模式。这种教学模式主要是“让学生进行适合自己的学科活动，包括模型制作、游戏、行动、调查研究等方式，使学生在活动中认识学科知识、理解学科知识、热爱学科精神”。

③探索式教学模式。这种教学模式只能适应部分的教学内容。对于这类知识的教学，通常是采用“发现式”的问题解决，引导学生主动参与，探索知识的形成、规律的发现、问题的解决等过程。这种教学尽管可能会耗时较多，但是，磨刀不误砍柴工，它对于学生形成整体能力，发展创造思维等都有极大的好处。

④问题情境教学模式。这种教学模式注重在教学活动中创设问题情境，激发学生的求知欲望，培养学生思维的灵活性和独特性等创造性思维品质。其基本模式是：创设情境—学生参与—问题解决—总结转化。

⑤求异教学模式。这种模式注重对同一问题探求不同的、特别的结论的思维过程和思考方法。其基本模式是：提出问题—求异思维—选择最佳。

⑥导学式教学模式。这种模式主张在教师指导下学生自主学习，教师重视学法指导，培养学生的学习能力。其基本模式是：引导—自学—质疑—精讲—演练。

9.4 学生主体发展的创造性思维策略

创造性思维是未来创新人才最主要的思维品质，在教学实践中，我们要始终把培养学生的创造性思维能力放在首位，精心设计教学内容，开展教学活动。

9.4.1 注重知识的形成过程，培养学生思维的探索性

教学价值不仅局限于帮助学生获得书本的知识，还要有助于思维的训练与认识能力的提高，这就需研究知识发生的思维过程，即如何提出问题、分析问题和解决问题。

在教学中我们十分注重教学结论如概念、定理、法则的形成过程，尽可能多地让学生去寻求知识产生的来龙去脉，探讨解题的思路和方法，概括出解题规律，领悟知识形成过程中蕴含的思想方法，使他们在参与中表现自我，获得成功的喜悦，提高学习的主动性、创造性。学生自己归纳出结论，既学到了知识又了解了知识的来龙去脉，学会了观察思考，提高了探索、归纳、概括的能力，使他们良好的个性品质得到发展。

9.4.2 创设轻松愉快的情境，培养思维的积极性

实践证明，学生如果在学习中能保持轻松愉快的心情，有利于发挥主观能动性和创造性，释放巨大的学习潜能。因此教师要努力创造轻松愉快的教学情境，用自己的动作、表情、语言风格、气质、理想、信念等熏陶、感染、启迪学生，使师生之间产生情感上的共鸣，营造良好的课堂气氛，唤起学生良好的创造热情和欲望，自觉进行创造性学习。因此，在教学中教师应该鼓励学生敢说、敢做，让学生真正成为学习的主人。这样既能激活课堂教学，又能培养学生直言不讳、乐于主动探究的精神，同时又加强了新思想、新观点、新理论、新方案的交流，增强了学生思维的积极性。

9.4.3 鼓励学生勇于质疑，培养思维的创新性

学起于思，思源于疑，疑则诱发探索，从而发现真理，科学发明与创造也正是从质疑开始的。因此，鼓励质疑是培养学生创造性思维的主要途径。在教学中，要鼓励学生大胆猜想，敢于提出与众不同的问题，发表独特见解，有的学生提出的典型问题，真正起到了“一石激起千层浪”的作用。教师首先给予肯定，并让学生讨论、发表不同意见、交流解疑，教师小结。学生在这样的氛围中大胆猜想，不仅养成了敢想敢问的习惯，而且思维的深刻性、独立性、挑战性及解题的创新性都得到了培养。

9.4.4 设计开放性问题，培养思维的广阔性、变通性

数学问题是数学学习的主要内容，也是培养创造性思维能力的重要途径，要加强知识间的联系、巩固及深化基本概念，揭示问题的实质，使学生掌握解题规律，培养创造精神。

1. 一题多问。

问题是思维的起点，富有吸引力的提问能诱发学生积极思维，对典型例题设计一组层层深入的问题，通过循序渐进的引导和启发使学生开阔思路，有利于培养学生的发散性思维。

2. 一题多解。

在数学解题过程中，启发学生从不同途径用多种方法从多角度去思考问题，使思维呈“礼花状”散开，从不同的认识层次寻求多种解法，能开拓学生思路，培养思维的

广度与深度。

3. 一题多变。

适当变换题目的条件或问题，使一题变成多题，能沟通知识间的联系，达到举一反三、触类旁通的目的，从而促进学生思维的灵活性。通过一题多变引导学生在观察、猜想、判断中深化思维，探索知识的内外联系，可以培养思维的广阔性和变通性。在数学教学中要充分发挥学生的主体作用，把学习的主动权交给学生，把时间还给学生，把兴趣带给学生，学生的创造性思维必然会得到很好的发展。

9.4.5 让学生学会学习

21世纪是一个以智力资源为依托的新世纪，是一个知识化、学习化的时代，竞争会日益激烈。未来社会需要会生存、会学习、会创造的人。联合国教科文组织在《学会生存》一书中明确指出：未来的文盲不再是不识字的人，而是没有学会怎样学习的人。"学会学习"已经是当今世界的生存要求。要让学生自主学习，为学生获得终身的学习能力、创造能力以及生存能力打下基础。在具体的实施过程中，要做到以下几点。

1. 更新教育思想、教育观念是前提。

教育行为是教育者在所具有的教育思想指导下产生的，更新思想观念是实施自主教育的前提。长期以来，受应试教育的影响，教师职能大为减弱，只局限于向学生灌输，导致教师讲学生听，教师写学生抄，教师考学生背，重知识轻能力的教学现象普遍存在，以致学生处于被动，不愿学习，教学效率低下，课堂负担越来越重。这既影响学生的身心健康，又妨碍学生的个性发展。教师教得烦，学生学得累，课堂死气沉沉。更新教育观念刻不容缓。

2. 明确教师主要职能。

传统的教学观念是教师教，学生学，而陶行知先生却说：先生的责任不在教，而在教学，而在教学生学。在我们的语文教学中，我们常发现有的学生不能阐述有自己见解的观点；有的学生在考试时碰到活用的知识就束手无策……，而这些都是传统教学观念所带给我们的。

3. 正确认识教学过程中的师生关系。

陶行知先生说："只有民主才能解放最大多数人的创造力，而且使最大多数人的创造力发挥到最高峰。"因此在自主创新性学习的课堂教学中，师生的关系是平等的、民主的，教师不是中心，学生才是学习的主人，应把主动权交给学生，改变以往自己当演员，学生当观众的做法，教师也不是"裁判"，教师是教学活动的组织者、参与者，在自主学习过程中教师既是辅导者又是合作者。

4. 培养学生自主学习能力，让课堂活起来。

自主学习过程不是放任自流，恰恰相反，应由教师对课堂精心设计，提高课堂教学效率，教师的教学设计不但要研究怎么教，还要研究怎么学，让学生获得学习的途径和方法，由学会到会学，培养自学能力。

5. 创设生动有趣的情境，激发学生自我学习的热情。

怎样让学生入门，对学习感兴趣，这是自主教学的重要一环。只有入门，才能自主学习，为自主学习创造良好的心理基础。如果学生对学习不感兴趣，教学就成为缘木求鱼。教师要把握课文体裁、内容、教学目标，注意联系实际，妙用导语，引入情境，或渲染情境，或设疑，让学生自觉进入学习之中，变“要我学”为“我要学”。

6. 引导学生参与课堂教学活动，促使学生积极进行自我探究。

教会学生学习的主要途径是课堂，而一种能力的培养需要循序渐进地逐步完成，自主学习要给学生充分的学习时间。学生是课堂的主人，应将学习活动交给学生完成，做到五个“让”：书让学生读，看法让学生讲，难题让学生议，实验让学生做，规律让学生找。学生积极参与动口、动手、动脑，教师适当引导，从而形成自学能力，使课堂气氛活跃起来。

7. 自主学习中，教学要民主，使学生大胆质疑，重视对学生的学法指导。

“学则需疑”，古语有“学贵有疑，小疑小进，大疑大进”。爱因斯坦曾经说过：提出一个问题往往比解决一个问题更重要。自主学习中，课堂上民主、平等，给学生主动权，教师应努力创设问题情境，消除学生质疑的心理障碍，引导点拨，将教师的意愿化为学生的意愿，让学生主动探讨，大胆质疑，使课堂充满生机活力。学生以高度的责任感自学，学习探索，敢想敢说，敢于发表不同的观点。鼓励学生说与别人不同的话，用与别人不同的方法，产生自己独特的见解，支持学生对已知事物刨根究底，发展思维的独特性，勤于思考，勇于创新。这样学生的思维空间变广了，自主学习中的大胆质疑，有利于学生创新意识的形成和创造力的发展。

目前，学法有预习、读书、听课、观察、质疑、讨论、练习、反馈、复习、考查等，教师除了要循序渐进地加以指导，还要与良好学习习惯密切结合进行反复指导、反复训练、培养，让学生掌握学习方法才能有效提高学习能力，学习才有后劲，才能做到持续发展，让学生在自主学习中学会学习。培养学生自主学习能力必须积极创造条件，改变思想观念，努力培养学生主体意识，以课堂为阵地，创设生动有趣的情境来启发诱导，激发学生强烈的求知欲，让学生亲自探索、发现，解决问题，成为“自主而主动的思想者”，让课堂不再单调，而是充满活力。

9.5 学生主体发展的思维品质培养

9.5.1 思维品质表现

一个人思维品质的优劣，既受到先天因素的影响，也受到后天因素的影响。每个人所处环境、经历及个人的心理特征不尽相同，导致个体思维品质差异存在。

思维品质实质是人的思维的个性特征。思维品质反映了个体智力或思维水平的差异，主要包括六个方面。

1. 深刻性。

深刻性是指思维活动的抽象程度和逻辑水平，涉及思维活动的广度、深度和难度。人类的思维主要是言语思维，是抽象理性的认识。在感性材料的基础上，抓住事物的本质与内在联系，认识事物的规律性。思维的深刻性集中表现为在智力活动中深入思考问题，善于概括归类，逻辑抽象性强，善于抓住事物的本质和规律，开展系统的理解活动，善于预见事物的发展进程。超常智力的人抽象概括能力高，低常智力的人往往只是停留在直观水平上。

2. 灵活性。

灵活性是指思维活动的灵活程度。它的特点包括：思维起点灵活，即从不同角度、方向、方面，能用多种方法来解决问题；思维过程灵活，从分析到综合，从综合到分析，全面而灵活地作“综合的分析”；概括—迁移能力强，运用规律的自觉性高；善于组合分析，伸缩性大；思维的结果往往是多种合理而灵活的结论，不仅仅有量的区别，而且有质的区别。灵活性反映了智力的“迁移”。灵活性强的人，智力方向灵活，善于从不同的角度与方面起步思考问题，能较全面地分析、思考问题，解决问题。

3. 独创性。

独创性即思维活动的创造性。在实践中，除善于发现问题、思考问题外，更重要的是要创造性地解决问题。独创性源于主体对知识经验或思维材料高度概括后集中而系统的迁移，进行新颖的组合分析，找出新异的层次和交结点。概括性越高，知识系统性越强，伸缩性越大，迁移性越灵活，注意力越集中，则独创性就越突出。

4. 批判性。

批判性是思维活动中独立发现和批判的程度。是循规蹈矩、人云亦云，还是独立思考、善于发问，这关乎思维过程中一个很重要的品质。思维的批判性品质，来自于对思维活动各个环节、各个方面进行调整、校正的自我意识。它具有分析性、策略性、全面性、独立性和正确性等五个特点。

5. 敏捷性。

敏捷性是指思维活动的速度，它反映了智力的敏锐程度。有了思维敏捷性，在处理问题和解决问题的过程中，能够适应变化的情况来积极地思维，周密地考虑，正确地判断和迅速地作出结论。智力超常的人，在思考问题时敏捷，反应速度快；智力低常的人，往往迟钝，反应缓慢。

6. 系统性。

系统性是指思维活动的有序程度，以及整合各类不同信息的能力。

9.5.2 培养学生思维品质的路径

创新教育是现代教育的突出表现，创新是学生必备的生存本领，是学生发展的必要条件。教育是知识创新、传播和应用的主要阵地。实施创新教育是素质教育的核心内容。新课程标准根据各学科特点和创新人才的素质要求，把创新教育融入各学科之中，培养学生的创新精神和创新能力。学生智力因素的开发，要从与学习活动关系最直接、最密切的过程环节出发，主要包括以下因素：学习动机、学习情境、学习兴趣、思维想象、独立性、顽强性等。因此，挖掘学生的智力因素，培养学生创新思维品质，可以从以下几个方面入手：

1. 着眼教育氛围，激发创新潜能。

宽松、民主与自由是创造力发挥的基本条件。创新是在宽松愉悦的环境中产生的。学生只有感到自由、宽松、愉快、坦然，才能自由自主地思考、探究，提出问题，发表意见，才可能有新的发现与创新。如果缺乏民主，没有自由，学生就会无安全感，时时处处小心翼翼，顾虑重重，如履薄冰，一味看老师眼色行事，表现出很强的盲目性和依附性，其聪明才智与创造力就会被窒息，就会越来越缺乏创新精神和创新人格。

2. 着眼身边的事物，寻找多种思维。

鼓励学生寻求不同的方法。在教学过程中，对于课堂教学的目标任务和问题突破，要让学生总感到自己是发现者、研究者、探寻者的心理感受，有利于培养他们的求异思维，教师也应给予及时的引导、点拨和鼓励。

3. 引导学生进行不同的表达。

对于同一个问题要鼓励学生发表不同的见解，并且用不同的方式表达出结果与过程。这正是创造性思维中求异思维的反映，它促使学生相互激励，情绪活跃，在学习的过程中品尝到求异、探索的乐趣。

4. 为学生设计探索性问题。

这样有意识地为学生安排一些发散性思维的练习，有利于培养学生思维的多样性。

9.5.3 着眼问题意识，抓住以疑激趣

1. 质疑——培养创新意识。

只有善于发现问题和提出问题的人，才有创新的冲动。在课堂教学中，教师应充分挖掘教材中所蕴含的创新教育因素，鼓励、启发、诱导学生多提问题、多质疑。因为提问是一个从已知伸向未知的心理触角，是创新意识的具体体现。

2. 启疑——激发学习兴趣。

课堂提问是调动学生的注意与兴趣，激发他们主动性、积极性、创造性的重要手段。放手让学生在讨论、辩析中探求是非，既可顺利地解决教学中的重点、难点，又能增强学生自己分析问题的自信心，克服畏难情绪。

3. 引趣——培养创新欲望。

教师要努力使学生对学习活动和学习内容本身发生兴趣，以引起好奇心和求知欲。中小学生往往一开始是被周围的事物所吸引，对新事物感兴趣，好奇，而逐步发展成求知的欲望。

4. 想象——培养创新能力。

创新思维是一种具有主动性、独创性的思维方式，创造思维的特征是具有流畅性、独创性和灵活性，表现为思维敏捷、思路开阔，能够举一反三、触类旁通。

9.6 实施校长专业标准，引领学校发展，服务学生成长

教育部在2012年12月颁发《义务教育学校校长专业标准》后，于2015年2月印发《普通高中校长专业标准》，以此推动普通高中学校校长专业发展，建设高素质专业化的校长队伍，服务学生自主成长。

9.6.1 实施校长专业标准的背景

教育规划纲要提出，促进校长专业化，提高校长管理水平；《国务院关于加强教师队伍建设的意见》提出，制定幼儿园园长、普通中小学校长、中等职业学校校长专业标准，提高校长(园长)专业化水平。2013年2月教育部印发《义务教育学校校长专业标准》，明确了义务教育学校校长专业素质的基本要求，对于加强义务教育学校校长队伍建设发挥了重要作用。各地教育行政部门、校长(园长)培训机构及广大校长(园长)都期盼教育部尽快出台普通高中校长、中等职业学校校长和幼儿园园长专业标准。教育

部按照教育规划纲要和《国务院关于加强教师队伍建设的意见》的工作要求，将研究制定《普通高中校长专业标准》、《中等职业学校校长专业标准》和《幼儿园园长专业标准》列为教育部2014年重点工作。

9.6.2 实施专业标准的主要特点

《普通高中校长专业标准》沿用了《义务教育学校校长专业标准》的体例，均由办学理念、专业要求、实施意见三部分内容构成。其中，6方面专业职责细化为60条专业要求。每项专业职责有10条专业要求，由专业理解与认识(3条)、专业知识与方法(3条)和专业能力与行为(4条)三个方面组成。三个专业标准充分体现出以下四个方面特点。

一是贯彻落实党的十八大和十八届三中、四中全会精神。专业标准强调校长要坚持社会主义办学方向和党对教育工作的领导，贯彻党和国家的教育方针政策；坚持立德树人，培育和践行社会主义核心价值观，形成爱学习、爱劳动、爱祖国活动的有效形式和长效机制；贯彻落实习近平总书记提出的"四有"好老师要求，引导支持教师坚定理想信念、提高道德情操、掌握扎实学识、秉持仁爱之心，不断提升教师的精神境界；增强法治观念，依法治校、依法办园，依法履行法律赋予的权利和义务，加强法治教育。

二是着力体现不同学段的特点特色。《普通高中校长专业标准》强调高中校长落实立德树人根本任务，推动普通高中多样化特色发展等要求。

三是关注学校管理现实问题的解决。专业标准强调师德违规处罚。校长要注重培养优良的师德师风，要落实教师职业道德规范要求和违反职业道德行为处理办法。专业标准强调教学改革要求。普通高中校长要落实高中学生综合素质评价制度，加强学生职业生涯规划指导。

四是着重强调了普通高中学校校长要关注学生心理健康和青春期教育。专业标准关注基础教育领域的突出问题。普通高中不得违规补课和增加课时，切实减轻学生过重的课业负担，要确保学生每天一小时校园体育活动。

9.6.3 实施专业标准的具体要求

1. 专业标准适用于国家和社会力量举办的普通高中、中等职业学校、幼儿园的正、副校长(园长)。教育部要求各省、自治区和直辖市教育行政部门可以依据专业标准制定符合本地区实情的实施意见。

2. 各级教育行政部门要将专业标准作为校长队伍建设和管理的重要依据。根据教育改革发展的需要，充分发挥专业标准引领和导向作用，制订校长队伍建设规划，严格校长任职资格标准，完善校长(园长)选拔任用制度，推行校长职级制，建立校长培养培训质量保障体系，形成科学有效的校长队伍建设与管理机制，为实现学校发展提供制度保障。

3. 有关高等学校和校长培养培训机构要将专业标准作为校长培养培训的主要依据。重视校长职业特点，加强相关学科和专业建设。根据校长发展阶段的不同需求，完善培养培训方案，科学设置校长培养培训课程，改革教育教学方式。注重校长职业理想与职业道德教育，增强校长教书育人、管理育人的责任感和使命感。加强校长培养培训的师资队伍建设，开展校长专业成长的科学研究，促进校长专业发展。

4. 校长要将专业标准作为自身专业发展的基本准则。制订自我专业发展规划，爱岗敬业，增强专业发展自觉性；大胆开展学校管理实践，不断创新；积极进行自我评价，主动参加校长培训和自主研修，不断提升专业发展水平，努力成为教育教学和学校管理专家。

9.6.4 普通高中校长专业标准内容

为促进普通高中校长专业发展，建设高素质普通高中校长队伍，落实立德树人根本任务，推动普通高中多样化发展，根据教育法等有关法律法规，特制定本标准。

校长是履行学校领导与管理工作职责的专业人员。本标准是对普通高中合格校长专业素质的基本要求，是制订普通高中校长任职资格标准、培训课程标准、考核评价标准等的重要依据。

9.6.4.1 办学理念

1. 以德为先。

坚持社会主义办学方向和党对教育工作的领导，贯彻党和国家的教育方针政策。积极培育和践行社会主义核心价值观，将社会主义核心价值体系融入学校教育全过程。依法履行法律赋予的权利和义务；热爱教育事业和学校管理工作，具有服务国家、服务人民的社会责任感和使命感；履行职业道德规范，为人师表，公正廉洁，勤勉敬业，关爱师生，尊重师生人格。

2. 育人为本。

坚持育人为本的办学宗旨，充分认识立德树人是培养社会主义建设者和接班人的本质要求。把促进每个学生健康成长作为学校一切工作的出发点和落脚点，为学生发展提供多样化的选择，积极探索培养创新人才的途径；遵循教育规律，注重内涵发展，始终把全面提高学生综合素质放在重要位置；树立正确的人才观和科学的质量观，全面实施素质教育，不断深化课程改革，为每个学生提供适合的教育，促进学生全面而有个性的发展。

3. 引领发展。

校长作为学校改革发展的带头人，担负着引领学校和师生发展的重任。树立正确的学校发展观，将发展作为学校工作的第一要务，秉承先进教育理念和管理理念，建立健全现代学校制度，完善学校管理机制，依法治校，实施科学管理、民主管理，推动学校可持续、有特色地发展。

4. 能力为重。

将教育管理理论与学校管理实践相结合，重在实践，勇于创新；不断提高规划学校发展、营造育人文化、领导课程教学、引领教师成长、优化内部管理和调适外部环境等方面的能力；坚持实践、反思、再实践、再反思，强化专业能力提升。

5. 终身学习。

牢固树立终身学习的观念，将学习作为校长专业发展和改进工作的重要途径；优化知识结构，提高自身科学文化素养，增强法治观念；与时俱进，及时了解国内外教育改革与发展的趋势；注重学习型组织建设，将学校建成师生共同学习的精神家园。

9.6.4.2 专业要求

1. 规划学校发展。

(1) 专业理解与认识。

正确理解普通高中教育的责任与使命，明确学校的办学定位。注重培养学生自主学习、自强自立和适应社会的能力，全面提高普通高中学生综合素质。

注重学校发展的战略规划，在充分参与中凝聚师生智慧，建立共同发展愿景，明确学校发展目标，形成学校发展合力。

尊重办学传统与学校实际，注重学校特色建设，坚持多样化的成才观，重视人才培养模式创新。

(2) 专业知识与方法。

熟悉与教育相关的法律法规、教育方针政策和学校管理的规章制度，深入领会有关普通高中的政策法规。

掌握普通高中教育的基本特点，了解国内外教育改革和发展的基本趋势，学习借鉴先进的办学经验。

熟悉学校战略管理，掌握学校发展规划制定、实施与评价的理论、方法与技术。

(3)专业能力与行为。

系统分析学校发展状况，传承优秀学校文化，发现面临的主要问题，形成学校发展思路。

按照规定程序领导制定学校发展规划，组织教师、学生、家长、社区多方参与共同确定学校的中长期发展目标。

选择确定学校发展的关键措施，分解落实到学年、学期工作计划，指导师生员工制定具体行动方案，提供人、财、物等条件支持并组织实施。

监测学校发展规划实施过程与成效，根据实施情况进行修正，调整工作计划，完善行动方案。

2. 营造育人文化。

(1)专业理解与认识。

将立德树人作为普通高中教育的根本任务，把德育工作摆在素质教育的首要位置，全面加强学校德育体系建设。

重视学校文化潜移默化的教育功能，将学校文化建设作为学校德育工作的重要方面，把文化育人作为办学治校的重要内容与途径。

积极培育和践行社会主义核心价值观，热爱与传承中华优秀传统文化，充分发挥中华优秀传统文化的时代意义和教育价值，重视地域优秀文化的重要作用。

(2)专业知识与方法。

广泛涉猎自然科学与人文社会科学知识，掌握必要的艺术基础知识，具有良好的艺术修养和艺术欣赏能力。

把握学校文化建设的内涵，掌握高中学校文化建设的任务、途径与方法。

熟悉普通高中学生身心发展特点和思想品德形成规律，掌握提高德育实效的理论和方法。

(3)专业能力与行为。

营造体现办学理念和学校特色的校园自然环境和人文环境，以校训、校歌、校徽、校标等为重要载体，树立优良的校风、教风、学风。

精心设计和组织开展丰富多彩、积极向上的艺术、体育、科技等校园文化和社会实践活动，开展公民意识、礼仪规范、中华优秀传统文化等主题教育活动，形成爱学习、爱劳动、爱祖国活动的有效形式和长效机制。

建设绿色健康的校园信息网络，向师生推荐优秀的精神文化作品和先进模范人物，努力防范不良的流行文化、网络文化和学校周边环境对学生的负面影响。

凝聚学校文化建设力量，发挥教师、学生及社团的主体作用，鼓励社会(社区)和家庭参与学校文化建设，为共青团、学生会、学生社团、班集体活动开展提供必要条件，保证活动时间。

3. 领导课程教学。

(1)专业理解与认识。

充分认识课程教学是提高学校教育质量的关键环节。发挥各学科育人作用，促进全体学生的全面发展，重视学生社会责任感、创新精神和实践能力的培养，提高学生的综合素质。

重视课程的多样性和选择性，增强学生学习的自主性，丰富学生的学习经验，注重学思结合、知行统一、因材施教，促进学生个性健康发展。

尊重教师的教学经验和智慧，重视课程教学研究，积极推进教学改革与创新。

(2)专业知识与方法。

熟悉中小学课程政策，了解国内外高中课程教学改革的经验和发展动态。

熟知学生成长和发展规律，掌握课程教学基本理论知识和课程规划、开发、实施与评价相关技能。

掌握信息技术在教育领域应用的一般原理与方法。

(3)专业能力与行为。

落实国家课程方案和标准，统筹国家、地方、学校三级课程，创建具有本校特色的学校课程体系，开设多种形态、适应学生发展需要的选修课，为学生提供丰富多样的学习资源。

开齐、开足国家规定的各类必修和相关选修课程，确保体育、艺术、技术、综合实践活动等课程的实施，加强法治教育，关注学生心理健康和青春期教育，合理安排作业，不得违规补课和增加课时，切实减轻学生过重的课业负担。建立健全学生体质健康监测机制，确保学生每天一小时校园体育活动。

建立健全课程教学管理制度和教学质量测评、分析与改进机制，定期深入课堂听课，并对课堂教学进行指导，每学期听评课不少于地方教育行政部门规定的课时数量。

组织开展教学研究与课程改革，落实高中学生综合素质评价制度，加强对学生职业生涯规划的指导，拓宽学生的成才渠道。

4. 引领教师成长。

(1)专业理解与认识。

将教师作为学校改革发展最宝贵的人力资源，尊重、信任、团结和赏识每一位教师。

校长是教师专业发展引领者和第一责任人，将学校作为教师实现专业发展的精神家园。

尊重教师职业特点和专业发展规律，注重激发教师发展的内在动力。

(2)专业知识与方法。

掌握教师专业素养要求，明确教师权利与义务。

掌握教师专业发展的理论与方法、指导教师开展教育教学实践与研究的策略与方法。

掌握学习型组织建设的方法，掌握教师团队建设以及激励教师自主发展的策略与方法。

(3)专业能力与行为。

建立健全教师专业发展制度，针对教学实际问题，开展教学研究与培训，构建教研训一体的机制，落实每位教师五年一周期不少于360学时的培训要求。

关心每一位教师的发展，指导教师制定个人专业发展计划。加强青年教师培养，培育学科骨干，完善教师梯队建设。

开展师德师风教育，落实教师职业道德规范要求和违反职业道德行为处理办法，引导支持教师坚定理想信念、提高道德情操、掌握扎实学识、秉持仁爱之心，不断提升教师的精神境界。

关爱教师身心健康，维护和保障教师合法权益和待遇，建立优教优酬的激励机制。

5. 优化内部管理。

(1)专业理解与认识。

坚持依法治校，自觉接受师生员工和社会的依法监督。

崇尚以德立校，廉洁奉公、为人表率、处事公正。

实行科学管理和民主管理，坚持教书育人、管理育人、服务育人。

(2)专业知识与方法。

熟悉国家相关政策及其对校长的职责定位和工作要求。

把握高中学校管理的基本规律，掌握学校管理的基本理论与方法，了解国内外学校管理的先进经验与发展趋势。

熟悉学校人事财务、资产后勤、校园网络、安全保卫与卫生健康等管理实务。

(3)专业能力与行为。

形成学校领导班子的凝聚力，认真听取党组织对学校重大决策的意见，充分发挥党组织的政治核心作用，加强学校管理队伍建设。

尊重和支持教职工代表大会参与学校管理的民主权利，定期向教职工代表大会报告工作，实行校务会议、校务公开等管理制度。鼓励师生员工参与学校管理。

健全学校人事、财务、资产管理等管理制度，将信息化手段引入学校管理，提高学校管理的专业化水平。不得违反国家规定收取费用，不得以向学生推销或者变相推销商品、服务等方式谋取利益。

努力建设平安校园，建立和完善学校各种应急管理机制，定期实施安全演练，排查安全隐患，正确应对和妥善处置学校突发事件。

6. 调适外部环境。

(1)专业理解与认识。

坚信营造学校与家庭、社会(社区)支持性的发展环境是学校发展的基础与重要保障。

重视学校与家庭、社会(社区)的沟通，把与社区的良性互动作为办学水平的重要体现，将服务社会(社区)作为学校的重要功能。

坚持学校、家庭、社会(社区)合作共赢的原则，增强学校对外交流的主动性和创新性。

(2)专业知识与方法。

掌握学校公共关系及家校合作的理论与方法。

熟悉社会公共服务机构的教育功能，掌握开发和利用社会资源的知识与方法。

掌握与家庭、社会(社区)、其他学校、各类媒体等沟通的方法与技巧。

(3)专业能力与行为。

树立学校的良好形象，加强校际合作，整合办学资源，优化育人环境，争取社会(社区)对学校的大力支持。

充分发挥家长委员会的积极作用，接受改进学校工作的合理建议，完善家庭和社会(社区)参与学校管理的机制，主动与社区建立合作关系。

健全家校合作育人机制，建立教师家访制度，通过家长学校、家长会、家长开放日以及信息化通讯手段等多种形式，帮助家长了解学校情况和学生身心发展特点，指导家长掌握科学的家庭教育方法。

积极发挥学校在社区建设中的文化引领作用，鼓励并组织学校师生参与服务社会(社区)的有益活动。

9.6.5 推进校长向课程领导转型

1. 校长课程领导力是学校发展的核心动力。

在校长的诸多职责和能力要求中，对课程的领导力和对教学的领导力是校长的首要能力和核心能力。

校长课程领导力包括准确的理解力、资源的开发力、实施的规划力、文化的构建力等。

课程领导力是校长在实践中综合运用各类课程资源与灵活实施各类领导而产生的课程改革精神落实的校本推进力。

课程领导旨在改善学校现行的课程状况，指导并促进课程改革在学校的推行，它是一种持续变化、充满活力的互动过程。

课程领导不仅强调改善学校课程现状，还强调改变教师对课程与教学所持有的态度和所拥有的知识与技能。

课程领导是课程实践的一种方式，是指引领课程开发、课程实验和课程评价等活动的总称，是课程与领导两范畴的结合，必须运用领导的理论、方法与策略来完成课程范畴内的任务。

在实际中更多强调的是校长的课程领导行为。因此，校长的课程领导力主要体现在校长对国家课程的个性化、创造性的理解和坚定实施上以及对校本课程的有效开发方面。不同类型的学校如何差别地执行国家课程是考验校长课程执行力的重要方面，而校本课程的开发和实施，尤其是隐性校本课程的激活与否，最能考验校长的智慧和领导力。

2. 校长队伍建设向提升校长课程领导力转变。

课程是学校教育的核心，是学生接受教育的主要载体，培养什么人，怎样培养人，落实在校长、责任在校长。

教育目标必须通过课程来实现。课程领导力，是校长的核心领导力，校长的课程意识是校长课程领导力的关键，正确的课程意识就是以学生发展为本的意识，是“以人为中心”，而不是“以知识为中心”。课程如何与学校的育人目标相契合，这是校长必须把握与思考的问题，直接关乎学校的走向和育人质量。

教育转型，核心是课程及课程实施的转型。课程改革的领导力是校长。首先，校长要成为课程改革的推进者；其次，校长要成为课程建设的领导者；再次，校长要成为践行课程改革的引领者。因为真正课改的智慧在一线，校长要走近教师，在一线当中发现改革的火花，校长要和教师走在一起研究解决课改中遇到的问题，积极探索符合课程改革要求的管理模式和方法。

建设好校长队伍，加强校长培训，提升校长课程领导力是教育综合改革取得成功的重要因素。因此，要着力增强校长规划学校发展、营造育人文化、领导课程教学、引领教师成长、优化内部管理的专业素质。探索制定实施株洲市高中校长任职资格标准，推动建立校长职级制，定期举办高中学校校长集中培训研修活动，精心实施我市名校长培养计划，推进高中名校长工作室建设。

教育十大转型

JIAOYU
SHIDA
ZHUANXING

第 10 章

区域均衡转型

——提供公平优质内涵发展的保障

区域均衡转型
——提供公平优质内涵发展的保障

从区域教育体系的角度瞻望，未来教育的一个重要趋势是教育——社会一体化。由于区域经济、社会、人口、地理环境各不相同，建设不同特色的社区教育将成为实现教育—社会一体化的重要形式。

我国现阶段教育现代化推进步骤必须立足实际条件和基础。21世纪初，教育发展战略选择和体系构建，必须实施梯次推进、局部超越的策略，即京津沪等发达地区，在21世纪初的前10年率先基本实现教育现代化，构筑起终身教育需要的比较完整的体系框架；较发达的地区，应基本接近教育现代化水平，基本形成面向国民经济和社会发展需要，职前与职后教育相联系，多样化教育与培训相沟通，就业与个人发展需求相结合、与行业社会紧密联系的现代教育体系；局部欠发达地区，也将打好教育现代化起飞的基础。

均衡和优质发展在教育领域中日益普遍受到人们的关注，已经成为基础教育一种发展策略或模式，成为评价基础教育发展状况的新常态。教育均衡优质发展既是一种全新的教育理念，也是一种科学的教育发展观。

10.1 基础教育均衡发展的内涵

10.1.1 基础教育均衡发展的含义

基础教育均衡发展实质上是指在教育公平思想和教育平等原则的支配下，教育机构、受教育者在教育活动中，平等待遇的教育理想和确保其实际操作的教育政策和法律制度。其最基本的要求是在教育机构和教育群体之间，平等地分配教育资源，达到教育需求与教育供给的相对均衡，并最终落实在人们对教育资源的分配和使用上。

基础教育均衡发展，就是在教育公平、教育平等原则的支配下，国家制定的有关基础教育法律、法规和政策，各级政府和教育部门制定的有关基础教育法规、政策，都要体现教育均衡发展的基本思想，不同地区之间、城乡之间、学校之间、群体之间的基础教育资源，必须均衡配置；各级学校和教育机构，在具体教育活动和教学活动中，要为每一个受教育者提供均衡的教育和发展机会。

因此，教育均衡发展必须把握以下几个基本特点：

从实质上，主要指受教育者教育权利的保障问题，教育的民主与公平问题。其核心是教育的民主化、公平化，也就是尊重每一个学生接受优质教育的权利，终极目标是通过教育促进全社会每个人的全面发展。

从空间结构上，主要是指我国不同地区之间，同一地区不同学校之间，同一学校不同群体之间的教育均衡发展问题；在时间进程上，主要是指学生在接受教育的起点、过程和结果方面拥有相对平等的机会，得到大致均等的教育资源和教育条件，并能获得尽可能的发展与成长。

从个体上，主要指受教育者的权利和机会的均等，教育的目标体现在学生上能否在德智体美劳等方面均衡发展、全面发展。

从学校上，主要指区域间、城乡间、学校间以及各类学科教育间教育资源配置是否均衡。

从教育的功能看，是指教育所培养的劳动力，在总量和结构上，是否与经济、社会的发展需求达到相对的均衡。当前人们关注的基础教育均衡发展，主要是指我国不同地区之间、城乡之间、同一地区不同学校之间、同一学校不同群体之间的教育均衡发展问题。或者说，它主要涉及的是受教育者的受教育权利保障问题，教育的民主与公平问题。

从教育资源的配置上，主要指教育的“硬件”设施，包括生均教育经费、校舍、教学实验仪器设备等的配置，教育的“软件”，包括教师、图书资料等的配置是否均衡。

基础教育均衡发展的最终目标，就是要合理配置教育资源，办好每一所学校，教好每一个学生。

10.1.2 基础教育均衡发展的内容

基础教育的均衡发展主要从教育发展规模、办学条件、教师队伍、经费投入几个方面体现出来。主要内涵就是合理配置教育资源、全面提升教师群体素质，办好每一所学校，教好每一个学生。正是基于这样的观念，当代世界各地衡量义务教育普及水平的各个指标，都是统一按照相同的方法确立的。在世界大多数国家，基础教育的主体是义务教育。就义务教育的性质而言，它具有义务性、强制性和普及性。从义务教育的性质来看，在国家经济发展达到一定水平和普及义务教育之后，应当追求义务教育的平衡，缩小义务教育阶段的地区差异和学校差异，为全体适龄儿童提供、设施和质量标准相当的义务教育机会和义务教育过程。

10.1.3 基础教育均衡发展的意义

从基础教育与人的关系看，基础教育均衡发展必须是一种有利于绝大部分人健康发展的模式。基础教育是其他一切教育都无法替代的。基础教育对人的发展的重要性决定了基础教育是服务所有适龄儿童、青少年的，它最大限度地体现教育公平，使越来越多的人受益于高质量的基础教育。

基础教育均衡发展有利于整个国家、地区整体经济的发展。它通过基础教育的均衡布局，使落后地区与发达地区的鸿沟得以缩小并逐渐弥合；局部地区，通过对基础教育的扶植，合理完善当地教育机构，将教育链与产业发展链有效对接，使当地经济发展摆脱人力资源生产与输出方面的阻力，从而促进教育与经济步入良性循环。

10.1.4 基础教育均衡发展的政策

2005 年教育部印发《关于进一步推进义务教育均衡发展的若干意见》(以下简称《意见》)，要求各地以区域推进为重点，优先解决好县域内义务教育均衡发展问题，并在此基础上力争在更大范围内逐步推进。要把工作重心进一步落实到办好每一所学校和关注每一个孩子健康成长上来，把提高农村学校教育质量和改造城镇薄弱学校放在更加重要的位置，有效遏制城乡之间、地区之间和校际之间教育差距扩大的势头，逐步实现义务教育的均衡发展。

《意见》提出以下措施：一是要求各地尽快制定本地区义务教育学校的“最低保障线”，凡是低于标准的学校都纳入限期改造计划，保证辖区内薄弱学校逐年减少，逐步使当地所有学校都达到基本要求；二是加强县级政府对区域内教师资源的统筹，通过建立区域内骨干教师巡回授课、紧缺学科教师流动教学、城镇教师到乡村学校任教服务期等项制度，加大城乡教育对口支援力度，强化对农村教师的培训；三是逐步建立规范化、科学化、制度化的义务教育教学质量监测评估体系和教学指导体系，保证所有学校按照义务教育课程方案要求开齐课程，并达到教学基本要求；四是落实各项政策，对弱势群体学生给予特别的关注。

2010 年 1 月，教育部《关于贯彻落实科学发展观进一步推进义务教育均衡发展的意见》明确提出：将义务教育作为教育改革与发展的重中之重，把均衡发展作为义务教育的重中之重。要求省级教育行政部门制定和完善本地区义务教育学校基本办学标准，加强对义务教育均衡发展状况的督导和监测，督促本行政区域内教育行政部门切实履行推进义务教育均衡发展职责。

2010 年 7 月，中共中央国务院印发《国家中长期教育改革和发展规划纲要(2010—2020 年)》提出："到 2020 年，全面提高普及水平，全面提高教育质量，基本实现区域内均衡发展，确保适龄儿童少年接受良好义务教育。"

10.2 基础教育非均衡发展的成因及表现

10.2.1 基础教育非均衡发展的成因

关于教育均衡问题是经济社会发展不均衡与不同历史时期义务教育管理体制相辅共生的结果，相互叠加的产物。从经济层面看，我国教育均衡问题是社会二元结构的必然产物，是城乡差异、地区差异和阶层差异等在教育上的反映，是长期"城市中心""精英主义"及"效率优先"等制度话语的外显；从教育层面看，是教育政策及制度安排的衍生物，尤其是像"重点校"政策、"地方负责、分级管理"政策和"教育督导与学业水平评价城乡双重标准"政策所形成的代价。追根溯源，不均衡的背后有着复杂的历史原因，但最直接、最主要的原因是教育资源供给短缺和教育资源配置不均。基础教育非均衡发展的成因表现在以下方面。

1. 从教育资源供给角度看。

我国大中城市和经济发达地区中小学校发展不均衡的现象带有明显的历史痕迹。改革开放初期，为了尽快扭转"文革"造成的专门人才青黄不接的局面，多出人才和快出人才，在当时恢复高考制度不久和教育投资有限的条件下，形成了一批"重点中小学"，在一定时期起到了积极作用。"重点学校"的政策，在一定程度上迎合了传统文化与现实社会对"精英型教育"的需要。但是，在市场机制配置人力资源、就业竞争激烈的形势下，高等教育的竞争压力势必传递到基础教育，以至于义务教育阶段的竞争性、选拔性的考试，尽管与法定宗旨不相符合，也能为社会和家长所认同。反映到政府部门和学校工作中，必然加剧了基础教育领域内部资源配置的失衡，拉大了中小学校之间的差距。

2. 从社会教育需求角度看。

高质量的基础教育总是供不应求，主要原因是：

(1)当前公认的高质量教育，往往是多年计划经济和城乡二元体制下，政府以十分有限的财政经费支持少数重点学校的结果，使得其基础条件呈现“滚雪球”的增值效应。特别是在尚未“普九”前的相当一段时期，受教育者占总人口比重不高，且不分担什么成本，带有明显的“精英型教育”特点。一旦义务教育进入全面普及阶段，政府在短期内再也无力全面支撑“精英型教育”体系。但是，独生子女比例逐步增大的社会与家庭，并未做好承受大众化的“普及型教育”的足够准备。

(2)由于高质量教育资源的拥挤福利性，受教育者之间的竞争必然是排他性的，相对个人经济支付能力、家庭背景的权力而言，依据选拔性考试判断个人学习能力往往成为一般公平的选择方式。但是，义务教育的属性又要求必须淡化竞争和选拔的功能，强调公平性和非排他性原则。这样，社会对高质量教育的预期与教育实际供给能力及其方式之间，存在着明显分歧。

(3)高质量教育的判断和需求，只有在教育体系内部具有相对的意义，并非一定达到发达国家的平均水平，主要是社会需求“水涨船高”，按在当地人口中普及教育的层次与程度逐步递进，当原有高质量资源供求平衡了，人们就开始追逐更高层次的高质量教育资源。因此，高质量教育资源不可能不处于稀缺状态。

10.2.2 基础教育领域长期难以解决问题的主要表现

1.“招生方式”与“择校生”问题。

在高质量教育资源有限的前提下，小学升初中究竟采取何种招生方式，是一个比较有分歧的问题。当优质初中无法满足学区内小学毕业生就近入学的需求时，如果采取通过考试选拔的做法，等于将应试教育的压力下移至小学阶段。近年来，根据义务教育的基本原则，国家要求在已经“普九”的地区实行小学升初中取消考试、实行就近入学的政策，其初衷十分明确，就是要打破学校和学生的身份界限，减轻学生过重的学习负担，以便更好地实施素质教育。但是，在初中学校质量差距大的地区执行就近入学比较困难，并不能使社会满意，于是许多地区实行了“电脑派位”的做法。但是，越是薄弱初中比例较大的地区，这种做法就越不一定公平，实际上有些类似于“电脑抽奖”。由于校际之间的差距，加之各地执行政策的差异，即使在各地实施免试就近入学或“电脑派位”等政策之后，义务教育阶段以缴费为主要手段的“择校生”现象反而大量出现，而且在大中城市、直辖市和省会城市，问题尤为突出。

2.“薄弱学校”问题。

长期以来，由于城乡中小学资源分布很不均衡，基础教育阶段存在了一大批薄弱学校。特别是20世纪90年代以来，在经济体制转轨和社会转型时期，教育系统深受市场经济的影响，不同地区的经济实力及同一地区校际资源的差距，直接决定学校建设水平和办学质量上的差距。一些地方开始实行教师结构工资之后，校际教师待遇差距迅速扩大，学校之间教师队伍建设的基础条件出现失衡，生源状况随之分化，在应试制度的压力之下，择校范围逐步扩大。加上与生源相联系的财政性教育经费持续短缺、校办产业普遍不景气和逐渐衰退等因素，择校收人就成为学校主要的经济创收手段，这进一步拉大了学校创收水平的差距，薄弱学校的生存发展空间受到很大制约。近年来，各地政府在改造薄弱学校、缩小学校差距方面做了不少工作，但由于过分强调学校硬件设施层面，注重学校外部条件和环境的改造，而对学校软件建设重视不够，因而成效不十分明显，在很多地方，改造薄弱学校的任务依然十分艰巨。

10.3 区域推进义务教育均衡发展面临的挑战

我国义务教育均衡发展试点工作已取得显著成效，各地积极探索，纷纷建立义务教育均衡发展激励机制，先后涌现出实行城乡教育一体化的“成都模式”，优化教育结构、扶持薄弱学校的“铜陵模式”，推进区域教育均衡发展的“沈阳模式”，实施优质校与薄弱校结盟的“邯郸模式”，建设优质均衡改革发展示范区的“苏州模式”等典型。但总体看，推进义务教育均衡发展仍面临一些困难和挑战。

10.3.1 资源配置不均情况普遍存在，短期内消除差距任务艰巨

城乡二元结构、经济发展水平差异以及教育政策的非均衡导向等因素，都是造成教育资源配置不均衡的主要原因。客观上讲，不均衡现象难以在短期内彻底改变。我国义务教育由“投入以农民为主转向以政府为主，管理由以乡镇为主转向以县为主”，这种从“重效率”过渡到“重公平”的评价标准转变，确实需要时间、资源和行政执行力来调整和支撑。我国从颁布《义务教育法》到宣布完成普及义务教育，仅用了15年的时间，这是世界教育发展史上的奇迹，但这种快速跨越式发展，也难免留下一些遗憾和不足，其中地区差距和校际不均就是突出问题。随着经济发展和社会进步，公平问题越来越得到重视，资源配置不均导致的教育不公平，已上升为现阶段义务教育面临的突出问题。

一是硬件配置不均。不同区域、不同学校之间硬件设施配置标准不均衡的情况较为突出。城市学校基本配备了计算机、多媒体、数字化教学软件等先进仪器设备，有标准运动场地，有的还有塑胶操场、人工草坪球场等；一些农村学校依然采取“黑板、粉笔加书本”的传统教学方式，炉渣跑道、水泥操场尚不能满足需要。

二是经费标准不均。据统计，2008 年全国普通小学和初中生均预算内公用经费支出标准，最高的北京市为4 271元和5 797元，而最低的江西省为 364 元和 583 元，分别

相差10.7倍和8.9倍。中小学生均预算内公用经费县际差距很大，有2/3的省县际差距在10倍以上，初中尤为严重。

三是师资水平不均。教师编制的结构性问题突出，城镇超编、农村缺编，“城市有人无课教，乡村有课无人教”的现象仍然存在；农村小学音乐、体育、美术、英语等课程的专职教师严重短缺，教师学科结构失衡；农村教师队伍中“知识退化、方法老化”现象仍较普遍，教师年龄结构失衡问题突出；同级别教师收入在学校间差别较大，有的达到2.5∶1，个别地方达到3∶1或4∶1甚至更高，教师工资待遇也存在失衡问题。

10.3.2 生源总量减少但流动趋势分化，均衡发展复杂性加剧

受学龄人口减少、城镇化进程加快等因素影响，城乡义务教育在校生规模变化呈现比较复杂的新特征。据统计，2008年全国义务教育在校生规模为15 916.5万人，比上年减少383.7万人，其中城市在校生增加65万人，农村在校生减少448万人，且各地学龄人口增减程度和集中程度不一，总量减少但地区分布不均的情况给调整义务教育学校布局带来挑战。2010年进行了第六次人口普查，与2000年第五次全国人口普查相比，十年增加7 390万人，增长5.84%，年平均增长0.57%，比1990年到2000年的年平均增长率1.07%下降0.5个百分点。数据表明，十年来我国人口增长处于低生育水平阶段。据普查资料推算，2010—2015年我国16~40岁人口快速减少，从2009年开始每年大约减少1 000万人，由此将导致青年劳动力结构性短缺，预计对进城务工人员随迁子女规模、结构和分布都会产生重要影响，加剧了教育资源均衡配置的复杂性。

一是进城务工人员随迁子女问题。现阶段，义务教育在校生中进城务工人员随迁子女规模不断增多，且流向比较集中。据统计，2008年全国义务教育阶段进城务工人员随迁子女达到884.7万人，比上年增长15.5%，其中小学生677.7万人，增长14.5%；初中生207万人，增长19.2%。从流入地来看，东部地区进城务工人员随迁子女占全国的比重最高。随着产业转移和中小城市落户政策的实行，预计未来进城务工人员随迁子女在中西部中小城市落户就学比例将增加，远距离随迁减少、近距离随迁增加将成为一种趋势。

二是留守儿童问题。留守儿童散居在广大农村地区，学习生活条件比较艰苦。2008年全国义务教育阶段在校生留守儿童达到2 140万人，占农村在校生总数的16.4%，比上年增长5.1%，其中小学生1 398万人，增长2.7%，初中生742万人，增长9.7%。随着“民工荒”引发的外出务工人员年龄增大和就业选择余地变宽，进城务工人员携子女举家外出比例会增加，加之新生代进城务工人员注重子女教育的意识增强，估计留守儿童数量将趋于减少。

三是择校学生问题。由于城乡学校之间、乡镇中心校与村级校之间的现实差距，

“择校风”在城市和县城仍屡禁不止，大中城市主要表现为向名校名师集中，农村主要向县城和大乡镇集中。2008 年，全国中小学 56 人及以上的大班有 40 万个，占班级总数的 14. 3%。其中县镇小学大班额比例为 30. 9%，初中大班额比例为 50%。这种主观意愿式的选择性流动，加剧了城市“大班额”和农村“空巢学校”并存的矛盾。

10. 3. 3 评价体系不健全和督导力度不够，均衡发展的政策执行力亟待加强

义务教育呈现出的非均衡发展现象，与政策思路不清晰、公共财政调控不力、行政监管力度不够有关。2006 年颁布的新《义务教育法》第 22 条规定：“县级以上人民政府及其教育行政部门应当促进学校均衡发展，缩小学校之间办学条件的差距，不得将学校分为重点学校和非重点学校。学校不得分设重点班和非重点班。”新《义务教育法》实施已将近十年，但实际存在的巧立名目的重点校、重点班仍屡见不鲜，由此导致的五花八门的课外辅导班越办越火，择校之风愈演愈烈。这种状况的长期存在，无疑与对学校教育的评价指标体系不完善、对学生素质的衡量标准不科学、对规范办学行为的督导监管不到位等有关。

新《义务教育法》第 32 条规定，“县级人民政府教育行政部门应当均衡配置本行政区域内学校师资力量，组织校长、教师的培训和流动，加强对薄弱学校的建设”，但现实工作中部分地区遇到的阻力很大，难以出台有力度、见实效的举措，尚存一定畏难情绪，甚至与优质名校形成利益链，在资源配置上维护优质名校的优先权，热衷于用有限的公共资源打造本地区重点校、示范校和窗口校，忽视薄弱学校建设。

此外，校点分散、设施不全、规模不大、质量不高一直制约着我国农村义务教育的发展，特别是在山区和偏远地区，教师专业化水平偏低，课程不能开齐开全，城乡文化教育基础悬殊，仍是影响均衡发展的障碍之一，加之农村人口受教育程度、知识水平结构、中小学校园文化等方面均与城市有差距，难以适应和支撑义务教育均衡发展的需要。

10. 4 加大推进义务教育均衡发展的管理力度

2015 年 4 月，教育部公布的《2014 年全国义务教育均衡发展督导评估》指出：2014 年，各级地方政府将义务教育均衡发展摆在重中之重的位置，坚持兜底线、补短板、强管理、抓质量，加大工作力度，创新体制机制，增加财政投入，均衡配置资源，解决热点难点，整改薄弱环节。通过督导评估，全国义务教育体制机制进一步健全，办学条件明显改善，教师队伍整体优化，特殊群体儿童少年的成长和发展得到更多关爱，义务教育均衡发展取得重要进展。但是当前在推进义务教育均衡发展工作中仍然存在一些问题。一是政府职责仍有不到位，一些地方缺少总体规划和长效机制，制度不健

全、整改不到位，指标有下滑，进展偏迟缓；二是资源配置仍有薄弱点，一些地方学校布局不合理，教师结构不合理，城区学位紧张、班额过大等问题仍然突出，有关指标差异较大；三是素质教育仍有不落实，一些地方学生课业负担依然较重，教师过于注重课堂教学，应试教育倾向未得到根本扭转；四是推进机制仍有不完善，一些地方教育督导体制没有理顺，督导力度小，监督问责机制不健全。

因此，推进教育均衡发展必须进一步加大政府部门的管理力度。义务教育要在"2020年基本实现区域内均衡发展"，是一项复杂而艰巨的任务，需要系统推进、综合治理、深化改革。现阶段就政府部门而言，关键要切实承担责任，采取扎实有效的政策措施和组织保障。

10.4.1 政府责任要落到实处

均衡发展不仅仅是义务教育发展模式问题，而是已演化为一个重要的社会问题，成为全社会共同关注的焦点。县域内均衡是推进义务教育均衡发展的基础，需要各级政府按照新《义务教育法》的要求，结合当地城镇化、工业化、信息化、新农村建设等总体目标，统筹规划，整体推进，多管齐下，必要时可打破现行乡镇行政区划界限，在县域内科学划分学区，并以学区为单位，整合优化教育资源。建议分解明确各级政府目标责任，从办学条件、经费投入、师资水平、教育教学质量等方面，提出逐步缩小城乡间、地区间、学校间和不同人群间差距的具体目标，把限期实现区域内义务教育均衡发展纳入政府重要的工作内容和议事日程。改革和完善素质教育质量评价和监控体系，做好义务教育与非义务教育之间的衔接工作，同步实施中考制度、高考制度等各项改革，以保持整个教育生态系统的稳定、平衡。

10.4.2 督导检查要有的放矢

推进义务教育均衡发展，不仅要增加公共财政投入，大幅度提高薄弱学校办学水平，还要与规范管理和完善监督检查相结合，加强法律法规的保障与约束。建议政府尽快完善义务教育公共财政体制，足额保障县(域)内各义务教育学校经费标准相当、教师待遇一样；各级人大、政协要对教育法律法规的执行情况进行监督检查；教育督导机构要研究制定科学的指标体系，定期向社会发布对义务教育均衡发展状况的监测和督导评估报告；教育行政管理部门对发展水平严重失衡的地区要依法进行必要行政干预、处置整改等。

10.4.3 学校标准化建设要立足长远

"义务教育学校标准化建设"已列入《教育规划纲要》。一是要以标准化建设为切入点，推动各级政府根据当地经济社会发展水平和教育发展实际，研究制定当地中小学办学的基本要求和量化标准，规范办学行为；二是要以标准化建设为抓手，各级政府要认真研究学龄人口分布和流动趋势，从长计议，合理规划学校布局，研究解决农村中小学闲置校园、闲置校舍的统筹处置和合理利用问题；三是要以标准化建设为龙头，推动各地进行中小学教育资源的统筹规划和优化整合，探索通过结对帮扶等多种形式，引导教师向农村学校和薄弱学校合理流动。

10.4.4　薄弱环节要集中突破

要关注薄弱环节、重点人群和特殊地区，努力消除区域内均衡发展中的"短板"，以期达到整体均衡。一是要重视新生代进城务工人员流动趋势对教育均衡发展的影响，研究解决新时期进城务工人员随迁子女和留守儿童教育问题，把握"家庭化"流动、近距离就业和中小城市落户趋势，切实保障流动人口子女受教育权利。二是要把义务教育均衡发展的工作重心放到农村、中西部地区和改造薄弱学校上来，政府着力"保基本，补短板"，建设寄宿学校适度集中办学，建设教师周转用房改善教师生活工作条件，设立专项补贴鼓励优秀校长和教师到农村任教。三是要关注进城务工人员随迁子女、农村留守儿童、城市失业人员子女、残疾儿童少年等弱势群体，提高家庭经济困难学生生活补助，研究建立学生流动信息统计和经费管理办法，对接收进城务工人员随迁子女较多的学校流出地政府应给予必要补助经费。

10.4.5　扶持民办学校要同步跟进

均衡是相对的，义务教育均衡发展并不排斥多元化选择。解决少数高端人群的高层次、选择性教育需求问题，应当疏堵结合，不宜简单采取"削峰填谷"或搞平均主义的办法，应鼓励支持发展民办学校，并作为义务教育阶段学校的重要补充。建议试点公立学校办学改革，将部分"公办校"交由社会团体办、企业办或个人办，研究制定相应扶持政策，在教师职称评定、退休后待遇、经费补贴等方面对民办学校一视同仁。

10.4.6　建立健全教育经费投入保障机制

做好教育均衡发展，需要地方政府认真执行中央的相关规定和措施，特别是要确保教育经费的严格管理和合理利用，以保证义务教育的均衡发展。

1. 强化市级政府调节作用、健全义务教育公共投资体制。

在"以县为主"的义务教育管理体制的基础上，省级政府要加大地市级政府的投资责任，改变县级政府投资负担比例不合理的状况。要设定义务教育最低财政标准，对低于最低财政标准的县，则由上级财政通过建立规范化的财政转移支付制度给予财政支持。实现义务教育经费专款专用，教育事权与财权的统一，提高教育资源的使用效率。

2. 建立城乡均衡统一的投资机制。

城乡教育差距是我国工业化、城市化过程中城乡经济二元结构的伴随产物。建议在市、县两级政府严格执行义务教育经费预算，落实农村义务教育经费保障机制，在政策上针对城乡学校义务教育生均公用经费标准实行统一化，并根据城乡间教育物价的差异、经济发展的差异，制定向农村倾斜的、合理的经费标准。

10.4.7 加快推进中小学标准化建设工程

建立义务教育学校办学标准、实施中小学标准化建设，是合理、均衡配置义务教育办学资源，保证义务教育均衡的有利措施。

1. 开展“村小建设”标准化工程。

提升村小的发展水平，就是从源头上遏制不均衡发展。要按照“硬件从实、软件从严”的原则编制“村小建设标准”体系，并按“一次规划、分类达标”的操作原则加强督导评估。实施优秀教师支教、中心辅导区内教师轮岗制度，由政府出专项资金，对优秀教师或职务、职称晋升者给予生活和工作上的补助。

2. 实施农村学校教育信息技术标准化工程。

首先要采取专项补助的办法，建立机房、增加计算机数量，保证农村学校信息化教育的顺利实施。其次大力推行农村中小学“校校通”工程，建立城乡网上教学资源共享制度。把高质、高效、个性化的多媒体教学软件共享给农村教师；第三要加强农村学校中小学信息化教师队伍建设。重点要加强信息技术的培训和多媒体教学的应用；最后要逐步建构完善信息化教育评价体系。

10.4.8 加强师资队伍建设，优化教师管理制度

城乡教师队伍素质的高低，直接关系到教育教学的质量，也成为制约义务教育健康、均衡发展的一个关键因素。

1. 建立城区教师定期流动长效机制，加强农村教师的培训工作。

首先在城区建立教师定期流动的“活水”机制，改变人事管理制度，变“学校用人”为“政府用人”，在统一工资标准前提下依法由政府对教师实行合理调配；其次在农村地区，要加强对教师的业务培训，逐步缩小与城市地区和发达地区教师的教学水平差距。

2. 落实并完善城乡教师轮岗制、对口制交流。

鼓励在职教师和应届师范毕业生到农村或薄弱学校任教，促进农村教师更新教育观念，优化农村教师结构，缩小重点校与非重点校之间、城乡学校之间的教育质量与效益差距。

10.4.9 建立弱势群体扶助与补偿机制

社会弱势群体主要包括生理性弱势群体和社会性弱势群体，前者如孤寡老人、残疾人等，后者如下岗职工、进城的农民工等。

1. 加大对弱势群体的社会关怀。

首先应加大力度尽快完成社会保障体系的改革和转型，为广大居民提供基本安全保障，防范贫困的发生；其次注意培育弱势群体的社会资本，鼓励非政府组织介入弱势群体扶助事业，扩大弱势群体的社会交往网络。

2. 重点关注农村弱势群体的义务教育问题。

首先政府各职能部门要制定相应政策保证农民工子女接受平等的义务教育，特别是接受义务教育的收费标准与城市居民子女同等对待；其次学校要在奖励评优、入队入团、参加校内外活动等方面，在小升初和中考时与当地居民子女同等对待；三是政府要加强对接收农民工子女的民办学校的扶持和管理。在办学场地、经费、师资培训、学生升学等方面给予支持和指导，对其中优秀者给予表彰、扶持。

10.4.10 推进基础教育办学体制改革

生源质量是学校软件建设中的一个重要因素。首先在取消小升初的考试前提下，按规定将适龄儿童在户籍所在地划片就近入学，任何公办初中学校不得以任何名义举行小升初考试。其次加大重点高中指标到校比例。优先考虑农村学校的择优选送，注重过程中推荐、考核、公示、成绩的监控。切实做好综合素质纳入到中考招生考试内容。建议农村小学和初中可以组建“九年一贯制学校”，以确保农村义务教育阶段的完整性。

1. 在基础教育阶段，应当处理好义务教育与非义务教育的关系、公办教育与民办教育的关系，区别不同情况采取不同的措施。

按照教育法律，义务教育的本质属性是社会公益性的，在已经“普九”的地区，必须强化政府在义务教育阶段的行为，确保公办教育的主体地位，这是在基础教育领域努力推进均衡发展战略的重要环节，政府有责任在确定教育现代化目标时，承诺减少(至少是不再人为扩大)公立学校之间不应有的巨大差距，逐步扩大和体现义务教育阶段的公平性。至于基础教育领域中的幼儿教育、普通高中教育等非义务教育，按照国际通行标准和我国的具体实践，兼有社会公益性和成本分担服务性(依据 WTO 中服务贸易总协议的条款，某些基础教育领域的服务“市场准入”还可分为“跨境交付”“境外消费”和“商业存在”等类别)，应当积极形成公办学校与民办学校共同、平等发展的新格局。

今后，义务教育可供选择的学校基本分为两大类：一类是公办学校，完全实行学区就近入学。从长远看，按学区免试就近入学是方向，其有效操作的前提是尽可能削减薄弱初中的比例，只有学区内的初中办学条件和教育质量逐渐均衡了，才能减少学生和家长对“电脑派位”的后顾之忧；另一类是少量民办学校，允许通过比照成本的教育收费(甚至较高收费，但不得以营利为目的)和良好的教育质量，满足某一部分人群的择校需要。在非义务教育和部分允许民办教育介入的义务教育领域，无论是公办学校还是民办学校，尽可能百花齐放，办出特色，形成个性与品牌，使学生家长或学生根据自己的兴趣、特长、智力和经济承受能力等，选择自己真正需要的学校。

2. 推进中小学标准化建设，深化体制改革，合理配置资源，实现基础教育尤其是义务教育的规范化办学。

推进中小学的标准化建设，是提高我国基础教育整体水平的一项十分重要的基础性工作。建议各地都应大力推进中小学标准化建设工作，通过学校建设标准的法律规定，约束政府合理分配教育资源，使每所中小学校都能按照法定标准，拥有大体均等的物质条件和师资队伍条件，从而在义务教育领域形成一个公平竞争的环境。在帮助和支持薄弱学校达到法定标准的同时，对原来基础很强的学校硬件建设也应有个上限，限制类似于“正反馈”的过量投资，以遏制在少数学校办学条件高投资的攀比现象，制止追求奢华的不良风气。

政府要切实负起责任，保证教育的公正、公平性；学校要严格执行有关方针政策，杜绝各种不正之风，均须依靠制度创新。建议继续通过法律、行政和经济等宏观调控手段，深化学校内部管理体制改革，尽快在学校建立健全收支两条线、财政拨款和专项公开、学校财务公开、精确预算管理等制度，加强对学校收费的全面审计和统筹管理，形成社区和家长有效监督并参与学校运作的机制，发挥舆论监督和社会监督的作用。

3. 推进学制改革，实行完全中学初、高中脱钩，建设一批“九年一贯制学校”。

从根本上解决择校矛盾，必须建立与义务教育性质相适应的学校制度和学校结构。实行完全中学的初、高中脱钩，建立“九年一贯制学校”，至少可以在制度上保障义务教育阶段的完整性，能够在一定程度上缓解义务教育阶段的择校矛盾。目前占全国人口35%左右的大中城市和经济发达地区基础教育阶段的入学高峰已经由初中移向高中，高中入学矛盾比较尖锐，这实际为“脱钩”提供了良好的基础；一批重点中学的初中部搬出，高中部扩大，一方面解决了普通高中入学难问题，另一方面缓解了初中段“择校”激烈的矛盾。但应当看到，目前部分“脱钩”初中改制成为民办学校后实行高收费，有些公办学校在改制过程中造成国有资产流失，产生了不良的社会影响，需要及时制定应对的措施。

通过联办一批小学和初中，建设“九年一贯制学校”，这在一定程度上可以减轻小学升初中的“择校”矛盾。小学与初中的“强强联办”不应当是方向，否则，又形成新的“重点九年一贯制学校”，“弱弱联办”的情况自不必考虑，这两种方式无疑均会扩大义务教育阶段的办学差距。今后，主要是初、高中分离后的薄弱初中与基础好的小学联办，基础好的初中与薄弱小学联办，有可能建立一批"九年一贯制学校"。如果这类学校能够占有较大比重，将为义务教育免试就近入学和大面积推行素质教育提供有力的制度保障。例如，某地"九年一贯制学校"大多是联办了一强一弱两所学校，对于改造薄弱学校、缩小校际差距发挥了明显的作用，间接地促进了"择校收费"问题的解决。

但是，由于"九年一贯制学校"发展之初存在的班级建制不规范问题，特别是小学六年级和初中一年级之间的班额缺口很大，因此初中招生问题依然存在。另外，"九年一贯制学校"中也出现新的"择校"问题，一旦薄弱初中与基础好的小学联结，小学生到四、五年级纷纷转学；基础好的初中与薄弱小学联结，学生从四、五年级竞相转入；"择初中"演变为"择小学"。这些问题仍有待进一步研究解决。而且，随着特大都市逐步普及高中阶段教育，未来"十二年一贯制学校"的试验与目前初、高中脱钩改革可能产生一定的冲突，也需要引起重视。

4. 积极以多种方式推进小学升初中、初中升高中的招生方式改革。

当前，为体现基础教育的公平、公正原则和缓解"择校收费"问题压力，部分地区设计将办得较好的初中的全部招生指标或部分招生指标，根据小学在校生人数，按比例分配给附近的各个小学，德智体择优选送(不得举行统考)，完善选送程序，增加透明度，实行社会监督。同时，将重点高中的招生指标按一定比例分配给各个初中学校，淡化学校之间的竞争，效果明显。

5. 以推动本地高中教育的整体发展为目标，进一步规范示范高中建设，扩大优质高中资源的供给能力。

"示范高中"的建设，不应当造成新的教育发展不平衡，而应当使处于各层次的学校在动态发展过程中谋求更高水平的平衡和循环。发挥辐射、牵动作用是示范性高中的主要标志，示范性高中要牵动一个区域、一定范围内高中教育的发展，办好示范高中的最终目标是办好每一所高中，坚决克服以"示范学校""窗口学校"及"教育现代化试验学校"为名，行"重点学校"之实的现象，防止继续拉大学校之间的差距，产生一批新的薄弱学校。

通过发挥高中的示范、基地、辐射作用，实现全区域对优质高中的资源共享。

10.5 基础教育均衡优质发展的实施策略

要进一步推进基础教育均衡发展必须加快薄弱学校改造工作，缩小校际间的差距；推进中小学标准化建设，实现义务教育规范化发展；加快教育信息化步伐，用信息化技术带动义务教育均衡发展；加强师资队伍建设，建立人才培养与流动的优化机制；

深化升学制度改革，实现生源质量均衡化；全面实施素质教育，促进义务教育均衡发展。

10.5.1 加快薄弱学校改造工程，缩小校际间的差距

长期以来，由于城乡中小学资源分布很不均衡，基础教育阶段存在着一大批薄弱学校。尤其是20世纪90年代以来，在我国经济体制转轨和社会转型时期，教育系统深受市场经济的影响，不同地区的经济实力及同一地区校际间资源的差距，致使强校更强，弱校更弱。中小学薄弱学校的存在，直接导致了中小学“择校热”“多收费”“乱收费”现象的产生。这种现象在全国不同地区均不同程度地存在着，严重影响了我国基础教育特别是义务教育的整体质量和发展水平。因此，改造薄弱学校是各级政府及教育行政部门实施区域基础教育均衡发展战略的首要工作。

实施薄弱学校改造工程，可从以下几个方面进行：一是要制定切实可行的薄弱学校改造规划，包括目标和任务、主要措施、工作进度等，使改造工作有计划、有步骤地顺利进行。对于一时难以改变面貌的薄弱学校，可通过合理调整学校布局，或采取挂钩承办、合并、撤销、办特色学校等多种形式对其进行改造。二是要建立薄弱学校投入保障机制，明确责任，强化监督，确保对薄弱学校的投入落到实处。三是要给薄弱学校倾斜政策，加大薄弱学校的经费投入；为学校选派事业心强、有管理经验和开拓精神的校长；制定优惠政策，鼓励骨干教师和优秀高师毕业生到薄弱学校任教；允许超编调入骨干教师，并在职称评定时优先晋升，允许返聘优秀离退休教师。四是要挖掘学校自身潜力，走内涵式发展道路，不要把改变薄弱学校面貌的任务完全寄托在外部力量作用上。要抓住学校内部管理体制改革的有利时机，真正建立有效的竞争机制，充分调动广大教职工的积极性，充分发挥他们的聪明才智，形成一支相对稳定的教育教学骨干队伍。五是各级教育行政部门、教研科研部门、教育督导部门要对薄弱学校进行联合专项督导，帮助和指导学校开展教学研究和教育科研，改进教育教学方法，提高管理水平、教育质量和办学效益，使薄弱学校在“硬件”条件得到改善的基础上，“软件”水平有质的飞跃。同时，要重视总结和推广薄弱学校转变教育思想、实施素质教育、创建特色和提高教育质量等方面的经验，提高他们的知名度，增强其社会信誉。

10.5.2 推进中小学标准化建设，实现义务教育规范化发展

促进义务教育均衡发展，并不是要降低整体水平，简单地寻求发展程度的整齐划一，而是在提升整体水平基础上的均衡发展。因此，我们在实现义务教育均衡发展的过程中，既要重点关注薄弱学校，使其尽快缩小与其他学校的差距，又要重视中小学教育整体水平的提高。推进中小学标准化建设，是提高基础教育整体水平的一项十分

重要的基础性工作。

制定中小学标准化建设的有关标准，可以使每所中小学校的教育在发展中有章可循，有法可依，也可以约束政府部门合理分配教育资源，使每所中小学校都能拥有大体均等的物质条件和师资队伍条件，从而在义务教育领域形成一个公平竞争的环境。目前，我国许多地区已把标准化学校建设作为高质量“普九”的重要工程，做为推进区域教育均衡发展的主要任务。

中小学标准化建设标准是受当地经济、文化、教育发展水平制约的，随着经济、文化、教育的不断发展，其建设标准也要相应地提高。为了适应高质量、高水平“普九”任务的要求，需要制定义务教育阶段的新标准。在新一轮中小学标准化建设上，既要注重学校硬件水平的提高，又要注重教师素质、教学质量和学校管理水平等软件水平的提高，尤其是标志着现代化教育的信息技术，更不能忽视。由于各地区经济发展水平不同，实施中小学教育标准化工程在完成的时间上，要有灵活性，发达地区要早一些，欠发达地区可以稍晚一些，但要有明确的时间要求。

10.5.3 加快教育信息化步伐，用信息技术带动义务教育均衡发展

信息技术是表现最活跃、发展最迅速、影响最广泛的现代教育手段。计算机多媒体和互联网的发展，不仅改变了人们的工作和生活方式，而且还打破了传统学校的界限，大大地拓展了教育的时空界限。为此，借助信息技术，可以发挥优质教育资源最大化的社会效益，从而为实现区域内、区域间义务教育的均衡发展提供广阔平台。目前，我国的教育信息化建设，总体水平还处于比较低的层次，发展也不平衡。因此，要想加快教育信息化进程，以教育信息化促进区域教育的均衡优质发展，必须采取切实可行的措施。

一要加强宣传和制定政策规范，提高教育行政部门和学校领导的认识。一个地区、一所学校对于现代教育信息技术的推广使用情况，在很大程度上取决于该地区教育行政领导、学校校长对教育信息技术的认识和重视程度。因此，我们在实现教育信息化过程中，首先，要做好各级领导的观念转变工作。一方面通过宣传和学习来提高他们对教育信息化重要性的认识，另一方面要让他们掌握教育信息技术，使之成为内行。其次，要健全组织体系与法规建设。各地区教育主管部门和各学校应有信息化建设工作小组；至少要明确一位副职分工负责此项工作，要把教育信息化列入教育事业和学校发展规划，切实做到有计划、有步骤地实施；要逐步制定必要的法规政策，使各校开足开好信息技术课。

二要加大教育信息技术的硬件投入，保证学校信息技术教育的顺利实施。在信息技术硬件投入上，不能因为没有充足的资金就拖延或凑合信息技术硬件建设，要想尽

各种办法，在资金有限的情况下，重点投入信息化建设。无论是发达地区还是不发达地区，教育经费永远是不够用的，没有哪一个地区的教育经费多得用不完。有鉴于此，不能等待，要创造条件，把钱花在对提高学校教育教学质量最有价值的地方——信息技术教育。同时，我们应加强校园网建设，在建网、建队伍等方面予以全面规划，由点到面，逐步推进，力争校校联网，使教育信息流动起来，促进师生在网上交流，以激活各地区各级学校的信息教育。

三要努力开发教育信息资源，实现资源共享。教育资源建设是教育信息化的核心，也是教育信息化的灵魂。因此，我们必须下大气力，组织由软件专家、具有丰富教学经验的教师以及教育技术专家构成的队伍，注重教学软件与课程相配套，与教学内容相吻合，研制出高质、高效且满足个性化需要的多媒体教学软件，供广大教师使用。学科教师也可以利用简便的软件开发工具，针对教学中的重点或难点，自行开发短小精悍的CAI课件。同时，各地区应积极组织实施各学校校园网的连接工作，推广虚拟上网及视频点播技术，由“信息资源中心”将网上有关信息集中“过滤”下载到校园网的服务器上，实现教育资源共享，让不同学校的师生都可以享受到网上学习的便利。

四要加强中小学信息技术教师队伍建设。首先要加强对在职教师信息素养的培养。同时，各级各类师范院校要切实加强信息技术相关专业建设，凡具备条件的师范院校，都要积极开办信息技术等相关专业，逐步扩大招生规模，并采取有效措施，鼓励和引导师范院校信息技术等相关专业的毕业生到中小学任教，尤其是到农村中小学任教。另外，要大力提倡教师开展信息技术教育应用的研究工作，使教师在教育科学研究中，提高自身的信息技术水平和信息技术教育能力。

五要逐步建构完善的信息教育评价体系。一方面，教育行政部门要对学校开展信息技术教育的现状——学校在信息技术教育的装备数量、质量、使用及开设的教育课程等情况进行检查评估，以避免一些学校只把信息技术教育设备当作摆设，不开设信息技术教育课程或随意减少课时，不注重信息技术教育质量现象的发生。另一方面，学校应坚持“以学生为本”和有利于发展学生个性与创新精神为原则，以考核技能为主，从培养学生获取信息、鉴别与处理信息、创新信息这三大能力出发，对学生的信息技术水平进行综合评价。

10.5.4 加强师资队伍建设，建立人才培养与流动的优化机制

教师队伍素质是决定一所学校办学水平和教育质量的最重要的因素。目前，校际间发展不均衡，很重要的一个原因就是师资水平之间存在差距。要想尽快缩小校际间的差距，促进区域内教育均衡发展，必须着重抓好教师队伍建设，建立优化人才培养与流动的机制。为此，教育行政部门要在引进、调配、培训、职称待遇等方面制订倾

斜政策，以尽快提高薄弱学校的师资水平。在师资引进方面，应优先满足薄弱学校的需求；在教师调配上，应实现区域内资源共享，倡导模范校长、特级教师、优秀教师轮流到薄弱学校任职任教，通过他们的示范作用和经验交流，带动薄弱学校教师整体水平的提高，还可以通过区域内重点中学与普通中学结对子的方式，选派具有带教能力的优秀教师到普通中学定期任教，并将此作为重点学校教师晋升职称的重要条件之一；在师资培训上，教育行政部门应每年拨出专项经费，用于薄弱学校的师资培训，为他们提供出去学习、进修的机会；在职称评定上，为鼓励优秀教师到薄弱学校任教，同样条件下应优先考虑支教教师的职称晋级；在福利待遇上，要有政策上的保障，如教师流动期间，其行政关系、工资关系等保留在原单位，工资、资金、福利、医疗等待遇不变，有条件的地区，还应适当增加支教教师的工资。同时，要加快教师“校本”培养、培训模式的构建，落实“以师范院校为基地，教学、科研、培养、培训四位一体”的新师资“校本”培养模式；积极探索“立足学校，以新课程改革为主线，融学习、探索、教学于一体”的在职教师“校本”培训模式，确保义务教育整体水平的不断提高。

10.5.5 深化升学制度改革，实现生源质量均衡化

区域内义务教育均衡发展，既包括学校硬件建设的均衡发展，也包括学校软件建设的均衡发展。其中，生源质量则是学校软件建设中的一个重要因素。如果智力和各方面条件都好的学生集中在好学校一起学习，落后的学生集中在薄弱学校一起学习，那么，对于接受义务教育的学生而言，他们所受到的环境影响显然是不同的，这样就无法体现义务教育所主张的公正、公平原则。因此，实现义务教育均衡发展，需要深化学校升学制度改革，使学校生源质量大体相当。这就要求政府及教育行政部门下大决心，加快薄弱学校改造工程，加快学校标准化建设步伐，坚决执行义务教育阶段小学升初中取消考试、就近入学政策，彻底取缔重点校、重点班、校中校、共建班，加大重点高中分配给各普通中学升学指标的比例，坚决不收“择校生、条子生、高价生”。这样，择校问题就会得到一定程度的缓解。虽然，在现阶段校际差距比较大的情况下，这样做对一些学生也不公平，但从长远来看，尽快实现区域内义务教育均衡发展，这样短暂的阵痛是必须要经历的。同时，我们还要进一步推进学制改革，实行完全中学初中、高中脱钩，建设一批“九年一贯制学校”，确保义务教育阶段的完整性，从而为实现学校间生源质量均衡和全面实施素质教育提供有力的制度保障。

10.5.6 全面实施素质教育，促进义务教育均衡优质发展

《中共中央国务院关于深化教育改革全面推进素质教育的决定》明确提出“义务教育必须全面实施素质教育”。因此，实施义务教育区域内均衡发展，必须紧紧抓住全面推进素质教育这一主线。另外，从我国区域内基础教育发展不均衡的现状来看，中小学

之间存在着的差距，主要表现在两个方面：一个是学校办学条件等硬件指标的差距；一个是学校教育质量等软件指标的差距。要缩小学校间硬件指标的差距，对于经济比较发达的地区，只要领导认识到位，是比较容易解决的；对于经济欠发达地区，只要政府加大工作力度并给予一定的倾斜政策，在不长的时间内也是可以解决的。但要想从根本上缩小学校之间教育质量的差距则比较困难，需要长时间的努力。因为提高学校的教育质量，尤其是提高薄弱学校的教育质量是一个比较复杂的过程，必须进行全方位的教育改革。

全面实施素质教育，可以带动学校的全面改革，给学校注入新的生机与活力。其一，转变学校管理者不适应社会发展的教育理念和教育行为，提高其现代教育理论水平和教育管理能力；其二，转变教师传统的教育观念，使之树立现代的教育观、人才观、质量观、评价观，掌握科学的教育教学方法，提高教育教学能力。换句话说，实施素质教育，可以提高学校的教育教学质量和效益，从根本上缩小学校之间的差距，从而促进区域内义务教育均衡发展。

10.6　内涵发展是义务教育均衡优质发展的有效路径

随着义务教育均衡发展的推进，发达地区提出了“优质均衡”的理念，使义务教育均衡发展进入了高位均衡的新阶段。这一阶段不同于以资源配置为核心的均衡发展，是一种内涵式的均衡发展。明确内涵发展的要义，推进外延均衡向内涵均衡的转变，是发达地区实现教育优质均衡发展的必由之路，同时也是欠发达地区教育发展的未来选择。

10.6.1　义务教育均衡从外延发展到内涵发展

义务教育的均衡发展分为外延发展和内涵发展两个阶段。外延发展阶段主要依靠增加教育投入，改善办学的物质条件等外部要素，改进教育的外部形态，促进教育发展的条件性均衡。内涵发展主要依靠教育内部要素的优化与调整，充分挖掘教育内部潜力，提升教育质量，促进质量均衡。

办学必须以一定的物质资源为基础。当教育资源投入相对不足、难以满足不断增长的教育机会的需求时，提供较为充足的资源，以确保更多人“有学上”，成为教育首先解决的问题，它表现为扩大教育规模的外延发展。在解决或基本解决“有学上”的问题后，教育发展又指向优质教育需求的高涨与教育能力的相对较弱之间的矛盾。于是，提升教育质量，使每个学生受到良好的教育，即“上好学”，成为教育发展的核心。所以，实现外延发展，解决教育资源不足的问题后，其均衡发展的策略必须转向教育内部的改革，朝着内涵均衡的方向努力，避免出现“豪华校园、低劣质量”的尴尬局面，也避免把“豪华的教育资源”作为“优质教育”的代名词，不然不仅浪费了不必要的教育资源，而且忽视了教育质量的提升。优质的教育是高质量的教育，促进教育优质均衡，发展优质教育，根本在于提高教育质量。教育资源与教育质量具有一定的正相关，但其相关性有一个临界点，超过了这个临界点，资源的改善并不必然意味着质量的提高。内涵均衡作为义务教育均衡发展的高级阶段，是外延均衡发展到一定程度后的必然要求。

新中国成立以来，尤其是1986年《义务教育法》颁布以来，经过近30年的努力，义务教育的普及取得了长足的进展。教育部公布的最新数据表明，到2009年底，实现“两基”验收的县(市、区)累计达到3052个(含其他县级行政区划单位207个)，占全国总县数的99.5%，“两基”人口覆盖率达到99.7%。小学学龄儿童净入学率达到99.4%，初中阶段毛入学率达到99%。这说明，我国在义务教育阶段完全解决了所有适龄儿童都“能上学”的问题，实现了“学有所教”。

教育部公布的国家教育督导报告《2014年全国义务教育均衡发展督导评估报告》：根据新《义务教育法》、《国务院关于深入推进义务教育均衡发展的意见》及教育部《县域义务教育均衡发展督导评估暂行办法》，全国有26个省(区、市)人民政府在2013年至2014年8月底前对491个县(市、区)进行了义务教育均衡发展督导评估。国务院教育督导委员会办公室组织国家督学和专家，本着“公平公正、严格把关”的原则，对申报材料进行审核，对通过材料审核的县(市、区)进行实地督导检查和满意度问卷调查，最终，有464个县(市、区)通过国家督导评估认定，27个县(市、区)未通过。截至2014年底，全国实现义务教育发展基本均衡的县市区累计达到了757个，占全国县市区总数的27.4%。

进入21世纪，国家一直把教育公平作为义务教育发展的重中之重。它是继解决“有学上”问题之后，教育发展的第二个目标：解决“上好学”的问题。《教育规划纲要》把促进公平作为国家基本的教育政策，指出：教育公平的重点是促进义务教育均衡发展和扶持困难群体，根本措施是合理配置教育资源，向农村地区、边远贫困地区和民族地区倾斜，加快缩小教育差距。作为对《教育规划纲要》的贯彻执行，各地采取的促进均衡发展的举措，主要有增加教育投入，改善办学条件，开展学校标准化建设，加大教师培训和实行跨校跨区教师交流，实施城乡、校际之间对口支援，以及名校集团化、优质学校和薄弱学校的合并、托管等。这些措施把均衡发展的要素集中在经费投入、办学条件、教师配备等方面，以外延发展的方式实现资源的均衡。

近年来随着对义务教育公平的重视，各级政府投入了大量的人力、物力和财力，促进资源的重新配置，尤其是保证了落后农村、边远地区、经济欠发达地区学生和农民工子女的教育权益，缩小了中小学在硬件设施上的差距，使义务教育资源不均衡的状态，得以明显改善。尤其是发达地区，区域内学校之间在办学条件方面的差异已经不大。正如上海市教委领导在分析上海教育发展面临的新矛盾时所说：“今天办学硬件资源和经费投入已经不再是上海基础教育发展的主要矛盾。”义务教育资源配置的均衡，是提高质量的必要物质前提。这一问题的解决，为义务教育提升质量提供了基础与可能。

过去乃至当前一个阶段(对欠发达地区而言)，我们对教育公平的关注集中在资源配置上，这是必要的，但过度追求资源的豪华是不适当的，也是不必要的。进一步发展的重点必须从规模扩张转向质量提高，从外延发展转向内涵发展，从资源均衡转向质量均衡。《教育规划纲要》已经明确“把提高质量作为教育改革发展的核心任务。树立科学的质量观，把促进人的全面发展、适应社会需要作为衡量教育质量的根本标准。树立以提高质量为核心的教育发展观，注重教育内涵发展，鼓励学校办出特色、办出水平，出名师，育英才。建立以提高教育质量为导向的管理制度和工作机制，把教育资源配置和学校工作重点集中到强化教学环节、提高教育质量上来。制定教育质量国家标准，建立健全教育质量保障体系。加强教师队伍建设，提高教师整体素质”。这一因当前强化教育公平而忽视了的教育质量观念，必然成为今后一个时期义务教育发展的方向和主题，得以重视。扩大教育资源尤其是优质教育资源是必要的，但义务教育的发展不能因为规模扩张而“稀释”质量，我们应该把提升质量作为核心问题，追求有质量的教育公平，走内涵发展之路，实现教育的优质均衡。这既是对外延发展中“规模扩张、质量稀释”的校正，也是对外延发展边界的突破和深入。

从近年来的教育实践看，老百姓对教育的追求不再是“有学上”，而是“上好学”，他们对教育的不满随着办学条件的改善已经转向教育质量，教育质量问题正在成为全社会共同关切的重大问题，上升为教育发展的主要矛盾，演化为我国教育发展的最优先事项。上海等发达地区已经提出并走进了以“提高质量、内涵发展”为核心的义务教育均衡发展的新阶段，国家颁布的《教育规划纲要》也为全国范围内义务教育质量的提升制定了时间表：到 2020 年，全面提高教育质量，确保适龄儿童少年接受良好义务教育。

因此，提高教育质量，走内涵发展之路，既是我国义务教育又好又快发展的体现，是对人们追求有质量的教育公平的回应，也是我国义务教育均衡发展的战略调整和发展方式的重大转换。

10.6.2 义务教育均衡中的外延发展与内涵发展

内涵发展虽与外延发展紧密相连，但它们在发展模式、结构以及目标之间都有着根本的区别。

外延发展重视物的要素和对物的投入；内涵发展重视人的要素和对人力资源的开发。办学需要一定的物质条件为基础，外延发展重视的是办学所需要的物质条件的改善，因此，外延均衡试图通过加大教育投入，增加教学设备、设施，扩大教育规模，改善校舍校貌等，缩小学校之间条件性的差距。其方式主要是教育资源的外部输入。内涵发展重视的是教育中人的因素，包括教师和学生，致力于人力资源的开发。尽管教师也是外延发展所重视的因素之一，但外延发展重视的是教师的数量和教师的“外援”(如引入、调动、调配等)，“‘外援’只是‘输血’，只有转化为‘内发’即内在发展，才能真正达成义务教育内涵均衡发展的目的”。内涵发展重视的是教师的质量提升和专业发展，采取的路径不是增加教师数量，而是提升教师的教育能力(如教师的培养、培训和校本研修)。但提高教师质量的根本是为了促进学生的发展，提高教育质量。学生的发展不只是部分优秀学生的考试分数，而是全体学生素质的全面提升，尤其是弱势学生(如问题学生、学困生、弱势阶层学生等)发展的增进，只有他们都得到了令人满意的发展，才是高质量的优质教育。

外延发展重在硬件建设，改善教育的外部环境；内涵发展重在优化教育内部结构，提升教育软实力。外延发展在于增加教育投入，改善办学的物质条件和教育的外部环境，为教育的内涵发展提供物质支持。内涵发展指向教育的内部环境，注重教育软实力的建设，提升教育的文化品性和人文意蕴。因此，它依靠的是文化的浸润，注重学校的愿景规划和办学思想、办学理念，把改革指向教育系统的内部要素，包括教学、课程、管理、教师、学生等，试图通过教学改革、课程开发、班级建设、学校管理、教师专业化、特色学校建设等途径，提升教育质量，全面增进学生的综合素养。外延发展动力在外，主体是政府或社会；内涵发展动力在内，主体是学校、校长、教师和学生。外延发展旨在改善办学条件，它需要增加教育投入，而依靠学校自身增加教育投入的能力有限，投入主要源于政府或社会。义务教育的强制性、公共性和普惠性，决定义务教育公平的责任主要在政府，全社会共同促进教育公平。因此，在外延发展中，学校的命运不在学校自身，只能寄托于政府和社会的重视和支持。学校能够做的就是不断地争取政府和社会的支持，现实中，就可能形成学校对政府“等、靠、要”的被动依赖。内涵发展将注意力转向学校，核心是学校内部建设和教育教学改革，场域是学校的内环境，主体是教师和学生，主阵地是课堂教学。只有在内涵建设中，学校才能实现自主发展、持续发展。外延发展是一种依靠外部输入的发展，学校的发展取决于政府的支持，政府决定着支持的力度与持续时间。而内涵发展是系统内部“自组织”的发展，源于内部变革力量推动的一种发展，依靠的是学校、教师和学生，取决于学校的内环境(包括办学理念、办学思路、教育改革)，取决于教师和学生的创造性、主动性。内涵发展中，学校积极寻求思路，挖掘内部潜力，激发教师和学生的创造性，实现学校、教师和学生的自我创生、自我超越和内在基质的转换。外延发展重在扩大数量、速度、规模，实现资源优质；内涵发展重在提高质量和水平、增强教育软实力，实现质量和内涵优质。义务教育发展要满足“人人有学上”的发展需要，必须扩大教育规模。新中国成立以来，尤其是改革开放以来，我国的教育规模得到了应有的发展，现阶段义务教育的发展完全满足了适龄儿童入学的需要，标志着规模扩张已经完成。近年来对优质教育资源的追求，又采用了外延发展、规模扩张的思路，这种思路可能立竿见影，但只能带动一部分学校的发展，不适合所有学校，更不能推动学校持久的自觉发展。设施豪华的学校并不等于优质学校，“优质学校是能够不断获得和合理运用自身能力，改善学校文化，提升学校管理水平，增强教师能量，最终促进学生、教师和学校自身全面持续发展的专业组织”。优质学校必须通过学校文化浸润，促进学生发展，提升教育质量。“短平快”的物质投入只能建设豪华学校，但不是优质学校。优质学校具有文化意蕴和品位，它需要较长时期的文化积淀，需要长期的智慧凝聚和努力，因此，是一个较长期的历史过程。名校之所以能够成为优质学校，不是因为其豪华，而是因为其文化积淀、历史传承、特色发展和教育质量。

总之，外延均衡发展是依靠教育的外力、以改善学校办学的物质条件为主的外在发展，旨在缩小不同地区和不同学校间资源配置不合理等形成的条件性差距。内涵均衡发展是依靠学校系统变革的内力，以优化教育过程为主的教育质量和教育软实力的均衡发展，旨在缩小不同地区和学校之间教育品性和教育质量的内在差距。

10.6.3 义务教育均衡内涵发展的新方向、新目标

从外延均衡到内涵均衡，均衡发展的核心由资源均衡转向了质量均衡，发展的场域由宏观转向微观，发展的性质由依赖转向自觉，发展的方式由外部输入转向实践改造。内涵发展聚焦于学校教育教学的变革性实践，推动学校整体的转型升级，朝着现代优质学校的目标迈进。那么，如何实现学校的内涵发展呢?

1. 理念定位：以办学理念和学校愿景引领学校发展。

外延均衡发展重在资源的配置和规模扩张，发展的主体是政府或社会，其手段是行政统一调配，学校在外延发展中处于被动状态。但内涵发展不同，内涵发展在于学校内部的优化和“自组织”。学校不是无组织的松散存在，而是一个充满活力的有机体。学校的活力来自于组织的方向引领，这一方向包括学校的办学理念和发展愿景。办学理念和发展愿景，解决学校内涵发展的顶层设计问题。

办学理念，解决“办什么学”的问题，这是学校的灵魂。没有明晰的办学理念，学

校的发展就失去了方向，只能听命于行政的统一指挥，丧失学校发展的特色。学校必须从自身实际出发，实事求是，量力而行，形成适合自身发展的办学理念、确立自己的培养目标，凸显自己的独特内涵。内涵发展是基于每一个具体的学校，学校之间的差异存在，决定了内涵发展的根本是特色发展。我国学校的最大问题就是同质化严重，千校一面，没有自己的特色。学校的发展在顶层设计上，必须改变这种状况，基于学校自身的实际，确立独特的办学理念和办学特色，使每一所学校都成为有个性、有特色、有内涵的好学校。

办学理念解决学校发展的方向问题，方向必须落实为特定时期学校发展的愿景。愿景表现为一定时期学校发展的规划，是师生对学校发展的期待，它有三个基本要素：大家愿意看到的(期望的)、大家愿意为之努力的(主动的)、通过努力可以一步一步接近的(可实现的)。学校的愿景，不仅凝结着校长的教育哲学、学校的办学理念，更是基于学校实际的一种科学规划，凝聚着全校师生的共同认识，反映着他们共同的目标。只有这样，师生才能够将学校的发展愿景转化为每个人的奋斗目标，化作自己教育教学行为的指南，落实到教育教学实践之中。

2. 目标追求：创建特色学校，为每个学生提供适性的教育。

外延均衡在教育资源分配时，面对的是人的身份，是“一类人”以及抽象意义上的个体，具有共同性或同质性。因此，外延均衡不分个人的性别、民族、种族、家庭财产状况、宗教信仰等，依法享有平等接受教育的权利，享有平等的教育资源，是一种绝对平等和均衡。但内涵均衡面对的是教育过程中每一个真实的个体，一个具体的生命。常识和科学都告诉我们，现实中没有两个完全相同的个体，差异性是个体生命的显著特征。面对具有差异的生命个体，教育的内涵均衡只能是与个体差异性相适应的差异均衡。

每个人都希望获得优质教育，但对差异性个体而言，对一个人来说的优质教育，对另一个来说，不一定也是优质。我们“应该从人在所有能力上是平等的这一错误观念中摆脱出来，认识到在所有能力方面都具有差异(适合不适合)，而且正是这种差异，才是他人难以替代的”。教育必须基于个体的差异，尊重个体人各自的天赋、需要以及能力，尊重个体人的发展与选择，并根据个体能力发展的不同而给予有所差别的教育，“在多种教育制度下，发现别人难以替代、唯在本人固有的能力，并作用于将这种能力提高为本人个性的教育”。这种基于差异性的教育，是适合每个具体人的教育，对他个人来说，就是优质的教育。所以，优质均衡满足个性的差异性，遵照的是“需要”“应得”和“切适性”的均衡发展原则。

优质教育就是要适应学生发展的需要，适合其自身发展的教育。对不同的个体来说，虽然是一种有差异的教育，但却是一种公平的教育。对于个体来说，适合的就是最好的，因此，优质教育是一种适性教育、个性化教育；对于学校来说，优质学校是一种适性学校、特色学校。我们今天对特色学校的理解，多是基于学校之间的优势而形成的特色，特色成为学校的装点"门面"，游离于学生的发展需要之外。真正的学校特色是在适应学生发展的基础上形成的，其目的是使每个学生都得到适性的对待，满足他们不同的发展需要，获得适性的发展。

各级政府和教育行政部门，应在均衡配置教育资源的前提下，鼓励学校根据学生发展的不同需要，打造各具特色的学校，为学生提供各种各样的教育选择。要改革划一性的入学和管理制度，引导学生根据自己的兴趣、爱好和发展要求，主动进行特色择校，或英语，或书法，或体育，或科技，或是人文……学生总是能找到适合于自己个性发展的教育类型，选择自己所合适的学校、所喜爱的学科。因此，优质均衡发展的实质是办好每一所学校，教好每一个学生，使每所学校都成为有特色的学校，每个学生都能受到适合自己的教育，在这种适性教育中，获得个性的发展，体验学习成功的快乐。

3. 教育质量：从单一的认知走向全面的综合。

教育质量是内涵发展的核心。教育质量最根本的是学生的发展水平，其表现在不同时期和不同背景下是有变化的。在我国长期以来应试教育的背景下，"分数"和"升学率"常常成为教育质量的标准。我们不否认，"分数"和"升学率"一定意义上代表了部分质量，但不能唯分数而分数，分数不是唯一的标准，不能全面地替代质量。分数所测试出来的学生发展水平主要局限于认知，情感、态度、价值观、兴趣、爱好、生活能力、创造性、主动性、个性等很多方面都不能很好地通过考试分数得以反映，甚至无法反映。因此，要转变"应试教育"的质量观，不能把教育质量简单地归结于学业成绩—考试分数—升学率，应着眼于学生素养的全面提升。

真正的教育质量体现在学生综合素养上，体现在学生个性发展上。联合国教科文组织认为，教育质量有两大内容：首先是确保学习者认知能力的发展；其次是强调教育在促进学习者的创造力和情感发展以及帮助他们树立负责任公民应有的价值观和处世态度方面所发挥的作用。美国总统奥巴马也提出，改变只强调数学、英语和科学，忽视社会科学、艺术等其他学科的狭窄质量倾向，采用更高的教育标准和更适当的评估体系，让孩子具备 21 世纪所要求的技能，比如解决问题的能力、批判性思维能力、企业家精神以及创造力等，使美国教育真正走出十年来的"分数陷阱"。《教育规划纲要》也明确提出"要树立科学的质量观，把促进学生的全面发展、适合社会需要作为衡量教育质量的根本标准，面向全体学生，全面实施素质教育"。根据 21 世纪社会对人才的要求以及当前学生发展的缺失，有针对性地着力提高学生服务国家、服务人民的社会责任感，勇于探索的创新精神和善于解决问题的社会实践能力。对于教育质量的这些认识旨在表明，教育质量已经超越了单一的认知，超越狭隘的分数主义，而追求人的全面和谐发展，包括认知、情意、智慧、创造、个性以及公民素养等各个方面。

4. 人才培养：创造多样化的培养模式，满足个性化人才成长的需要。

人才培养是内涵发展的关键。现代学校培养什么样的人，既是人的发展的要求，也是时代发展的要求。当代社会的发展由工业社会开始进入信息社会或后工业社会，工业社会批量的生产方式和标准化的人才培养模式，无法适应信息社会对创造性人才和个性化人才培养的需要。信息社会对个性化人才的要求与人的发展的差异性和多样性，是高度一致的。因此，适应信息社会的发展和人的多样化发展的需求，现代教育必须在发展学生全面素养的同时，注重学生的自主发展、自由发展、个性发展，以学定教，因材施教，使教育真正地适合每个人的需要。归根到底，适合的是最好的，适性教育，既是最优质的教育，也是最公平的教育。

为此，必须改革工业社会所形成的模式化培养方式，实施适性教育，推进人才培养多样化的改革，满足不同潜质学生的多样化的发展需要，包括鼓励和支持办学多样性，促进特色学校的形成；注重国家课程地方化，开发校本课程，开设弹性课程和选修课程；实施分层教学、小班教学、走班制、学分制、选修制；改革学生评价方式，实施发展性评价，突出自主评价和多元评价，激励学生多样发展；改革招生考试制度，实施分类、多元、多层的招生考试制度；建立特殊人才培养机制，促进拔尖创新人才脱颖而出。

5. 课堂变革：在日常的“研究性变革实践”中推进课堂变革

内涵发展的主战场是学校，主阵地是课堂，主体是教师。没有教师教学行为的变革，就没有课堂的变革；没有作为学校内核的课堂变革，就不会有学校的内涵变化和学校的整体转型。因此，课堂变革是推动学校内涵发展的基石。

在诸多的研究和教育实践中，多把“教育改革创新”列为促进内涵发展的重要途径。改革创新是对旧制度、旧模式的否定，而倡导一种新的制度、新的模式。改革创新的情况是有的，但不是普遍的，也不是经常的。因为教育自身具有连续性和继承性，改革只能是旧教育根本性的变革。对教师普遍的日常教学行为而言，更多的不是改革，而是一种反思性变革，用叶澜的“新基础教育研究”的术语说，就是“研究性变革实践”。“研究性变革实践是内含变革理论的学习性实践，是超越经验的反思性实践，是具有更新指向的重建性实践，是将研究态度、意向和内容贯穿到实践全过程和多方面的创生实践。“研究性变革实践”不是重起炉灶的‘改革’，而是沿着‘学习—研究—实践—反思—变革'的路线，对日常教育教学行为的不断反思，不断改进，在反思和改进中实现自我的超越。因此，研究性变革实践具有持续发挥推进变革创造、扩大新质生成的'动力'的功能。"

研究性变革实践也是提升教师专业发展水平和生命自觉的重要途径。无疑，教师是重要的教育资源，它既可以作为外延均衡的因素，也可以作为内涵均衡的因素，但二者的侧重点不同。在外延发展中，重视教师数量的增加和外在的输入，重视精英教师(如特级教师、学科带头人之类)的作用，其发展的方式是提高教师待遇、增加教师编制、实习教师轮岗制度、增加新教师等，而不是注重提高教师的内在素质。即便是重视教师的素质，也多采用"离土式"的教师培训，培训中教师显性知识的增加，并没有带来教师缄默知识的变化和教学行为的变革。研究性变革实践重视的是改变教师的日常教学行为，这种改变不是由别人支配的"被改变"，而是扎根于日常的教学行为，通过学习、认识、实践和反思，变革自己日常的教学行为。这种变革虽没有改革那样轰轰烈烈，但却是彻根彻底的，具有普遍性、大众性和日常性。教师通过研究性变革实践改变自己的教学行为，提升专业发展水平和自觉程度，这是内涵发展对待教师资源的应有态度。

当然，学校的内涵发展不只是上面提到的五个方面，还有课程开发、班级建设、学校文化、制度创新、学校变革等诸多方面，限于篇幅，不再一一论述。但无论哪一个方面，都必须围绕一个"具体的人"、一个"真实的生命体"，以个体生命的发展为本，使每个学生成为全面而有个性的人，这是学校内涵发展的灵魂，也是对教育本真的回归。

10.7 义务教育均衡发展的国际经验

从国际视角看，由于经济、社会、文化发展的不平衡，同中国一样，许多国家和地区的城乡义务教育也都存在明显差异。在一系列理论研究成果的影响下，特别是基于实践发展的需要，各国政府广泛开展了消除城乡义务教育差异的一系列运动，通过强有力的国家干预来推进城乡义务教育均衡发展。

10.7.1 美国的"补偿性"教育政策

农村地区的落后和贫困是一个世界性难题，即使在经济发达的美国也不例外。贫困使农村孩子的生存权和发展权都受到了严峻挑战，而以教育为代表的发展权又极大制约了农村贫困境遇的改善，由此带来了贫困的恶性循环。"在事实上存在巨大的社会不平等的现实中，仅仅给予弱势群体'一视同仁'的对待是远远不够的，必须采取向弱势群体倾斜的'补偿性原则'，才能有效地减少不公平"，这是罗尔斯在其公平理论提出的平等性原则内涵之一。在这一理论的指导下，2000年底，美国总统签署了农村教育成就项目(Rural Education Achievement Program，REAP)，旨在通过补偿性政策来缩小城乡教育差距、推动城乡教育均衡发展；2002年初，美国总统又对REAP进行了重新授权，力图通过专项拨款实现该项目对农村学区教育发展的积极影响，并通过有利教育政策的引导，为美国农村社区教育机会均等提供更强有力的财政支持和法律保障。REAP是美国历史上首次专门针对农村社区教育实行的财政拨款法案，目的在于通过对州和学区的差别性专项教育经费资助，实现州和学区对学生学业成就更强的绩效责任，帮助拨款不利的农村学区能够更有效地获取和使用联邦教育资金，从而改善农村地区的教学条件和教育环境，促进教师的专业发展和综合素质的提升，以达到提高教育教学质量和学生的学业成绩的目的，保障所有学生均达到本州绩效体系年度进步(AYP)所规定的学业成绩标准。

10.7.2 韩国的"逆向普及"教育政策

"科教兴邦"一直以来都是韩国发展的战略。韩国在1945年8月就推行初等义务教育，并以法律的形式为义务教育制度的实施奠定了基础。韩国普及免费义务教育采取的是"逆向普及"方式，即首先从经济落后的地区开始，并逐步向经济发达地区过渡。在韩国，义务教育既是免费的又是一种强制性的制度安排，需要巨大的人力、物力和财力。由于20世纪50年代韩国政府财力有限，同时考虑到必须保证低收入阶层子女入学等问题，韩国在普及义务教育的过程中采取了先从农村、渔村、岛屿等偏远地区和教育条件不利的地区实施。1954年，韩国首先在农村、渔村、岛屿等条件不利的地区实行了免费义务教育，然后向城市逐步扩展，直到1965年，韩国政府实现了在全国范围内实行免费的6年义务教育的目标。随着韩国经济的发展和财政实力的增强，义务教育的年限增加至9年，免费的初中教育同样遵循逆向普及的原则，韩国从1983年起首先在偏远的农村地区开始推行初中义务教育，在1985—1987年期间财政拨款共计425亿韩元(100韩元约合0.60元人民币)，优先对偏远地区的初中在校学生实行免费教育，而后逐步扩大到其他地区。

10.7.3 日本的城乡一体化教育发展政策

日本在其工业化和城市化进程中高度重视城乡统筹发展，这其中也包括统筹城乡教育发展，因此日本是发达国家中教育均衡发展最好的国家之一。日本推进城乡教育一体化采取了以下主要措施。一、为统筹城乡义务教育，日本建立了完善的教育财政制度，通过合理的财政转移支付确保城乡教育经费的均等配置。日本农村义务教育的具体事务由町村级地方政府负责管理，但其教育经费却由中央、都道府县、町村三级财政共同分担，三级政府共同分担的教育财政体制，有力地保障了农村教育经费的来源。

二、城乡一体化的教学设施。在学校的设置上，从教育经费到学校设施、教学设备、班级编制、师资配备等方面，日本都制定了相应的法律法规，确保城乡义务教育学校均以统一的规格达到一定的办学条件。在日本，即使在偏远落后的农村，其中小学的教学硬件和师资队伍都能达到标准化和规范化，即便在少数只有几个学生的学校，同样建有游泳池、体育馆，音乐、美术、劳动技术课的教师和教学设备一应俱全。三、实施教师轮岗制。教师轮岗制是日本实现城乡教师资源均衡配置的重要途径，通过定期调换公立学校的教师来促进其在城乡之间合理流动，从而消除了因城乡师资水平的巨大差异而引起的城乡教育发展不平衡现象，确保城乡教育的公平性和均衡发展。此外，日本政府还通过强有力的政策措施来改造偏远农村地区的薄弱学校。

美国、日本、韩国等国家的理论和实践经验表明，政府在推进城乡义务教育均衡发展中起着主导作用，通过完善公共教育财政体制、建立教育资源配置的平衡机制、建立弱势群体的补偿机制等有效推进城乡义务教育一体化。这些都对中国统筹城乡义务教育均衡发展提供了可供借鉴的宝贵经验。

10.8 基础教育均衡发展的认识误区

在对“基础教育均衡发展”的理解上，存在着一些理论争议与误区。这些误区导致了一部分人对均衡发展的模糊理解。

10.8.1 确认基础教育均衡发展就是追求平均发展

在一部分人看来，追求基础教育均衡发展，就是追求平均发展或者资源的平均分配，这样必将给发达地区的经济社会的发展带来不利的影响，这种看法普遍存在。之所以会产生这种想法，根源于人们对均衡和均衡发展缺少正确的认识。均衡发展是以教育系统整体利益最大化为目标的，但不是追求低水平、低层次上的整齐划一的发展，而是高水平、高层次上的多元化、特色化发展。换言之，均衡发展不是把高水平的拉下来，搞平均主义，而是要根据不同区域的实际情况，分区规划、分步实施、分类发展。实施这一目标需要对资源进行合理配置。历史的发展证明，平均分配只可能是一种低效配置。平均分配，既容易挫伤发达地区发展的积极性，又容易使贫困地区产生对上级财政支持的依赖性。因此平均分配不会带来不同地区的共同提高，反而会在很大程度上制约整体的发展，不能够带来整体利益的最大化，因而不是真正意义上的均衡发展。

10.8.2 均衡发展仅仅追求教育平等，而忽视教育效率

大部分学者都认为均衡问题其实就是平等问题，基础教育均衡发展就是指在基础教育领域内落实教育平等。学者们把基础教育均衡发展理解为仅仅追求教育平等，而

忽视教育效率，把教育均衡发展问题等同于落实教育平等问题，这样做不能体现出平均的本意，因为把均衡发展理解为落实教育平等强调了教育平等的目标，却忽视了均衡的本质和要义，没有将基本的概念理清。

我们应看到过分强调平等，容易产生教育效率的误导。根据美国经济学家奥肯提出的"效率与平等替换"的原理：分配越是平等，效率越是难以提高；分配越是不平等，越能提高效率。我国一直实行重点学校制度，层层选拔尖子，培养少数英才，就是这样效率至上的发展观念的现实表现。教育效率的提高以放弃一部分教育平等为代价，而过分追求教育平等，也将导致教育效率的下降。从教育平等与教育效率的关系看，如果把平均发展仅仅理解为落实教育平等，不仅不能体现出基础教育发展过程中教育平等与教育效率的关系，而且容易产生效率的错误导向。在我国教育资源总量严重不足的情况下，不注重教育效率是不切合实际的，也不可能是均衡发展的本质要求。因此，无论是过分追求平等还是追求效率，都会阻碍系统整体的稳定发展。

历史的发展表明，搞绝对平均主义，只能够导致共同贫困而不是共同富裕；而过度追求效率的提高，导致贫富差距悬殊，对社会稳定构成威胁。因此，无论是经济的发展，还是教育的发展，在对资源进行配置的过程中都应平衡效率与平等之间的关系，必须既考虑效率又注重平等。

10.8.3 人们的观念中的两点误区

其一，将基础教育的发展水平与升学率的高低等同起来，认为升学率高，则发展水平高，反之亦然；

其二，用极少数办学条件先进、办学水平一流的示范学校或重点学校来代表整个地区的教育发展水平。这种对教育发展的片面理解直接影响着一些地区教育发展的战略选择，导致显示中出现了诸多不协调发展的现象。不能否认，升学率是衡量基础教育发展水平的一个重要指标，但并不代表全部。将教育发展水平等同于升学率的高低，会导致现实中社会以及学校对升学率过度的追求，也必然会阻碍素质教育的真正落实。因此，在教育发展的实践中，应追求综合均衡和整体均衡，追求多个指标的综合均衡。

主要参考文献

1. 熊丙奇．以治理能力现代化推动教育改革．新闻专栏，2013. 11.
2. 袁贵仁．加快推进教育治理体系和治理能力现代化．人民论坛，2014(12).
3. 查建中．本科专业教育转型势在必行．新浪网，2014. 12.
4. 李希贵．拨开“学区制”的霾．人民教育，2015(1).
5. 汪明．面对高考改革，高中教育如何应对？中国教育报，2014. 11.
6. 刘元春．新常态孕育经济转型发展的重要机遇．求是，2015(1).
7. 陶华坤．教育从适应社会转型走向引导社会改造．百度网，2014. 9.
8. 张民生．基础教育转型发展——责任与行动．上海教育，2014(7).
9. 夏鲁惠．地方本科院校如何转型发展．中国新闻网微博，2014. 12.
10. 劳凯声．社会转型与教育的重新定位．百度网，2013. 7.
11. 秦树理、王东虓、陈垠亭．公民意识读本．郑州大学出版社，2008. 5.
12. 辛世俊．公民权利意识研究．郑州大学出版社，2006. 6.
13. 高玉祥．健全人格及其塑造．北京师范大学出版社，2007. 3.
14. 易连云．重建学校精神家园．教育科学出版社，2003. 1.
15. 王定华．把立德树人作为基础教育根本任务．中国教育报网站，2014. 10.
16. 赵新法．立德树人——教育的根本任务．中国教育报网站，2014. 10.
17. 英迪．教学创新中“立德树人”的研究．学园，2013(36)．
18. 顾明远．教育该如何立德树人．人民日报，2014. 5.
19. 教育部．完善中华优秀传统文化教育指导纲要．教社科[2014]3 号．
20. 教育部．关于加强和改进普通高中学生综合素质评价的意见．教基二[2014]11 号．
21. 吴瑛，李益众．新优质学校是如何被评选出来的？新浪网，2014. 12.
22. 教育部．关于普通高中学业水平考试的实施意见．教基二[2014]10 号．
23. 教育部．关于进一步完善和规范高校自主招生试点工作的意见．教学[2014]18 号．
24. 梁挺福．2015 年自主招生政策“落地”，8 大变化如何应对？新浪网，2014. 12.
25. 任学宝．落实学生前所未有的选择权．人民教育，2015(1)．

26. 吴恒山．教育均衡化政策的提出及其实践意义．辽宁教育，1998(11).
27. 顾明远．教育均衡发展是教育平等的问题是人权问题．人民教育，2004(4).
28. 于建福．教育均衡发展：一种有待普遍确立的教育理念．教育研究，2004(2).
29. 江新士．让每个孩子都得到良好教育．人民日报，2005-06.
30. 尹后庆．上海基础教育转型发展的责任担当与现实使命．教育发展研究，2011(18).
31. 王本陆．关于我国现代教育发展阶段问题的探讨．北京师范大学学报，2011(3).
32. 熊川武，江玲．论义务教育内涵性均衡发展的三大战略．教育研究，2010(8).
33. 谢翌，马云鹏．优质学校的基本理念与文化形态．教育研究，2008(8).
34. 刘耀明，熊川武．论义务教育内涵性均衡发展的边界．华东师范大学报，2011(11).
35. 王玲．学校愿景与执行力文化．中国教育报，2005-03.
36. [日]岸根卓郎. 何鉴，译. 我的教育论．南京大学出版社，1999.
37. 冯建军．基于个体发展差异的教育公正原则．教育研究与实验，2008(4).
38. 中央教育科学研究所调研组．学有所教——为制定《国家中长期教育改革和发展规划纲要》提供的六十条建议．教育研究，2009(3).
39. 吴亚萍．学校深化素质教育研究——以“新基础教育”学校转型性变革研究为例. 基础教育，2011(1).
40. 冯建军．内涵发展：推进义务教育优质均衡的路向选择．南京社会科学，2012(1).
41. 李洪波．我们为什么要用互联网去改造教育？．多知网，2014. 3.
42. 周彬．新高考引领下的高中教育新常态．人民教育，2015(1).
43. 彭钢．学校整体变革：从管理走向领导．新浪网，2014. 12.
44. 朱永新．新教育风暴．北京出版社，2008.
45. 韦力．中国著名校长办学思想录．江苏教育出版社，2010.
46. 张颖．教育家型校长的培养之路．福建日报，2011-06.
47. 王强．课堂在转型．新思考网，2013.
48. 钟启泉．课堂要真正转型．百度网，2007.
49. 邓文珍．课堂教学的转型．好研网，2010.
50. 刘庆昌．对话教学初论．教育研究，2001(11).
51. 熊川武．反思性教学．华东师范大学出版社，1999.
52. 陈竹萍．反思性教学．百度网，2011. 10.
53. 赵伟锋．教学目标的制定．百度网，2005.
54. 彭亮华．如何引导学生进行探究性学习．中国教师报，2010. 7.
55. 张岩．课堂探究性教学的指导策略．道客巴巴网，2013.

56. 谢华．如何引导学生进行探究性学习．百度网，2012. 5.
57. 百度百科．学习指导技能．百度网，2013.
58. 陈竹萍．自主学习．新浪网，2011. 10.
59. 陈竹萍．重构课堂．新浪网，2011. 10.
60. 周卫华．王阳明的教育思想．百度网，2011. 9.
61. 任秀珍．完不成课堂教学任务的成因分析．百度网，2008.
62. 朱战斗．高效课堂的调控技巧．新浪网，2011. 6.
63. 蔡宝来．近年来教学改革基本理论研究的反思与前瞻．人教社网站，2012. 6.
64. 郭思乐．教育走向生本．华南师范大学出版社，2010.
65. 刘克平，姬英涛．未来教育发展趋势．东北师范大学出版社，2012.
66. 韩立福．有效教学法．首都师范大学出版社，2012.
67. 韩爱学．韩爱学：八环节教学法．首都师范大学出版社，2012.
68. 林格．教育是没有用的．北京大学出版社，2009.
69. 张玉彬．理想课堂的构建与实施．西南师范大学出版社，2010.
70. 王迅．区域性基础教育品质与实践研究．湖南教育出版社，2012.
71. 沈艳．课堂教学的改革与创新．漓江出版社，2011.
72. 蔡慧琴，饶玲，叶存洪．有效课堂教学策略．重庆大学出版社，2009.
73. 陈桂生．教育实话．华东师范大学出版社，2003.
74. 钟启泉，崔允漷，张华．基础教育课程改革纲要(试行)解读．华东师范大学出版社，2003.
75. 王迅．走向理想的教育．西安地图出版社，2008.
76. 靳玉乐．对话教学．四川教育出版社，2006.
77. 吴松年．新课程有效教学疑难问题操作性解读．教育科学出版社，2008.
78. 刘福喜．教师新视野．湖南师范大学出版社，2008.
79. 张文质．生命化教育的责任与梦想．华东师范大学出版，2006.
80. 教育部．普通高中课程标准．北京：人民教育出版社，2001.
81. 岳龙，丁钢．生活质量是提高基础教育质量的基本出发点．探索与争鸣，2003(8).
82. 钟启泉．课堂转型：静悄悄的革命．上海教育科研，2009(3).
83. 顾泠沅、官芹芳．以学定教的课堂转型．上海教育，2001(7).
84. 周文叶．研究课堂观察，追问有效教学．当代教育科学，2008(4).
85. 许华琼．有效教学的评价标准及实施策略．教学与管理，2010(8).
86. 马智君．有效教学研究．当代教育论坛，2009(5).

87. 张治．课程执行力的核心是创造．上海教育，2009(10)．
88. 秦德林、张伟．诊断课堂：教师成长的“第一阶梯”．上海教育科研，2008(12).
89. 余慧娟．十年课改的深思与隐忧．人民教育，2012(2).
90. 周国平．教育的七条箴言．中国教育报，2007.9.
91. 程聚新．推行近十年 不足三成教师对“新课改”成效满意．人民日报，2011.10.
92. 俞敏洪．中国教育质量的本质．新东方网博客，2010.5.
93. 刘方．让生命教育中蕴涵着真诚的“对话”．搜狐博客，2007.
94. 阮祥忠．江苏洋思中学成功课改经验考察报告．十堰信息网，2007.
95. 郭湘平．无效教学表现有哪些．新浪网，2008.
96. 李云．无效教学的表现．新浪网，2010.
97. 段蓝琪．浅谈有效教学课堂下无效行为．山东省教育网，2010.
98. 王迅．让教育润泽生命．株洲教育网，2010.
99. 侯文礼．教师是最重要的课程资源．百度网，2008.
100. 肖珍．如何编写导学案．新浪网，2012.
101. 百度百科．教育现代化．百度网，2012.
102. 王树声．学习方式与课堂教学改革．江阴教育网，2004.
103. 韩立福．基础教育阶段现代学校课堂教学评价制度初探．教育科学研究，2006.
104. 孔企平．论学习方式的转变．全球教育展望，2001.8.
105. 王华编．积极探索课堂教学模式 大力发展学生创造思维．学科网，2010.
106. 李今垠．现代教育理念与实践．好研网，2009.
107. 涂怀京．“教育家型”校长的能、位、为、爱．平平网，2011.
108. 王和本．指导学生科学的学习方法，培养学生良好的实验技能．百度网，2012.12.
109. 熊文君．综合实践活动课程区域性整体推进策略．基础教育课程，2008(10).
110. 陈世丹，张卫平．探索培养创新能力的课堂教学模式．光明网，2009.
111. 何克抗．关于中小学教师教育技术能力标准．北京师范大学现代教育技术研究所，2005.
112. 冯学民．理想的高中教育．圣才网，2011.
113. 山西教育科学院．问题导学模式．中小学管理，2012.5.
114. 顾明远．教育现代化的八个基本特征．人民网，2009.12.9.
115. 教育部．2014 年全国义务教育均衡发展督导评估报告．中国教育报，2015-04-03.

编 后 记

关注教育现代化和学校教育的使命已经成为教育综合改革的风向标，到2020年基本实现教育现代化，教育向战略目标转型、学校找准现代化的支点，已经成为教育领域的共同目标。

本书编者与一批学者、专家一样，以教育的实践研究视角关注、探索教育领域一系列综合改革如何真正有效推进而不是停留在文件上，所以经过一年多的观察、思考、实践探究，汇集成了这本册子《教育十大转型》，初步形成了教育发展转型的问题解决方式、路径、策略及达成目标，让改革政策与学校管理、与教师职业、与学生成长进行直接对接，在实践中落地，从而改变教育原有的生态，走向教育的现代化。

本书凝聚着一批教育实践者的教育理想和生命激情，洋溢着他们对教育的真诚和对学生的挚爱；凝聚着一批深度关注、支持教育的学者、专家、媒体记者的教育情怀。书中除有自我思考、体悟心得、工作报告外，也有本课题成员的研究文章，还引用了一些政策内容及相关解读，以及诸多优秀教育专家、学者的观点和大量一线教师的教研课题、教学案例，在本书主要参考文献中列出，借此机会，一并表示深深的感谢和敬意！

由于时间仓促，水平有限，不足不妥之处在所难免，敬请专家和读者不吝赐教。诚挚希望本书能成为教育改革、学校管理、特色建设、教师发展、深化课改，实现学生自主个性成长，促进教育内涵优质发展，推进教育现代化进程的实践指导用书和校本培训教材，为改善学校发展品质，真正实现教育转型，提升办学水平起到有效的指导和帮助作用。

主 编

2015年5月

图书在版编目(CIP)数据

教育十大转型 / 王迅，周文和编著. —长沙：湖南教育出版社，2015. 7

ISBN 978-7-5539-2490-8

Ⅰ. ①教… Ⅱ. ①王… ②周… Ⅲ. ①教育改革—研究—中国 Ⅳ. ①G521

中国版本图书馆 CIP 数据核字(2015)第 137378 号

教育十大转型

王迅　周文和　编著

责任编辑：彭霞

责任校对：殷静宇　张征

装帧设计：莫彦

湖南教育出版社出版发行(长沙市韶山北路 443 号)

网　　址：http://www.hneph.com

电子邮箱：hnjycbs@ sina.com

微信服务号：多点学习

客　　服：电话 0731-85486979

总 经 销：湖南省新华书店

印　　刷：长沙超峰印刷有限公司

开　　本：787×1092　16 开

印　　张：22

字　　数：410000

版　　次：2015 年 7 月第 1 版第 1 次印刷

书　　号：ISBN 978-7-5539-2490-8

定　　价：49.80 元